# 20 세기
# 중국사 강의

## ( 二十世紀中國史綱 )

# ( 중권 )

지음   진충지 ( 金沖及 )

옮김   김아영 ( 金兒英 )
　　　쑨핑 ( 孫萍 )

기획   장원 ( 張園 )

토담미디어

**국립중앙도서관 출판예정도서목록(CIP)**

20세기 중국사 강의. 中 / 지은이: 진충지 ; 옮긴이: 김아영
, 쑨핑. -- 서울 : 토담미디어, 2017
   p. ;   cm

원표제: 二十世纪中国史纲
원저자명: 金冲及
중국어 원작을 한국어로 번역
ISBN 979-11-6249-027-3 04910 : ₩12000
ISBN 979-11-6249-025-9 (세트) 04910

중국사[中國史]

912.07-KDC6
951.04-DDC23               CIP2017032941

# 목 차

중국공산당은 국공합작이 이처럼 빨리 결렬된 데에 대해 또한 곧이어 이어진 잔혹한 백색테러에 대해서도 아무런 마음의 준비도 못하고 있었을 뿐만 아니라 사전에 어떠한 대처도 하지 못했다 .

국공합작이 결렬된 후 , 국내 정치상황은 갑자기 돌변했다 . 과거의 동맹자가 순식간에 흉포한 망나니로 변해 도처에서 사람들을 체포했고 도처에서 학살을 자행했다 . 중국공산당 제 6 회 대표회의의 불완전한 통계에 따르면 1927 년 3 월에서 1928 년 상반기까지 죽임을 당한 공산당 당원과 진보 군중은 31 만여 명에 이르렀는데 , 그중 공산당 당원이 2 만 6,000 여 명을 차지했다 . 중국공산당 조직은 은밀히 지하로 숨어들 수밖에 없었고 이 과정에서 조직은 심각하게 파괴됐으며 수많은 지방의 당 조직은 해체됐다 . 의지가 굳지 못했던 몇몇 사람들은 당과 단체를 탈당했고 신문에서는 그들의 '회개' 공고를 자주 볼 수 있었으며 심지어 어떤 이들은 적들을 이끌고 자신의 동지를 체포하기도 했다 . 당원들의 수는 대혁명이 한창이던 시기의 6 만여 명에서 1 만여 명으로 급격히 감소했다 . 각지의 노동조합과 농민협회는 금지되거나 해산됐다 . 상당히 많은 중간 세력들은 백색공포로 공산당과 거리를 두었다. 당의 사상은 한때 몹시 혼란스러웠고, 사람들은 어떻게 해야 할지를 몰랐다.

혁명은 침체기에 빠져들었다. 수많은 사람은 공산당이 자신보다 몇 배는 더 강한 적을 마주해 너무나 커다란 충격을 받았기 때문에 더 이상 명맥을 이어나가기 힘들어 졌고 다시는 회생할 수 없을 거라 생각했다.

이런 생사의 절박한 고비에서 여전히 자신의 신념을 지켜나가는 것은 지극히 어려운 일이었다. 설립된 지 6년밖에 되지 않은 중국공산당은 이런 큰 시련을 견뎌내야 했다. 모택동의 말처럼 "중국공산당과 중국인은 놀라 물러서지 않았고 정복당하지 않았으며 사라지지 않았다. 그들은 지하에서부터 다시 올라왔고 몸에 묻은 혈흔은 깨끗이 닦고 동료의 시체를 잘 수습한 후, 계속 투쟁해나갔다."

팽덕회(彭德懷), 하룡과 같은 몇몇 의지가 굳고 기개가 있는 혁명가들은 이렇게 극단적으로 어려운 시기에도 조금도 두려워 않고 공산당의 행렬에 참가했다. 수많은 노동자와 농민들은 낫과 도끼를 들고 모여 들었고 절대 흩어지지 않는 세력으로 응집했다.


# 제1절 무기를 손에 들고 무장 저항하다

그 당시 중국공산당 앞에는 무기를 들고 무장 저항을 하거나 주저하며 앉아서 죽기를 기다리는 두 갈래 길이 놓여 있었다.

상황이 역전되기 전, 재정비된 장국도(張國燾), 주은래, 이립삼, 장태뢰, 이유한의 5명으로 구성된 중공중앙임시정치국 상임위원은 결연히 다음의 세 가지 사항을 결정했다 . 당이 장악하거나 영향을 미칠 수 있는 부대를 남창에 모이게 해 봉기를 준비하고 가을 추수시기에 호남 , 호북 , 광동 , 강서 4 개 성 ( 省 ) 의 농민폭동을 조직하며 중앙회의를 소집하여 새로운 시기의 새로운 정책을 토론하는 등이었다 .

남창봉기는 중국공산당이 이끈 국민당에 대한 최초의 반격이었다 . 당시 , 중국공산당이 장악하거나 영향을 미치는 군대는 장발규 ( 張發奎 ) 가 통솔한 국민혁명군 제 2 방면군 ( 第二方面軍 ) 에 집중되어 있었다 .

7 월 , 그들은 '동정과 장개석 타도'의 구호를 외치며 강서의 구강 ( 九江 ) 에서 남창 일대에 각각 2 만 명 이상의 혁명무장군을 이미 주둔해두고 있었다 . 무한정부는 '분공 ( 分共 )'을 선언한 후 , 이미 이 부대를 준비해두고 있었다 . 만일 그 당시 , 즉시 결단을 내리지 않았다면 이정도 규모의 무장혁명만으로는 완전히 생매장 당하고 말았을 것이다 .

중국공산당이 남창 봉기를 진행하기로 결정했을 때 주은래는 전방위원회 서기로 임명됐다 . 당시 국민혁명군 제 24 군단장을 맡고 있던 하룡은 공산당에 가입하지는 않았지만 이미 주은래에게 "공산당을 따르고 장개석과 왕정위 이 나쁜 놈들과 끝까지 싸울 것입니다 ."라고 말했다 .

8 월 1 일 새벽 , 봉기가 시작되고 날이 밝자 남창을 이미 장악되어 있었다 . 봉기군의 총지휘는 하룡이 맡았고 엽정 ( 葉挺 ) 이 전방총지휘를 맡았으며 유백승 ( 劉伯承 ) 은 참모장을 맡았다 . 이제 다음 단계로 어떤 행동을 취할 것인가 ? 중국공산당은 부대를 즉시 남하시켜 광동을 점령해 해구를 취한 후 , 국제원조를 얻어 제 2 차 북벌을 진행하기로 결정했다 . 봉기군은 무더위 속에 행군했다 . 남하하면서 일부는

전투 중에 죽고 일부는 친민주당의 군관에 의해 끌려갔으며 일부는 도중에 흩어졌으므로 광동에 진입해 조주(潮州)와 산두(汕頭)를 점령했을 때는 남은 군사는 10,700명밖에 되지 않았다. 남하하는 과정에서 지주의 토지를 몰수하고 경작하는 사람이 토지를 소유하는 정책을 실행하자는 주장이 언급된 적이 있었지만 군의 상황이 곤궁하여 이를 실행할 여유가 없었다. 이때 국민당이 많은 병력을 집결시켜 이들을 포위했다. 봉기군은 수적으로 열세인 상황에서 혼신의 힘을 다해 싸웠지만 패하고 말았다. 그러나 두 갈래의 부대가 살아남았다. 한 갈래는 광동의 육풍으로 가서 현지 농민군과 합류해 해륙풍, 산미시(汕尾市)의 구칭) 근거지를 마련했다. 또 한 갈래는 주덕(朱德), 진의(陳毅)가 거느리고 강서와 광동의 변경을 전전하면서 그다음 해 초에 상남(湘南) 봉기를 일으켰고 그 후, 정강산(井岡山)으로 올라가 모택동이 이끄는 추수(秋收) 봉기대에 합류했다.

　　남창봉기는 중국공산당 역사에 새로운 시대를 열었다. 중국공산당이 이끄는 인민군대는 이번 봉기 과정에서 탄생했다. 이번 봉기도 그들에게 뜻 깊은 교훈을 남겼다. 주은래는 이 봉기에 대해 "이 자리에서 혁명은 일어나지 않았다."라고 한마디로 결말지었다. 그때 강서, 호남, 호북 일대의 노동자와 농민운동의 기초는 비교적 탄탄했다 봉기군이 남창으로 철수한 후 호남, 호북, 강서의 노동자와 농민 운동이 결합했더라면 함께 혁명의 근거지를 구축해 이후의 발전에 더 유리하게 작용했을 것이다.

　　당시 이런 생각을 하지 못했더라도 이상할 게 없었다. 중국공산당은 아직 너무 젊었기 때문에 무장투쟁방면에는 광주동정과 북벌과 같은 주요도시 점령을 목표로 하는 정규군의 전투밖에 참여한 적이 없었고 농촌혁명의 근거지를 구축하는 일에 대해서는 경험이 없었기 때문이다 . 사람들은 항상 자신의 경험에 따라서 새롭게 부딪힌 문제를 처리한다 . 일반적으로 실천하는 과정 중에 겪은 여러 차례의 승리와 실패는 반복해서 비교할 필요가 있는데 이렇게 해야 기존에 잘 몰랐던 점들을 점차 분명히 인식하게 된다 .

대혁명의 실패라는 엄청난 좌절을 겪고 난 후 , 중국공산당 내부에서는 과거의 심각한 잘못을 청산하고 개선할 것과 새로운 노선과 정책을 결정할 것을 요구하는 목소리가 있었다 . 남창봉기 후 엿새 동안 , 중공중앙은 호북의 한구 ( 漢口 ) 에 은밀히 긴급회의를 열었는데 , 이 회의가 바로 팔칠회의 ( 八七會議 ) 다 . 회의에서 중공중앙의 대혁명 후기의 우파경향의 잘못을 청산하고 진독수를 위시한 중국공산당 중앙위원의 국민당에 대한 무조건적인 양보를 집중 비판하면서 "노동자와 농민을 무장할 필요를 느끼지 못하면 진정한 혁명의 노동자와 농민 군대를 만들 생각도 하지 못한다 ."고 말했다 . 회의에서는 코민테른이 반드시 져야 했던 주요책임을 지적하며 비판 ( 당시에는 불가능했다 .) 하지는 않았다 . 팔칠회의에서 토지혁명과 국민당 반동파의 무장 저항에 대한 주요방침을 확정했다 . 이는 사상적인 혼란과 조직의 흐트러짐을 겪고 있던 중국공산당에게는 새로운 활로로 여겨졌고 새로운 희망에 불을 지피며 다시 한 번 응집력을 발휘해 새로운 길에 올랐다 .

이번 회의에 참가한 모택동은 회의에서 대혁명의 실패라는 비통한 교훈을 통해 "정권은 총구로부터 나온다 ."고 발언했다 . 그는 "군사적인 방면에서 과거에 손문이 오로지 군사운동만 한다고 비판하면서 우리는 그와는 반대로 군사운동을 하지 않고 오로지 민중운동만 했다 . 앞으로 군사는 아주 중요하다 . 정권은 총부리로 취할 수 있다는 것을 알아야 한다 ."

팔칠회의가 끝난 후 , 모택동은 중앙특파원의 신분으로 호남으로 가서 추수봉기를 이끌었다 . 당시 , 상감 ( 湘贛 ) 변경지대에는 몇 갈래 의 중국공산당 무장 세력이 존재했다 . 그중 하나는 공산당원인 노덕명 ( 盧德銘 ) 이 단장을 맡고 있는 국민혁명군 제 2 방면군 총지휘부의 호 위대였는데 남창봉기에 참가하지 못하고 이 그 일대에 머물러 있었기 때문에 , 그 후 추수봉기부대의 핵심세력이 됐다 . 다른 하나는 평강 ( 平 江 ), 유양 ( 瀏陽 ) 등지에서 대혁명 시기에 조직된 노동자 농민 의용대 혹은 농민자위군 이었다 . 또 다른 한 갈래는 봉기를 준비하는 안원 ( 安 源 ) 의 철도와 광산의 노동자 무장부대였다 . 이 몇 갈래의 무장부대는 아주 위험한 처지에 있었다 . 국민당 당국이 물리력을 강화하는 긴급한 상황에서 한시라도 빨리 앞으로의 행보를 결정해야 했고 , 시일을 지체 했다가는 전멸당할 수도 있었다 .

봉기초기의 지배적인 생각은 과거의 노선을 벗어나지 않고 여전 히 계속 진격해 나가면서 호남성 소재의 장사와 같은 중심도시를 빼앗 는 것이었다 . 9 월 9 일 , 추수봉기가 발발했다 . 이때 , 전국혁명의 형세 는 이미 하락세를 보이고 있었고 국민당 당국의 군사세력은 각지에서 혁명세력을 압도하면서 잔혹한 학살정책을 펴고 있었다 .

모택동은 현실을 매우 중시했다 . 그도 처음에는 장사 ( 長沙 ) 를 공격하려 했다 . 그러나 그 계획을 실현할 수 없다는 것을 알았을 때 과 감하게 기존의 전략을 즉시 변경했다 . 그는 강서로 방향을 바꾸어 나 소 ( 羅霄 ) 산맥을 따라 남으로 내려가 국민당 당국의 통제력이 약한 농촌지역에 발판을 물색했고 세력을 보존하면서 재기를 꾀했다 .

농촌으로 방향을 바꾸어 진군하는 이러한 결단은 큰 용기가 필요한데 , 이는 중공중앙의 기존 계획과는 달랐고 봉기대 내부에서도 논쟁이 있었으며 그 자신도 경험이 없었다 . 그러나 이 결단은 정확했다 . 초창기의 나약한 혁명군대가 세력이 강한 적과의 결전을 피하고 자신의 생존과 발전을 구하기 위한 유일한 방법은 농촌 , 특히 두 개의 성 ( 省 ) 혹은 여러 개의 성이 인접한 산간지역으로 방향을 돌리는 것이었다 . 당연히 '농촌에서 도시로'의 길을 스스로 인식해야 했고 , 이후 이 노선을 실천해 나가면서 진정으로 깨달아 가야했다 .

봉기군은 상감변경을 따라 남하하면서 강서의 한 쪽을 따라 전진했다 . 국민당 호남군의 전투력은 강했고 강서군의 전투력은 약했기 때문이었다 . 9 월 29 일 , 부대는 강서의 영신현 ( 永新縣 ) 삼만촌 ( 三灣村 ) 에 도착해 야영했다 . 이곳은 산으로 겹겹이 둘러싸여 있었고 추격하던 적들은 이미 따돌려 지역의 반동무장 세력도 없어서 비교적 안전했다 . 부대는 마을에서 5 일을 묵다가 유명한 삼만개편 ( 三灣改編 ) 을 진행했는데 , 그 주요 내용은 첫째 , 이미 1,000 명도 되지 않는 부대를 하나의 여단으로 축소하여 농공혁명군 제 1 군단 제 1 사단 제 1 여단이라 칭했다 . 둘째 , 부대 내부에 민주제도를 실행하고 장교와 사병을 평등하게 대우했다 . 셋째 , 전군은 당의 전방위원회가 다스렸고 당의 지부는 연대에 구축해 부대의 모든 중요한 문제는 반드시 당 조직이 단체로 토론한 후 결정했다 . 이 세 가지 조치는 구식 군대의 악습과 농민의 방만한 상태를 바꾸기 시작한 새로운 인민군대를 건설하는 중요한 출발점이었다 .

모택동은 부대를 거느리고 삼만에서 영강 ( 寧岡 ) 으로 온 후 , 정강산 ( 井岡山 ) 이 자리잡기에 이상적인 곳이라고 생각하고 정강산 지역의 농민무장 세력인 원문재 ( 袁文才 ), 왕좌 ( 王佐 ) 두 부대와 함께 정강산 혁명근거지 구축작업을 준비하기 시작했다.

남창봉기와 추수봉기 이후, 중국공산당은 12월 중순에 광주봉기를 이끌었다. 그때 장발규는 남창봉기 후 나머지 부대를 거느리고 남하하다가 광주를 장악했다. 그의 부대에는 공산당원 엽검영(葉劍英)이 거느리는 교도단(敎導團)이 숨어있었다. 이 단체의 전신은 무산 중앙군사정치학교로 학생들은 대부분 공산당과 공산당 청년단원, 혁명적 경향의 청년들이었다. 11월, 장발규는 계계(桂系)의 황소횡(黃紹竑)과 함께 월동(粤東)에 주둔해 있는 진제당과 광동의 통제권을 쟁취하기 위해 전쟁을 벌였다. 장발규부대의 주력군인 제4군단은 서강으로 가서 계군과 함께 싸웠다. 광주에 남은 부대 중 전투력이 가장 강한 부대는 교도단 뿐이었는데, 이때 이미 의심을 받아 위험에 처해 있었다. 12월 11일, 중국공산당은 광주봉기를 일으켰다. 봉기가 너무나 갑자기 일어났기 때문에 하루 만에 광주시 주강(珠江) 이북 지역을 장악할 수 있었다. 그날 밤, 봉기군을 총지휘했던 엽정은 국민당군대의 반격이 그 다음날 최고조에 이를 거라 생각했다. 그는 회의에서 광주 주위에 적의 병력이 너무 많고 너무 가까이에 있어 병력이 모이면 반격을 해올 것이니 우리에게 불리하다고 설명하고, 광주를 떠나 봉기부대를 해륙풍으로 인솔해가는 것이 가장 좋은 방법이라고 제안했다. 이는 적의 예봉을 피해 유리한 지역으로 가서 다시 한 번 작전을 도모할 수 있는 정확한 제안이었다. 그러나 코민테른의 대표 노이만은 독단적으로 봉기를 진행함에 진격만 있을 뿐 퇴각할 수 없다고 여겼다. 그는 광주에서 철수하자는 주장은 도적떼나 하는 짓이라며 매우 사납게 엽정을 비판했다. 엽정의 의견은 받아들여지지 않았다. 그 결과 그 다음날 국민당의 군대가 전력으로 반격해 들어오자 상황은 심각하게 악화

됐다 . 이 와중에 중국공산당 광주성위원회서기 장태뢰가 희생되어 봉
기의 핵심인물을 잃었다 . 군중을 일으키려는 일도 제대로 되지 않았다 .
"당시 사람들은 모두 폭동을 일으키면 군중이 자연히 함께 일어날 것이
라 생각했으므로 자신도 모르게 군중을 일으키는 일을 등한시했다 ."
그 결과 중과부적으로 봉기는 삼일 만에 실패하고 말았다 .

이번 봉기로 국민당 당국이 강력한 무장 세력을 구비하고 있는
상황에서 도시무장폭동 혹은 대도시를 점령하는 방법으로 혁명의 승
리를 도모하려는 생각은 불가능하다는 것이 다시 한 번 증명된 셈이었
다 . 쌍방의 세력이 이렇게 현저한 차이를 보이는 상황에서 대도시를
사수하려는 시도는 참담한 실패만 가져올 뿐이었다 .

남창봉기와 , 추수봉기 , 광주봉기와 같은 규모가 비교적 큰 봉기
이외에도 1928 년 초가 되자 중국공산당은 잇따라 몇몇 소규모 봉기를
일으켰다 . 이들 봉기 중 일부는 아주 빨리 실패했고 일부는 계속됐다 .
봉기가 지속됐던 지역은 대부분 몇 개 성 ( 省 ) 의 접경지역과 민주당
통치력이 잘 미치지 않는 산간벽지였는데 , 이 지역들에서 이후 각 지
역의 농공홍군과 농촌혁명 근거지의 대규모 확대를 위한 기초를 다졌
다 .

# 제 2 절 혁명 상황에 대한 중국공산당 제 5 회 전국대회 의 판단

무장 저항의 길을 걷게 된 후 , 대혁명시기와는 완전히 다른 새로
운 환경과 너무도 빠른 변화에 직면해 수많은 생소하고 근본적인 문제

에 대해 대답할 필요가 있다. 먼저 그들이 직면한 문제는 다음과 같다. 새로운 상황에서 중국혁명의 성격이 변했는가? 현재 중국혁명의 형세는 계속 고조될 것인지 아니면 침체상태에 빠질 것인가? 중국공산당의 전략은 무엇인가? 상황은 복잡하게 얽혀있었고 막 생겨난 수많은 문제들에 대해 명확히 파악하지도 못했으며 사람들이 생각할 시간도 충분하지 않았으므로 정확한 대답을 하기에는 너무나 어려움이 많았다. 팔칠회의는 당내 우익의 잘못을 청산하는데 중점을 두고 있었는데, 이는 필요한 과정이었지만 이와 동시에 '좌익'의 잘못을 방지하는데에는 주의를 기울이지 않았다. 회의 후, '좌익'에는 망동주의 ( 妄動主義 ) 와 명령주의라는 잘못된 인식이 빠르게 확산됐고 이런 인식은 1927 년 11 월의 중공중앙 임시정치국 확대회의에서 지배적인 위치를 차지했다.

이런 잘못된 주장의 대표적인 사례는 코민테른 대표 비사리온 로미나츠 ( 羅米那玆 , Vissarion lomindze) 로부터 나왔는데, 그는 중공중앙의 주요 책임자인 구추백 ( 瞿秋白 ) 등의 지지를 등에 업고 있었다. 혁명성격의 문제에 대해 그들은 장개석의 4·12 쿠데타를 자산계급 퇴출혁명으로 보았고 왕정위의 반공행위도 상류소자산계급의 퇴출혁명으로 생각했으므로 현재의 중국혁명은 '농공혁명'이 될 수밖에 없다고 여겼다. 로미나츠는 중국혁명의 성격과 속도를 '끊임없는 혁명'이라는 한 마디로 요약했다. 중국혁명의 추세에 대해 구추백은 "혁명의 흐름이 느려지거나 그 기운이 사그라지고 있는 지금의 중국에 반드시 세 가지 상황이 구비되어야 한다. 첫째, 반혁명 통치가 중국사회관계에서의 심각한 문제 ( 토지문제 , 노사문제 등 ) 를 상당부분 해결할 수 있고, 둘째, 반혁명 통치는 점차 안정될 수 있으며, 셋째, 혁명 군중이

뿔뿔이 흩어지고 쇠하는 것이다. 실제로 중국에는 이러한 상황이 절대 나타나지 않고 있다."고 말했다. 구추백의 이러한 대답에서 그가 충분히 심사숙고했고 자신감에 차 있었다는 것을 알 수 있다.

중공중앙은 같은 달 두 가지를 사항을 잇달아 공고했는데 각지의 농공민중이 무장폭동을 실행하도록 독촉했고 당 조직을 '유지'하기 위해 '경거망동'하지 말아야 한다고 생각한다면 기회주의가 다시 고개 들어 군중폭동의 확대를 방해하는 결과에 이르기 때문이라고 표명했다.

이러한 사상적인 지도하에 수많은 지방에서는 현지상황을 고려하지 않고 강제로 노동자들을 동원해 파업과 농민폭동을 일으켰고 어떤 지방은 맹목적으로 방화와 살인을 저질러 사람들의 따가운 눈총을 받았으므로 대혁명 실패 후, 천신만고 끝에 그나마 유지해오던 혁명세력은 더 큰 타격을 받았다. 이런 잘못된 인식은 반년 동안 당내에서 주류를 차지하고 있었다.

도대체 어디에서 실수를 한 것일까? 이는 당시 문제의 복잡성과 관계가 있다.

그랬다. 대혁명이 실패한 후, 중국민족자산계급은 한때 흔들렸고 혁명에서 이탈해 반혁명 측에 섰다. "중국은 자산계급의 민주혁명이었지만 또한 자산계급을 반대해야 했으므로 당시 가장 해결하기 어려운 문제였다." 수많은 사람은 지금의 중국혁명은 이미 '농공혁명'이라 생각하고 있었고 이를 사회주의 혁명과 동일시했다. 그러나 혁명의 성격은 혁명의 과업으로만 결정될 수밖에 없다. 반제국, 반봉건이라는 중국자산계급 민주혁명의 과업은 완수되지 못했고 공산당은 계속해서 이 과업을 완수하기 위해 중국혁명에 매진했지만 계급을 뛰어넘어 곧바로 사회주의 혁명으로 발전시킬 수 없었다.

역시 마찬가지로 중국 사회 내부의 근본적인 문제는 확실히 하나도 해결되지 않았으므로 반동세력은 장기적이고 안정적인 통치를 할 수 없었고 인민도 투쟁을 포기할 수 없었다. 그러나 대혁명이 실패한 후, 반동세력과 그들은 서로 협력하여 세력이 잠시 강화됐지만, 혁명세력은 오히려 심각하게 약해졌다. 전국적인 범위에서 봤을 때, 이 당시 혁명의 경향은 계속 고조되고 있는 상황이었다.

중국공산당은 어디까지나 신생세력이었다. 그들은 이렇게 복잡한 문제 처리하기에는 경험이 부족했다. 국민당의 학살에 대한 분노와 복수하고자 하는 갈망, 일부 사람들을 동요와 배신행위에 대한 강렬한 증오로 사람들은 냉정한 태도를 유지하기 어려웠고 거의 필사적인 충동으로 일의 유리한 측만 보기 쉬웠고(혹은 과장해서) 일의 불리한 측은 등한시(심지어 무시)했으며, 상황에 대해 잘못된 판단을 내렸다. 이외에도 그들 중 수많은 사람은 대혁명에서 겪었던 기세 높았던 장면의 기억과 그리움만 간직하고 이미 크게 변해버린 냉혹한 현실을 인정하려 하지 않았으며, 가슴에 가득한 열정만 믿고 새로운 상황을 타개해 나가는 것이 어렵지 않다고 생각했다. 이유한은 "당시 이러한 '좌파 경향의 정서'는 혁명하는 사람들에게는 보편적으로 나타나는 현상이었다."라고 기억했다.

이런 맹목주의적 잘못은 어느 한 사람의 실수만으로는 설명할 수 없고 어떤 의미에서는 역사적인 현상이라 말할 수 있다.

이런 잘못된 방법은 심각하게 현실상황을 벗어났기 때문에 이를 행동에 옮기는 과정에서 사람들은 계속해서 뼈아픈 교훈을 얻었는데, 1928년 4월 하순에 이르자 그들의 행동은 이미 멈출 수 없는 상태에 이르렀지만, 그들이 인식하고 있던 문제(특히 중국혁명 상황에 대한

예상 ) 는 여전히 존재했고 , 곧 개최될 중국공산당 제 6 회 대표대회에
서 이를 해결해야 했다 .

　　국내 환경이 위태로웠기 때문에 중국공산당 제 6 회 대표대회는
1928 년 5 월 소련의 모스크바에서 열렸다 . 대회에서 중국혁명의 일련
의 근본문제에 대해 인식의 일치를 이루어 냈는데 , 주요 내용은 다음
과 같았다 . 첫째 , 현재 중국혁명의 성격은 여전히 반제국 , 반봉건의
자산계층의 민주혁명이다 . 대회에서 이 문제에 대해서는 심각한 논쟁
이 벌어지지 않았다 . 둘째 , 중국혁명에 대한 예상이었는데 , 대회에서
가장 격렬하게 논쟁을 벌인 문제였다 . 부하린 코민테른대표는 대회의
최종 결론을 발표할 때 “지금 우리가 실패했다는 사실과 아직 새롭게
시작된 혁명이 없다는 사실을 잊지 말아야 한다 . 지금 중국공산당에게
가장 위험한 것은 중국공산당이 수많은 실패 이후의 침체를 보고 있지
않는다는 사실이다 .” 라고 말했다 .

　　제 6 회 대표대회에서 통과된 < 정치의결안 > 에는 “지금의 형세
는 수많은 군중의 혁명적인 지지를 얻지 못하고 있고 중국혁명운동도
균형적으로 발전하지 못하고 있다는 특징이 있다 .”고 썼다 . 셋째 , < 정
치의결안 > 에서 중국혁명의 현재 과업과 책략에 대해 지금 , 첫 번째 혁
명의 물결은 여러 번의 실패를 겪으며 지나갔고 새로운 혁명의 물결은
아직 오지 않았다 . 반혁명 세력이 아직 노동자와 농민세력을 훨씬 초과
했기 때문에 당은 군중을 쟁취하는 쪽으로 노선을 바꾸었다 .

　　이렇게 당내에 심각하게 논쟁했던 근본적인 문제에 대해 명확한
해결책을 얻었을 뿐만 아니라 현실상황에 맞춰 중국공산당의 선결과
제를 모든 수단과 방법을 동원해 도처에서 폭동을 조직하는 것에서 고
달픈 군중사업에 장기적으로 종사하여 군중을 쟁취하는 것으로 바뀌

었다. 이 역시 중심전략의 변경이라 말할 수 있다. 이 전략의 영향력은 아주 컸는데, 전체 당의 사상 통일과 중국혁명의 촉진에 중요한 역할을 했다.

제6회 대표대회에도 결함이 있었는데, 그 주된 내용은 다음과 같다. 첫째, 도시에서의 과업진행을 여전히 중심으로 하고 있어 중국혁명이 농촌으로 들어가 도시를 포위하는 길임을 아직 인식하지 못하고 있으며, 둘째, 민족자산계급을 여전히 혁명의 적으로 간주하고 중간계급의 역할과 반동세력 내부의 모순에 대한 정확한 예측도 결여되어 있다. 당연히 이 역시 역사적인 조건의 한계였다. 주은래는 그 후, "당시의 실제상황과 이론의 수준에 근거해 제6회 대표대회에 무산계급을 지도자로 하고 농촌을 중심으로 하는 사상을 요구하는 것은 불가능했다. 당연히 농민유격전쟁을 했음에도 불구하고 우리는 이런 방면의 경험이 부족했고 여전히 방법을 모색하는 중이었다. 역사상 중국에서든 외국에서든 농촌으로부터 도시를 포위했던 유례는 찾아볼 수 없었다. 당시의 중국 상황으로 봤을 때 전체 농촌혁명의 유격운동은 어려움을 겪던 시기였고, 장계전쟁(蔣桂戰爭)도 아직 발발하지 않았으므로 이런 상황에서 농촌을 중심으로 한다는 생각 자체가 불가능했다."

## 제3절 정강산투쟁에서 고전회의(古田會議)까지

어떻게 중국국가 상황에 따라 중국의 실제상황에 적합한 새로운 길을 걸어 갈 수 있을까? 준비된 방안과 참고할 수 있는 경험도 없었으므로 실제 행동과정 중에서 고달프고 반복된 탐색을 통해서만이 이를

해결할 방안을 찾을 수 있었다 . 그중 , 가장 성공적인 것은 모택동이 이
끄는 정강산투쟁이었다 .

정강산은 상감변경에 자리한 나소산맥의 중간에 위치해 있었고
강서 영강 ( 寧岡 ), 수천 ( 遂川 ), 영신 ( 永新 ) 과 호남 영현 ( 鄙縣 ) 의
네 개 현이 서로 맞닿는 곳으로 면적은 약 4,000 ㎢이었다 . 대혁명시기 ,
이 몇 개 현에 모두 당의 조직과 농민 자위군을 구축했고 대중적인 기
반도 비교적 좋았다 . 산에는 논과 마을이 있었고 주위 각 현 ( 縣 ) 의
농업경제는 부대에 물자를 보급할 만했다 . 이곳은 중심도시와 멀고 교
통이 불편했으며 국민당의 통치력이 미약했다 . 높고 가파른 산봉우리
의 지세가 험해 몇 개의 좁은 길을 통해야만 산으로 들어올 수 있어 전
진해 공격하기에도 좋고 후퇴해 수비하기에도 좋았다 . 적과의 세력 차
가 현저한 상황에서 이곳은 확실히 이상적인 근거지였다 .

원래 정강산에는 원문재 ( 袁文才 ) 와 왕좌 ( 王佐 ) 가 조직한 녹
림군이 있었다 . 두 사람은 모두 대혁명에 참가했었고 , 원문재는 공산
당원이었다 . 모택동이 이끈 추수봉기군은 그들의 신임과 지지를 얻은
후 , 산으로 들어가 그들과 합류했다 .

국민당과 공산당의 세력 차가 현저한 상황에서 정강산과 같은 지
역에 농공무장 할거세력이 터전을 잡을 수 있었던 원인은 국민당 각파
의 군사세력이 결사적으로 투쟁을 지속하고 있어 당시 그들이 무시하
던 농공무장 할거를 고려할 여유가 없었기 때문이다 . 모택동은 < 정강
산의 투쟁 > 의 시작부분에서 "한 나라 안에서 사방으로 백색테러에
포위되어 있을 때 아주 작은 하나 혹은 여러 개의 붉은 정권지역이 생
겨났는데 , 세계적으로 중국에서만 이런 현상이 발생했다 . 나는 이런
정권지역이 발생한 원인의 하나가 중국에 매판토호계급 간의 지속적

인 분열과 전쟁이라고 분석한다. 매판토호계급 간의 분열과 전쟁이 지속되기만 한다면 농공무장 할거도 계속 존재할 수 있으며 계속 확대될 수 있을 것이다."라고 썼다. 모택동이 이 문장을 쓴 이후, 국민당 각파의 군사세력간의 분열과 전쟁은 계속됐고 1930년에는 중원대전과 같은 역대 최대 규모의 내전으로까지 발전했다. 이는 농공무장 할거의 존재와 발전에 의심할 여지없이 유리한 작용을 했다. 이러한 외부조건만으로는 당연히 부족했다. 모택동은 계속해서 "이 외에 농공무장 할거의 존재와 발전에는 다음과 같은 조건을 구비해야 할 필요가 있다. (1) 아주 훌륭한 대중적 기반, (2) 아주 훌륭한 당, (3) 상당한 세력의 홍군, (4) 작전에 유리한 지세, (5) 충분히 물자를 보급할 수 있는 경제력." 이라고 썼다.

따라서 모택동은 정강산에 들어간 후, 혁명군대가 반드시 책임져야 할 3대 임무에 대해 명확히 말했다. 첫째, 적군을 싸워 없애고, 둘째, 토호를 무찔러 자금을 마련하고, 셋째, 군중사업을 진행한다. 자고이래 사람들은 군대의 임무는 바로 싸움이라고 생각했다. 군대의 임무가 싸움만이 아니라 군중사업이라는 모택동의 언급은 전혀 새로운 관념이었고 이런 생각의 영향력은 아주 크고 깊었다. 이런 군대는 구 군대와는 근본적으로 달랐고 구식의 농민무장과도 근본적으로 다른 중국역사상 전대미문의 새로운 군대였다.

모택동이 정강산에 들어온 후 거의 반년쯤 됐을 때 주덕(朱德), 진의(陳毅)가 이끈 남창봉기군의 잔류부대가 상남(湘南)에서 봉기를 일으킨 후, 1만여 명을 이끌고 정강산으로 들어왔다. 1928년 4월, 주덕과 모택동 양군이 합류하여 중국 공농혁명군 제4군단(얼마 후 공농홍군 제4군단으로 개칭)으로 개편해 모택동은 군위원회서기

와 당대표를 맡았고 주덕은 군장을 맡았다 . 합류 후 정강산 근거지의
무장 세력은 기존의 2,000 명에서 1 만여 명으로 늘어났다 . 주덕 , 진의
가 이끈 남창봉기군 잔류부대는 대혁명시기에 혁혁한 전공을 세운 엽
정 독립단의 주력부대였으므로 장비가 우수했고 훈련이 잘되어 있었
으며 천 여 점이 넘는 총과 기관총을 구비하고 있어 전투력이 강했다 .

　　주덕과 모택동이 군대를 합류한 후 , 홍군은 국민당 감군 ( 贛軍 )
의 두 차례에 걸친 정강산 토벌을 연이어 물리쳤다 . 모택동 , 주덕은 경
험을 종합하여 "적군이 공격하면 퇴각하고 , 적군이 주둔하면 , 이를 방
해하고 , 적군이 지치면 공격하고 , 적군이 퇴각하면 쫓는다 ."는 유격
전의 비결을 요약해냈다 . 중국공산당군대의 앞으로의 전략전술은 바
로 이 비결에서 발전됐다 . 6 월 하순에 , 홍 4 군이 용원구 ( 源口 ) 대첩
에서 승리한 후 , 정강산 근거지는 7,200 ㎢로 확대됐고 모두 50 만 명이
거주했다 . 모택동은 < 정강산의 투쟁 > 에서 이를 '변경 전성기'라고
말했다 .

　　이 근거지에 상감변경 특별위원회를 세우고 상감변경 공농병 ( 工
農兵 ) 소비에트 정부를 설립했는데 , 이 정부의 중요한 임무는 토지혁
명을 이끄는 것이었다 . 상감변경은 교통이 두절된 농업지역으로 주민
들 거의가 농민이었다 . 이곳의 토지는 대부분 지주의 수중에 있었다 .
지주로부터 토지를 임대해 경작하는 농민은 매년 수확량의 절반 이상
을 지주에게 납부해야 했고 기타 여러 가지 억압과 착취를 당했다 . 토
지를 손에 넣는 것은 빈곤한 농민이 가장 갈망하는 일이었다 . 토지혁
명은 '경작자가 그 땅을 가진다'는 기치를 실현하는 것이었고 팔칠회
의 후 , 각지의 무장폭동의 목표였다 . 토지혁명 없이 군사적 투쟁만으
로는 수많은 농민의 진심에서 우러나오는 지지를 받을 수 없었고 , 유

지하기도 힘들었다.

그해 12월, 호남 평강봉기에서 홍 5군을 설립했던 팽덕회 ( 彭德 懷 ), 등대원 ( 騰代遠 ) 이 군대를 이끌고 정강산에 와서 홍 4군과 합류 했다.

그러나 한 단계 더 발전하기 위한 관점에서 본다면 정강산혁명 근거지는 지역적인 면에서 약점이 있었다. 첫째, 정강산은 지세가 험 준했지만 인구가 적어 물산이 풍부하지 않았다. 홍군의 숫자가 급격히 늘어났고 여기에 국민당군대의 반복된 '소탕'과 빈틈없는 봉쇄가 더해 지면서 군민들의 생활은 극단적으로 어려워졌고 때로는 최저한의 의 복과 음식도 보장할 수 없는 지경이었다. 둘째, 정강산은 상강 ( 湘江 ) 과 감강 ( 贛江 ) 사이의 좁고 긴 지역에 위치해 있었는데, 이 두 강은 모두 걸어서 건널 수 없어서 남과 북으로 세력을 확장하기 어려웠으므 로 군사적으로 군대를 움직일만한 여지가 충분하지 못했다. 이 두 가 지 약점은 초기에는 뚜렷이 나타나지 않았지만, 홍군세력이 확대되면 서 점점 드러나기 시작했다.

1929년 1월, 호남과 강서 두 성 ( 省 ) 의 국민당군대 3만 명을 5 갈래 길로 나누어 정강산을 향해 토벌을 시작할 때, 모택동과 주덕은 홍 4군의 주력부대를 이끌고 정강산을 내려와 강서성 남쪽을 향해 출 격했다. 강서성 남쪽지역의 조건은 홍 4군이 나아가기에 유리했다. 이에 대해 홍군의 토벌에 참가한 진성 ( 陳誠 ) 은 다음과 같이 분석했 다. "강서성 남쪽에 위치한 감강 상류는 지세가 험준하고 산봉우리가 중첩되어 있어, 교통이 몹시 불편한데, 이는 치고 빠지는 유격전에 가 장 이상적인 지대였다. 공산당은 유격전에 뛰어났으므로 강서성 남쪽 을 주요 근거지로 삼았다." 또한 강서성 남쪽의 경제적 조건도 우월했다 . 비록 강서성 남쪽에 산이 많았지만 산과 산 사이의 계곡에는 일부 충적평야 ( 沖積平野 , 퇴적평야의 일종 ) 가 있어서 경작을 하기에 적합했다 . "서금 ( 瑞 ) 은 1 년간 농사를 지어 3 년간 먹고 살 수 있는 좋은 지역이었다 . 기타 각 현이 모두가 서금과 같지는 않았지만 생산할 수 있는 품목의 수가 많아서 자급자족할 수 있었으므로 그들은 강서성 남쪽을 중요시했다 ."

이 시기 동안 두 가지 중요한 일이 발생했다 .

하나는 1929 년 12 월 , 복건 상항 ( 上杭 ) 고전 ( 古田 ) 에서 열린 중국공산당 홍 4 군 제 9 차 대표대회였다 . 이 대회는 홍 4 군내부의 엄격한 논쟁의 결과였다 . 당시 홍 4 군의 정치부 서기장을 맡고 있었던 강화 ( 江華 ) 는 "당시 홍군이 결성된 지 얼마 되지 않았기 때문에 홍군은 구식 군대의 구식사상과 구식습관 , 구식제도를 가지고 있었고 따라서 일부 사람들은 구식군대의 지도방식에 습관이 되어 있어 군대가 당의 절대적인 지도를 받는데 찬성하지 않고 이에 의구심을 갖고 있었다 . 이 논쟁에서 군대 내에 존재하는 단순한 군사적인 관점과 기존의 도둑떼 의식 , 극단적인 민주화와 군벌주의의 잔재 등 비무산계급 사상이 고개를 들었다 ."

이런 문제들의 견해차는 군이 결성된 후에도 오랫동안 존재했고 복건에 온 이후 환경이 비교적 안정되자 집중적인 논쟁으로 번졌다 .

중공중앙은 홍 4 군의 논쟁을 아주 중시해 두 차례에 걸쳐 홍 4 군 전방위원회에 태도를 명확히 하는 편지를 보냈다 . 9 월의 편지에 "먼저 농촌홍군이 생기고 그 후에 도시 정권이 생겼다 . 이는 중국혁명의 특징이며 중국경제기반의 산물이다 . 당의 모든 권력은 전방의 지도기관에 집중되어 있는데 , 이는 정당한 것이고 절대 흔들리지 않을 것이다 .”라는 아주 중요한 내용이 있었다 .

이 두 통의 편지는 주은래가 기안을 작정한 것으로 모택동에게 전폭적인 지지를 보낸다는 의미였다 .

고전회의에서 결정된 사항은 3 만 자에 육박했는데 , 농민위주로 구성된 군대로 어떻게 무산계급이 이끄는 새로운 인문군대로 만들 것인가라는 근본적인 문제를 체계적으로 해결했다 . 홍 4 군뿐만 아니라 기타 각 홍군도 잇따라 이 결의를 실행에 옮기며 홍군건설 과정을 가속화했다 .

이 시기에 발생한 또 다른 중요한 일은 강서성 남쪽과 복건 서쪽의 광대한 지역 내에서 전개된 분전 ( 分田 ) 운동이었다 .

정강산기간과 비교했을 때 이번 분전방법에는 두 가지 원칙적인 개편이 있었다 . 첫째는 ‘모든 토지 몰수’를 ‘모든 공공토지 및 지주계급의 토지 몰수’로 바꾸어 중농 ( 中農 ) 의 심각한 이익침범을 피했고 , 두 번째는 , 논을 얻는 사람이 토지소유권을 가지고 ‘다른 사람들은 침범하면 안 된다’로 바꾸어 , 수많은 빈곤한 농민들의 토지에 대한 요구를 만족시켰다 . 분전운동 후 , 강서성 남쪽과 복건 서쪽의 혁명 근거지에 나타난 전례가 없었던 대규모의 진정한 사회대변동으로 사회구조와 계급관계에 모두 근본적인 변화가 발생했다 .

토지혁명은 중국민주혁명의 기본내용 중의 하나이다 . 사람들은 항상 봉건주의 반대 문제에 대해 논의한다 . 중국을 몇천 년간 통치했던 지주토지소유제를 뿌리 뽑지 않는다면 근본적으로 철저한 반봉건이라고 말할 수 없다 . 이러한 전제가 있어야만 계속해서 봉건주의의 폐해를 어떻게 제거할 것인지를 논할 수 있다 . 그해 중국의 수많은 정당 혹은 논자들은 중국현대화 문제에 대해 논했는데 , 대부분이 중국에서 대다수를 차지하고 있는 빈곤한 농민들을 대상에서 제외하거나 혹은 비록 농촌 건설 중에서 몇몇 개선조치에 대해 논한다고 해도 지주토지소유제라는 근본문제를 감히 건드리지 못했으므로 중국의 농촌문제를 해결할 수는 없었다. 공산당이 이끄는 수많은 빈곤한 농민들만이 봉건착취제도를 단호히 반대했고 봉건주의의 기반을 뿌리 뽑았다.

이 시기에 중공중앙의 지도로 정강산과 강서성의 남쪽, 복건 서쪽 혁명의 근거지뿐만이 아니라 기타 지역의 홍군과 혁명근거지도 크게 발전했다. 중요한 혁명근거지를 연이어 구축한 지역은 상악서 ( 湘鄂西, 호남과 호북의 서쪽지역 ) 와 악예환 ( 鄂豫皖, 호북과 하남, 안휘성 ), 상악감 ( 湘鄂贛, 호남과 호북, 강서성 ), 상감 ( 湘贛, 호남성과 강서성 ), 광서의 좌우강 ( 左右江 ), 광동의 동강과 경애 ( 琼崖 ) 등 15 곳이었다. 1930 년 3 월이 되자, 전국에는 이미 13 개 군과 6 만여 명의 홍군이 생겨났고 그중 1 만 명의 군인과 7,000 점의 총을 가진 주덕, 모택동이 거느린 홍 4 군이 가장 강대했다. 이후, 중국농공홍군의 3 대 주력부대가 되는 일방면군 ( 一方面軍 ), 이방면군 ( 二方面軍 ), 사방면군 ( 四方面軍 ) 은 이때 이미 형태를 갖추고 있었다.

대혁명이 실패한 후, 거의 궁지에 빠질 뻔했던 중국공산당은 4 년간의 힘든 투쟁을 거쳐, 중요한 세력으로 중국정치무대에 다시 나타났다. 제 6 회 전국대회가 끝났을 때와 비교해 봤을 때 2 년간의 노력으로 상황을 완전히 변화시키고 곳곳에서 빠르게 성장해 나가는 추세를 보였다.

## 제 4 절  입삼노선 ( 立三路線 ) 과  중국공산당  제 6 회  중앙위원회  제 4 차  전체회의

전진하는 길은 참으로 힘들었고 우여곡절도 많았다 . 상황이 호전되자마자 , '좌파' 경향의 모험주의의 과오가 다시 한 번 상승세를 타고 중국공산당 중앙위원회 ( 이하 '중공중앙' ) 에서 지배적인 지위를 차지했다 . 일반적으로 '입삼노선'이라 불렸던 이립삼 ( 李立三 ) 으로 대표되던 시기는 모두 3 개월이었다 .

이번 '좌파' 경향의 과오는 지난번과 비교해 2 년이라는 시간적 간격이 있었고 뚜렷한 차이가 있었다 . 지난번은 대혁명이 심각한 좌절과 실패를 겪었을 때 필사적으로 진행한 맹목적이고 무모한 행동이었고 이번은 국민당 각파 군대세력 간의 끊임없는 혼전과 혁명운동의 회복시기에서 혁명발전의 유리한 형세를 너무 과장되게 예측하여 발생된 성급한 모험주의였다 .

제 6 회 대표대회의 예측에는 문제가 있었다 . 비록 "첫 번째 혁명의 파도가 이미 여러 번의 실패를 거쳐 지나갔고 새로운 파도는 아직 오지 않았다 ."고 말했지만 새로운 혁명의 파도는 도대체 언제 오는지에 대해서는 아무런 대답이 없었다 . 새로운 혁명의 파도가 언제 올 수 있는지에 대해 중공중앙의 수많은 사람은 계속해서 생각하고 또 생각했다 . 주관적으로 그들은 이러한 파도가 하루 빨리 나타나기를 절박하게 희망하고 있었다 . 혁명이 곳곳에서 빠르게 성장하는 추세를 보이고 있었기 때문에 그들의 이러한 분위기를 더욱 고조됐다 . 이는 당내 '좌파'의 조급성이 다시 한 번 고개를 들게 되는 중요한 원인으로 작용했다 .

중국공산당 제 6 회 전국대회 이후 일여 년의 시간 동안 , 중공중앙의 태도는 여전히 비교적 침착했다. 당시 , 노동자출신의 향충발 ( 向 忠發 ) 은 중앙정치국에서 명분상의 주석을 맡고 있었고 주은래는 중 공중앙의 실질적인 담당자로 각종 사업을 일사 분란하게 진행하고 있 었다. 1929 년 말과 1930 년 초에 중국공산당 내에서 '좌파'의 조급성 의 대두와 발전을 촉진하는 두 가지 요소가 있었다. 하나는 코민테른 이 부하린의 '우파성향'을 맹렬하게 비판하고 각 나라의 공산당에 함 께 반우파투쟁을 진행하라고 요구한 데 있었다. 코민테른은 중국공산 당에 4 통의 편지를 보냈는데 , 그 내용은 모두 반우파를 강조하고 있 다. 또 다른 요소는 국민당내 각파 군사세력 간에 전례 없던 규모의 중 원대전의 발발이 이미 코앞에 닥쳤다는 점이었다. 국민당 통치구역 내 의 상황은 점점 어지러워졌다. 당내 수많은 사람은 흥분하기 시작했 고 , 혁명세력의 성장에 대한 기대치를 너무 높게 잡아 현실에서 벗어 난 예측을 했다.

'좌파' 경향의 조급성이 다시 대두되자 분위기는 빠르게 고조됐 다. 1930 년 5 월 , 중원대전이 발발했다. 이때 주은래는 이미 모스크바 로 가서 코민테른에 보고했는데 , 실제 중국공산당 중앙위원을 맡고 있 는 정치국상임위원 겸 선전부장 이립삼은 전국적으로 혁명의 분위기 가 이미 무르익었지만 혁명정권이 동시에 전국적으로 승리할 수 없을 수도 있으므로 한 개의 성과 몇 개의 성에서 우선적으로 승리를 쟁취 해야 한다고 생각했다. 어떻게 승리를 쟁취해야 할까 ? 그는 여전히 도 시중심론의 관점에서 출발해서 도시산업노동자들에 기대어 정치파업 에서 시작해 총동맹파업을 유도하고 무장폭동을 일으키는 동시에 각 갈래의 홍군에게 그들을 도와줄 보조세력을 중심도시로 보내 주기를 요구했다. 6 월 , 중국공산당중앙위원회는 이립삼의 보고서에 따라 <

현재 정치임무의 결의, 새로운 혁명과 한 성 혹은 몇 개 성의 우선적인 승리 > 를 통과시켰다.

이 결의가 통과됐기 때문에 제 2 차 '좌파' 경향의 착오는 중공중앙에서 지배적인 위치를 차지했다. 이어서 중공중앙은 무한폭동과 남경폭동, 상해 총동맹파업의 계획에 착수했고, 이 몇 개의 주요도시의 폭동을 전체 계획의 중심에 놓았으며 각 갈래 홍군을 무한에 집결하고 장강을 점령하라고 요구했다. 이 계획은 호기롭게 들리지만 사실 기본적인 세력과 조건을 구비하지 못했다. 7 월, 홍군의 제 3 군단이 호남 군벌 하건 ( 何鍵 ) 이 호남군의 주력부대를 남으로 배치해 이종인과 장발규의 군대의 공격에 대응하려 하는 기회를 틈타 한 차례 거짓 공격으로 호남의 성도 장사를 점령했다. 이립삼은 매우 기뻐하며 그의 주장이 정확하며 그가 기대하던 놀라울 정도로 급변하는 시기가 왔다고 생각했다. 8 월, 이립삼은 중공중앙 정치국 회의에서 "우리의 전략도 반드시 제국주의에 대한 국제 무산계급의 결전을 추진해야 합니다. 저는 현재 국제 형세에서 반드시 적극적인 공격노선을 취해야 방법이 있다고 생각합니다. 먼저 소련인데, 소련은 반드시 적극적으로 전쟁을 준비해야 합니다. 중국의 혁명을 성공으로 전 세계적인 대혁명을 일으킨 후, 최후 결전에 돌입해야 합니다."라고 말했다.

이번 '좌파' 경향의 착오가 중국공산당을 지배하던 시간은 3 개월에 불과했지만, 중국공산당은 이를 위해 막대한 대가를 지불했다. 국민당 통치지역 내에서 수많은 중국공산당 지역당 조직들은 급히 폭동을 조직함으로써, 기존의 세력이 노출되어 11 개 성 위원회의 기관이 잇따라 파괴됐고 무한, 남경 등 도시의 당 조직도 거의 완전히 와해됐다. 홍군의 대도시 공격에도 큰 손실을 입었다.

소련의 전쟁준비와 몽골의 출병협력 등을 포함한 이립삼의‘좌파’경향의 모험주의는 코민테른이 허가할 수 있는 범위를 넘어섰다 . 8 월 하순 , 주은래 , 구추백이 잇따라 귀국해 이 과오를 바로잡았다 . 9 월 , 중국공산당은 제 6 회 중앙위원회 제 3 차 전체 확대회의를 개최했다 . 회의 후 , 이립삼은 지도자의 지위를 박탈당했고 무한 , 남경폭동과 상해총동맹파업의 계획도 취소됐으며 중앙과 지방의 행동위원회도 해산됐고 당 , 단 ( 團 ), 노동조합의 조직도 회복됐다 . 비록 제 3 차 전체회의에서도 부족한 점이 있었지만 , 전체적으로 봤을 때 ‘입삼노선’의 주요 특징이었던 착오들은 실제업무에서 시정됐고 문제는 기본적으로 해결됐으며 전체업무도 점점 정상적인 궤도로 회복됐다 .

그러나 그 후 , 얼마 지나지 않아 왕명 ( 王明 ) 을 대표로 하는‘좌파’경향의 교조주의 ( 敎條主義 ) 가 1931 년 1 월에 열린 중국공산당 제 6 회 중앙위원회 제 4 차 전체회의에서 다시 당내에서 지배적인 위치를 차지했다 . 제 4 차 전체회의는 코민테른의 대표 미프 ( 米夫 , Pavel Mif) 가 직접 구추백과 주은래가 주재한 제 3 차 전체회의에서 ‘입삼노선’이 범한 ‘조화주의’의 과오를 엄격히 질책했으며 ‘각계지도기관의 강화개조’를 결의했다 . 왕명은 회의 전에 배포한 지도원칙적인 성격의 소책자 《두 갈래 길》( 추가주문 후 , 《중국공산당의 볼셰비키화 강화를 위한 투쟁》으로 개명 ) 에서 국민당 통치의 붕괴가 가속화되고 있어 이미 호남과 복건 , 강서 등 성 ( 省 ) 에서 한 개 성 혹은 몇 개 성에서 승리할 가능성이 있고 더 나아가 전국적인 승리 쟁취를 추진하고 있으며 중간세력을 가장 위험한 적으로 보았으며 소위 ‘공격노선’을 맹목적으로 고취하여 이러한 견해에 동의하지 않는 사람을 ‘좌파기회주의’자로 몰아 공격하는 것을 당내의 주요위험으로 여긴다는 내용이 있었다. 이렇게 또다시 중공중앙을 4년간 통제했던 '좌파' 경향 교조주의의 착오가 시작됐다.

왕명 등은 마르크스주의 책에서 배운 약간의 지식만을 가지고 있었고 실제 업무경험이 없는, 귀국한지 얼마 되지 않은 소련유학생들이었다. 그들이 어떻게 정권을 잡아 중공중앙을 그렇게 오랫동안 장악할 수 있었을까? 이 일을 직접 경험한 육정일은 다음과 같이 분석했다."왕명노선을 반대하는 것은 기타 과오노선을 반대하는 것보다 더 어려웠다. 그 이유는 (1) 그들에게는 코민테른의 미프라는 후원자가 있었는데, 당시에는 중국공산당이 코민테른을 맹목적으로 숭배해 코민테른의 어떠한 결정도 모두 정확하다고 생각했다. 코민테른은 왕명의 분파를 믿고 있었고 그렇다면 왕명 분파도 반드시 옳다고 생각했다. (2) 그들은 말끝마다 마르크스, 레닌을 갖다 붙였는데 마르크스, 레닌주의라는 말을 방패삼아 과오를 저질렀다. 당시 중국공산당은 아직 이런 이론에 대한 지식수준이 낮았기 때문에 마르크스, 레닌주의의 말 중에 어느 것이 중국의 상황에 적합한지 부적합한지를 구분하지 못했으므로 그들에게 기만당했다. (3) 그들도 제국주의를 반대하고 지주자산계급을 반대하며 토지혁명을 주장했다. 그래서 어느 부분에서 의견이 맞지 않는지를 간파하기 어려웠다."

## 제5절 홍군의 세 차례에 걸친 반(反)토벌의 승리

중원대전이 끝나기 전, 장개석은 온힘을 국민당 내 각파 군사세력 간의 끊이지 않는 전쟁에 쏟았고, 몇몇 성 변경에 위치한 산간지역의 홍군 유격전쟁은 무시했다 . 홍군과 전쟁을 하는 대상은 대부분 지방부대였고 장개석의 직계 정예부대는 아니었다 . 그러나 홍군과 근거지의 빠른 성장 , 특히 '입삼노선' 시기에 홍군의 중심도시를 공격하는 위험한 행동에 그는 깜짝 놀랐다 . 따라서 중원대전이 끝나자 그는 거의 쉬지 않고 홍군에 대한 토벌을 바로 시작했다 .

12 월 7 일 , 장개석이 직접 남창에 작전을 진행했다 . 그러나 그는 여전히 홍군을 무시하는 생각을 가지고 있었으므로 29 일 국민 정부기념주간에서 "나는 3 개월 내에 공비들을 소탕하는 데 대해 아무런 문제가 없을 거라 생각한다 ."라고 말했다 .

이번 토벌의 지휘를 맡은 노척평은 홍군의 세력에 대해 충분히 알지 못했으므로 '몇 갈래로 나누어 진격해 거침없이 쳐들어가 함께 공격한다'라는 전술을 채택해 일거에 홍군의 일방면군의 주력부대를 소탕할 수 있을 거라 생각했다 . 홍군의 전략은 적을 깊이 유인하는 것이었다 . 노척평이 지휘하는 군대는 모두 10 만여 명으로 각 부대 간의 거리가 너무 멀어서 각각 격파 당하기 쉬웠다 . 이 군대에서 장휘찬 ( 張輝瓚 ) 과 담도원 ( 譚道源 ) 두 사단은 노척평의 직계 ( 直系 ) 부대였고 장휘찬은 전방을 총지휘하고 있었다 . 그들을 물리치자 이번 토벌은 무너졌다 . 이 두 사단에는 각각 약 1 만여 명의 군사가 있었고 4 만 명의 홍군이 한 번에 한 개의 사단을 물리쳐 절대우위를 점했다 . 30 일 , 고립됐던 장위찬의 부대가 용강지대의 협소한 산길에 들어서자 갑자기 매복하고 있던 홍군의 맹렬한 습격을 받았고 퇴로가 완전히 막히고 말았다 . 하루 동안의 치열한 전투를 통해 거의 만 명에 가까웠던 장휘찬 부대는 몰살당했고 장휘찬은 생포 당했다 . 이어 홍군은 승세를 몰아 동진하면서 동소 ( 東韶 ) 에서 담도원 사단의 절반을 몰살했다 . 첫 번째 대규모 토벌은 이렇게 끝내지 않을 수 없었다.

이는 완전히 장개석의 예상을 빗나간 결과였다. 1931 년 2 월, 그는 군정부장인 하응흠 ( 何應欽 ) 을 파견해 육해공군 총사령관 남창 사령부주임과 "빈틈없는 전술로 신중하고 엄밀하게 방어한다."는 원칙에 의해 제 2 차 ' 토벌 ' 을 조직했고 병력도 20 만 명으로 증가시켰다. 그중에는 채정개 ( 蔡廷鍇 ) 와 손연중 ( 孫連仲 ) 등 전투력이 강한 부대도 포함되어 있었지만 여전히 장개석의 직계부대는 아니었다. 4 월, 국민당군대는 4 갈래로 길을 나누어 진격을 시작했다. 중앙 홍군은 여전히 '적을 깊숙이 유인한다'는 전략을 유지하며 힘을 집중시켜 각각 적을 섬멸했다. 보름 동안 5 차례 연승했고 7 백리를 쓸어버리면서 잇따라 3 만여 명의 적을 섬멸하며 국민당군대의 제 2 차 토벌군을 깨뜨렸다.

이번 실패는 장개석에게 더 큰 충격을 안겨주었다. 그는 6 월 5 일의 연설에서 홍군을 "유일한 적"이라 칭하고 이를 남경과 광주의 대립보다 더 큰 위협으로 간주하면서 "중앙은 전력을 기울여 그들을 소탕하기로 결정했다."고 말했다. 그는 직접 남창으로 가서 토벌군의 총사령관을 맡았고 하응흠을 전방 총사령관으로 삼아 직례인 진성과 위리황의 10 만 군대를 추가로 보충해 강서로 보냈으며 7 월 1 일부터 진격을 시작했다. 이번 진격의 기세는 지난 두 차례의 토벌보다 더욱 맹렬했다.

장개석은 이번 토벌에서 병력이 많은 것에 의지해 다시 한 번 거침없이 쳐들어가는 전력을 써서 먼저 홍군의 주력부대를 격파하고 이들을 모두 '소탕'하려 했다. 두 번째 토벌에서 홍군의 주력부대는 서쪽에서 동쪽으로 이동해 이미 근거지의 중심지대를 떠나 있었다. 세 번째 토벌은 너무나 빠르고 갑작스럽게 진행됐다. 홍군은 충분한 휴식과 정비도 하지 못한 채 한밤중에 집결하여 무더위 속에서 남쪽을 향해 천 리 길을 돌아가야 했고 국민당의 날카로운 공격을 피해 강서남부로 들어갔다. 이때 각 갈래의 국민당군대가 점점 가까이 다가왔다. 홍군은 비를 맞으면서 국민당군대의 중간에서 20km 밖에 되지 않는 틈을 이용해 동쪽으로 뚫고 나왔고 5 일 동안 적군의 주력부대 뒤쪽에서 세 번 싸워 모두 이겨 1 만여 명을 섬멸했다. 장개석은 즉시 주력부대에게 방향을 바꾸어 동쪽으로 쫓으라고 명령을 내리고 결전을 준비했으나 그들은 홍군의 행방을 전혀 알 수 없었다. 홍군은 적은 병력을 주력부대로 위장하고 국민당군대를 끌어들여 계속 동북으로 쫓아오도록 했고 주력부대는 은밀히 국민당군대의 서쪽으로 들어가 다시 한 번 그들의 대군으로부터 10km 밖에 떨어지지 않은 틈새를 뚫고 험한 산을 넘어 흥국 ( 興國 ) 으로 돌아와 숨어서 휴식을 취하면서 군기를 가다듬었다. 국민당군대가 그들을 발견했을 때, 홍군은 이미 보름간 충분히 휴식을 취한 뒤였다. 국민당군대는 피곤한데다 여러 번 허탕을 쳐서 사기가 떨어져 있었다. 이때 국민당 내의 영월 ( 寧粵 ) 간의 군사충돌로 다시 한 번 일촉즉발의 상황을 맞이했고, 여기에 장강하류 ( 특히 무한지역 ) 에 백년간 볼 수 없었던 큰 수재가 발생해 '토벌'군은 모두 퇴각할 수밖에 없었다. 홍군은 승세를 몰아 2 만여 명을 섬멸했다. 이렇게 장개석이 직접 지휘했던 3 차 토벌도 실패하고 말았다.

이번 전투 후, 강서성 남쪽과 복건 서쪽의 두 혁명 근거지는 완전히 하나로 이어져 면적 5 만㎢의 15 개의 현 ( 縣 ) 과 성 ( 省 ), 주민 250 만 명에 이르는 중앙혁명 근거지를 형성하게 됐다.

중앙혁명근거지에서 3 차례에 걸쳐 반 ( 反 ) 토벌에 연승함과 동시에, 기타 혁명근거지에서도 국민당군대의 여러 차례의 토벌을 막아 내면서 크게 성장해 나갔다.

이때 농공무장 할거의 혁명근거지는 이미 크게 성장해 있었다. 강서성 남쪽과 복건 서쪽이 하나로 연결되어 중앙혁명근거지를 형성 하면서 장국도 ( 张国焘 ), 서향전 ( 徐向前 ), 진창호 ( 陳昌浩 ) 등이 이 끄는 홍 4 방면군과 악예환 혁명근거지, 하룡 등이 이끄는 홍 2 군단과 상악서 ( 湘鄂西 ) 혁명근거지, 방지민 ( 方志敏 ) 이 이끄는 강서성 동 북 혁명근거지 등도 모두 상당한 규모를 이루게 됐다. 객관적인 형세 로 봤을 때 각 근거지를 통일되게 이끄는 기구를 구축할 필요가 있었 다. 1931 년 11 월, 중화 소비에트 제 1 차 전국대표대회를 강서의 서금 에서 개최해 중화 소비에트공화국을 수립했고 모택동을 중앙집행위 원회와 인민위원회의 주석으로 선출했다. 대회에서 통과된 《헌법 대 강》에는 다음과 같은 내용이 있었다. "중화 소비에트 정권을 건설한 것은 노동자와 농민의 민주독재 국가이다." 그 정치체제는 의회제와 삼권분립이 아닌 민주집중제를 실행한다. 비록 아직 성숙되지 못하고 모든 것을 완비하고 있지 못했으며 '좌파'의 과오도 있지만, 국체 ( 國 體 ) 와 정체 ( 政體 ) 등의 근본적인 문제에 있어서 미래 새로운 중국의 형태를 갖춘 중대한 역사적인 의미를 가지는 일이었다.

대회가 끝난 후 한 달이 못되어, 참모장과 중국공산당 지하당원 인 조박생 ( 趙博生 ), 중요 장성인 이진동, 동진당 ( 董振堂 ), 황중악 ( 黃中岳 ) 이 이끌던 국민당 제 26 로군 ( 풍옥상 서북군의 손연중부대 에 속해 있던 ) 1 만여 명은 강서의 영도 ( 寧都 ) 봉기에서 중국공농홍 군 제 5 군단으로 개편됐다. 이러한 강력한 전투력을 구비한 국민당 정 규군과 같은 대부대가 전장에서 봉기를 일으키고 홍군에 투항한 것은

처음 있는 일이었다. 악예환 ( 鄂豫皖 , 하북성과 하남성 , 안휘성의 약
칭 ), 상악서 ( 湘鄂西 , 호남성과 호북성 ) 등 혁명 근거지의 반토벌투
쟁도 잇따라 큰 승리를 거두어 홍군과 근거지도 크게 성장하게 됐다 .

이 기간 동안 , 홍군은 유격전 위주의 전략에서 기동전 위주의 전
략으로 전환했고 풍부하게 쌓은 경험을 통해 전략원칙을 구축하여 누
구도 무시할 수 없는 세력으로 성장했다 .

# 제 9 장
## " 중화민족에게 닥친 가장 위험한 시기 "

중국민족이 근대사에서 겪은 고통은 이루 다 말로 할 수 없이 많았다. 중국 근대사에서 가장 큰 문제는 제국주의와 중화민족의 갈등이었다. 민족의 생존도 보장할 수 없는 상황이었으니 다른 문제는 거론할 필요도 없었다. 중국민족의 생존에 가장 심각한 위협을 주었던 바로 침략자는 일본 군국주의자들이었다.

1927년, 다나카 기이치(田中義一) 내각이 조성된 후 중국에 대한 침략정책은 더욱 적극적으로 확대됐다. 일본은 중국의 동북과 내몽골(內蒙古)를 침략전쟁의 중심지역으로 삼았다. 장학량(張學良)이 일본의 방해에도 불구하고 기치를 바꾸고 중앙정부에 복종한 후, 일본은 동북지역에 대한 무력정벌에 박차를 가했다. 이렇게 동북 하늘에 짙게 드리워진 먹구름은 한바탕 세찬 폭풍우가 몰아칠 것을 예고하고 있었다.

## 제 1 절 국내외를 놀라게 한 9.18 사변

1929년 10월, 미국으로부터 촉발된 경제위기가 전 세계를 덮쳐 기존의 세계경제구조를 바꾸어 놓고 전 세계적인 경제혼란을 야기했다 . "1932 년 여름까지 , 수많은 국가들의 생산량은 1928 년의 절반밖에 되지 않았으며 , 세계 무역은 3 분의 1 이 감소했다 ." 경제가 극도로 침체된 상황에서 민심은 흉흉해졌고 , 침략적 성향의 파시즘 세력이 서방과 동방에서 빠르게 그 모습을 드러내기 시작했다 .

　세계적인 경제위기로 일본은 물가폭등과 생산위축 , 실업증가 , 무역감소 등의 심각한 문제에 부딪혔다 . 사회적인 갈등이 격화됨에 따라 , 해외 식민통치에 대한 갈망과 아시아를 지배하고자 하는 각종 우익사상을 외치는 사람들이 사방에서 쏟아져 나와 급진적인 군국주의 세력의 부양에 충분한 조건을 제공했다 . 일본은 동방에서 가장 먼저 파시즘 세력으로 전쟁을 도발한 나라가 되었다 . 일본군부와 관동군은 중국 동북의 무력정벌을 도모하기로 했다 . 그들은 서방열강이 나라 밖을 돌아볼 여력이 없어 강력하게 간섭하지 않을 것이라 생각해 수단과 방법을 가리지 않고 이를 진행했다 . "일촉즉발의 상황에서 관동군의 계획은 전쟁이 발생하면 먼저 동북군을 먼저 공격해 장춘 ( 長春 ) 이남의 남만철도 ( 南滿鐵道 ) 일대를 점령하여 유리한 고지를 차지하는 것이었다 ."

　1931 년 7 월 , 일본당국은 만보산 ( 萬寶山 ) 사건을 조장했고 , 그 후 , 나카무라 대위가 중국군사 상황을 염탐하다가 현지 주둔군에게 피살당한 사건을 이용해 일본 내에 광적인 반중국 정서를 선동했다 . 그들은 심양 ( 瀋陽 ) 근교에서 지속적인 군사훈련을 진행했다 . 8 월 초에 홀레트 에드워드 아벤드 (Hallett Edward Abend) 미국 < 뉴욕 타임즈 > 주중 수석기자가 동북을 취재한 후 , "러일전쟁 후의 협의에 따르면 , 일본이 철도지역에 주둔시킬 수 있는 최대 병력은 1 만 5 천 명이었다 .

그러나 대련(大連)에서 장춘까지, 심양에서 압록강 북쪽 강변 안동에 이르기까지 각처에 분산되어 있는 일본군의 총수는 이미 4만 명에 이르렀다." "모든 일본군관들은 몹시 흥분되어 있는 상태였고, 장학량의 군대를 만주에게 몰아내기 위해 공격을 감행해야 한다고 말했다." 또한 공기를 통해 진한 화약 냄새를 맡을 수 있었다고 했다.

9월 18일 밤, 관동군은 예정된 계획에 따라 심양 이북에서 멀지 않은 류조호(柳條湖) 지역의 철도궤도에 화약을 묻어 한 구간의 철도를 폭파시킨 후, 중국 군대의 소행으로 덮어씌웠다. 일본군의 고모토 다이사쿠(河本大作)는 극동 국제법정에서, "9월 18일 밤, 호석대(虎石臺, 봉천(奉天) 이북 8km) 수비중대를 파견해 류조호의 다리 폭파를 명했다. 류조호라는 작은 다리 폭파사건은 만주사변(중국에서는 9·18 사변이라고 칭함)의 직접적인 도화선으로 발전했다."고 했다. 이타가키 세이시로(板垣征四郎) 심양 관동군 참모장은 이를 구실로 삼아 관동군사령관의 명의를 차용하여 동북군의 주둔지인 북대영(北大營)과 심양성(城)을 공격하라는 명령을 일본군에게 내렸다. 이러한 선전포고 없는 공격은 일본 군국주의자들이 중일 청일전쟁이 후 자주 사용하던 상투적인 수법이었다. 그들이 전쟁을 발발할 때는 어떠한 변명도 하지 않고 변명이 필요할 때는 아무 구실이나 갖다 붙여 만들어 내면 되었다. 다음날 새벽, 그들은 북대영(北大營)과 심양성을 점령했다.

일본 정부는 곧이어 조선 등지에서 군대를 대대적으로 추가 지원해 동북의 각지로 진출시켰고, 4개월 동안 일본 국토면적의 3배에 달하는 100만㎢에 이르는 중국영토를 점령했다. "자원적인 측면만 고려했을 때 중국은 대두를 생산하는 토지 70%와, 삼림 3분의 1, 철 생산지

3 분의 1, 3 분의 1 의 석탄 , 40% 의 철도 , 5 분의 2 에 달하는 수출자원을
빼앗겼다 ." 동북인민은 더욱 극심한 망국의 고통 속에 빠졌다 .

　마점산 ( 馬占山 ) 흑룡강성 ( 黑龍江省 ) 정부의 임시 주석은 부대
를 인솔해 눈강 ( 嫩江 ) 다리에서 일본군에 대항해 싸웠지만 결국 고립
무원에 빠져 실패했지만 민중의 마음속에는 일본에 대항한 영웅으로
남았다 . 각 민족들도 잇따라 항일의용군을 조직해 백산 ( 白山 ) 흑수
( 黑水 ) 사이에서 힘든 싸움을 이어갔다 . 이로 인해 수많은 난민들이
고향을 떠나 , 관내로 물밀듯이 밀려 들어왔다 . < 우리 집은 동북 송화
강 ( 松花江 ) 상류입니다 >, 설움이 가득한 < 유망삼부곡 > 의 노랫소
리가 조국의 대지에 울려 퍼졌고 수많은 중화의 아들딸들의 눈에서 뜨
거운 눈물이 흘렀다 .

　이토록 심각한 상황에 직면해서도 남경정부는 어떠한 효과적인
대책도 내놓지 못했다 . 중원전쟁 ( 中原大戰 ) 말기 , 장학량은 1930 년
9 월 18 일 ( 공교롭게도 만주사변 1 년 전 ) 에 동북군의 주력군대를 이
끌고 관내로 들어가 남경정부를 지원해 관외에는 병력의 공백이 생겼
고 , 오랫동안 북평 ( 北平 , 북경의 구칭 ) 에 머물면서 관내에만 집중했
기 때문에 일본침략자들에게 좋은 기회를 제공했다 .

　만주사변이 발발하기 얼마 전 , 장개석 ( 蔣介石 ) 은 7 월 12 일 장
학량에게 "지금은 일본과 전쟁을 할 시기가 아니라 내란을 평정하는
것이 먼저다 ."라고 전보를 보냈다 . 8 월 16 일 그는 "일본 군대가 앞으
로 동북을 어떻게 도발하든 우리는 저항하지 말고 충돌을 피해야 한
다 . 그대는 국가와 민족을 위해 일시적인 충동으로 일을 그르치지 말
아야 한다 ."라는 전보를 장학량에게 보냈다 .

　만주사변이 발생한 후 , 그는 여전히 국제연맹이 이 사건에 개입

해 해결해 주기를 희망했다. 그는 일기에 "일본이 동북성(東北省)을 점령했다는 주장에 대해 먼저 국제연맹과 켈로그브리앙 조약(Treaty for the Renunciation of War)의 가입국에 관해 논의해 정당한 도리로 전쟁에서 이겨야 한다."라고 썼다. 국민당의 정치회의에서 장개석은 일본외교방침에 대한 세 가지 원칙을 선포했는데, 제1조는, "동북 3성 문제 해결에 국제연맹과의 관계를 떠나서 생각할 수 없다. 우리는 국제세력의 도움을 받아 일본군을 철수 시켜야 한다."였다.

만주사변의 소식이 전해지자, 이처럼 거대한 중국의 토지가 아무런 저항 없이 함락 당했다는 사실에 전 중국인은 분개했고, 민심이 끓어오르기 시작했다. 그들은 남경정부의 비저항 정책에 대해 분노를 금하지 못했다. 10월 3일, 정치에 대해 중간적인 성향을 지녔던 편집장 추도분(鄒韜奮)은 <결코 감싸줄 수 없는 극도의 뻔뻔함>이라는 글을 전국의 청년들에게 영향력 있는 《생활주간(生活週刊)》에 실어 당국이 시행하고 있는 비저항주의를 통렬히 비난했다. 그는 "사실, 이런 '비저항주의'는 '극단적으로 뻔뻔스러운 생각'으로 국민이 깊이 관찰하지 않고 공박하지 않는다면, 나라를 지키는 책임을 지고 있는 국가 책임자들은 제 한 목숨 살리고자 적 앞에서 달아나는 수치심을 모르는 자들이 될 것이다."라고 썼다.

은행가였던 장내기(章乃器)는 만주사변이 발생한 후의 상황에 대해, "얼마 전까지만 해도 북벌의 승리에 환호하면서 조국이 이를 계기로 강국이 되어, 중화민족이 억압에서 벗어날 날이 얼마 남지 않았고, 우리처럼 조계(租界)에서 생활하고 있는 사람들도 외국인의 경멸과 무시를 더 이상 받지 않을 것이라 생각했다. 그러나 갑자기 상황이 역전되면서 국가가 존망의 위기에 처할 줄 누가 상상이라도 했겠는가? 비통한 심정을 이루 말로 다할 수 없다."고 기억했다. 이는 만주사변에 대해 기존에 정치태도가 비교적 온건했던 중립적인 입장에 있었던 사람들을 포함한 중국 사상계의 태도변화를 반영한 것이었다.

각지의 민중은 분노를 행동으로 옮기기 시작했다. 그들은 한동안 잠잠했던 전국적인 규모의 애국구국운동이 일으켰다. 민중은 공개전보를 발표하고 시위행진을 하면서 남경(南京) 정부에게 내전종식과 항일행동에 동참할 것을 요구했다. 북평, 상해(上海), 강소(江蘇) 등지의 학생들도 남경으로 건너와 탄원을 제출했다. 각지에서 올라온 학생 1만 명이 남경정부를 둘러쌌다. 분노를 이기지 못한 학생들은 남경정부의 외교부장 왕정정(王正廷)을 구타하고, 장개석으로 하여금 학생들 앞에서 직접 질문에 답해줄 것을 요구했다. 상해 각계의 반일원교위원회(反日援僑委員會)가 개최한 각계대표대회에 5,000명이 넘는 사람들이 참석해 남경정부에게 즉시 육해공군 총동원령을 내려 일본군을 축출해 잃어버린 토지를 수복할 것을 요구했고, 반일원교위원회의 명칭을 항일구국회로 바꾸었다. 상해노동자들도 일본방직공장노동자 항일구국회와 일본 전용부두 노동자 항일구국회 등을 결성했고, 부두노동자들은 일본선박의 화물하역을 거부했다.

장개석은 학생들의 애국행위에 직면해, "상해학생들의 탄원이 끊이지 않는 것은 반드시 반동파의 정치적인 선동이 있을 것이다. 싸울만한 용기를 오래 전에 상실한 국민의 아무런 근거 없는 일시적인 충동은 국익에도 도움이 되지 않을뿐더러 오히려 나라에 해가 될 뿐이다."라고 생각했다. 그는 12월 9일 일기에, "어제 오후 정치회의에서 한낱 서생이 극악무도하고, 반동적이며, 맹목적인 학생들의 말만 듣고 그들을 저지하지 않았다. 아아, 세상의 일이 모두 서생들의 손에 의해 망쳐지고 있으니, 슬프지 않을 수 없다."고 기록했고, 그 다음날 일기에는 "저녁에 이를 진압할 준비에 대해 의논했다."고 썼다.

12월 17일, 상해, 북평, 제남(濟南), 소주(蘇州), 남경 등지의 학생들이 애국시위 진행하던 중, 남경정부 군경의 급작스러운 무력 습격을 받았다.

민중의 애국행동에 대한 남경정부의 잔인무도한 대응은 사람들의 분노를 불러일으켰다. 12월 20일, 손문의 부인인 송경령(宋慶齡)은 상해 《신보(申報)》에 < 국민당은 더 이상 정치세력이 아니다 > 라는 글을 발표했다. 그녀는 "우리는 지금 이미 남경에서 통일의 첫 번째 결과를 보고 있다. 겨우 3일 전만 해도 이 '통일정부'는 제국주의 사절의 명령에 복종해 애국 학생운동을 진압하려 하였다. 12시간이 채 지나기도 전에 병사와 무뢰한들이 학생들을 포위하고 몽둥이로 때리고 창으로 찌르며 짐승처럼 성에서 몰아냈다. 수많은 학생들이 죽거나 다쳤고, 수많은 이들이 실종되었다. 그들은 앞으로도 계속 제국주의자들의 명령을 받아 중국민족의 해방을 위한 모든 형태의 군중운동을 진압하려 할 것이다."라고 썼다.

노신은 1년 후, 잡문에서 "우리는 재작년 겨울 이후, 학생들이 어떻게 행동했는지 아직 기억하고 있다. 어떤 학생들은 북쪽에서, 어떤 이는 남쪽에서 고생스럽게 남경에 도착했다. 그렇게 수도에 도착해 머리를 조아려 탄원했으나, '반동파에 이용당했다'는 누명을 썼고, 남경정부는 학생들이 실수로 칼과 창에 부딪혀 죽거나 '실족하여 물에 빠져 죽었다'라고 말했다."라고 비분강개한 심경을 표현했다.

곽정이(郭廷以)는 "이는 만주사변 이후 진행된 학생 항일구국운동의 첫 번째 단계였다. 이때 학생단체는 아직 치밀하게 조직되지 않았고, 정부의 억압으로 인해 점점 그 세력이 점점 줄어들고 있었다."
라고 밝혔다.

남경정부가 일본 침략에 대해 타협하고 양보했음에도 불구하고,
일본 정부는 이미 중국침략 확대와 기업독점을 국책을 정해놓고 있었
으므로 남경정부의 양보에도 결코 이를 바꾸지 않았다.

1932년 초, 일본 군대는 상해지구에 상해사변(중국에서 1·28사
변이라고 칭함)을 일으켰다. 이 사변의 목적은 일본이 유럽과 미국
열강이 자신들이 강점한 동북에 대한 주의력을 돌리려는 데 있었다.
상해사변에서 일본 해군은 중요한 역할을 담당했다. 당시 상해에 주둔
하고 있던 군대는 강력한 전투력을 가진 19로군이었다. 일본이 갑자
기 진격해왔을 때, 채정개(蔡廷鍇) 군단장은 갑북(甲北)에 주둔하
고 있는 군단장에게, "왜놈들이 무단으로 우리를 도발한다면 우리군
은 방어를 위해 응전할 것이다."라고 말해 왔는데, 일본이 공격해오자
그는 한 치의 망설임 없이 이에 대응했다. 19로군의 용감한 항일정신
은 오랫동안 분노해 왔던 민중을 크게 고무시켜 큰 지지를 받았다.

이 일이 있기 얼마 전, 영월(粤, 남경과 광동) 쌍방은 만주사변
의 발발로 협력했고, 남경정부로 조직을 개편해, 임삼(林森)을 정
부의 주석으로, 손과(孫科)를 행정원장으로 입명했다. 상해사변이
발생한 당일, 왕정위(汪精衛)가 행정원장을 인계 받았다. 장개석도
고향 봉화(奉化)에서 남경으로 돌아온 후, 군사위원회 위원장을 맡
았다 2월 중순, 일본군은 상해에 지원군을 대거 파견했는데 그 수는
30,000명 이상이었다. 19로군은 더 이상 버티기 어려워 남경정부에 지
원군을 요청하는 전보를 보냈다. 그러나 하응흠(何應欽)은 "일본과
의 전투와 공산당 토벌을 동시에 진행할 수 없다."라며 병력을 지원해

질 수 없다고 답했다. 남경정부는 25일, "저항과 함께 교섭하라"는 명령과 함께 장치중(張治中)이 이끄는 제5군을 추가 파견했고, 기본 방침은 여전히 강화를 요청하는 것이었다. 5월 5일, 중일 쌍방은 영국과 미국 등 국가의 중재로 〈송호정전협정(淞沪停战协定)〉에 조인했다.

만주사변과 상해사변은 시작에 불과했다. 이후에 모든 일들은 더욱 긴박하게 돌아갔다.

일본이 동북을 강점한 후, 1932년 3월 '만주국(滿洲國)'을 세우고, 청나라에 폐위된 부이(溥儀)를 옹립해 만주국을 다스리게 하며(1934년에 만주국을 '만주제국'으로 개칭하고 부의를 황제라 불렀다), 동북이 중국영토에서 분할되었음을 선언했다. 그들은 관동군 사령관에게 위(僞)만주국 주둔 일본 '특명전권대사'를 겸하게 했고, 위만주국의 총무청장관(總務廳長官)과 각부의 차장은 모두 일본인으로 임명해 이 괴뢰정권의 실권을 장악했다. 이렇게 동북은 일본이 직접 다스리는 식민지가 되었다.

남경정부는 큰 기대를 가지고 국제연명에 영국인 빅터 불워 리턴(Victor A.G.R. Bulwer Lytton)을 단장으로 하는 조사단을 파견했으나, 그 결과는 실속 없는 몇 마디 말 뿐이었다. 국제연명대회는 리턴의 보고서의 결의를 받아들여 '만주국'을 인정하지 않는다는 성명을 발표했으나, 일본에 대한 어떠한 제재도 취하지 않았고, 오히려 일본이 국제연맹에서 탈퇴할 것을 강력하게 선포하면서 그 기세는 더 높아졌다.

1933년 1월, 일본이 산해관(山海關)을 강점했다. 3월 4일, 120명가량의 일본 소부대가 열하성(熱河城)의 승덕(承德)을 공격했고, 탕옥린(湯玉麟) 열하성 정부주석은 싸워보지도 않고 도망쳤다.

열하는 '만주국'에 합병되었다. 일본군은 만리장성까지 진출했다. 열하에는 주둔하고 있던 중국군 8만여 명이 한 번 싸워보지도 않고 전체 성도를 내어주자 중국인은 다시 한 번 크게 분노했다. 장개석은 이 기회를 통해 이 일에 직접적인 책임이 있는 장학량의 사직을 요구했고, 그 자신은 여전히 강서(江西)의 남창(南昌) 중앙 소비에트 지역의 '토벌'을 지휘했다. 하응흠을 군사위원회 북평분회 위원장을 임시로 하게 했고, 황부(黃郛)를 행정원 주북평 정무정리위원회 위원장으로 임명했다.

일본군은 열하를 점령한 후, 계속해서 부대를 만리장성의 각 관으로 남하시켜 평진(平津, 북경과 천진)을 위협했다. 중국군은 냉구, 희봉구(喜峰口), 나문욕(羅文峪), 고북구(古北口) 등 만리장성의 요충지에서 저항했다.

희봉구, 나문욕을 수비하는 제29군 송철원(宋哲元)부는 과거 풍옥상(馮玉祥)이 이끌던 서북군이었다. 그들의 무기는 낡고 허름했으며, 탄약을 보충하기 어려웠고, 수많은 보병들의 총에는 대검이 달려 있지 않아 일본 침략군의 우수한 병기들과는 비교도 되지 않았다. 그러나 그들은 사기에 충만해 있었고 기존의 서북군 장점을 이용했고, 사병에게 대도를 나누어 주었다. 3월 12일 밤, 선봉부대가 일본 기마병 야영지를 기습했다. 일본군이 깊은 잠에 빠져있는 틈을 이용해 29군의 전사들은 대도를 휘두르고, 수류탄을 던져 수백 명에 이르는 일본군을 사살했다. 이 승리는 오만한 일본군의 콧대를 크게 꺾어 놓았다. '대도부대'의 명성은 전국으로 알려졌고 사람들을 흥분 속에서 그들을 연호했다.

이때 남경정부도 중앙군의 3개 사단을 지원군으로 파견했고, 3

월 상순에 고북구 ( 古北口 ) 에 도착해 수비를 진행했다 . 이들은 장개
석의 직계부대로 비교적 우수한 무기와 장비를 갖추고 있었다 . 애국심
으로 충만한 사병들은 이곳에서 40 일간 완강히 저항했다 . 국민 정부
는 여전히 충분한 병력을 파견해 주지 않았지만 그래도 과거와 비교해
그 수는 확연히 늘어났다 .

한바탕 격전을 치른 후 , 진군 ( 晉軍 ) 상진 ( 商震 ) 부대가 지키고
있던 냉구가 함락되었다 . 일본군이 난하 ( 灤河 ) 강 동쪽 지역으로 진
격해 들어오자 중국군은 퇴로가 막혀 군대를 철수시켰다 . 일본군은 밀
운 ( 密雲 ) 과 삼하 ( 三河 ), 향하 ( 香河 ), 회유 ( 懷柔 ) 등지를 점령했고 ,
11 대의 비행기를 북평 상공에 띄워 위협을 가했다 . 북평의 정부기관
은 보정 ( 保定 ) 으로 철수할 준비를 했고 , 일부는 이미 석가장 ( 石家莊 )
으로 몸을 피했다 . 평진의 운명은 칼끝에 달려 있었고 , 공포로 뒤덮여
있었다 .

일본 군국주의자들은 맹렬한 기세로 진격했으나 일본의 국력에
는 한계가 있었으므로 , 점령한지 얼마 되지 않는 동북지역을 제대로
통치하지 못했고 , 전체 중국을 다스리기에는 아직 준비가 되어 있지
않았으며 , 영국과 미국 등의 반응을 의식하고 있었기 때문에 단계적으
로 중국을 집어삼킬 방법을 강구했다 . 그들의 화북을 침입하기 위한
발판을 만들기 위해 만리장성의 이북을 확실히 점거하려 했다 . 화북에
대한 침략을 확대해 나가기 위해 그들에게 얼마간의 시간이 필요했다 .

그러나 남경정부는 이 상황을 정확히 파악하지 못했고 일본군이
곧바로 북평으로 돌진하는 위협 속에서 서로 의견이 분분한 가운데 일
본군과 타협하는 방안을 찾으려 했다 . 황부와 하응흠은 장개석과 왕정
위에게 이번 일에 대한 명령하달을 요청했다 . 행정원장을 맡은 왕정위

는 5월 22일 황부에게, "저는 만주국을 승인하고 4개 성(省)을 할양하는 조약에 서명하는 것 외에 다른 조건은 모두 다 들어줄 수 있다고 생각하지만 당신이 어려움에 처하게 하지 않을 것입니다."라고 전보를 보냈다. 장개석도 24일 하응흠과 황소횡(黃紹竑), 황부에게 전보를 보내, "일이 여기에까지 이르렀으니, 어쩔 수 없다. 잠시 참고 양보하고 책임은 내가 다 지겠다."고 말했다.

5월 30일, 웅빈(熊斌) 화북방면군 분회 총참모장이 오카무라 야스지(岡村寧次) 일본 관동군 참모부 부부장(副部長)과 '당고(塘沽) 협정'에 조인했다. 협정 내용은 다음과 같았다. 중국군은 일본군의 비행기 등을 이용한 감시 하에 정경(廷慶)과 창평(昌平), 순의(順義), 통주(通州) 일선까지 퇴각해야 하며, 앞으로 이 선을 넘어서는 안 된다. 일본군은 만리장성 일선까지 철수하겠지만, 이 지역에 중국군을 주둔시켜서는 안 되며, 경찰기관으로 하여금 지역치안을 유지하도록 하는데, 이 경찰기관은 일본의 감정을 자극하는 무력단체여서는 안 된다. 협정에 언급된 만리장성 일선은 일본군의 점령선으로 실제적으로 일본군이 중국동북 4개 성(省)의 점령을 인정한다는 의미였다. 중국 군대가 기동(冀東) 지역에 주둔해서는 안 된다는 규정은 평북의 문을 일본군을 향해 활짝 열어야 한다는 의미로 이를 막을 방법은 전무했다.

북평이 위급한 상황에 처하고 당고협정이 아직 조인되지 않았을 무렵, 5월 26일, 장가구(張家口)에서 풍옥상이 민중항일 연합군 총사령관에 취임했음을 전보로 알려왔다. 항일연합군(중국에서 항일 연합군이라고 칭함)은 찰합이(察哈尔, Chahar Province) 동부지역을 전전하며 72차례가 넘는 전투를 벌이며 1,000여 명의 일본군을 죽였다. 그러나 풍옥상의 재기는 장개석의 시기심을 불러일으켰다. 하응흠은 전보를 보내 항일연합군의 명의를 취소시켰고, 방병훈(龐炳勳)과 관린정(關麟征), 풍흠재(馮欽哉) 등 부대를 찰합이로 보냈다. 이렇게 항일연합군은 사라지게 되었다.

1934년, 화북의 상황은 계속 악화되어 갔다. 장개석은 일기에"왜구들은 하북을 이전의 동북처럼 차지하려 하고 있고 1936년 이전에 우리 정부를 궤멸시키려 하고 있다. 문제를 해결할 방법이 없으니 지금은 인내할 수밖에 없다."고 썼다. 장개석의 이 일기는 1934년 4월 5일에 기록되었다.

## 제 2 절 " 양외필선안내 ( 攘外必先安内 )" 와 두차례의 " 토벌 "

만주사변과 일분군국주의로 중국 침략이 더욱 노골적으로 진행되자 전국 민중은 이미 더 이상 참을 수 없는 지경에 이르렀다. 이미 국가가 일본인의 손에 넘어갈 날이 얼마 남지 않았음을 피부로 느끼고 있던 사람들은 내전을 중단하고 일본에 함께 대항할 것을 강렬하게 요구했다. 장개석의 일기에도 일본의 침략에 여러 번 분노를 표시했지만, 그는 민중의 이러한 요구를 무시했고, 여전히 공산당에 대항하고 없애는 것을 가장 중시해, "먼저 나라 안을 안정시키고 외적을 물리친다."는 방침을 고수했다. 만주사변이 발생한 후, 그는 남경정부의 고유균(顧維鈞) 신임 외무부장 취임연설에서, "먼저 나라 안을 안정시키고 외적을 물리쳐야 하며, 나라를 통합한 후 외세에 대항해야 합니

다. 일본의 침략에 대해서는 반드시 나라 안이 먼저 통일되어야만 군
사적인 방법이나 외교적인 방법으로 대응해 승리할 수 있습니다."라
고 말했다.

1932년 6월, <송호정전협정>에 조인한지 얼마 지나지 않아,
장개석은 50만 명의 병력을 전국의 각 소비에트 지역에 집결시켜 제4
차 홍군(紅軍) '토벌'을 일으켰다. 이번 '토벌'은 2단계로 나누었는데,
첫 번째 단계는 그해 하반기에 중앙 소비에트 지역에 대해서는 방어태
세를 취하고, 주력부대는 악예환(鄂豫皖, 악(鄂)은 하북성, 예(豫)
는 하남성, 환(皖)은 안휘성을 가리킴), 상악서(湘鄂西, 호남성과
호북성)의 소비에트 지역을 공격하여 홍군을 근거지에서 몰아낸 후,
서쪽으로 이동해 삼협(三峽)과 상악의 천검(川黔) 근거지를 건설
한다. 두 번째 단계는 하응흠에게 12월 30일부터 시작해 홍일방면군
(紅一方面軍)과 중앙 소비에트 지역을 토벌하라는 계획을 하달하게
하는 것이다. 이 단계에서 장개석 직속의 12개 사단으로 구성된 중로
군(中路軍)이 주공격 임무를 맡고 진성(陳誠)으로 하여금 12만 명
을 총지휘하도록 했다. 1933년 1월, 장개석은 직접 남창으로 가서 군
대를 통솔했다. 또한 군사를 나눈 후 협공하는 전략을 세워 단숨에 홍
군의 주력부대를 공격하게 했다.

홍일방면군은 상황은 아주 불리했다. 주덕(朱德)과 주은래(周
恩來)는 '적을 깊숙이 유인'하는 방침을 취해 일부 부대를 주력부대로
위장시켜 국민당군의 두 개 사단을 추격했다. 홍군 주력부대 4~5만
명은 황피(黃陂) 지역에 몰래 집결하여 적을 섬멸할 기회를 노리고
있었다. 2월 27일, 적의 후방에 깊이 파고들던 국민당 군들은 아무런
경계태세 없이 홍군이 매복하고 있는 곳으로 들어갔다. 군사적 우세

를 점하고 있던 홍군은 불시에 맹공을 퍼부었다. 이틀간의 치열한 전투가 끝나자 두 개 사단의 병력은 거의 전멸했고 사단장도 포로로 잡혔다. 장개석은 진성에게 보낸 '친필명령'에 "이번의 패배는 참담하기 이를 데가 없다. 나에게 가장 큰 고통을 안겨주었다."라고 썼다. 국민당군은 패배 후 반격을 모색하려 했다. 진성의 직례 ( 直系 ) 주력부대인 제 11 사단은 홍군을 쫓기 위해 험준한 산길에서 한 줄로 행진했는데, 줄이 너무 길어서 앞뒤로 호응하기 어려웠다. 홍군은 초대강 ( 草臺岡 ) 에 매복해 있다가 갑작스럽게 공격을 가했다. 험준한 산속에서 벌어진 육탄전에서 제 11 사단이 가진 우수한 무기는 아무런 소용이 없었다. 홍군은 이 두 번의 전투에서 3 개 사단의 28 만 명을 섬멸했는데, 그중 진성의 최정예부대는 주력부대도 포함되어 있어, 홍군은 매복 기습전에서 새로운 기록을 세우게 되었다.

제 4 차 반 ( 反 ) 토벌전쟁을 승리로 이끌고 있을 때 박고 ( 博古 ) 가 총책임을 지고 있던 상해 중국공산당 임시중앙위원회는 환경의 악화로 인해 조직을 중앙 소비에트 지역으로 옮겼다. 이때가 3 월 이었다. 그들은 이전 즉시 중앙 소비에트의 당, 정, 군권 모두를 손에 넣었다. 그들은 '좌'의 '공격노선'을 추진하기 위해 실제상황을 그릇되게 비판했다. 그들은 변경 지역에서 유격전을 전개해 나가야 한다고 주장했던 중국공산당 복건 ( 福建 ) 성위원회 임시 서기 나명 ( 羅明 ) 이 '혁명에 대해 실망'하여 '장정 ( 長征 ) 의 여정'에 오르는 잘못을 범했고, 소위 반 ( 反 ) 나명노선의 투쟁을 소비에트 각지와 수많은 부문으로 확대해 '잔혹한 투쟁, 냉정한 공격'을 벌였으며, 나와 다른 의견을 억압해 중앙 소비에트의 상황을 악화시켰다고 말했다.

1933 년 5 월, 만리장성의 항전이 위급에 빠지고 당고협정이 바야

흐로 조인되려고 할 때에 장개석은 여전히 화북의 위급함을 부차적인 문제로 보고 "지금 즉시 병력이 북상하는 일을 중지해야 한다. 지금은 먼저 공산당을 토벌하여 국가의 근본을 굳건히 하는 것이 가장 중요하다. 강서(江西)의 노산에서 더 큰 규모의 제5차 '토벌' 진행하고, 군사위원회 위원장 남창 야전사령부를 세우라."는 명령을 전보로 내렸다.

그는 과거 여러 번의 패배에서 교훈을 얻어 이번 '토벌'에서는 '30% 는 군사, 70%는 정치'를 사용할 것을 강조했다. 정치적으로 큰 규모의 '신생활운동'을 벌였지만, 대부분 형식에 치우쳐 실제적인 효과를 보지 못했다. 또한 보갑제도(保甲制度, 중국 촌락공동체의 민중자위 조직에 근간을 둔 무장조직)와 연좌제를 단행했다. 경제적으로는 소비에트 지역을 엄격히 봉쇄했다. 군사적으로 '먼저 공산당을 토벌하고 관련세력을 모두 제거한다.' 장개석은 1933년 11월 11일의 일기에 이와 같은 내용을 기록했다. 그는 '침착하고 과감한' 전술을 취하여 수많은 벙커와 도로, 비행장을 조성하고 신중하게 한 단계씩 추진해 나갔다. 그는 100만 군대를 모아 각지 홍군을 공격했는데, 그중 50만 명 병력을 이용해 9월 25일부터 중앙 소비에트 지역에 맹렬한 공격을 퍼부었다. 이는 남경정부가 혁명 근거지를 공격한 최대 규모의 '토벌'이 었다.

당시 남경정부 주(駐) 프랑스 공사를 맡고 있던 고유균은 회고록에서, "정부가 강서(江西) 공산당 문제를 먼저 해결하고자 하는 결심은 총력을 기울여 화북에 대한 일본군의 계속적인 침략을 막고자 하는 결심보다 강하다는 인상을 받았다. 이는 중앙정부가 일본침략자의 끊임없는 침투에 직면해 일본에 지나치게 관용적인 정책을 취한 진정한 목적이었다 ."

　　박고와 코민테른이 파견한 독일인 이덕 , 중국명 , 원명 오토 브라운 (Otto Braun)) 은 당시 홍군의 군사지휘권을 장악하고 있었다 . 그들은 막강한 적의 대군이 매우 가까이 접근해온 심각한 상황에서 과거의 반토벌에서 효과적으로 성공을 거두었던 작전을 포기하고 "국경 밖에서 적을 막는다 ."와 "근거지의 땅을 한 치도 포기하지 않는다 .", "두 주먹으로 싸운다 ."라는 어리석은 슬로건을 걸고 , 군사를 나누어 수비하며 참호전으로 기동전과 유격전을 대신해 우수한 무기를 지닌 국민당의 군대와 소모전을 하려 했다 . 이러한 잘못된 생각을 가지고 군을 지휘하니 상황은 날이 갈수록 악화될 수밖에 없었다 .

　　국민당의 군대가 중앙 소비에트 지역을 대대적으로 공격할 때 , 상해에서 용맹스럽게 일본침략에 항거했던 19 로군이 남경정부의 명령으로 복건으로 군대를 옮겨 어쩔 수 없이 중앙 소비에트 지역의 토벌에 참여했으나 , 그들은 내전에 반대하고 있었다 . 11 월 20 일 , 이제심 , 진명추(陳銘樞)와 19 로군의 장교들은 복건사변을 일으켜 반(反) 장개석과 일본에 대한 항전을 공개적으로 선포했다 . 그들은 비밀리에 사람을 보내 홍군과 연합했다 . 그러나 박고 등은 "그가 외친 모든 의미 없는 혁명의 문장들은 민중을 속이기 위한 국민당의 지도자 일부와 정객들의 연극에 불과하다 ."고 생각했다 . 복건 인민혁명정부는 고립무원이 되었기 때문에 승기를 잡은 적군의 공격과 내부분열로 두 달 만에 패배하고 말았다 . 중국공산당 중앙위원회는 그들의 이러한 '좌' 정책으로 유리한 기회를 놓치고 스스로를 더욱 고립시켰다 .

　　복건사변이 실패한 후 , 장개석은 중앙 소비에트 지역을 포위했다 . 군대가 닿는 곳마다 즉시 보루가 설치되고 도로를 닦아 점점 홍군의 숨통을 죄어들었다. 중앙 소비에트 지역의 재정경제는 오랫동안 봉쇄당해 나날이 고갈되어 갔고, 국민당의 강력한 군대와 소모전을 하면서 수많은 사상자가 발생했다.

1934년 4월 27일, 국민당군대는 10개 사단의 병력을 집결시켜 중앙 소비에트 지역의 북부 관문인 광창(廣昌)을 공격했다. 팽덕회(彭德懷)는 광창을 굳건히 지킬 수 없으며, 적군의 무기와 전술적인 우세를 충분히 고려해야 한다고 몇 번이나 설명했다. 그러나 전방을 지휘하고 통제하는 박고와 이덕은 광창을 지키기를 고집했다. 그 결과 홍군이 만들어 놓은 참호와 진지는 적기와 대포의 공격으로 모두 무너져 버렸다. 광창 전투에서 홍군의 사상자는 참전자의 20%인 5,000명이 넘었고, 광창에서 퇴각해야만 했다. 팽덕회는 전투가 끝난 후, 분통을 터트리며 이덕에게 "이번 광창전투를 당신들도 보았을 것이다. 이러한 주관주의(主觀主義)는 탁상공론에 불과하다. 중앙 소비에트 지역은 1927년에 시작해 지금까지 8년에 이르렀고 제1, 3군단이 지금까지 6년간 활동해 온 것으로 봤을 때 근거지를 마련하는 일이 쉽지 않음을 알 수 있다. 이렇게 어렵게 마련한 근거지를 한 순간에 적에게 내주고 말았다."라며 질책했다.

광창의 패배 후에도 홍군은 4개월 동안 저항을 계속했다. 9월 상순, 국민당군대가 중앙 소비에트 지역 중심구역에 대한 공격에 박차를 가하자 소비에트 지역은 더욱 축소되었고, 인력과 물자는 이미 고갈되어 홍군이 소비에트 지역 내에서 국민당군대에 대항해 싸우는 일은 이미 불가능해졌다. 이런 상황에서 박고와 이덕 등은 코민테른의 동의를 얻어 기존의 근거지를 포기하고 긴 장정의 길에 오르게 되었다.

이번 이동은 사전에 엄격히 비밀에 부쳐졌다. 홍군은 거의 보름

후에 군대를 이동하기 시작했고 장개석은 10월 23일 일기에, "공산당이 서쪽으로 도망가려 하는 걸까?"라고 기록했고, 30일에 이르러서야 "공산당이 서쪽으로 도망가려 한다."고 판단했다. 진성은 회고록에, "10월 중순에 이미 감남(贛南, 강서성 남부구역) 공산군이 포위망을 뚫기 시작했지만, 우리는 10월 하순에 그 정보를 들었다. 공산군이 성공적으로 정보를 봉쇄했기 때문에 포위망을 뚫을 수 있었다."라고 기록했다.

국민당 당국은 군사적인 토벌과 동시에, 문화적 토벌을 전개해 나갔다. 그러나 국민당 통치구역 내의 문화 토벌은 오히려 철저히 실패했고, 좌익문화는 신속히 퍼져나갔고, 노신은 문화혁명의 선구자가 되었다.

# 제3절 홍군의 만리장정과 준의회의

홍군의 장정은 세계역사상 전대미문의 사건이었다. 그러나 장정은 극단적으로 위험한 상황에서 어쩔 수 없이 시작되었다. 여러 해에 걸쳐 다져놓은 근거지를 잃었고, 국민당의 강력한 군대는 사방에서 그들을 쫓고 있었다. 홍군의 어떻게 이 위기를 탈출할 수 있을까? 어디로 가야 할까? 앞날이 막막했다. 많은 사람들이 중국공산당과 홍군이 곧 전멸될 것이라 생각했다.

중앙 홍군의 이동은 1934년 10월 10일부터 시작되었다. 국민당 당국은 중앙 소비에트 지역 주위에 4개의 봉쇄선을 설치했다. 홍군은 주덕이 남경정부와 광동군의 진제당(陳濟棠) 부대의 적대적인 관계를 이용해 사전에 그들과 협의를 맺고 있었기 때문에 순조롭게 3개의 봉쇄선을 돌파할 수 있었다. 그러나 11월 하순, 상강(湘江)의 네 번째 봉쇄선에 이르렀을 때, 수많은 물자를 공수하느라 느려진 행군으로 인해 상군(湘軍) 하건(何鍵) 부대와 계군(桂軍) 백숭희(白崇禧) 부대의 협공을 받아 많은 사상자가 발생해 8만 명이었던 군사는 3만여 명으로 줄어들었다. 이런 냉혹한 현실 앞에 홍군 내의 많은 사람들은 반드시 근본적인 변화가 필요하다고 느꼈다.

계속 '좌'경적인 과오를 견지하고 있던 중국공산당 중앙위원회의 책임자는 상서로 가서 홍 2, 6 군단과 회합을 준비하려 했으나, 장개석은 이미 막강한 병력을 집결시킨 후, 함정을 파놓고 중앙 홍군이 걸려들기를 기다리고 있었다. 이런 위급 상황에서 모택동(毛澤東)은 상서의 계획을 포기하고 국민당 세력이 약한 귀주(貴州)로 전진할 것을 강력히 주장했다. 이 주장은 주은래 등의 지지를 받았고 계획은 수정되었다. 1935년 1월, 홍군은 귀주의 제2 도시인 준의(遵義)를 점령한 후, 정치국 확대회의를 열어 당시 결정적인 의미를 가지고 있었던 군사와 조직 문제를 해결하는데 모든 노력을 기울였다.

회의에서 제5차 반토벌전쟁 중, 단순한 방어로 군을 위험에 빠뜨리고 장정 중 혼비백산하여 도주했던 행위들이 신랄한 비난을 받았는데, 박고와 이덕은 이 일의 책임자로 지목되었다. 회의 후, 장문천(張聞天)이 박고를 대신해 당의 총책임자가 되었고, 주은래와 모택동, 왕가상(王稼祥)으로 이루어진 삼인조가 전군(滇軍, 운남성 군)의 군사행동의 책임을 맡았다. 중국공산당 중앙위원회와 코민테른 간의 비밀 무선통신은 장정전투 중 훼손되어 연결이 끊어졌다. 이는 중국공산당이 완전히 독립적으로 실제상황에 따라 자신의 행동과 주장을 펼칠 수 있다는 뜻이었다. 준의회의 ( 遵義會議 ) 에서 거의 4 년 간 중국공산당 중앙위원회를 지배해 오던 '좌경적' 교조주의의 과오는 이로서 끝을 맺었고, 중앙에서 모택동이 실질적인 지도자적 지위를 확립하여 중국공산당에 다시 한 번 왕성한 생기와 활력을 불어넣었다.

유백승 ( 劉伯承 ) 은 《장정 ( 長征 ) 회고》에서, "준의회의 이후, 우리군은 이전의 상황과는 반대로 갑자기 새로운 생명을 부여 받은 것 같았다. 우여곡절을 겪고, 적들 사이를 뚫고 들어가면서 동쪽으로 향한다고 생각했으나 오히려 서쪽으로 향했고, 강을 건너 북상한다고 생각했으나 장거리 공격을 감행했다. 적들에 둘러싸여서도 곳곳에 생기와 활력이 넘쳐흘렀다. 우리군이 움직이자 적들은 새로이 진을 쳤고, 덕분에 우리는 쉴 수 있었으며, 군중을 동원해 홍군을 확대시켜나갔다. 적은 우리를 기다리며 진을 배치했지만, 우리는 다른 곳을 공격했다. 이렇게 적들은 혼란에 빠졌고, 도처에서 쉴 틈 없이 공격을 받았다."

이때, 국민당군대가 귀주에 집결시킨 총병력은 40 만 명에 달했고, 중앙 홍군은 3 만여 명에 지나지 않았다. 장개석의 계획은 막강한 병력으로 험준한 산으로 둘러싸여 빠져나올 곳이 없는 귀주지역에 홍군을 가두어 놓고 섬멸하는 것이었다. 그는 자신이 직접 귀주의 성도 ( 省都 ) 인 귀양 ( 貴陽 ) 으로 가서 군사를 통솔했다. 홍군의 처지는 위태롭기 그지없었다. 그러나 그들은 준의회의 후, 기동력을 높인 변화작전을 사용했기 때문에 그들의 행방은 종잡을 수 없었고, 네 번이나 적수하 ( 赤水河 ) 를 건너며 장개석이 그들의 의도를 짐작조차 할 수 없도록 만들었다. 그러던 4 월 2 일, 장개석이 있던 병력이 취약한 귀양으로 곧바로 공격해 들어갔다. 이는 장개석의 예상에서 완전히 빗나간 작전이었다. 그는 황망히 전군의 주력부대를 운남 ( 雲南 ) 에서 불러들여 귀양을 수비하고 홍군을 포위하도록 했는데, 이것은 바로 홍군이 바라던 일이었다. 그들은 즉시 귀주에서 물러나 세 갈래 길로 나누어 서쪽의 운남을 향해 빠르게 나아가 선봉대가 양동작전으로 곤명(昆明)을 공격했다. 운남에 남아있던 전군이 즉시 병력을 집결해 곤명을 수비하여, 전북(滇北) 각지와 금사강(沙江) 남안의 방어 병력이 한동안 공백상태가 되자 홍군은 갑자기 북쪽으로 방향을 바꾸었다. 5월 초 모든 홍군이 물살이 센 금사강의 도하를 강행하자 국민당군대는 금사강 남쪽에서 더 이상 쫓아오지 못했고, 그렇게 국민당을 따돌리는 데 성공했다. 장개석은 일기에서, "주모(朱毛, 주덕(朱德)과 모택동) 무리들이 모두 금사강을 건너자 느리고 아둔한 우리군은 그들에게 농락당했고 군사를 부림에 있어서 일생일대의 치욕을 당했다." 라고 한탄했다.

금사강, 대도하(大渡河)의 도하에 이어 홍군은 해발 4,000m의 만년설이 쌓인 공기가 희박한 협금산을 넘었고, 드디어 이들을 마중 나온 홍4방면군의 선봉부대인 이선염(先) 등과 회합했다.

홍4방면군은 장국도(張國燾)와 서향전(徐向前), 진창호(陳昌浩)의 인솔로 악예환 근거지에서 퇴각한 후, 천섬(川陜) 소비에트 지역을 구축해 병력을 키워왔는데 지방부대와 합해 8만 여명이 넘는 병력을 구비했고 병사들은 용맹하고 전술도 능했다.

두 홍군 주력부대가 회합한 이후 그들이 나아갈 길은 어디일까? 이곳에서 세를 불려 나갈 것인가, 아니면 계속해서 북상할 것인가? 이는 홍군의 운명이 걸린 중요한 문제였다. 6월 26일, 중국공산당 중앙위원회는 양하구에서 정치국 확대회의를 열었다. 주은래는 세 가지 조건을 고려해야 한다고 보고했는데, (1) 지역이 넓고, 기동력이 좋아야 한다는 것이었고, (2) 군중의 조건과 인구가 많아야 하며, (3) 경제적인 조건이었다. 그는 현재 그들이 위치한 곳이 지역은 크지만 근거지를 건설하기에는 불리했고, 이곳에서는 앞날을 도모하기 어려웠기 때문에 '천섬감(川陝甘)'으로 가야 한다고 말했다. 회의에서 이 방침은 만장일치로 통과되었다.

장국도는 홍 1 방면군의 수가 홍 4 방면군에 비교되지 않을 정도로 적은 것을 보고 정치에 대한 야심을 키웠다. 그는 먼저 조직을 구성할 때 여러 가지 요구조건을 내걸은 후, 북상하거나 남하하는 문제를 두고 중앙과 뚜렷한 견해차를 보였다. 두 방면군의 회합 후, 양하구 회의에서 확정되었던 방침은 두 갈래 길로 북상하는 것이었다. 중국공산당 중앙위원회의 우로군(右路軍)은 6 일 낮 6 일 밤 만에 인적 없이 황량하고 곳곳에 늪이 깔린 대초원을 건넜다. 좌로군(左路軍)이 회합에 도착하기를 기다리고 있을 때 그들은 전혀 예측하지 못했던 소식을 전해 들었다. 장국도가 강물이 불어나고 식량이 부족하다는 이유로 좌로군이 아파(阿壩)에 도착한 후, 북상하지 않기로 했다는 소식이었다. 9 월 9 일, 그는 은밀히 진창호에게 전보를 보내 우로군의 남하를 명령해 중앙을 분열시키고 위해 하려 했다. 장문천과 모택동, 주은래, 전고는 이 소식을 전해 듣고 북상방침을 관철하고 홍군내부에서 발생할 수 있는 충돌을 피하기 위해 홍 1, 3 군단과 군위원회 군단을 이끌고 낮과 밤을 가리지 않고 빠르게 북상해 위험한 상황을 벗어났다. 우로군 중에 남아있던 기존의 제 4 방면군부대는 도중에 남쪽으로 돌아갔다.

북상한 7,000 여 남짓의 홍군은 섬감(陝甘) 파병대로 개편하였는데, 그들이 처한 상황은 매우 어려웠다. 9 월 17 일, 선봉부대가 천감(川甘) 변경의 아주 협소한 천연요새인 납자구를 단번에 돌파했다.

이는 아주 중요한 순간이었다. 이렇게 신속하게 북상하지 않고 국민당 부대가 납자구를 완전히 봉쇄하고 보루를 구축하기를 기다렸다면, 또 다시 장벽에 가로막혀 감남(甘南)에 들어가는 것은 아주 어려웠을 것이다. 납자구를 돌파한 후, 북상하는 홍군은 감남의 광활한 지역으로 진입해 즉시 동쪽으로 군대를 이끌어 도중에 수집한 신문에서 섬북(陝北)에 상당히 큰 소비에트 지역과 상당수의 홍군이 있다는 사실을 알아내었는데, 이들이 바로 서해동(徐海東), 유지단(劉志丹), 정자화(程子華)가 이끄는 홍 15 군단이었다. 중국공산당 중앙위원회는 섬북으로 향하기로 결정한다. 10 월 19 일, 홍군은 오기진(吳基鎭)에 도착해 섬북의 홍군과 합류했다. 이렇게 2 만 5 천리 여정의 11 개 성을 가로질러 온 중앙 홍군의 장정은 성공적으로 끝을 맺었다.

남경정부의 병력은 홍군의 '추격' 과정에서 기회를 틈타 사천, 귀주 등지로 대거 진입했고 그 권력은 서남 3 성에 미쳤다. 이렇게 그들도 큰 쾌거를 이루었다.

중앙 홍군이 섬북에 이른 후, 차례로 산서(山西) 동정(東征)과 섬감녕(陝甘寧) 변경 지역 서정(西征) 전투를 개시했고, 세력이 확대되자 남쪽에서 '공산당 토벌' 임무를 맡았던 장학량의 동북군과 양호성(楊虎城)의 제 17 로군과 함께 통일전선관계를 맺어 신속하게 근거지를 건설하는 등 새로운 국면을 맞이했다.

홍 4 방면군이 홍 1 방면군을 외면하고 남하한 후, 장국도는 따로 '중앙'을 세웠으나 전투에서 크게 패배해 병력의 절반을 잃게 되자, 점점 더 많은 장병들이 북상해서 중앙 홍군과 연합하기를 요구했다. 기존의 상악의 천검 근거지에 있던 임필시(任弼時)와 하룡(賀龍) 등이 거느린 홍 2 군과 홍 6 군도 천신만고 끝에 금사강을 건너고 설산을 넘어 , 1936 년 7 월에 홍 4 과 합류하여 홍 32 군과 함께 홍 2 군에 편제 되었다 . 주덕과 임필시 , 하룡 등의 노력과 홍 4 방면군의 수많은 장병 들의 지지로 홍 2 과 홍 4 군은 결국 함께 북상하기로 했고 10 월에 홍 1 군과 회합했다 . 이렇게 홍군의 3 대 주력부대는 모두 성공적으로 장정 을 완수했다 . 그러나 황하를 건넌 후 , 하서 ( 河西 ) 회랑지대에 진입한 서로군은 현저한 병력차이와 지리적으로 불리한 조건으로 인해 용감 하게 싸우다 패배했다 .

대혁명의 실패 후 , 중국공산당은 여러 가지 어려움을 겪었다 . 대 혁명과 제 5 차 반토벌의 두 번에 걸친 좌절에서 중국혁명은 가장 높은 곳에서 바닥으로 떨어져 중국공산당을 전멸하기 직전의 위험으로 몰고 갔다 . 몇몇 의지가 굳지 못한 사람들은 당황해 하며 혁명에 희망이 없 다고 생각했다 . 그러나 기개 있는 중국공산당원들은 이러한 심각한 어 려움 속에서도 다시 한 번 놀랄만한 생명력을 보여주었다 . 그들은 혁명 의 미래에 처음부터 끝까지 믿음을 가지고 끈기 있게 어려움을 이겨냈 으며 , 생사가 오가는 순간에도 이를 극복해 냈고 , 심각한 과오를 바로 잡아 용감하게 자신의 길을 걸어가다 마침내 기적적으로 암흑을 헤치 고 나와 새로운 국면을 열었다 . 1927 년과 1934 년의 두 차례에 걸친 좌 절은 역사의 발전과정에서 두 차례의 큰 변화를 가져온 계기가 되었다 .

## 제 4 절  화북사변과 항일구국 고조의 흥기

1935 년 , 일본의 중국에 대한 정책에 중대한 변화가 발생했다 . 이 때부터 일본은 대대적으로 만리장성을 넘어 남하하기 시작해 직접적

으로 화북을 제어하고 중국을 독점하려는 정책으로 바뀌었다.

일본 군국주의자의 중국침략정책에는 일관성이 있었고 또한 그 과정에 몇 가지 단계가 있었다. 일본의 야심은 무한했다. 그들은 중국을 독점하려 했을 뿐만 아니라 동아시아를 장악하려는 음모를 가지고 있었다. 그러나 이 후기 제국의 국력에도 한계가 있어 단번에 그의 모든 목표를 실현할 수 없었기 때문에 첫 번째 단계인 중국의 만리장성 이북의 동북과 내몽골(內蒙古)의 동부 지역을 장악하는데 집중했다. 당고협정에 서명한 후, 화북의 상황은 짧은 동안이나마 평온해졌지만 이 역시 잠시뿐이었다.

그들은 동북과 내몽골의 동부지역을 조금씩 장악해 나가면서 다음 목표를 화북으로 잡았다. 화북에는 일본 침략자들이 탐내는 풍부한 석탄이 매장되어 있었고, 면과 양모가 풍부하게 생산되는 지역이었다.

1935년 5월, 화북의 상황이 급박하게 돌아가기 시작했다. 일본군은 천진(天津)의 일본 조계(租界) 내에서 2명의 친일 언론인이 암살당하고 열하에 있던 손영근(孫永勤) 항일의용군 부대가 관내로 퇴각한다는 두 가지 구실로 중국을 압박하기 시작했다. 5월 29일, 사카이 다카시(酒井隆) 천진 주둔군 참모장은 하응흠에게 우학충(于學忠) 하북성 정부주석을 파면하고, 하북의 국민당 각급 당부를 물러나게 하며, 중앙군을 하북 등지에서 철수시키라는 무리한 요구를 제시했다. 이는 실제적인'화북자치운동'을 추진하기 위한 숙청작업이었다. 일본은 "일본군은 스스로를 방어하기 위해 앞으로도 경자(庚子) 사건이나 만주사변과 같은 과감한 군사행동을 일으킬 수 있다."라고 큰 소리쳤다. 6월 11일, 황부는 일기에서, "경지(敬之, 즉 하응흠)로부터 오늘 화북교섭을 일률적으로 받아들이고, 군대, 당부도 철수에 대해 동의했다는 전보를 받았다. 앞으로 하북은 무명유실 ( 無名有實 ) 한 비전투지역이 될 것이다. 정말 슬프기 그지없다."고 썼다.

7월 6일, 하응흠은 우메즈 요시지로 ( 梅津美治郞 ) 천진 주둔군 사령관에게 사카이다카시가 제시했던 요구를 '수락'한다는 회신을 보냈다. 이 사건을 일본에 의해 '하매 ( 何梅 ) 협정'이라 불려졌다.

6월 23일, 도이하라 겐지 ( 土肥原賢二 ) 봉천 ( 奉天, 심양의 구칭 ) 특무 ( 特務, 특무는 간첩, 비밀요원, 특수요원을 가르킴 ) 기관장 은 태덕순 ( 泰德純 ) 찰합이 성정부의 임시 주석에게 무리한 요구를 해왔다. 남경정부는 태덕순에게 "우리나라 영토의 주권을 침해하지 않는 범위 내에서 요령껏 처리해도 좋다."고 통지했다. 27일, 태덕순과 도이하라 켄지는 열찰 ( 熱察 ) 변경에 기존의 군대를 철수시키고 보안대로 하여금 주둔하게 한다는 협정을 맺었고, 찰성 ( 察省 ) 에서의 국민당 당무 활동은 중지되었다.

'하매협정 ( 何梅協定, 하응흠 - 우메즈 협정 )'과 '태토협정 ( 泰土協定, 태덕순 - 도이하라 협정 )'의 체결 후 남경정부는 모든 일본의 요구를 만족시켜 줬다고 여겼고, 일본은 구두로만 하북사건은 이로써 종결되었다고 표명했다. 사실, 남경정부의 계속된 양보로 일본 정부 는 그들을 더욱 만만하게 생각하게 되었고 더 큰 요구를 하기에 이르 렀다.

일본의 모든 화북정책을 장악하려는 시도는 1935년 가을부터 시작되었다. 당시, 두 가지 요소가 이를 가능케 했다. 첫째, 일본은 위만주국 정권의 성립과 열하 함락 2, 3년 후, 중국 동북 4성에 대한 일본 의 통치 기초가 어느 정도 다져졌다고 생각했다. 둘째, 유럽의 독일과 이탈리아의 두 파시즘 세력의 궐기와 미국 국내 고립주의의 대두로 인해 영국과 미국은 극동의 일에 신경 쓸 여유가 없었다. 일본은 이를 중국에 대한 침략을 확대해 나갈 더 할 나위 없는 기회로 보았다.

일본육군성은 8월 <북중국에 대한 정책>을 제출하면서, 거리낌 없이 직접적인 화북 통치를 표명하면서 화북을 '남경정권법령의 지배를 받지 않는 자치색채가 농후한 친일 만주지대'로 만들었다. 9월, 신임 중국주둔군 사령관인 타다 하야오(多田駿)는 일본기자를 초대해 《중국에 대한 일본의 기초관념》이라는 책자를 나누어 주었는데, 그 내용은 "작금의 화북은 가장 쉽고 빠르게 낙원으로 변모해 가고 있다는 사실에 대해 더 이상 자세한 설명은 필요치 않다. 화북의 한 모퉁이를 일본인과 중국민중을 위해 밝고 안전하고 평화로운 지역으로, 일본과 중국 제품 및 기타 물질들도 서로 안정적으로 자유롭게 교류할 수 있는 시장으로 만들 것이다."였다. 이는 말도 안 되는 터무니없는 이야기였다. 이는 일본이 화북을 장악하기 위한 새로운 단계로 진입했음을, 전체 화북을 일본이 직접적으로 통치하겠다는 의지를 공개적으로 표명한 것이었다.

사람들은 일본이 화북을 점령한 후 그 다음 단계로 중국 전체를 집어삼킬 것이라는 사실을 뼈저리게 느꼈다. 나라를 빼앗기는 참혹한 현실은 이미 눈앞으로 다가와 있었다.

11월 중순, 일본군이 계획한 소위 '화북자치운동'이 공개적으로 시행되었다는 소식을 전해들은 사람들은 더욱 큰 충격에 빠졌다. 미나미 지로(南次郎) 관동군사령관은 도이하라 켄지를 북평으로 파견해 송철원에게 최후의 통첩을 하게 했다. 즉 11월 20일 이전에 '자치'를 선언하지 않는다면, 하북과 산동을 공격하겠다는 내용이었다. 일본은 화북 당국을 위협하기 위해 수많은 관동군을 산해관 ( 山海關 ) 과 고북구 ( 古北口 ) 부근에 집결시켜 언제라도 공격을 감행할 듯한 분위 기를 연출했다. 만주사변의 재연을 방불케 하는 농후한 전쟁의 기운이 화북 하늘을 감쌌다.

송철원과 산동의 한복구 ( 韓復榘 ), 산서의 염석산 ( 閻錫山 ) 은 일본의 위협 속에 그들이 제시한 '화북자치' 요구를 받아들였다. 비록 도이하라가 극단적이고 고압적인 태도로 위협을 가했지만, 실제로 일 본군은 대규모 군사행동을 할 준비도 하지 않았다. 그 결과 모두가 주 시하던 11 월 20 일의 '최후기한'은 조용히 지나갔다. 그러나 상황은 결 코 나아지지 않았다.

24 일, 도이하라는 기동 ( 冀東, 하북성 동부지역 ) 의 두 지역 관 원을 겸임하고 있던 은여경 ( 殷汝耕 ) 을 책동해 북평 근교의 통현 ( 通 縣 ) 에 기동방공자치 위원회 ( 冀東防共自治委員會 ) 를 세워 '중앙 이 탈'을 공개적으로 선언하게 했다. 그리고 이틀 후, '기동방공자치 정부' 로 명칭을 바꾸었다. 기동은 일본에 장악 당했고, 그 면적은 하북성 4 분의 1 에 달했고, 인구는 600 만 이었다. 12 월, 남경정부는 송철원을 위원장으로 하는 기찰정무위원회 ( 冀察政務委員會 ) 의 설치를 결정 했는데, 그 구성원에 몇몇 친일인사가 포함되어 있었다. 많은 사람들 은 이 위원회가 소위 '기동방공자치위원회'로 확대될 것으로 여겼고, 화북이 일본에 함락될 날도 얼마 남지 않았다고 생각했다.

평진 ( 平津, 북평과 천진 ) 일대는 아직 중국의 영토였으나 도처 에서 총을 장전한 기세등등한 일본 군인과 제멋대로인 일본 낭인들, 이곳에서 전국으로 썰물처럼 퍼져나가는 일본밀수품과 마약들, 소위 '왕도낙원'과 같은 매국적인 홍보물들을 볼 수 있었다. 사건은 꼬리를 물고 발생했고, 지방의 상황은 더욱 심각했다. 일본군의 비행기는 매일 북평 하늘을 낮게 맴돌았고, 그들이 군사훈련을 위해 실시하는 총포 소리가 끊임없이 학교의 교실로 흘러들었다. "선생님, 우리가 공부를 할 수 있습니까?" 이 얼마나 비분강개한 질문인가! <의용군 행진곡>을 주제가로 한 영화 <풍운아녀 (風雲兒女)>는 1935년에 촬영되었다. '중화민족에게 닥친 가장 위험한 시기에……' 이 곡은 빠르게 전국 및 해외의 화교가 거주하는 지역으로 퍼져 나갔는데, 이 노래는 당시 중국인의 보편적인 심정을 표현했다.

슬프고 분노에 찬 이 같은 감정은 나날이 쌓여갔고 폭주해 갔으며 널리 퍼져 나갔다. 중국은 폭발을 앞둔 화산과 같았고 건드리기만 해도 엄청난 대폭발을 일으킬 것 같았다. 민중의 이러한 보편적이고 강렬한 감정을 떠나서는 항일구국운동과 앞으로의 발생할 수많은 역사적인 사건을 이해하기 힘들 것이다.

화북의 위기 속에서 가장 먼저 그 불이 댕겨진 곳은 당연히 고도 (古都) 북평이었다.

북평은 남경정부가 설립되기 전 600년이 넘는 기간 동안 중국의 수도로 자리매김하고 있었으므로 중국인의 마음속에 다른 도시와는 비교할 수 없는 특별한 위치를 차지하고 있었다. 이곳에서 발생된 모든 일은 수억 중국인에게 더 큰 영향을 줄 수 있었다. 이러한 극단적인 긴장 속에 북평 교육계는 국가를 파괴하는 화북의 영토 통합에 반대한다고 선언했다. 일본 헌병부대는 11월 29일에 장몽린 (張夢麟) 북경대학교교장을 강제로 일본병영으로 소환해 '심문'을 받게 했으며, 그를 일본이 장악한 대련으로 납치하려고 시도를 했다. 《대중생활》 제1권의 제4기에서 이런 끔찍한 사건에 대해, "안일하게 살아가는 사

람들이여. 수수방관하며 구차하게 살아갈 것인가? 지금 모든 민족의
생사가 기로에 놓여있구나!"라고 논평했다.

사람들은 남경정부와 지방당국의 대일외교가 모두 비밀리에 진
행되어 외부인은 전혀 알 수 없었다는 점에 대해 더 큰 불안을 느꼈다.
이는 사람들의 의심과 추측을 더욱 부풀려 내일 당장 어떤 일이 발생
할지 모를 불안을 확대시키는 일이었다. 사람들은 "국난이 눈앞에 닥
쳐왔는데 우리는 어떻게 해야 하는가! 침묵만 지키고 있겠는가?"며
분노를 오랜 시간 동안 쌓아왔다. 분노는 억누를수록 더 크게 폭발한
다. 누군가 높이 올라 외치기만 한다면, 곳곳에 감춰두고 있었던 분노
가 절대 막을 수 없는 거대한 물결이 되어 흐를 것이었다. 이는 아무나
인위적으로 조작할 수 있는 '시위'같은 것이 아니었다.

12월 3일, 남경정부에 의해 행정원 주북평(駐北平) 사무장관
으로 임명된 하응흠이 북평에 도착했다. 북평의 학생연합회는 그에게
항일구국과 소위 '화북자치운동'에 대해 반대를 요구하는 탄원을 하기
로 결정했다. 이것이 바로 '12·9'시위의 시작이었다.

시위는 12월 9일 거행하기로 결정했는데, 이날이 바로 소위 화
북 특수화를 위한 기찰정무위원회가 성립된 날이라는 소문이 있었기
때문이었다. 당일, 청화대학(淸華大學) 구국회는 전국 민중에게 고
하는 글을 발표했는데, 그중에, "거대한 화북은 이미 평화로이 학업을
계속할 수 없는 지역이 되었다."라는 구절이 널리 회자 되었다.

거사 당일, 북평 각 대학의 학생 수천 명이 신화문(新華門) 앞에
집결했다. 하응흠이 그들을 만나려 하지 않았기 때문에 학생들은 탄
원을 시위로 바꾸었다. 시위대는 "일본 제국주의를 무너뜨리자", "화
북자치 반대", "동북의 빼앗긴 땅을 되찾자.", "내전을 즉시 중지하라."

등의 슬로건을 크게 외쳤다. 시위대가 왕부정(王府井)에 다다르자 군경이 갑자가 나타나 학생들을 때리고 소방호스의 물로 공격해 8명의 학생을 잡아갔다. 그 다음날, 북평의 각 학교 학생들은 수업을 거부했다.

11일부터, 천진과 보정, 태원(太原), 항주(杭州), 상해, 무한(武漢), 성도(成都), 중경(重慶), 광주(廣州) 등 크고 작은 도시의 학생들은 잇따라 수업을 거부하고 시위에 나섰다. 수많은 지방의 공장도 파업을 진행했다. 폭풍은 순식간에 전국을 휩쓸었다.

12·9운동은 오랫동안 사람들의 가슴속에 쌓여있던 분노를 폭발시켰고 평소에 조용하게 생활하거나 우물 안에서만 살아왔던 사람들을 깨어나게 만들었다. 정치계에서 중간자적인 태도를 취했던 수많은 사람이 다시는 과거처럼 행동하지 않았다.

당시 북경대학 학생이었던 원보화(袁寶華)는 "과거 청년학생들은 정치운동에 참여하지 않았다. 나 같은 사람이 대표적인 인물인데, 당원도 아니고 정치에도 그렇게 관심이 없었다. 그러나 가슴에 가득찬 항일구국의 열정으로 시위대가 도착하자 적극적으로 참가하게 되었다. 우리는 학급에서 학생들에게 함께 참가하자고 호소했다. 시위에서 돌아온 후, 사람들은 모두 열정으로 넘쳐났고, 담력도 커졌으며 함께 시위에 참가했던 사람들 사이에 친밀감이 생겼다."고 회상했다.

12·9운동은 구국운동을 최고조로 끌어 올렸을 뿐만 아니라 모두에게 항일정신을 고양시켰고 항전에 참여하고 중국공산당의 간부가 될 인재들을 배출해내는 데 큰 영향을 미쳤다.

12·9운동이 확대되어 나감에 따라 상해와 수많은 도시들의 각계

에서도 잇따라 구국연합회를 결성했다. 이는 또 다른 단계로의 중요한 발전이라고 할 수 있다.

상해의 항일구국운동은 북평 학생운동의 강력한 추진으로 일어났다. 이 운동은 뚜렷한 특징을 가지고 있었다. 상해 항일구국운동은 시작되자마자 문화와 여성, 학생, 교육, 산업, 사회로 광범위하게 퍼져나갔다. 그들은 전국에 큰 영향을 미치는 문화를 장악하고 있다는 이점을 갖고 있었다. 12·9 운동이 발발하기 5 개월 전, 거의 무너졌던 중국공산당 상해임시중앙국에 일부 남아있던 조직과 당원들이 좌익작가연맹과 학생사단연합회, 좌익극작가연맹, 영화그룹 등의 문화위원회를 100 명이 넘는 당원들이 이끌고 있었다.

북평의 12·9 시위가 발생한 지 3 일이 지난 후, 97 세의 마상백 ( 馬相伯 ) 은 < 상해문화계 구국운동 선언 > 을 발표했고, 심균유와 추도분 ( 鄒韜奮 ) 등 280 여 명이 선언에 서명했다. 선언은 문화계에서 출발했지만 서명자들은 이 범위를 훨씬 넘어서 문화계, 교육계, 신문출판계, 은행계, 법률계, 산업계 등 곳곳의 수많은 유명인사를 아우르는 각계 애국인사들이 참여했다는 사실은 항일구국이라는 목표로 서로 힘을 모으고 있었던 상황을 반영하고 있었다.

각계에 구국회가 생기자 서로 연합하고자 하는 목소리가 힘을 얻어 하나의 통일된 조직을 구축하게 되었다. 1936 년 1 월 28 일, 상해 각계의 구국연합회를 설립하고 심균유를 주석으로 선출했다. 5 월 31 일, 전국 각계 구국연합회 대회를 열었는데, 전국 60 여개 구국단체의 대표들이 참석해 < 대회선언 >, < 항일구국 첫 단계 정치강령 > 등 문건을 통과시켰고, 송경령과 하향응 ( 何香凝 ), 마상백 등 40 여 명을 집행위원으로 심균유 등 14 명을 상무위원으로 선출했다.

전국 각계 구국연합회가 성립되자 사회 각계 애국인사들이 서로 단결했고, 기존의 여러 갈래였던 애국민중운동이 합쳐져 국내의 항일 구국운동은 더욱 장엄한 물줄기를 이루며 더욱 높은 단계로 발전해 나갔다. 그 구성원들에는 수많은 사회유명인사들뿐만 아니라 일반 민중도 많았다. 상해 산업계의 구국회를 예로 들어 보면, 1936 년 10 월까지 1,300 여만 명이 참여했고, 이들 노동자들과 점원은 서로 밀접한 관계를 맺고 있었다. 각지의 구국회 조직은 남경정부의 금지령을 깨고 여러 가지 홍보와 모금활동을 벌였으며, 대대적인 집회를 열고, 전보로 공개적인 발표를 하였으며, 출판물을 발간해 항일구국운동을 전국적인 범위 내에서 활발히 전개해 나가는 등 새로운 국면을 전개했다.

## 제 5 절 제 2 차 국공합작의 형성

중화민족은 확실히 큰 위험에 빠져 있었다. 당시 국내 최대의 두 정치세력은 국민당과 공산당이었다. 민중 정서가 격앙되기만을 기다리는 것으로는 부족했고, 국공의 제 2 차 협력을 기초로 한 항일민족통일전선을 구축해 외부침략에 대비하는 것만이 전면적인 항일전쟁에 진정으로 대비하고, 국가와 민족이 가장 큰 위험에서 빠져나올 수 있는 길이었다.

십여 년의 내전을 통해 서로 피맺힌 원한을 가지고 있던 국공양당 (國共黨) 이 왜 재협력을 해야 했을까? 민족의 적이 국토에 침입해오는 사실은 이 모든 것을 가능하게 했다. 중화민족은 이미 생사의 기로에 놓여있었고 전국 민중이 단결하여 항일할 것을 강렬하게 요구하고 있었으므로 그들은 서로 협력했고 비교적 오랜 기간 동안 협력을 지속했다. 이런 배경을 모른다면 상황이 왜 이렇게 변했는지 이해할 수 없을 것이다.

그러나 이런 가능성을 현실로 만드는 것이 어찌 그리 쉽겠는가? 이번 상황은 국공 양당의 제1차 협력과 비교했을 때 더욱 복잡했다.

첫째, 양당이 10여 년간 목숨을 건 치열한 내전을 치렀다는 사실이다. 장개석은 공산당을 모조리 쓸어버려야 할 큰 우환거리로 생각했고 오랫동안의 반공적인 사상이 쌓여 있는 상태였다. 10년 동안 공산당이 흘린 피가 너무나 많았고 이는 절대 잊히지 않을 아픔으로 남을 터였다. 현실적으로 협력한 후, 국민당은 항일투쟁을 하면서도 틈만 나면 공산당을 억압하고 세력을 약화시키며 없애버리려는 시도를 했고 공산당은 과거에 겪었던 아픔을 교훈으로 삼아 자신의 협력자에 대해 항상 경계를 하지 않을 수 없었다.

둘째, 국공 쌍방이 모두 자신들의 정권과 군대를 구비하고 있는 상황에서 협력을 진행해야 했다. 국민당은 전국적인 정권과 강대한 군사가 있었고, 10여 년 동안 중국을 독단적으로 통치해 왔기 때문에 스스로를 공산당 위에 두려 했으므로 이는 서로에게 불평등한 협력이었다. 특히 국민당은 공산당이 이끄는 군대와 정권의 억압과 퇴치를 가장 큰 목표로 두고 있었고, 공산당은 군대와 정권을 계속해서 넓혀 나가려는 것을 포기하면 자신의 생존을 보장할 수 없다는 것을 잘 알고 있었기 때문에 이를 지속적으로 진행하려 했다.

이런 상황에서 국공 양당의 협력이 가능하다고 해도 양당이 재협력하는 것은 상상하기조차 어려운 일이라고 사람들은 생각했다. 이런 가능성을 실현에 옮기려면 어렵고도 복잡한 과정을 거쳐야 했는데, 협력 후에도 여전히 많은 문제와 논쟁거리가 남아있을 터였다. 지금부터 우리는 그들이 어떻게 어려움과 논쟁을 헤쳐 나갔는지 살펴보도록 하자.

초기에 중국공산당 중앙위원회는 '항일'과 '반 장개석'을 함께 제창했다. 만주사변이 발생한지 3일이 지난 후, 중국공산당은 다음과 같은 선언을 발표했다. 일본의 목적은 "정확히 중국을 약탈하는 것인데, 중국의 농공혁명을 압박하여 완전히 식민지로 만드는 동시에 더욱 적극적으로 더욱 직접적으로 소련을 공격하는 것이다." 또한 다음과 같은 내용의 글도 남겼다. "국민당 군벌의 통치 근본은 제국주의가 중국 국민을 억압하고 학살하도록 도와주는 경호원과 같다. 우리는 함께 국민당을 타도하고 평화를 가장한 속임수를 깨부수어야 한다."

화북사변이 발생했을 때, 중국공산당 중앙위원회와 노동자와 농민으로 구성된 홍군은 유리한 입지에 있던 국민당군대에게 계속 쫓기는 장정에 올랐을 때였다. 그들은 자신의 생명도 보존하지 못할 위기에 봉착해 있었다. 생사의 갈림길에 있는 그들에게 다른 것을 생각할 여력이 없었다. 외부와의 연락이 모두 단절된 상태였고, 그들이 접할 수 있는 국내외의 소식은 너무나도 적었다. 이런 상황에 처해있는 중국공산당 중앙위원회에게 국공협력을 기반으로 항일민족 통일전선을 구축하는 문제를 계획하는 것은 불가능했다.

이때 세계적으로 독일과 일본, 이탈리아의 파시즘 세력이 강력한 기세로 빠르게 발전하여 평화와 인류 안전에 커다란 위협을 가하며 사람들의 걱정거리로 부상했다. 1935년 7월, 코민테른 제7차 대표대회가 모스크바에서 열렸다. 대회에서는 서방에서 파시즘 세력이 난무하는 상황에 대해 반파시즘 통일전선을 구축하자는 방안이 제시되었다 . 디미트로프 (Georgi Mikhailovich Dimitrov) 코민테른 총서기는 중국공산당은 "중국과 함께 나라와 국민을 구할 조직적인 세력을 결성해 일본 제국주의와 그들의 앞잡이로 가득찬 반제 통일전선에 반대해야 한다 ."고 말했다 .

8 월 1 일 , 주 ( 駐 ) 코민테른 중국공산당 대표단은 코민테른의 7 대 정신에 따라 , 중국 소비에트 정부와 중국공산당 중국공산당의 명의로 < 항일구국을 위해 전 동포에게 고하는 글 >( 일반적으로 '8·1 선언'이라 칭한다 ) 을 발표했다 . 그들은 이 선언에서 , "우리나라 , 우리민족은 이미 매우 위험한 지경에 처해 있다 . 일본에 저항하면 살 것이고 , 저항하지 않는 다면 죽을 것이다 . 국민당군대가 소비에트 지역에 대한 공격을 멈춘다면 , 어느 부대라도 일본에 항전하기만 한다면 , 과거와 현재에 그들과 홍군 사이에 어떠한 원한이 있었다 할지라도 , 대내 문제에서 그들과 홍군 사이에 어떠한 분쟁이 있었다 할지라도 , 홍군은 즉시 적대적인 행위를 멈추고 그들과 손잡고 함께 나라를 구하기를 원한다 ."고 낭랑한 목소리로 고했다 .

북상한 중앙 홍군이 섬북 홍군과 합류한 후 , 코미테른의 7 대 정신을 가지고 장호 ( 張浩 ) 가 모스크바에서 돌아왔다 . 중국공산당 중앙위원회는 12 월에 계속해서 정치국회의 ( 일반적으로 '와요보 ( 瓦窯堡 ) 회의'라 칭함 ) 를 열었다 . 27 일 , 모택동은 와요보회의의 정신에 따라 < 일본 제국주의를 반대하는 책략을 논하다 > 라는 보고서를 작성했는데 , 그는 시작 부분에서 일본 제국주의가 중국을 식민지로 만드는 것으로 계획을 변경시켜 전국 인민의 생존을 위협하고 있다고 말했다 . "이런 상황은 중국의 모든 계급과 모든 정치세력에게 '어떻게 해야 좋을까'라는 문제를 제시한다 . 반항을 할 것인가 ? 아니면 투항을 할 것인가? 또는 이 두 가지 중 어느 것을 선택할 것인지 망설여야 하나?" 그는 "우리는 '폐쇄주의'를 과감히 버리고 광범위한 통일전선을 구축하며 '모험주의'를 막아야 한다."고 지적했다.

그러나 당시 중국공산당이 구축하고자 하는 항일 민족통일전선에 장개석은 포함되어 있지 않았을 뿐만 아니라, 장개석을 '매국노의 우두머리'로 매도했다. 이는 결코 이상한 현상이 아니었다. 국민당과 공산당 사이에 치러진 10 여 년간의 치열한 전투로 인한 원한이 단기간 내에 사라지지 않는 사실은 둘째 치더라도, 중국공산당은 일본 침략자에게 지속적으로 양보만 하는 치욕스러운 모습의 남경정부의 모습만 보았을 뿐, 일본에 강력하게 대항하는 모습은 보지 못했기 때문이었다. 더구나 장개석은 계속해서 대군을 집결시킨 후, 섬북 ( 陝北, 섬서성의 북쪽지역 ) 의 한 구석에서 일거에 홍군을 제거하려 했다. 이런 상황에서 '장개석과의 연합'이라는 구호를 외친다면 오히려 더 이상한 일이었다. 상황은 여전히 복잡하게 얽혀진 상태에서 진행되고 있었다.

1936 년, 상황은 한 단계 더 발전했다. 2 월 26 일, 일본의 일부 젊은 군인이 동경에서 쿠데타를 일으켜 수많은 중신을 죽인 후, 난폭하고 기고만장하게 정부를 손에 쥐고 흔들었다. 그들은 폭력을 사용해 일본내부에 공포 분위기를 조성했고 일본 전역에는 일촉즉발의 전운이 감돌았다. 그 시각, 중국에서는 전국적인 범위의 항일구국 열풍이 불었고, 군중의 분노는 극에 달했으며 내전을 중지하고 함께 외세에 대응하라는 요구가 빗발쳤다. 섬서에 주둔하고 있던 장학량과 양호성 부대는 중국공산당과 함께 성공적으로 비밀연합을 구축했다. 일본침략자들이 이미 직접적으로 남경정부의 생존을 위협하고 있었으므로, 장개석의 태도도 차츰 변하기 시작했다. 그는 국민당 제 5 회 대회 제 2

차 전체회의에서 일본에 대한 정책에 뚜렷한 변화가 있음을 공개적으로 표명했다.

중국공산당은 이러한 여러 가지 변화를 지켜보았다. 9월 1일 중국공산당 중앙위원회는 <장개석을 핍박해 일본에 저항하는 문제에 대한 지시>를 발송했는데, "현재 중국의 가장 큰 적은 일본제국이므로 일본제국과 장개석을 동등하게 본다면 이것을 잘못이다. 따라서 '항일 반장개석'라는 구호를 사용하는 것도 적당하지 않다. 일본제국의 계속된 공격으로 민족혁명운동이 계속 확대되고 있는 상황에서 장개석 군대의 전부 혹은 대부분은 항일에 참가할 가능성이 있다. 우리 방침은 장개석을 핍박하여 항전하도록 하는 것이다. '항일 반장개석'에서 '장개석을 핍박해 항일'하는 것으로 전략을 수정해 앞으로는 '장개석과 연합하여 함께 항일'을 진행해 나가야 한다."라고 지시했다. 이렇게 중국공산당은 전략을 크게 변화시켜 항일민족 통일전선의 새로운 단계로 나아가기 시작했다.

화북사변 후, 장개석과 남경정부의 대일정책은 뚜렷이 변화했다. 왜 이러한 변화가 나타난 것일까? 그 원인은 다음과 같았다. 정도의 차이는 있었지만 그들 모두 민족주의 사상을 가지고 있었고, 일본은 중국침략에 점점 박차를 가하면서 중화민족의 생존 및 장개석과 남경정부의 통치에 심각한 위협을 가했다. 그러나 그들이 오랫동안 일본에 대해 여전히 양보하고 타협하는 정책을 펴왔다는 상황을 고려해 봤을 때 원인은 두 가지로 나눌 수 있었다.

첫째, 그들은 중국 민중에게 잠재되어 있던 거대한 잠재력을 알지 못했고 누군가 민중세력을 선동해 자신의 통치에 위협을 가할 것만을 두려워했다. 그들은 너무나 강력한 일본군국주의의 경제력과 무기에 직면해 자연히 자신이 일본에 맞설 힘이 없음을 느꼈고, 적당한 선에서 침략을 멈추어 주기만을 희망했으며, 국제사회가 일본에 제재를 가해 상황이 더 이상 악화되지 않기를 기대하고 있었다. 1934 년 7 월, 장개석은 노산 장교훈련단 연설에서, "현재 상황으로 판단해 보건데 일본이 명령을 내리기만 하면 3 일 만에 우리 중국을 완전히 점령해 멸망시킬 수 있습니다. 적은 우리의 일거수일투족을 감시하고 있습니다. 우리가 스스로 아무런 준비를 하지 않다가, 조금이라도 행동을 취하면 바로 우리를 포위해 속수무책으로 적에게 당하고 말 것입니다. 이런 시기에 일본과 정식으로 전쟁을 할 수 있다는 말은 황당하기 그지없습니다. 자신을 몰라도 너무 모르고 적을 몰라도 너무 모르는 자들이여 !"라고 했다.

둘째, 그들은 공산당 제거를 일본침략에 대항하는 것보다 훨씬 더 중요하다고 보았다. 1933 년 만리장성 항전이 위기에 처해, 민중이 국민당 장교들에게 일본침략에 맞서 싸우기를 강렬하게 요구할 때, 장개석은 남창으로 가서 중앙 소비에트의 '토벌'을 직접 지휘했고, 각 장교들에게 전보를 보내, "외적은 크게 걱정할 바가 못 되고, 내부의 적이 실로 가장 큰 우환거리이니, 내부의 적을 먼저 제거하지 않고는 절대 외세를 막을 수 없다. 우리는 과거 명 ( 明 ) 나라와 하 ( 夏 ) 나라의 망국교훈을 경계로 삼아야 할 것이다. 죽음을 두려워하는 자와 말도 안 되는 항일을 주장하는 자가 있다면 즉시 목을 벨 것이니 모두 명령에 따르기 바란다. " 라고 엄히 꾸짖었다.

1935 년 상반기까지, 장개석은 여전히 일본에게 계속 양보하며 상황을 완화시키려 했다. 중국의 상황을 아주 잘 알고 있던 스틸웰 (Josepf Warren Stilwell) 은 1935 년 6 월에 중국에 도착하여 주중 ( 駐中 )

미국무관의 직무를 맡아 일하던 중, 《미래 중국의 형세》라는 책을 썼다. 그는 장개석이 일본과 공개적으로 결별하는 위험을 감수하기를 바라는 어떠한 조짐도 없다고 여겼다. 그는 자신이 패전할 수 있고, 패전은 반란의 발발을 의미한다는 사실을 알고 있다. 그래서 그는 아무런 조치를 취하지 않고 그가 통제할 수 있는 모든 것을 통제하고, 국제사회가 자신을 도와주기를 바라면서 외국 기업이 집중되어 있는 상해를 지키고 있었다.

그러나 상황은 무심하게 흘러갔다. 화북사변이 확대되었고 남경정부의 계속된 양보로 인한 '상황 변화'는 나타나지 않았다. 이와는 반대로, 일본은 점점 더 그들의 목을 죄어왔다. 특히 일본은 '화북자치운동'을 조장해 남경정부를 막다른 골목으로 몰았다. 이는 장개석과 남경정부에게는 생사가 달린 문제였다. 이런 상황에서 남경정부는 일본에 대한 정책을 대폭적으로 변경하는 방법을 고려해 보지 않을 수 없었다.

1935년 9월, 히로타 고키(広田弘毅) 일본 외상은 장작빈(蔣作賓) 주일(駐日) 중국대사와의 회견에서 그가 제시한 세 가지 원칙에 동의해 줄 것을 남경정부에게 요구했다. "첫째, 중국은 반드시 이이제이(以夷制夷) 정책을 포기해야만 한다. 둘째, 중국은 '만주국'의 존재를 인정해야 한다. 셋째, 중일은 중국 북방 일대 지역의 공산화 방지를 위해 함께 효과적인 방법을 논의해야 한다."

이는 장개석이 수용할 수 있는 범위를 훨씬 초과한 요구였다. 일본의 '히로타 3원칙' 제시는 일본에 대한 그의 정책을 바꾸는 중요한 계기가 되었다. 장개석은 이후 '히로타 3원칙'에 대해, "당시의 상황은 아주 명확했다. 우리가 그의 원칙을 거절하는 것은 전쟁을 의미했고, 그의 원칙을 받아들인다는 것은 멸망을 의미했다." "항일전쟁을 피할 수 없다면, 국민 정부는 소련과의 교섭에 착수 할 것이고 또한 중국공산당문제의 해결을 위해서도 노력할 것이다."라고 기록했다.

이러한 심각한 상황에서 11 월 국민당 제 5 차 전국대표대회를 열었다. 19 일, 도이하라가 송철원을 핍박하여 선언하게 한 '화북자치' 최후기한이 되기 하루 전, 장개석은 회의에서 유명한 말을 남겼다."아직 절망이라고 말할 수 없을 때는 절대 평화를 포기 하지 않을 것이고, 최후의 고비가 아닌 이상 경솔하게 희생하지도 않을 것이다." 그의 말에는 두 가지의 의미가 내포되어 있다. '최후의 고비'가 오면 '평화를 포기'하고, 희생을 '결심'할 수밖에 없다는 의미였다.

중국공산당은 그의 이러한 미세한 변화에 주목했다. 그럼에도 불구하고 "반드시 먼저 국내를 안정시키고 외세에 대항한다."는 방침을 너무나 오랫동안 지속해 왔기 때문에 사실상 남경정부에는 일본에 대항할 아무런 준비도 되어 있지 않았다.

진성은 11 월 3 일 부인에게 보낸 편지에서, "일본에 대항하기로 결정하긴 했지만 아무런 준비도 되어 있지 않소."라고 썼다.

한편 일본에 대한 정책을 조정함에 따라 장개석은 소련과 중국공산당에 대한 태도를 조금씩 바꾸어 갔다. 그는 "왜적은 러시아를 두려워하니, 지금 외교적으로 러시아에 특히 주의를 기울여야 한다."고 생각했다.

그해 말, 장개석은 그의 심복인 진립부를 비밀리에 소련으로 보내, 공동으로 일본에 대항하는 군사 연맹에 서명하기를 희망한다는 협상을 진행하려 했다. 진립부는 독일에 도착했다가 소련으로 가려 했지만 그가 소련에 도착했을 때, 사전에 정보가 유출돼 소련 측의 불만을 야기했다. 때문에 그는 중국으로 돌아올 수밖에 없었다. 장개석은

소련에 머물다가 중국으로 돌아와 업무보고를 하던 무관 ( 武官 ) 등문
의 ( 鄧文儀 ) 에게 빨리 모스크바로 돌아가 코민테른에 주둔하고 있는
중국대표와 협상하라고 명령했다 . 등문의는 당시를 다음과 같이 회상
했다 . 모스크바로 돌아온 후 , "모스크바에 대해 중국과 관련된 러시아
의 고급장교들과 과거 중국에서 자문을 맡았던 사람들 및 모스크바 중
국공산당 대표 , 과거 깊은 관계가 있었던 사람들과 간담을 나누었다 ."
그들은 모두 중국공산당대표단과 공산당 , 국민당이 중국에 있으니 중
국에서 협상을 진행하는 편이 더 낫다고 말했다 . 또한 장개석 자신도
중국에서 중국공산당과 연락할 방법을 찾고 있었다 .

장개석이 협상을 원한다는 정보를 가장 먼저 중국공산당 중앙위
원회에 전한 사람은 송경령 ( 宋慶齡 ) 이었다 . 1936 년 1 월 , 송경령은
상해에서 목사 신분으로 활동하던 공산당원 동건오 ( 董健吾 ) 를 찾아
섬북으로 가서 모택동과 주은래에게 한 통의 편지를 전해달라고 부탁
했고 , 그를 '서북경제위원' 으로 임명하는 공상희 ( 孔祥熙 ) 가 서명한
임명장을 그에게 주었는데 , 이는 남경정부의 동의를 얻었다는 사실을
확실히 증명하는 것이었다 .

2 월 , 동건오는 섬북의 와요보에 도착해 박고를 만났다 . 3 월 , 산
서를 동정하던 장문천과 모택동 , 팽덕회는 동건오에게 , "우리는 남경
당국의 각오와 현명한 의견을 환영하며 , 전국의 세력을 규합하여 항일
구국을 진행하기 위해 남경당국과 구체적이고 실제적인 협상을 진행하
기를 원한다 ."라는 답신을 박고에게 전해주도록 부탁했다 . ( 락보 ( 洛
甫 ) 와 모택동 , 팽덕회가 박고에게 보내는 전보를 주계오 ( 周繼吾 , 즉
동건오 ) 에게 전달한 날은 1936 년 3 월 4 일이었다 .) 다음 날 , 동건오는
이 밀서를 가지고 와요보를 떠나 송경령에게 돌아가 보고했다 .

국공 양당은 8년간 서로 관계가 단절된 상태였다가 송경령의 중재로 다시 연결되었다. 그들은 서로에게 아직 아무런 신뢰가 쌓여 있지 않았기 때문에 서로를 완전히 믿지 못했고 상대방이 어떤 저의를 갖고 있다고 생각했다.

　　1936년 7월, 국민당 제5회 제2차 전체회의가 남경에서 열렸다. 장개석은 회의 첫날의 연설에서 국민당 5차 전국대표대회 때보다 일본에 대한 정책을 더욱 명확하고 강력하게 했고 다른 내용은 다음과 같다.

　　중앙이 외교를 진행함에 있어서 절대 양보할 수 없는 최소 한계선이 바로 완전한 영토주권 유지입니다. 어느 누구라도 우리영토의 주권을 침범한다면, 우리는 절대로 이를 용인하지 않을 것이며, 우리영토의 주권을 침해하는 어떠한 협정에도 절대 조인하지 않을 것이고, 우리영토의 주권을 침해하는 어떠한 일도 절대 용인하지 않을 것입니다.

　　다시 한 번 명확히 말하자면, 어느 누구라도 강제적인 괴뢰국 승인 등으로 우리의 영토주권을 침해하려 할 때가 바로 용인할 수 없는 때이며, 우리가 최후의 희생을 할 때입니다.

　　이것이 첫 번째입니다.

　　다음으로는 작년 11월 전국대표대회 이후, 우리의 영토주권이 침해를 받았고 모든 정치외교적인 방법을 동원하였는데도 불구하고 이를 제거하지 못했다면, 이는 우리국가민족의 근본적인 생존을 위협당하는 때이고, 우리가 용인하지 못할 때입니다.

이때가 오면, 우리는 마지막 희생을 할 것입니다.

우리의 마지노선은 바로 이와 같은 것을 의미합니다.

그 이후 남경정부는 전국적인 항전준비를 진행했다. 국민당 제 5 회 제 2 차 전체회의에서 국방조직을 결정하는 회의를 진행했는데, 중앙집행위원회 직속으로 국방방침과 이와 관련된 중요한 문제를 연구했다. 작전준비에서 가장 중요한 것은 군대개편이었다. 1935 년 3 월 육군조정처를 설립하여 1936 년부터 매년 20 사단을 개편하고, 60 사단 개편을 기준으로 국방군의 근간으로 삼았으며, 비교적 많은 인력과 물자를 투입하여 국방참호를 구축했다. 1936 년, 군 정부는 병역법규를 새로이 입안해 사단관리구역을 설립하고 징병사업을 담당하도록 했다.

교통건설은 전쟁준비에서 중요한 부분이었다. 이 당시의 철도부분에서 월한 ( 粤漢 ) 철도의 소관 ( 韶關 ) 에서 주주 ( 株洲 ) 구간을 부설하여 월한철도의 전 노선을 개통해야 하고, 농해 ( 隴海 ) 철도는 서쪽으로 보계 ( 寶鷄 ) 까지 확장하며, 호항 ( 滬杭 ) 철도와 월한철도를 연결하는 절감 ( 浙贛 ) 철도를 구축하는 것 등이 중요했다. 고속도로 부분에서는 구 도로를 정리해 새로운 도로를 부설해야 했다. 1937 년 11 만 km 의 도로가 부설되었는데, 대부분 황하 이남의 도로였다.

1935 년 4 월, 군사위원회 부속기관인 자원위원회를 설립해 중국공산당업 건설의 준비에 박차를 가했다. 교육사업과 학술연구도 진전을 보였다. 이 모든 것은 앞으로의 전국 항전에 유리한 조건을 제공했으나 시작이 늦어 시간이 촉박했으므로 준비는 여전히 충분하지 못했다.

일본침략자들은 내몽골 지역을 장악하기 위해, 찰합이 북부의 6 개 현 ( 縣 ) 을 침략한 후 1936 년 6 월에 괴뢰정권인 '내몽골 군 정부'

를 수립해 데므치그돈로브 ( 德穆楚克棟魯普 , 약칭 덕왕 ( 德王 ), 몽골명 Дэмчигдонров) 시린골 맹 ( 錫林郭勒盟 , Шилийн Гол аймаг) 의 부맹장을 총재로 세우고 괴뢰정부의 군대를 조직했다 . 그러나 사실 이모든 것들은 일본자문관들의 지휘로 이루어 졌는데 그들은 괴뢰군을앞세워 수원 ( 綏遠 ) 동부를 침략하여 백령묘 ( 百靈苗 ) 에 군사기지를 구축했다 . 11 월 중순 , 부작의 ( 傅作義 ) 수원성 정부 주석은 위험을 무릅쓰고 원거리 기습을 감행해 '백령묘 대첩'을 승리로 이끌어 세상을 놀라게 했다 . 그는 이 전투에서 "1 만 명에 가까운 적을 섬멸했고 ,백 명에 가까운 일본 간첩과 자문을 죽였고", 괴뢰군에서 "일본을 위해일했던 왕영 ( 王英 ) 도 5 개 사단을 이끌고 일본에 투항했다가 4 개 사단을 이끌고 중국군에 합류했다 ." 이는 만주사변 이후 중국 군대가 처음으로 맞이한 승리였다 . 이 소식으로 전국은 기쁨으로 들끓었다 . 각지의 신문들은 경쟁적으로 호외를 뿌렸고 , 각 지역의 인사들은 수원성항일운동을 지지했고 해외 교포들도 앞다투어 기부금을 보내왔다 . 모택동은 수원전투를 '전국 항전의 서곡'이라고 극찬했다 . 남경정부 외교부도 어떠한 국가도 중국 영토 내에서 불법적인 활동을 한다면 절대용인하지 않겠다는 성명을 발표했다 .

남경정부가 진행한 화폐개혁에 대해서도 이야기할 필요가 있다 .중국의 기존에 은자와 은화 지폐를 함께 사용했기 때문에 화폐제도가어지럽기 그지없었고 , 백은 ( 白銀 ) 의 중량 , 순도 , 가격에도 일정한표준이 없었다 . 1931 년에는 12 억 온스 (oz) 의 백은에 해당하는 17 억장 정도의 은화가 중국에서 유통되고 있었다 . 30 년대 이후 , 백은이 대량 국외로 유출되었고 , 1934 년 11 월부터 1937 년 7 월까지 2 년 동안중국에서 매도되었던 백은은 12 억 온스 이상이었으며 , 엄청난 양의 백은이 밀매되고 있었다. 1935년 11월, 남경정부의 재무부는 영국의 지지로 은 본위화폐제도를 버리고 법정지폐개혁을 실행했다. 그 내용은 다음과 같았다. "올해 11월 4월부터, 중앙과 중국, 교통은행이 발행하는 지폐를 법정화폐로 하고 대부분의 공출미와 납세 및 정부와 민간의 비용의 수급을 법정화폐로 한정하며, 현금을 사용하지 않을 것이다. 이를 위반하는 자는 전액을 몰수하여 백은의 탈루를 막겠다." 이는 금융 부분에 큰 영향을 주는 개혁이었으며 항일전쟁의 재정적인 부분에 중요한 역할을 했다. 그러나 이 개혁에는 악성통화팽창과 관료자본 형성의 확대라는 씨앗이 심어져 있었다.

남경정부는 항일에 대한 결심을 표명하며 중국공산당과도 비밀리에 접촉하기 시작했는데, 왜 서안사변이 발생하기 전에 수많은 군대를 동원해 공산당을 제거하려 했을까? 왜 장개석은 장학량의 눈물어린 간언을 듣지 않고 서안사변을 일으켰을까? 그는 "중국공산당이 국민당에게 불리한 방침을 고수해 왔기 때문에 중국공산당의 무장을 반드시 해제시켜야만 정치적인 문제를 해결할 수 있다."라고 여겼다. 그의 이런 생각은 당연히 이루질 수 없었다. 이를 무력으로 강제로 해결할 수 있었다면, 장개석에게는 '상책'이라 할 수도 있었기 때문에 이를 시도해보고자 했다. 그러나 당시, 영월(남경과 광주)이 이미 협력한 뒤였지만, 남방에 호한민(胡漢民)을 정신적인 지도자로 하는 국민당 서남 집행부와 서남 정무위원회가 여전히 반독립상태로 존재하고 있다는 사실은 장개석에게 후환거리였다. 1936년 5월, 호한민이 뇌출혈로 세상을 떠났다. 6월 1일, 양월(광동(廣東)과 광서(廣西))의 장군인 진제당(陳濟棠)과 이종인, 백숭희가 이끄는 '항일 반장개석'의 '양광사변'이 발발했다. 장개석은 먼저 광동군벌을 도모한 뒤 광서군벌을 제거하는 전략을 택했다. 그는 진제당의 수족이었던 여한모 ( 余漢謀 ) 와 광동공군을 매수해 남경정부에 귀순하게 만들어 진제당을 강제로 하야시켰다. 양광사건이 해결되자 장개석은 다시 대대적으로 군사를 일으켰고 장학량과 양호성의 전군으로 하여금 북상을 명령하면서 섬북혁명 근거지에 대해 새로운 대규모의 토벌을 준비했다.

그들은 민중의 구국운동에 대해서도 억압을 가했다. 11 월 23 일, 국민 정부는 구국회의 지도자인 심균유와 추도분, 이공박, 장내기 ( 張乃器 ), 사량 ( 史良 ), 왕조시 ( 王造時 ), 사천리 ( 沙千里 ) 를 상해에서 체포했다. 이 사건은 중국에 큰 파문을 불러일으켰다. 심균유 등은 사람들에게 '칠군자 ( 七君子 )'로 불리고 있었으므로 정국은 악화될 조짐을 보였다.

그러나 중국은 이미 단결과 항일이라는 커다란 물결이 일고 있었고 한 번 흘러가기 시작한 물결을 그 방향을 바꾸기 어려웠다. 바로 이때 장학량과 양호성이 이끄는 서안사변이 발생했다.

화북에 남겨둔 장학량이 이끄는 동북군의 3 개 사단을 제외한 14 개의 사단이 서북으로 옮겨 '공산당 토벌' 명령을 받았다. 동북이 함락당하자 동북이 고향인 병사들은 크게 동요했다. 그들은 고향으로 돌아가기를 요구했고 관내에 남아 내전에 참여하기를 원하지 않았다. 이런 분위기는 장학량과 동북군 고급장교들에게도 큰 영향을 주었다. 양호성은 섬서의 실력파 지도자로 당시, 제 17 로군의 총지휘와 서안관서의 주임을 맡고 있었다. 그는 애국민주의식을 가진 사람이었다. 그의 주위에도 수많은 비밀 공산당원들이 포진해 있었다.

중국공산당 중앙위원회는 섬북에 도착한 후 장학량과 양호성에게 수많은 사람을 파견해 공작을 진행했다. 주은래도 장학량과 비밀리에 회담을 진행했다. 쌍방은 항일에 동참하기로 의견을 모았다.

서안사변이 일어나기 전, 장학량은 장개석에게 내전을 중지하고 함께 일본에 항거하기를 여러 번 건의했으나 모두 거절당했다. 장개석은 대군을 동원하여 섬북 혁명근거지를 도모하려고 준비하면서 장학량과 양호성에게 전군을 거느리고 북상하여 '공산당 토벌'을 진행할 것을 재촉했다. 7일, 장학량은 다시 한 번 장개석에게 내전을 중지하고 함께 일본에 대항할 것을 눈물로 간언했다. 팽팽한 긴장감 속에 3시간이 지난 후 장개석은 탁자를 내리치며 "자네가 지금 총을 꺼내 나를 쏘아 죽인다 할지라도 나의 공산당 토벌정책은 절대 변하지 않는다!"라고 사납게 소리쳤다. 장학량은 그날 밤으로 서안으로 돌아와 양호성을 만나 실패했다고 말했다. 장개석의 '회유'에 실패했으므로, 그들은 비밀리에 계획을 '강행'하기로 했다.

12월 12일 새벽, 장학량과 양호성의 계획에 따라 동북군의 일부는 장개석이 거처하고 있는 임동의 화청지(華淸池)로 가서 장개석을 억류했고, 17로군이 서안을 장악했다. 장학량과 양호석은 당일 전국으로 전보를 쳐서 다음의 구국 8항을 주장했다.

(1) 남경정부를 개편해 각 당과 각파를 수용해 함께 구국활동을 펼친다.

(2) 모든 내전을 중지한다.

(3) 상해에서 체포당한 애국지도자들을 즉시 석방한다.

(4) 전국의 모든 정치사범을 석방한다.

(5) 민중애국운동을 자유롭게 벌이게 한다.

(6) 인민집회결성과 모든 정치의 자유를 보장한다.

(7) 총리의 유언을 확실히 준수한다.

(8) 즉시 구국회의를 연다.

사변이 일어나기 전, 중국공산당은 이 사건에 대해 알지 못했다. 장학량은 장개석을 억류한 후, 당일 오후 모택동과 주은래에게 그의 의견을 수용하기를 바란다는 전보를 전달했다. 모택동과 주은래는 그 날 저녁, "제가 그곳으로 갈 테니 함께 의논합시다."라는 답신을 보냈다. 당시, 섬북에서 서안의 교통은 매우 불편했다. 17일, 주은래는 서안에 도착해 장학량을 만나 서안사변으로 선택할 수 있는 두 가지 가능성에 대해 말했다. "첫 번째 가능성은 장개석이 내전을 중지하고 함께 일본에 대항하도록 설득할 수 있다면, 중국은 왜놈들에 의한 멸망은 피하고 안정된 미래를 도모할 수 있습니다. 두 번째는 만일 그의 죄상을 선포하고 인민재판에 넘겨 그를 죽인다면 내전을 피할 수 없을 뿐만 아니라 더 큰 규모의 내전을 몰고 올 수 있습니다. 이렇게 되면 항일을 할 수 없을 뿐만 아니라 일본 제국주의에게 중국을 멸망시킬 더 유리한 조건을 제공하게 되므로 중국의 미래는 더욱 불안해 질 것입니다. 과거 역사를 돌이켜 봤을 때 우리는 더욱 안정된 중국의 미래를 도모할 책임이 있습니다. 그래서 장개석을 설득하기 위해 모든 노력을 기울여야 하며, 그가 내전을 중지하고 함께 일본에 대항하는데 동의해야만 그를 석방시킬 수 있습니다. 또한 장개석은 실제적으로 중국의 대부분 지역을 통치하고 있어 그로 하여금 항일의 노선을 걷도록 하고 전국적인 항일운동의 지도자로 옹호해야만 전면적인 항일민족해방전쟁을 일으키는데 유리합니다."

코민테른은 16일 중국공산당 중앙위원회에 전보를 보냈지만, 비밀번호가 틀려 이를 읽어낼 수 없었다. 20 일, 코민테른은 "평화적인 방법으로 이 갈등을 해결하라."는 전보를 보냈다. 중국공산당 중앙위원회는 당일 코민테른의 전보의 전문을 서안의 주은래에게 보냈다. 코민테른의 전보는 중국공산당 중앙위원회의 결정과 일치했다.

주은래는 서안에서 장학량과 양호성과 함께 장개석과 나중에 서안에 도착한 송미령 ( 宋美齡 ), 송자문 ( 宋子文 ) 과 긴장감 속에 담판을 진행했다. 과거 몇 십 년 동안 국민당 당국은 서안담판에서 장개석이 승인했던 일을 비밀로 하고 밝히지 않았다. 얼마 전 해외에 공개되었던 송자문의 일기에 담판 상황에 대한기록이 비교적 상세하게 남아 있었다. 그는 12 월 20 일의 일기에 그날 저녁 장개석과 그와의 대화내용을 기록했다. 위원장은 다음과 같이 말했다. "나는 주은래에게 (1) 중국소비에트 정부 (2) 홍군의 명의 (3) 계급투쟁 (4) 위원장의 지도자 역할 수락에 대한 내용들을 포기해 줄 것을 요구할 것이다. 그는 주은래에게 항상 국민당 개편의 필요성을 느끼고 있다고 말했다. 또한 필요하다면 장개석의 부인에게 3 개월 내에 국민대회를 열 것을 보장하는 보증서에 서명하도록 요구할 것이라 말했다. 그러나 그 전에 국민당 대회에서 권력을 인민에게 넘겨줄 것을 요구할 것이다. 국민당 개편 후, 그는 (1) 공산당이 그들이 총리에게 복종했던 것처럼 그에게 복종한다면, 공산 연합에 동의할 것이다. (2) 항일, 공산당 수용, 러시아와의 연합과 (3) 한경 ( 漢卿, 즉 장학량 ) 이 공산당의 군대를 흡수하고 새로 들어온 동지들에게 우수한 무기를 나누어 주기를 원한다."라고 말했다.

송자문은 25 일 일기에, 주은래가 장개석을 만나 그에게 보장을 요구했던 내용을 기록했다. "(1) 공산당 토벌을 중지할 것과 (2) 공산당과 함께 일본에 대항 할 것, (3) 남경정부에 대표를 파견해 위원장에게 해명할 것을 허가할 것" "위원장은 공산당이 북으로 가서 일본에 대항하는 것은 줄곧 그가 희망하는 바였다면서 주은래의 말대로 공산당이 모든 공산주의 홍보활동을 중지하고 그에게 복종한다면 자신의 형제처럼 그들을 대할 것"이라고 회답했다.

25일 오후, 장학량은 주은래와 상의하지 않고, 남경정부로 떠나는 장개석을 직접 전송했다. 장개석은 공항에서 장학량과 양호성에게, "오늘 이전에 발생한 내전은 그대들의 책임이고, 오늘 이후에 발생하는 내전은 내 책임이다. 앞으로 나는 절대 공산당을 토벌하지 않을 것이다. 내가 잘못을 하면 인정할 것이다. 그대들도 잘못을 한다면 인정해야 할 것이다."라고 말했다. 또한 그가 동의했던 조건을 다시 한 번 표명했다. 그러나 장개석은 서안을 떠나자마자 태도를 바꾸었다. 장학량을 구속하고 재판했으며 중앙군을 소집해 서안으로 파견했으며, 동북군과 17로군과의 분리를 진행했다. 결국 공산당 '토벌'을 중지하게 되었고 제2차 국공합작의 계기가 되었다.


## 제6절 국공양당이 제2차합작으로 나아가다

서안사변에서 장개석과 어떠한 서면협의도 하지 않았지만 장학량이 남경에 도착한 후 장개석은 그를 구속했고, 그 후 양호성도 피살당했다. 그렇다면 그는 왜 공산당과 내전을 진행했다가 아무런 보장도 없는 상황에서 내전을 멈추고 제2차 국공합작을 실현해 전 민족의 항전국면을 형성했을까?

모택동은 이틀 후 열렸던 중국공산당 중앙위원회정치국회의 ( 中共中央政治局會議 ) 에서 서안사변의 과정에 대해 , "서안사변은 국민당이 태도를 바꾸는 중요한 계기가 되었다 . 서안사변이 없었다면 그 시기도 미뤄졌을 것이다 . 그를 변화시킬 어떤 계기가 필요했기 때문이었다 . 서안사변으로 국민당은 10 년 동안의 잘못된 정책을 끝냈는데 이는 객관적으로 다음과 같은 의미가 있다 . 즉 내전이라는 측면에서 보면 10 년간 지속된 내전을 어떻게 끝낼 수 있었겠는가 ? 바로 서안사변이다 ."라고 정확하게 설명했다 .

서안사변이 어떻게 이러한 변화를 실현시킬 수 있었을까 ? 모택동은 보고서에서 계속 설명을 이어 나갔다 . "서안사변이라는 수확은 거저 얻어진 것이 아니다 . 국민당이 오래 전부터 흔들리기 시작했기 때문에 변화에 대한 가능성은 이미 존재해 있었고 , 국민당 내부의 모순이 최고조에 달했을 때 서안사변이 발생함으로써 이러한 모순은 해결할 수 있었다 . 즉 그 시기가 이미 무르익었기 때문에 서안사변을 계기로 모든 것을 변화시킬 수 있었다 . 서안사변은 새로운 단계의 시작을 위한 획기적인 변화의 시작이었다 ."( 모택동이 중국공산당 중앙위원회정치국회의에서의 보고를 진행한 날은 1936 년 12 월 27 일이었다.) 바로 일본침략자의 기세등등한 공격과 전국적으로 넘쳐흐르는 항일구국 열기 속에서 장개석이 일본침략에 대항할 전쟁준비를 착수한 날이었다 . 그의 정책변화에 대해 국민당은 이미 흔들리기 시작했고 , 이러한 분위기는 오래 전에 형성되었다 . 그러나 이는 '그를 변하게 만들 어떤 계기'가 있어야 가능한 일이었다 .

장개석은 복건사변과 양광사변 후 , 그에게 복종하던 동북군과 17 로군이 서안사변에서 최후의 수단인 '병란'을 일으켜 자신에게 대항하자 진영 내부의 항일 요구를 제지하기 어렵다는 것을 느꼈다. 장개석과 친밀한 관계에 있었던 미국기자는 "그는 일본이 화북을 그들 마음대로 어지럽히고 있는 상황에서 아무런 저항을 하지 않는다면 중국의 민심을 잃게 될 것이고, 장교 대부분의 지지를 얻어내지 못하리라는 것을 알게 되었다."라고 썼다. 장개석은 주은래와 직접적으로 접촉하면서 중국공산당의 항일단결의 의지를 느꼈다. 사실 그가 본 중국공산당 세력도 단기간 내에 제거할 수 있는 규모가 아니었다. 이 모든 상황이 그가 일본에 대항할 결정을 내릴 수 있게 만들어 주었고 '그의 흔들림을 끝내게' 해주었다. 역사는 바로 이렇게 모순으로 가득찬 현실에서도 앞으로 나아가고 있었다.

1937년 2월, 국민당은 제 5 회 3 차 전체회의를 열었고 장개석은 '공산당 토벌 혹은 공산당과 협력'을 '전체회의 의제' 하나로 정했다. 장개석은 1937년 1월 31일에 이런 내용의 일기를 기록했다. 2월 10일, 회의 전날 밤, 중국공산당 중앙위원회는 국민당 제 5 회 3 차 전체회의가 곧 열릴 것이라는 전보를 보내면서 유명한 '5 개 조항의 요구'와 '네 가지 보장'을 제시했다. 전보에는 "서안사변이 평화적으로 해결되어 온 나라가 기뻐하고 있고, 평화통일과 항일협력의 방침이 실현될 수 있어 국가와 국민의 복이라 할 수 있다. 왜구가 쳐들어와 중화민족이 일촉즉발의 위험에 처해 있는 지금, 우리당은 귀 ( 貴 ) 당의 3 차 전체회의에서 다음의 각 항목을 국책으로 삼아주길 간절히 바란다. (1) 모든 내전을 중지하고 국력을 모아 외세에 대항하고, (2) 언론집회와 단체조직의 자유를 보장하고 모든 정치범을 석방하며, (3) 각 당 ( 黨 ) 과 각 파 ( 派 ), 각 계 ( 界 ) 와 각 군 ( 軍 ) 의 대표회의를 소집하여 전국 인재를 모아 함께 구국운동을 벌이고, (4) 대일항전의 모든 준비를 빠른 시일 내에 끝내며, (5) 인민의 생활을 개선한다. 귀 당의 3차 전체회의에서 이 국책을 확정해 준다면, 우리 당은 외세에 대항하는 의지를 표시하기 위해 귀 당의 3차 전체회의에 다음과 같은 보장을 할 것이다. (1) 국민 정부에 대한 모든 무장폭동방침을 중지하고, (2) 소비에트정부를 중화민국 특별구역정부로 개명하고 홍군을 국민혁명군으로 개명한 후, 남경정부와 군사위원회의 직접적인 지시를 받을 것이며, (3) 특별구역정부의 지역 내에서 철저한 민주제도의 보통선거를 실시할 것이고 (4) 지주의 토지를 몰수하는 정책을 중지하고 항일민족 통일전선의 공동 강령을 단행할 것이다."

이'네 가지 보장'이 바로 장개석이 12월 20일 주은래에게 제시했던 네 가지 요구에 대한 대답이라는 것을 알 수 있었다. 3월 26일, 주은래는 항주에 도착해 장개석과 만나 첫째, 섬서와 감숙(甘肅), 영하(寧夏)의 변경 지역을 전체 행정구역으로 삼고 분할하지 말 것, 둘째, 홍군개편 후의 인원수는 4만여 명으로 할 것, 셋째, 장교와 정치공작 요원을 파견하지 말 것, 넷째, 홍군의 방어지역을 확대할 것과 같은 구체적인 요구를 제시했다. 장개석은 중국공산당이 민족의식과 혁명 정신을 구비한 신생 세력이라는 것을 인정하고 국공이 분리되어 있어 10년 동안 혁명에 실패했고 이로 인해 군벌할거와 제국주의자가 중국을 점령하는 국면에 이르렀음을 인정했으며 각자 지난 과오에 대한 조사할 것을 요구한다는 의견을 제시했다. 그는 중국공산당이 국민당과 협력하는 것이 아니라 그 개인과 협력해야 한다고 말했다. 구체적인 문제에 대해서는 이는 모두 사소한 일이니 쉽게 해결할 수 있다고 말했다. 주은래는 회담의 내용을 기록한 보고서에서 "장개석의 의도를 전체적으로 봤을 때 그중심은 지도자의 문제였다. 그는 이 문제를 해결할 수 있다면 다른 구체적인 문제는 쉽게 풀 수 있지만 그렇지 않다면 여러모로 우리에게 어려움 있을 것이라며 나에게 복종을 강요하려 했다." 라고 말했다.

서안사변이 평화적으로 해결된 후, 상황의 발전에 기복이 있다 할지라도 내전중지라는 국내의 정치적인 문제는 이미 해결되었으므로, 국공이 협력하는 큰 흐름을 거스를 요소는 이제 없었다. 역사는 함께 일본에 대항하는 추세로 변화하고 있었다.

# 제 10 장
## 민족 항전의 발발

1937 년 7 월 7 일은 중국인이 절대 잊을 수 없는 날이었다 . 일본 군국주의자들이 중국에 대해 전면적인 침략전쟁을 벌였기 때문이다 . 이 날 , 중국인이 오랫동안 기다려 왔던 민족항전이 드디어 시작되었다 . 이 항전은 중국을 부흥시키는 중심이 되었다 . 항일전쟁 초기 , 중국은 지극히 불리한 조건에서 고군분투했다 . "우리들의 피로써 새로운 만리장성을 쌓겠다 ( 중국 국가 중의 가사 )."는 불굴의 기개로 세계 최초로 동방에서 대규모의 반 ( 反 ) 파시즘 전쟁을 시작했다 .

## 제 1 절 일본제국주의자의 " 대화일격론 " 과 로구교사변

노구교사건 ( 중국 내에서 7·7 사변이라고 칭함 ) 이 일어나기 전 , 중국의 하늘에는 짙은 먹구름이 몰려와 '폭풍전야'의 긴장감으로 가득 찼다 . 노구교사건은 일본 군국자의들이 세계적인 불안을 틈타 중국 침략 강화를 위해 계획적으로 벌인 침략행위였다 .

국제적인 상황은 몹시 심각했다 . 1929 ~ 1933 년도에 전 세계를 휩쓸던 경제위기가 침략 야욕이 강했던 독일과 일본, 이탈리아의 파시즘 세력의 발전을 촉진시켰다. 히틀러는 1933년 독일의 정권을 장악한 후, 민족주의 정서를 선동해 군비를 확충하고 전쟁을 준비하는 데 전력을 다했다. 무솔리니가 장악하고 있던 이탈리아 파시즘정권은 '신로마제국'의 재건을 외치며 지중해를 '이탈리아 호수'라 주장했다. 1936년 3월, 독일군대가 라인란트 비무장지대를 번개처럼 빠르게 점령해 1차 세계대전 후 구축된 베르사이유 체제를 폐기시켜 세계를 제패하기 위한 더 큰 규모의 침략전쟁을 준비했다. 5월, 이탈리아는 아프리카의 독립국가인 아비시니안(지금의 에티오피아)를 집어 삼켰다. 7월, 독일과 이탈리아는 민중이 선출한 인민전선정부를 공격하는 반란군을 지원하면서 노골적으로 스페인을 무력간섭했다. 이런 소식이 퍼져나가면서 사람들은 유럽이 이미 짙은 전운으로 뒤덮여 있음을 직감했다.

영국과 프랑스는 1차 세계대전에서 크게 위축되었는데, 전쟁에서 아직 완전히 회복되기도 전에 국내 사회문제가 첨예화되면서 독일과 프랑스에서 확장되기 시작한 파시즘 세력에 대해 강력한 조치를 취하지 못했을 뿐만 아니라, 그들의 비위를 건드려 전쟁에 휩쓸리지 않을까 두려워하며 그저 '타협정책'만을 고수했다. 미국에서는 고립주의 사조가 만연하여 이 모든 상황을 도외시하는 태도를 취했다. 이렇게 세계적으로 파시즘 세력에 대해 타협하고 양보하는 분위기로 흘러갔다.

독일과 프랑스에서의 파시즘 세력 확장은 일본 군국주의자들을 크게 고무시켰다. 1936년 11월, 일본은 독일과 <반코민테른에 관한 협정>을 맺었다. 그 이듬해 이탈리아도 이 협정에 동참했다. 독일과 일본, 이탈리아의 파시즘 세력은 인류평화와 안전에 가장 큰 위협을 가했다. 또한, 영국과 프랑스, 미국의 약해빠진 관용주의 정책은 일본 군국주의자들에게 좋은 기회를 제공해 그들은 더욱 대담하게 중국에 대한 침략을 확대해 나갔다.

1936 년 2 월 26 일, 일본 국내에서 소장파 ( 少壯派 ) 군인이 정변을 일으키는 일대 사건이 발생했다. < 극동국제군사법정판결서 > 에서 "동경육군이 반란을 일으킨 다음날, 중국 하문 ( 廈門 ) 의 일본영사관은 이번 반란의 목적은 분열된 내각을 군부 내각으로 대체하기 위함이라고 발표했다. 그들은 청년군관 집단이 일거에 중국 전체를 점령하려 했고, 즉시 소련과의 전쟁을 준비해 일본을 아시아 유일의 강국으로 만들려 했다."고 기록했다. 4 월, 육군장성인 데라우치 히사이치 ( 寺內壽一 ) 의 제의로 히로타 고키 ( 広田弘毅 ) 내각의 각료회의에서 중국 화북 주둔군을 대폭 늘리기로 결정했다. 이들은 사령관의 관등 ( 官等 ) 임명을 천황임명제로 바꾸었다. 이는 아주 이례적인 일이었다. 5 월, 일본 최고사령부는 < 국방방침 > 을 "유사시, 적을 제압하여 기선을 잡아 신속히 전쟁의 목적을 달성한다."라고 수정했다. < 용병강령 > 에는 "중국을 적으로 대할 때 작전의 요령은 다음과 같다. 초기의 목표는 화북 요지와 상해 부근을 점령하는 것이다."라고 규정했다. 노구교사건과 8·13 사변이 바로 이 '초기목표'에 따라 일어난 사건이었다.

9 월 15 일, 일본의 가와고에 시게루 ( 川越茂 ) 신임 주 ( 駐 ) 중대사는 남경정부의 장군 ( 張群 ) 외교부장과 회담을 가졌다. "일본은 당시 다음의 네 가지 요구를 제시했다. (1) 일본의 장강 ( 長江 ) 주둔 허가. (2) 교과서를 개편하여 배일사상 삭제. (3) 화북 5 성을 ( 하북 ( 河北 ), 찰합이 ( 察哈尔, Chahar Province), 산동 ( 山東 ), 산서 ( 山西 ), 수원 ( 綏

遠 )) 자치지역으로 지정 . (4) 중일경제협력" 이는 당연히 남경정부가 받아들일 수 없는 사항이었기 때문에 회담은 결론을 맺지 못하고 끝났다 . 이로써 당시 일본의 중국침략에 대한 야심이 1935 년 화북사변 때보다 더 대담해졌다는 것을 알 수 있었다 . 장개석 또한 일본에 대한 정책을 바꾼 시기라 가와고에와의 회담 당시 남경정부는 과거와는 전혀 다른 강경한 태도로 임했다 . 이렇게 일본 군국주의자들은 더욱 강력하게 중국에 대한 전면전을 요구했다 . 상황은 긴박하게 돌아갔다 .

1937 년 초 , 새로운 움직임이 나타났다 . 소위 '대중국 일격론'이라는 이론이 일본군부 내부에 빠르게 퍼져나갔다 . 노구교사건이 일어나기 한 달쯤 전인 6 월 9 일 , 도조 히데키 관동군 참모장은 육군성과 참모본부에 전보를 보내 < 대소련 , 대중국전략에 관한 관동군 의견서 > 를 제출하고 , 대소련 작전을 준비하는 관점에서 관찰한 현재 중국의 상황에 대해 "우리의 무력사용을 허가한다면 , 먼저 남경 정권에 일격을 가해 배후의 위협을 제거하는 것이 최상책이라 믿습니다 ."라고 기술했다 . 그들은 중국에 대해 '일격'을 가하기만 하면 그리 많은 힘을 들이지 않고 중국을 완전히 장악할 수 있을 거라는 잘못된 생각을 하고 있었다 . 이후 그들이 추진했던 모든 행동계획은 바로 중국에 대한 완전히 잘못된 생각에서 시작되었다 . 일본 군국주의자들의 마음이 정해지자 언제든지 전쟁을 일으킬 대대적인 규모의 침략준비가 완료되었다 . 이제 전쟁을 일으킬 구실만 만들면 되었다 .

노구교사건이 일어나기 전 , 평진 ( 平津 , 북평과 천진 ) 일대에서는 이미 여러 차례 전쟁의 조짐이 있었다 .

일본의 중국주둔군 사령부는 천진에 설치되어 있었다 . 1935 년 말 , 그들은 대 ( 大 ) 부대 ( 약 700 명 ) 을 파견해 북평 ( 北平 , 북경의 구칭 ) 남교 ( 南郊 ) 의 풍대진 ( 豊大鎭 ) 을 불법으로 점거했다 . 이곳은 북령 ( 北寧 , 북평~요령을 연결하는 철도 ) 과 평한 ( 平漢 , 북평~한구를 연결하는 철도 ) 두 철도의 합류지점으로 북평의 대외 교통을 끊을 수 있는 전략적으로 아주 중요한 지역이었다 . 이는 신축 ( 辛丑 ) 조약에 규정된 12 곳의 외국군대 주둔지에 속하지 않는 곳이었다 . 그 후 , 그들은 계속 풍대진에 군대를 보냈고 , 군사지휘부도 구축했다 . 9 월 , 그들은 계속적인 도발 ( 무장공격 포함 ) 을 통해 현지의 중국주둔군을 몰아내고 풍대진 전체를 점령했다 . 그 후 , 일본은 평진 근교에서 계속 군사훈련을 진행했다 . 풍대주둔군은 1937 년 6 월부터 노구교 일대에서 훈련하는 일이 잦았다 . 당시 일본의 주 ( 駐 ) 북평 무관 ( 만주국의 황제직활기관인 시종무관처 ( 侍從武官處 ) 소속 ) 을 맡았던 가나이 다께오 ( 金井武夫 ) 는 회고록에서 "당시 , 동경정계 소식에 정통한 사람들은 사이에서는 '칠월 칠석 저녁 , 화북에서 류조구 ( 柳條構 ) 와 같은 사건이 일어날 것이다'라는 소문이 암암리에 돌고 있었다 ."고 기록했다 . 말들이 '소문'이 아니라 예정된 계획이었다는 사실이 곧 증명되었다 .

북평 서남에 위치한 15km 의 영정 ( 永定 ) 강에 있는 노구교는 교동 ( 橋東 ) 의 완평현 ( 宛平縣 ) 과 남하의 요충지였다 . 풍대가 함락된 후 , 북평은 북 , 동 , 남의 삼면이 적으로 둘러싸였고 노구교만이 외부와 연결되는 유일한 통로였다 . 7 월 7 일 밤 , 풍대에 주둔하고 있던 일본군은 노구교 근처에서 야간 군사훈련을 진행했다 . 훈련 중 일본군은 사병 한 명이 실종되었다는 구실로 완평현 정부 소재지에 들어가 수색하기를 요구했으나 거절당했다 . 그리고 20 분 후 , 이 사병은 자발적으로 부대에 복귀했다 . 그러나 일본군 대장은 여전히 완평을 공격하라는 명령을 내렸다. 완평을 수비하던 제 29 군의 송철원 ( 宋哲元 ) 부대는 힘을 다해 일본군에 저항했다. 이렇게 전쟁이 발발했다.

장개석은 7 월 8 일 송철원에게 "원평은 굳게 지켜내고 절대 적에게 내어주면 안되므로 전군 ( 滇軍 , 운남성 군 ) 을 동원하여 사태가 확대되는 것에 대비해야 한다.'고 전보로 명령을 내렸다. 또한 서영창 ( 徐永昌 ) 군위원회 판공청 주임과 정잠 ( 程潛 ) 참모총장에게 화북에 추가지원을 준비하라는 명령을 내렸으며, 손연중 ( 孫連仲 ) 과 방병훈 ( 龐炳勛 ) 등에게 군대를 인솔하여 북방을 지원하도록 했다. 9 일, 그는 일기에 "화북전쟁을 미리 준비하고 군사를 동원하여 전쟁을 피하지 않겠다."고 기록했다. 10 일에는 "6 개 사단과 군비를 북쪽으로 추가 지원했다. 내가 적극적으로 준비하고 각오를 단단히 하지 않았으면 평화적인 해결은 시도할 수 없었을 것이다."라고 기록했다. 일본의 도발에 이렇게 적극적이고 빠르게 대응하는 태도는 과거와는 사뭇 달랐다. 그러나 그는 여전히 사변의 발생을 지역과 국부적인 범위에 한정해 두려 했다. 장개석의 아들 장위국 ( 蔣緯國 ) 은 《항일전쟁지도》에서 "장 위원장이 일본과 전쟁을 하고 싶어 하지 않는다는 마음을 느낄 수 있었다. 따라서 노구교사건이 발생한 후, 장 위원장은 여전히 일본 정부가 군인을 단속해 사태가 확대되지 않기를 희망했다."고 기록했다.

사실 이는 부질없는 희망이었다. 일본당국은 전쟁이 발발하자 사태를 완화시키려는 노력조차 하지 않았을 뿐만 아니라 오히려 사변을 더욱 확대시키려 했다. 11 일, 일본내각 회의에서 관동군과 조선의 군대를 화북에 대거 파병하기로 결정했다는 < 화북파병에 관한 성명 > 을 발표했다. 그들은 일본 내에서 미친 듯이 전쟁을 선동했다. 상황은 빠르게 악화되어 갔다.

노구교사건의 소식이 퍼져나가자 중국 사회각계는 분노에 치를 떨었다. 그들은 송철원 29 군단장 등에게 전보나 편지를 보내 끝까지 왜적과 용감하게 싸우기를 요구했다. 각지의 신문은 일본의 중국침략의 야욕을 폭로해 함께 침략에 대항하기를 요구하는 사설과 문장, 논평을 실었다. 7 월 17 일, 장개석은 노산제 2 차 담화회의에서 "전쟁이 시작된다면 남과 북, 남녀노소에 상관없이 누구나 나라를 지키는 항전에 참여할 책임이 있으며 모든 것을 희생할 결심을 해야 한다."고 소리 높여 선언했다. 그의 이 말은 모든 사람의 입에 오르내렸다. 국민당은 당시 중국의 집권당이었고, 남경정부는 200 만 군대와 국제적으로 승인 받은 외교적 자격을 구비하고 있었다. 국민당이 참여하지 않는다면 전체 민족의 항일전쟁은 이루어질 수 없었다. 장개석의 이 선언은 국내에서 많은 사람들의 지지를 받았다.

이후, 상황은 빠르게 발전했다. 일본은 화북에 대대적인 병력을 파견해 신속히 사태를 확대시켰다. 7 월 29 일과 30 일, 북평과 천진이 차례로 함락되었다. 이 전투에서 동린각 ( 佟麟閣 ) 제 29 군단 부군단장과 조등우 ( 趙登禹 ) 사단장은 장렬히 전사했다. 일본은 화북에 지속적으로 대군을 추가 파견하는 동시에 8 월 13 일, 중국의 경제중심인 상해를 공격하여 남북으로 중국을 압박하며 굴복시키려 했다.

전쟁의 불길이 남경정부가 통치하는 중요지역에까지 미치자 장개석은 이미 중 일 간의 전면전을 피할 수 없다는 것을 깨달았다. 따라서 국공 ( 國共 ) 양당이 오랫동안 끌어오면서 결단을 내리지 못했던 사안에도 변화가 생겼다. 18 일, 장개석은 홍군을 국민혁명 팔로군 ( 八路軍 ) 으로 개편할 것을 발표하고 주덕 ( 朱德 ) 과 팽덕회 ( 彭德懷 )

를 총사령관과 부총사령관으로 임명했다. 25일, 중국공산당 중앙위원회는 다음과 같은 홍군개편명령을 발표했다. 서북홍군을 팔로군으로 개칭하고 3개 사단(제115사단, 제120사단, 제129사단)의 총 5만 명의 군사를 담당하게 했으며, 임표, 하룡(賀龍), 유백승(伯承)을 각각의 사단장으로 임명했다. 9월 11일, 국민 정부군사위원회는 새로운 서열에 따라 팔로군의 호칭을 제18군단으로 바꾸고 총지휘부를 총사령부로 개칭했으나 사람들은 여전히 습관적으로 팔로군이라는 호칭을 계속 사용했다. 22일, <중국공산당 중앙위원회의 국공합작선언 발표>가 국민당 중앙통신사에 의해 공포되었다. 다음날, 장개석은 "중국공산당이 이번에 발표한 선언은 민족의식이 최우선이라는 사실을 입증했다."고 말했다. "존망의 위기에 처해 있는 이때에 과거는 모두 잊고, 국민을 철저히 혁신시키고 단결하여 함께 국가를 지켜야 한다."고 덧붙였다. 이는 공산당의 합법적인 지위를 실제적으로 승인한 것이었다. 공산당은 얼마 지나지 않아 남방 각성의 유격대를 국민혁명군에 새로 편성된 제4군단으로 개편했고, 엽정(葉挺), 항영분을 군단장과 부군단장으로 임명했다. 이렇게 제2차 국공합작이 정식으로 이루어졌다.

중화민족해방 행동위원회(제3당으로 칭하다가 농공민주당으로 개칭함)과 국가사회당, 중국청년당, 중화직업교육사, 향촌건설파 등과 같은 국내의 기타 당파와 단체도 함께 일본에 대항하는 것에 지지를 표했다. 체포되었던 구국회의 '7군자'도 감옥에서 석방되었다. 국민당도 정당 활동금지 정책을 축소시켰다. 남경정부의 국방최고회의는 25명의 국방참의회(國防參議會)를 설립하여 몇몇 다른 당파와 단체의 유명인사를 참의원의 구성원으로 초빙했다. 남경정부가 직접 지휘하기 어려웠던 계군 ( 桂軍 ) 과 천군 ( 川軍 ), 전군 ( 滇軍 ) 등과 같은 지방부대는 멀리 전선으로 보내 일본과 싸우게 했고 각 소수민족도 다른 방식으로 항일투쟁에 참여했다 .

오랫동안 갈망해왔던 항일 단결투쟁이 실현되자 사람들은 감격해 마지않았다 . 중화민족은 이전에는 찾아볼 수 없던 단계로 각성했다 . 송후항전 ( 淞滬抗戰 ) 발발로 연합 출판되었던 상해의 간행물 《함성 ( 陷穽 )》, 《봉화 ( 烽火 )》에서 이와 관련된 수많은 문장을 읽어볼 수 있었다 .


## 제 2 절 정면전장의 초기작전과 적진의 후방 근거지 개척

평진의 함락과 송후항전의 발발 후 일본침략자들은 전쟁을 확대하기로 결심했다 . 중국과 일본 간의 전쟁은 남북의 두 전장에서 동시에 치열하게 전개되었다 .

북쪽 전선에서 일본 군대는 북평과 천진을 점령한 후 , 화북방면군을 조직하고 병력을 17 만여 명으로 늘렸으며 , 우수한 병장비와 훈련이 잘된 군사들을 이끌고 진포 ( 津浦 ) 철도와 평한 ( 平漢 ) 철도 , 평수 ( 平綏 ) 철도를 따라 선형 ( 扇形 ) 으로 작전을 전개해 나갔다 . 평수철도전선에서 탕은백 ( 湯恩伯 ) 이 지휘하는 제 13 군단이 남구 ( 南口 ) 에서 험한 지세에 의지해 보름간 일본군에 저항했고 그 후 , 장가구 ( 張家口 ) 를 점령한 후 진북 ( 晋北 , 산서성의 북쪽지역 ) 의 요충지인 대동 ( 大同 ) 으로 진격했다 . 진포철도전선에서 일본군은 창주 ( 滄州 ) 를 점령하고 산동으로 진격했다 . 또한 평한철도전선에서 보정 ( 保定 )

과 석가장(石家莊)을 차례로 점령했고, 일부 주력부대는 진동(晋東)의 관문인 낭자관(娘子關)으로 진격했다. 전장은 빠르게 산서(山西)지역으로 옮겨갔다.

산서는 전략적으로 아주 중요한 지역이었다. "안문관(雁門關)이남에서부터 정형(井陘), 낭자관 서쪽지역은 고원의 산이 많아 화북을 수비하고 화북의 전세를 유지하는데 중요한 요충지였다. 적이 군사적으로 화북을 완전히 점령하려면 산서를 점령하지 않고서는 불가능한 일이었다. 산서고원 전체를 우리군의 수중에 둘 수 있다면 태행(太行) 산맥에서 뻗어 나온 평한 북단과 평수 동쪽에서 사태를 살펴볼 수 있다. 먼저 화북의 평진 군사요충지에서 적을 위협하여 평진,남쪽을 향해 나아가게 만들면 적이 수원을 공격하기 어려워지게 될 것이다. 그래서 산서는 적군과 우리군에게 반드시 얻어야 할 전략적 요충지이다."

산서는 이미 염석산(閻錫山)이라는 인물이 20여 년간 통치해오고 있었다. 그는 산전수전을 다 겪은 권모술수에 능한 인물로 계속 친일반공정책을 펼쳐왔다. 화북사변 후, 일본침략자들이 점점 목을 죄어오면서 산서지역에도 심각한 위협을 가해오자 일본과 염석산 사이의 갈등도 심화되었다. 홍군이 산서로 동정했을 때 장개석은 5개의 사단을 파견해 산서에 진입했고 일이 마무리 된 후에도 군대를 완전히 철수 시키지 않아 염석산은 골머리를 앓고 있었다. 이러한 이유로 그는 공산당과도 손을 잡았다. 염석산은 일본과 장개석, 공산당 사이에서 줄다리기를 하고 있는 상태였다.

전쟁이 발발한 후, 산서의 병력이 크게 부족했기 때문에 공산당원인 박일파(薄一波)의 건의로 염석산은 새로운 군대를 조직하는 데

동의했고 이를 산서청년 항쟁결사대라 칭했다. 이 군대는 반년 만에 4개 군단 ( 여단에 해당함 ) 으로 확대되었다. 결사대는 대부분 청년지식인 ( 주로 대학생과 중 · 고등학생 ) 으로 구성되었고 염석산이 파견한 군관이 군사간부를 맡았으며 대다수의 정치간부는 공산당원이었다. 정치위원은 부대의 최고수장으로 최후결정권을 가지고 있었다. 이 부대는 실제로 공산당이 이끄는 부대였다. 이때 남경국민 정부의 제 14 집단군 총사령관인 위립황 ( 衛立煌 ) 이 이끄는 부대도 산서에 도착했고 그 후 , 팔로군이 산서전선으로 떠나 일본에 대항하는 데에도 동의했다.

8 월 22 일 , 중국공산당 중앙위원회는 섬북의 낙천에서 정치국 확대회의를 열었다. 홍군이 곧 전선으로 출발할 예정이었기 때문에 새로운 문제가 제시되었다. 홍군은 항일전쟁에서 어떻게 싸워야 할까 ? 모택동은 회의의 군사보고서에서 일본침략군 전투의 특징에 따라 홍군의 전투방침은 "독립적이고 자주적인 산악지역 유격전 ( 유리한 조건에서 적의 부대를 제거하고 평원에서 확대된 유격전이 포함되지만 산악지역에 집중한다 .)" 이어야 한다고 말했다. 또한 이런 독립과 자주는 통일전략에서의 '상대적인 독립과 자주' 라고 설명했다 .( 모택동이 낙천회의에 대해 보고를 진행한 날은 1937 년 8 월 22 일이었다 .) 이는 항일전쟁 이라는 특정한 조건에서 적을 물리치고 승리를 거두는 확실한 방법이라는 점에서 과거 홍군의 작전방법과 달랐다. 이어서 팔로군은 제 115 사단을 첨병대로 삼아 황하를 건너 산서로 진입했다. 9 월 22 일 , 일본 이타가키 세이시로 ( 板垣征四郎 ) 사단이 평형관 ( 平型關 ) 일선의 중국수비군을 공격했다. 25 일 , 그의 후속부대와 치중부대가 매복권으로 진입하자 갑자기 팔로군이 맹렬한 공격을 퍼부어 천명에

가까운 일본군을 몰살시키고 수많은 무기와 군용물자를 빼앗았다. 이는 항전이 시작된 이래 중국 군대가 "황군(皇軍)은 무적이다."라는 신화를 깨부수고 처음으로 승리한 전투였다. 전국에서 승리 축하전보가 구름처럼 팔로군 본부로 몰려들었다. 이는 팔로군이 민중의 신뢰를 얻고 적군의 후방에서 순조롭게 유격전을 확대시키는데 큰 영향을 미쳤다.

그 후, 산서지역 전쟁의 중심은 남쪽인 흔구(忻丘) 지역으로 이동했다. 흔구는 진북에서 태원으로 통하는 관문이었으며 태원을 지키는 최후의 방어선이었다. 이곳은 구릉지역으로 지세가 그리 험하지 않았다. 그러나 이곳을 지나가면 태원에는 지키고 앉아 방어할만한 요새가 없었다. 위립황이 제2 작전구역의 지휘를 맡아 8만 군대를 이끌고 이곳에서 한 달여 동안 처절하게 싸워 2만여 명의 일본군을 살상했다. 그 후, 일본군이 동쪽에서 낭자관을 함락하고 정태(正太) 철도(산서성 태원-호북성 정정을 연결하는 철도)를 따라 태원으로 진입해 흔구의 퇴로도 적에게 포위당하는 위기에 처하자, 염석산은 흔구를 포기하라는 명령을 내렸고 일주일 후 태원은 적에게 함락되었다. 흔구전투는 화북항전에서 가장 규모가 크고 가장 치열한 전투였으며 국민당과 공산당의 협력이 가장 두드러진 전투였다.

항일전쟁이 발발한 후 남방에서 진행되었던 최대 전투는 송호(淞滬) 전투였다.

전쟁 전 상해지역에 주둔했던 일본군은 주로 해군이었다. 송호전투가 발발한 후, 일본은 8월 15일 상해파견군을 조직했고 육군 두 개 사단을 주력부대로 개편하여 상해 이북을 빼앗았다. 그들은 중국군을 얕보고 있었기 때문에 이들 소수의 병력으로 충분히 대처할 수 있을 것이라 생각했다가 중국 군대의 필사적인 저항에 부딪혔다. 9 월 상순 이후, 전투가 교착상태에 빠지면서 4 개 사단을 추가로 지원해야 했는데 그중 몇몇 사단은 화북전쟁에서 차출해 온 부대였다. 이로써 일본 작전의 중심은 이미 화북에서 남쪽으로 이동했다는 사실을 알 수 있었다. 11 월이 되자 일본군은 제 10 군단을 조직하여 3 개 사단의 병력을 상해지역 작전에 투입했다. 일본은 이 지역의 병력을 30 만 명까지 증원했다. 그러나 이렇게 수차례에 걸친 근시안적인 병력 추가로 그들의 심각한 약점이 드러났다.

중국군은 위립황과 탕은백 부대를 제외한 거의 모든 장개석의 직계 정예부대를 송호전투에 투입한 상태였다. 계균 ( 桂軍 ) 과 월군 ( 粤軍 ), 천군 ( 川軍 ), 전군 ( 滇軍 ), 상군 ( 湘軍 ), 동북군 등 전투력이 비교적 강한 부대도 잇따라 투입되어 모두 70 만여 명의 군사가 집결했다. 당시 군사위원회가 지휘하던 부대는 약 180 개 사단으로 상해항전에는 73 개 사단이 참여했다. 중국 군대는 일본군의 대대적인 침략에 완강한 전투의지를 보였고 열악한 장비로 우수한 장비를 구비한 적군에 맞서 끝까지 싸워 일본군을 고전하게 만들었다. 중국 군대의 사상자는 25 만 여명에 달했고 살상된 일본군은 4 만여 명이었다.

이번 전투는 주로 상해 이북지역에서 진행되었다. 그곳은 지세가 평탄하고 해안선이 단조로우며 북쪽으로는 장강 ( 長江 ) 에 접해있어 의지하고 지킬만한 요새가 없는 지역이었다. 일본 군함은 장강과 황포강 ( 黃浦江 ) 에서 사정거리가 긴 화포로 맹렬히 공격했고 육군은 탱크와 대포를 구비하고 있었으며 공군까지 합세해 비행기로 폭탄을 퍼부었다.

왜 남경정부는 이렇게 불리한 상황에서 일본군과 장기간에 걸친 소모전을 펼쳤을까?

　　이는 장개석 자신이 상해와 남경이라는 지역적인 이점을 쉽게 포기할 수 없었기 때문이며, 당시 9 개국공약회의가 개최될 예정이었기 때문에 국제적인 도시라는 이미지를 가진 상해가 세계적인 동정과 지지를 받기를 원했기 때문이었다. 11 월 1 일 저녁, 장개석은 남상 (南翔) 에서 열린 사단장 이상의 고급장교회의에서 "9 국공약회의가 11 월 3 일 벨기에의 수도에서 열린다. 이 회의에 국가의 운명이 걸려있다. 나는 그대들이 최소한 10 일에서 2 주일 동안 상해전투에서 버텨내면서 국제적인 공감과 지원을 얻기를 바란다."고 말했다.

　　적군과 우리군의 실력 차가 현저하고, 지리적으로 불리한 상황에서 이런 규모의 소극적인 방어 작전을 진행하며 크나큰 소모전을 펼친 것은 적절하지 못한 결정이었다. 송호투쟁은 전국 인민의 항일투지를 불태웠고, 공장들도 육지로 이전하여 시간을 벌었지만, 이는 결코 남경정부가 의도하는 바가 아니었다. 전선에서는 병사들이 조국을 지키기 위해 자신을 희생하며 눈물겹게 싸우고 있었다.

　　11 월 5 일 새벽, 일본 제 5 군단은 두 개 사단의 병력으로 중국군의 세력이 약한 항주만 (杭州灣) 의 금산위에 상륙해 남북방향으로 송호지역의 중국 군대 퇴로를 끊어버렸다. 상해의 상황은 급박하게 돌아갔다. 진성 (陳誠) 은 일본군이 금산위에 상륙했을 때 중국 군대의 신속한 철수를 건의했다. "위원장은 국제적인 공감을 이끌어 내기 위해 3 일을 더 버티라고 명령했지만 11 월 8 일이 되어 철수할 때 부대의 질서는 이미 무너져 명령을 하달할 방법이 없었다."

　　12 일, 상해는 함락되었다.

　　상해 점령으로 일본의 기세는 하늘을 찔렀다. 11 월 17 일, 최고사령부인 대본영 ( 大本營 ) 를 설립해 천황으로부터 직접 명령을 받았다 . 12 월 1 일 , 대본영은 화중방면군 ( 華中方面軍 ) 의 편성을 결정하고 마쓰이 이와네 ( 松井石根 ) 대장을 사령관으로 임명한 후 남경을 점령하라는 명령을 내렸다 . 이는 일반적인 군사결정이 아니라 중대한 정치적인 결정으로 일본 최고정책결정기관이 중국을 전면적으로 지배하여 전체 중국을 일본의 식민지로 만들려는 결정을 내렸음을 의미했다 .

남경은 국민 정부의 수도였다 . 그러나 중국 군대는 송호전투에서 큰 전력손실을 입어 혼란에 빠졌고 남경에 굳게 지킬만한 설비가 없어 수비하기도 어려웠다 . 장개석은 잇따라 3 번의 회의를 열어 대책을 논의했고 중경 ( 重慶 ) 으로 정부를 옮기기로 최후의 결정을 내렸다 . 그는 당생지 ( 唐生智 ) 를 수도경비사령관으로 임명해 11 만여 명의 군대를 주어 남경을 지키게 했다 . 12 월 7 일부터 일본군은 남경을 포위하고 공격을 퍼부었다 . 13 일 남경이 함락되었다 .

일본침략군은 남경을 점령한 즉시 참혹하기 그지없던 남경대학살을 자행했다 . 인류역사상 그 유래를 찾아볼 수 없을 만큼 잔인하고 흉포하게 자행되었던 남경대학살은 중국인에게 절대 잊힐 수 없는 고통을 안겨주었다 . 동경국제군사법정은 1 급전범의 판결서에서 "중국 군대가 남경이 함락되기 전에 철수했기 때문에 그들이 점령한 곳에는 저항할 만한 힘이 전혀 남아있지 않았다 . 그 후 , 일본육군은 무기력한 시민에게 오랫동안 지속적으로 가장 무서운 폭행을 자행했다 . 일본군인은 대량학살과 살해 , 강간 , 약탈 , 방화를 저질렀다 . 대규모로 행해진 잔악한 행위를 일본의 증인들은 부인하고 있지만 의심할 여지없는 믿을만한 중립국 증인들의 상반된 증언은 그들의 증언을 압도하고 있었다 . 그들의 잔혹한 범죄는 "1937 년 12 월 13 일 남경을 점령하면서부터 시작되었고 1938 년 2 월 초에 이르기까지 멈추지 않았다"고 기록했다 . 중국남경의 전범을 심판하는 군사법정에서 남경대학살 주범 중의 한 명이었으며 일본군 제 6 사단의 사단장이었던 다니 히사오 ( 谷壽夫 ) 의 사형판결서에서 그의 부대가 남경에 주둔한 열흘 동안 "죽임을 당한 중국인의 총수는 30 만 명 이상이었다 ."는 사실을 확인했다 .

일본침략군의 남경대학살의 증거는 너무나도 많았다 . 여기 1946 년 남경국제군사법정에서 금릉 ( 陵 ) 대학 역사학과에 재직하던 미국인 교수 베이츠의 증언을 살펴보자 .


변호사 : 일본이 남경을 장악한 후 , 일반인들을 어떻게 대했는가 .

베이츠 : 내가 직접 보고 들은 내용에 대해서만 진실하겠다 . 어떤 전투 상황이나 아무런 이유도 없이 , 일본군은 끊임없이 일반인들에게 총을 쏘았다 . 한 중국인은 우리집에서 잡혀가 죽임을 당했다 . 이웃인 중국인의 집에 일본군들이 들어와 그들의 부인들을 강간하려 하자 남편들이 놀라 뛰어나왔고 일본군들은 그들을 잡아가 우리집 근처의 연못가에서 총으로 쏘아 죽인 뒤 연못에 버렸다 . 일본군이 도시를 점령한 후 한참동안 내가 살던 근처의 거리와 골목에는 사람들의 시체로 뒤덮여 있었다 . 이런 무차별 학살 현상은 온 도시 곳곳에서 일어나고 있었고 아무도 이런 상황을 완벽하게 묘사할 수 없었다 . 우리가 파악한 확실한 상황으로 봤을 때 모두 12,000 명의 남녀노소가 성 ( 城 ) 내에서 학살당했다고 판단된다 . 시 중심에서도 수많은 사람이 죽임을 당했으

나 그 숫자는 확인할 방법이 없었다. 성 ( 城 ) 밖에서도 수많은 백성이 학살당했다. 학살당한 사람들 중에 중국군인과 군인이었던 사람은 포함되어 있지 않다.

변호사 : 일본병사가 남경성 내의 부녀자들을 어떻게 대했는가.

베이츠 : 그것은 가장 난폭하고 가장 비참한 부분이었다. 나와 가장 가까웠던 세 이웃들의 부녀자들이 강간을 당했는데 그중에는 금릉대학교수의 부인도 있었다. 남경을 점령한지 한 달이 지난 뒤 존 라베 (John Rabe) 남경안전구 국제위원회 위원장은 그와 그의 동료는 2 만 건에 달하는 강간사건이 발생했다고 믿는다고 독일 당국에 보고를 했다. 금릉신학교에서 바로 내 친구의 눈앞에서 부녀자 한 명이 17 명의 일본군에게 잇따라 윤간을 당했다. 나는 일상생활에서 간간히 일어나는 강간을 말하고 있는 것이 아니다. 금릉대학 내에 있던 9 세의 소녀와 76 세의 할머니도 강간을 당했다.

변호사 : 일본군인이 남경성 내 일반인들의 재산을 어떻게 처리했는가.

베이츠 : 일본군이 성에 들어온 그 시각부터 시작해서 시간과 지역에 상관없이 눈에 보이는 것은 무엇이든 빼앗았다. 일본군이 남경을 점령한 초기의 6, 7 주 동안 성내의 모든 집을 무단으로 점거했다. 군관들이 군대를 움직여 조

직적이고 계획적인 강탈을 지휘했다. 외국 대사관에도 문을 부수고 들어가 약탈을 자행했는데 그중에는 독일대사관과 대사의 개인 재산도 포함되어 있었다.

이는 그가 직접 그의 두 눈으로 목격한 일 중 아주 작은 부분에 지나지 않았다.

일본의 몇몇 좌익분자들은 중국인의 피로 얼룩진 확고부동한 사실을 부인했고 남경대학살은 허구라고 말하기도 했다. 그러나 당시 남경에서 직접 대학살에 참여했던 수많은 일본병사들이 노년에 솔직하게 인정했고 자신이 행했던 범죄행위를 뼈저리게 후회했다.

일본 오사카(大阪)의 마츠오카 타마키(松岡環) 여교사는 102명의 병사들을 인터뷰한 후 《남경전쟁, 봉쇄된 기억을 찾아서》라는 책을 출판했다. 그들은 당시 비참하기 이를 데 없는 상황이 너무나 많이 발생했다고 말했다. 제16 사단 병사였던 도쿠다 이치타로(德田一太郎)는 다음과 같이 기억했다.

우리들은 여자를 잡으라는 명령을 받지 못했고 모든 남자들을 붙잡으라는 명령만 받았다.

잡아온 남자들은 모두 조사를 받게 했는데, 이전에 군인으로 일한 적이 있다고 말하면 바로 잡아가두었다.

태평문(太平門) 근처에 수많은 포로들이 있었는데 모두 놀라고 불안한 모습이었다. 곧이어 남녀노소를 가리지 않고 한꺼번에 3,000 ~ 4,000 명을 잡아들였다.

태평문 바깥쪽의 오른 편에는 공병들이 말뚝을 박아 철

조망을 둘러 사람들은 안에 가둔 후 바닥에 지뢰를 묻었다 .

백지에 '지뢰'라고 쓰고 일본군에게 밟지 말 것을 경고했다 .

우리는 잡아온 사람들을 그곳에 모아놓고 도화선을 당겼고 '쾅' 하는 소리와 함께 지뢰가 폭발했다 .

그 후 성벽에 올라가 성벽 아래에 기름을 뿌린 후 불을 놓아 태웠지만 시체가 산처럼 쌓여있어 모두 태우지는 못해 위쪽에 있던 사람들은 대부분 죽었으나 아래쪽에는 아직 많은 사람들이 살아있었다 .

다음날 아침 , 분대장은 신병에게 시체를 검사한 뒤 아직 살아있는 사람들은 칼로 찔러 죽이는 '확인 척살'을 명령했다 .

나도 푹신푹신한 시체 위에 올라가 아직 살아 있는 사람이 있는지를 검사하다가 산 사람들 발견했고 '여기 살아 있다'라고 외치자마자 다른 병사가 달려와 그를 찔러 죽였다 .

칼이 목구멍을 관통하자 피가 분수처럼 뿜어져 나왔고 사람의 얼굴이 갑자기 하얗게 변했다 .

주변에서는 계속해서 '아악'이라는 비명소리가 들려왔다 .

중국인이 겪었던 이 피비린내 나는 참혹한 살육의 현장보다 더 고통스러운 기억이 무엇이 있을까 ? 이 같은 참상은 사람들의 발길이 닿지 않았던 산간벽촌이 아니라 당시 중국의 수도였던 남경에서 발생했다 . 국가가 외세의 잔혹한 침략자에게 유린당하고 있을 때 중국인을 기다리고 있었던 것은 힘겨운 고통이었고 어느 누구도 이를 피해가지 못했다. 중국 땅에서 실제로 발생했던 치 떨리는 잔인했던 참상은 앞으로도 영원히 그들의 가슴속에 남아 지워지지 않을 것이다.

상해와 태원이 잇따라 함락당한 후 중국의 항일전쟁은 새로운 국면을 맞이했다. 이때 화북전장에 특이한 현상이 나타났다. 국민당군대가 전선에서 대거 후퇴하고 있을 때 팔로군은 그와 정반대로 적군의 배후에 있는 피점령지구를 향해 전진했다.

적군의 배후는 '화북의 유격전을 지속'하기에 완벽한 조건이었다. 중국과 비교했을 때 일본은 국토가 작았고 인구도 적었다. 일본의 야심은 컸지만 인력과 병력, 재력, 물자는 오히려 부족했다. 일본군의 화북 공격은 그저 몇 개의 철도를 따라 전진한 것일 뿐이었다. 그들이 중국의 광활한 토지를 기세등등하게 전진할 때 사실 그들이 장악한 것은 몇 개의 점과 선이었을 뿐 넓은 면을 고려하지 않았기 때문에 후방에서 유격전을 벌일 수 있는 큰 공간을 적에게 남겨주었다. 당시 국민당군대가 퇴각한 후 수많은 지방의 옛정권이 마비되거나 자체적으로 소실되었고 야만적인 일본 군대는 가는 곳마다 살인과 방화, 강간과 약탈 등 온갖 나쁜 짓을 저질렀다. 일본침략군에게 유린당해 그들에 대한 증오로 가득 차 있었던 피점령지구의 민중은 그들이 힘을 내어 저항하고 나라를 지킬 수 있도록 이끌어줄 누군가를 간절히 바랐다. 전쟁기간 동안 민간에 흩어져 있던 무기들도 많았다. 누구든 높은 곳에 올라 큰소리로 외치며 단호히 민중을 이끌고 일본침략자들에 대항한다면 피점령지구의 민중, 특히 가장 많은 수를 차지하고 있던 농민들의 신뢰와 지지를 얻을 수 있었다. 팔로군이 바로 그랬다. 그들은 적의 등 뒤에서 군중을 자신들의 주요세력으로 선동해 피점령지구의 민중 속에서 깊이 뿌리내렸고 그들을 무장시켜 유격전을 벌이면서 적들을 공격해 빼앗긴 땅을 수복했다.

　모택동은 적군의 후방에서 장기적으로 유격전을 지속하기 위해 반드시 견고한 항일 민주근거지를 구축해야 한다고 주장했다. 그는 "근거지 없이 적의 배후에서 장기적이고 힘든 유격전을 지속할 수 없다."고 말했다. 유격전이 단순한 군사행동이었다면, 현지 민중의 경제정치적인 요구에 부합되지 못하므로 그들의 전폭적인 지지를 받을 수 없을 것이고, 민중을 동원하고 조직하지 못하고 유격전에 인적자원과 재원을 지원해줄 믿을 수 있는 정권기관이 없다면, 또한 상대적으로 안정된 근거지가 구축되어 있지 않다면, 대대적인 규모로 지속적으로 확대되는 유격전을 진행할 수는 없을 것이다.

　적의 후방에 구축할 첫 번째 항일 민주근거지는 오대산(五臺山)을 중심으로 한 진찰기(晉察冀)였다. 이곳은 팔로군의 제 115 사단에 의해 구축되었다. 진찰기근거지는 산서, 하북, 찰합이 세 성이 인접한 변경 지역으로 전략적으로 매우 중요한 지역이었다. 근거지 구축 초기에는 어려움이 많았다. 이 지역은 오대(五臺), 우현(盂縣)의 현(縣) 정부(공산당원과 희맹회회원이 현장을 맡고 있었다.) 외 어떠한 정부기구도 없었기 때문에 사회질서는 지극히 어지러웠고 경제상황도 나빴으며 사람들은 두려움에 떨며 불안해했다. 오대산 지역에는 이미 눈발이 날리고 있었으나 병사들은 아직 솜옷도 마련하지 못하고 있었다. 적의 후방을 차단하기 위한 탄약도 부족했고 물자를 조달하고 운반하기는 더욱 어려웠다. 또한 이렇게 넓은 지역에서 팔로군에게 남은 병력은 한 개의 독립연단과 한 개 대대의 기마병, 몇몇 간부와 약 3,000 여 명의 병사가 전부였다.

새로 도착한 지역에서 가장 중요하고 절박한 임무는 당연히 일본 침략자를 공격하는 무장투쟁이었다. 투쟁 없이는 민중의 신임과 지지를 얻지 못할 것이고, 그렇게 되면 이곳에 뿌리조차 내릴 수 없게 될 것이었다. 당시 일본군은 상해와 태원을 점령한 후 중국의 내륙을 향해 거침없이 내달리고 있었다. 팔로군은 래원(淶源)과 위현(蔚縣), 번치(繁峙), 광령(廣靈), 령구(靈丘), 곡양(曲陽), 완현(完縣), 당현(唐縣) 및 부평(阜平) 등 지를 차례로 수복했다. 그러나 기존의 소수 병력만으로는 나날이 변화하는 상황에 대응하기 어려웠다. 이에 팔로군은 모든 힘을 기울여 민중을 선동하고 교육시켰으며 이들을 무장하고 조직하는 일에 매달렸다. 섭영진(聶榮臻) 제115사단의 부사단장은 간부들에게 "진찰기지역에 구축할 항일근거지는 내전 시기에 구축했던 근거지보다 더 유리한 조건을 가지고 있다. 전쟁의 성격이 변했고 지지기반도 당시보다 더 넓어졌다. 매국노가 아니라면 누구도 망국의 노예가 되기를 바라지 않을 것이다. 우리가 항일이라는 깃발을 높이 치켜들기만 한다면 인민은 자연히 이 깃발 아래에 구름처럼 몰려들 것이다."라고 말했다. 민중이 팔로군을 기꺼이 받아들였으므로 군인을 모집하는 작업은 순조롭게 진행되었다.

한 번도 전쟁에 참여해 본적이 없었던 농민들은 국가의 원수에 대한 미움으로 가득 차 있었기 때문에 팔로군의 지휘에 따라 기초적인 훈련을 마치고 침략자들에게 저항했고 전쟁을 통해 전쟁을 배웠다. 팔로군과 지방 민중무장 세력은 함께 일본의 포위 공격을 막아내고 입지를 다졌다. 그 후, 몇몇 지방유격대를 점점 흡수하면서 군대 정비와 훈련을 통해 점점 정규부대로 변모해갔다. 이와 동시에 국민당군대가 하북에서 남쪽으로 철수할 때, 동북군 한 개 사단을 이끌고 북상하여 항일전투를 벌인 공산당원 여정조사단을 인민자위군으로 받아들여 기중평원 ( 冀中平原 ) 에서 신속히 항일투쟁의 전열을 가다듬었다 .

또한 모든 변경 지역을 함께 이끌어 나가기 위해 민주정권을 수립하여 근거지를 공고히 하고 발전시켰다 . 1938 년 1 월 , 부평에서 진찰기 변경 지역의 군과 정부 , 민중 대표회의를 열어 정치와 군사 , 재정 , 교육 , 사법 , 민중운동 등의 결의안을 통과 시켰고 선거를 통해 변경 지역 임시행정위원회 ( 변경 지역정부 ) 를 만들었다 . 변경 지역의 농민 , 노동자 , 부녀자 , 청년 각계에서도 구국회를 차례로 만들었고 그 회원수도 100 만 명을 넘어섰다 .

진찰기 항일근거지 구축 후 팔로군과 각지 민중은 진기예 ( 晉冀豫 ) 와 진서남 ( 晉西南 ), 진서북 ( 晉西北 ), 대청산 ( 大青山 ), 산동 ( 山東 ) 등 항일근거지를 잇따라 구축했다 . 이들 근거지의 상황도 진찰기와 비슷했다 .

남방에서 신 4 군이 창설되었을 때는 남경은 이미 함락된 뒤였다 . 신 4 군은 남방에 남아있던 노동자와 농민 홍군으로 이루어진 유격대를 개편한 부대로 엽정 ( 葉挺 ) 이 군단장을 맡았고 , 부군단장은 항영 ( 項榮 ) 이 맡았다 . 팔로군과는 달리 신 4 군의 활동영역은 대부분 평원과 구릉지대와 강이나 호수지역이었고 , 기존에 십여 곳에 흩어져있던 소수의 유격대로 떠돌다 비교적 늦게 이들 지역으로 들어왔기 때문에 화북의 군대보다 더 많은 어려움을 겪었다 . 그러나 1938 년 4 월부터 , 진의 ( 陳毅 ), 속유 ( 粟裕 ) 등이 부대를 이끌고 적의 후방인 강소성 남부지역으로 전진했고 다른 몇몇 부대도 적의 후방으로 잇따라 전진하여 짧은 시간 안에 강소성 남부와 안휘강 남부 및 중부 , 하남성 동부 지역 등에 항일유격대 근거지를 구축했다 . 부대는 처음 근거지를 구축했을 당시의 1 만여 명에서 2 만여 명으로 확대되었다 .

　일본침략군이 계속 중국 내륙을 향해 전진해오던 상황에서 , 팔로군과 신 4 군은 적군의 후방으로 침투하여 군중을 선동해 유격전을 벌이고 , 항일민주 근거지를 구축하였으며 , 일본침략군을 견제하며 정면으로 공격해 우군의 전투를 지원했을 뿐만 아니라 적군의 등 뒤에 새로운 근거지를 구축했다 .

　전쟁은 6 개월간 지속되었다 . 힘든 전쟁을 겪은 중국인에게 강렬한 애국심이 자라났고 , 전쟁에서 하루빨리 승리하기를 매일 기원했지만 , 그들은 거대한 국토가 적들에게 함락되는 모습을 계속 지켜봐야 했다 . 중국은 과연 승리할 수 있을 것인가 ? 어떻게 승리할 수 있을까 ? 앞으로 전쟁은 어떻게 진행될까 ? 이런 문제들은 밤낮으로 사람들의 머릿속을 떠돌며 사람들을 조급하게 만들었으나 명확한 답은 찾을 수 없었다 . ‘망국론 ( 亡國論 )’, ‘속승론 ( 速勝論 )’ 등의 잘못된 생각들이 사람의 입에 오르내렸었다 .

　전쟁은 머지않아 지구전에 돌입하게 되었는데 이는 이미 모택동에 의해 언급되었었고 , 국내 몇몇 군사전문가들도 이미 예견한 바였다 . 이 전쟁이 왜 고통스러운 지구전에 들어가야 하는지 , 중국은 지구전에서 어떻게 승리할 수 있을지에 대한 더 자세한 대답이 필요했다 .

　이 문제에 대해 모택동은 1938 년 5 월에 < 항일유격전의 전략문제 > 에서 전략적인 견지에서 본 유격전에 대한 체계적인 논술을 발표했다 . 또한 많은 시간을 들여 < 지구전 분석 > 에 대해 연설했는데 이들은 항일전쟁기간 모택동이 발표했던 가장 중요한 군사이론이었다 . 멀리 내다보는 전략과 냉정한 분석으로 전쟁의 초기단계에서 탁월한 통찰력으로 전쟁의 추세와 발전과정을 명확하게 지적한 그의 논술에 많은 사람들이 집중했다. 이는 당시 아무도 해내지 못했던 일이었다. 그는 연설을 시작할 때 "중국은 패할 것인가? 에 대한 대답은 '아니다' 이다. 중국은 마지막에 승리할 것이다. 중국은 빠르게 승리할 수 있을까? 에 대답은 중국은 빠르게 승리할 수 없다. 항일전은 지구전이 될 것이다."라고 말했다. 그는 쌍방의 장점과 단점, 변화에서부터 이런 판단을 내린 근거에 대해서도 상세히 분석했다.

항일전쟁이 지구전으로 가게 된다면 전쟁의 진행과정은 어떠할까?

그는 < 지구전 분석 > 에서 이를 구체적으로 세 가지 단계로 나누었다.

1단계에서 적군은 공격하는 전략을, 아군은 수비하는 전략을 취하는 시기이고, 2단계는 적군은 수비하고, 아군은 반격을 준비하는 시기로 전략의 대치 단계이며, 3단계는 아군은 반격, 적군은 퇴각하는 시기이다.

이 세 가지 단계 중, 모택동은 특히 곧 시작되어 사람들이 가장 주시하게 될 전략의 대치 단계인 2단계를 중시했다.

지구전의 전략적인 주요방침을 실현하기 위해 모택동은 이 전쟁의 형세가 복잡하게 뒤엉킬 것이라고 말했다.

1단계와 2단계에서는 주동적으로 융통성 있게 계획적으로 방어하면서 공격하고, 지구전을 하는 중에 단기 속결전을 진행하고, 내선작전을 하는 중에 외선작전을 펼친다.

3단계에서는 전략적인 반격전을 펼쳐야 한다.

모택동은 정확하면서도 실제상황에 부합하는 판단으로 사람들이 가장 궁금해 하면서 확실히 예측할 수 없었던 문제에 대답을 해줌으로써 전쟁의 발전과정과 미래에 대해 명확하게 이해하게 하고 항전의 신념을 더욱 굳게 다지게 했다.

## 제 3 절 민족공업과 고등학교의 대천이

북평, 천진, 상해, 남경이 차례로 함락된 후 민족산업과 고등교육학교가 후방으로 대거 이전했다는 것에 주시할 필요가 있다.

과거 중국의 민족산업은 대부분 연해에 위치한 자유무역항에 집중되어 있었고 특히 상해에 가장 많은 사업이 분포되어 있었다. 전쟁이 발발한 후, 수많은 기업이 폭탄 혹은 침략자들의 약탈로 인해 무너졌기 때문에 제때에 이전하지 않는다면 중국인이 오랫동안 모아왔던 재산들을 하루아침에 모두 적에게 빼앗겨 후방에서 지속적으로 항전하는 부대들은 중요한 경제적인 기반을 잃을 수 있었다.

호궐문 ( 胡厥文 ) 은 당시 상해기계산업조합의 주임위원이었으며, 상해공장연합회 이전위원회의 부주임위원이었다. 그는 "상해공장연합 이전위원회의 결성으로 기계, 조선, 방직, 철강, 전기, 도자기, 화공, 인쇄, 식품 등 업종의 146 개 공장 ( 그중 기계공장이 66 곳으로 이전 공장의 45% 를 차지 ) 으로 모두 1 만 4,600 여 톤의 물자와 2 만 5,000 여 명의 기술자와 노동자를 항일후방으로 이전했다. 이들 인력과 물자는 항전시기 후방 민족산업의 주체세력이 되었다."고 기억을 더듬었다. 상해 이외에 기타 연해도시의 수많은 공장도 내륙으로 이전했다.

이번 이전은 매우 위험했다. 공장을 이전할 때 주로 나무배를 이용해 수많은 육중한 기계를 운반했는데, 하늘에서는 일본비행기가 쫓아오면서 폭탄을 투하하고 사격을 가했고 육로에서는 계속 약탈을 당했다. 이들 애국기업가와 기술자와 노동자들은 온갖 어려움을 겪으며 결국 공장의 내지 이전에 성공했다. 그중에는 천리(天利) 질소공장과 천원(天原) 전기화학공장, 대흠(大鑫) 철강공장, 대중화(大中華) 고무공장, 화생(華生) 전기공장, 오펠전구공장, 예풍(豫豊) 방직공장, 장화(章華) 모직공장, 삼북(三北) 조선공장, 상해기계공장, 신민(新民) 기계공장 등 유명한 회사도 포함되어 있었다. 그들은 공장을 내지로 이전한 후, 기존 제품을 생산해 현지주민과 전쟁으로 연해지역에서 내지로 옮겨온 주민들에게 제공했을 뿐만 아니라 무기와 탄약, 기타 군용품도 생산하여 항일활동을 지원했다.

이번 민족산업의 이전은 국민경제를 전시로 전환해 항일전쟁을 지원하는데 중요한 역할을 했을 뿐만 아니라 중국산업분포에 대한 심각한 불합리성을 개선하는 데에도 큰 영향을 주었다.

민족산업뿐만 아니라 기존에 북평, 천진, 상해, 남경, 광주, 항주 등지에 있었던 수많은 유명한 고등교육기관들도 내지로 대거 이동했다.

평진이 함락된 후 교육부는 평진의 6개의 대학을 장사(長沙)와 서안(西安)으로 옮기는 긴급조치를 취했다. 청화대학, 북경대학, 남개대학이 장사로 옮겨갔다. 그들은 장사에 임시대학을 구성하고 1937년 10월 1,400여 명의 학생(다른 학교에 적을 두고 있던 학생도 포함)과 150여 명의 교수가 이곳에서 다시 학업과 수업을 시작했다. 12월, 교육부는 학교를 운남(雲南)의 곤명(昆明)으로 옮길 것을 명령했다. 이번 이전은 두 가지로 나뉘었다. 대부분의 학생과 교수들은 월한 ( 粤漢 ) 철도를 통해 광주에 도착했고 , 홍콩을 경유해 베트남의 하이퐁으로 갔다가 전월 ( 滇越 ) 철도를 통해 곤명에 도착했다 . 또 문일다 ( 聞一多 ) 등 11 명의 교수와 200 여 명의 학생들이 두 달여 동안 곤명을 향해 걸어갔다 . 곤명에 도착한 후 , 국립서남연합대학으로 학교이름을 바꾸었는데 , 학교의 교수진은 전국 최고라 할 수 있었다 . 학교는 어려운 상황 속에서도 연구하고 인재를 육성함에 있어 큰 성과를 이루었다 . 서안으로 이전한 학교는 북평대학과 북평사범대학 , 북양 ( 北洋 ) 공과대학교였다 . 이들은 서안임시대학을 구성했다가 이후 국립서북연합대학으로 명칭을 바꾸었다 . 1938 년 7 월 , 교육부는 서북연합대학의 각 학교를 서북의학대학과 서북농과대학 , 서북사범대학 , 서북공과대학 , 서북대학으로 독립하도록 명했다 . 이들 대학이 전국에 미치는 영향력은 서남연합대학보다 컸다 .

그 후 , 동남연해지역 등의 수많은 대학들도 차례로 내지로 이전했다 . 중앙대학과 복단 ( 復旦 ), 교통대학 , 상해의학대학 , 국립음악대학 등이 중경으로 이전했고 , 연경 ( 燕京 ) 과 금릉 , 제로 ( 齊魯 ), 광화 등의 대학은 성도 ( 成都 ) 로 , 무한대학은 사천 ( 四川 ) 의 낙산으로 이전했으며 , 동제 ( 同濟 ) 대학은 사천 리장 ( 李庄 ) 으로 , 절강 ( 浙江 ) 대학은 귀주 ( 貴州 ) 의 준의 ( 遵義 ) 로 , 상아 ( 湘雅 ) 의학대학은 귀양 ( 貴陽 ), 당산 ( 唐山 ) 공학대학은 귀주의 평월 ( 平越 ) 등으로 이전했다 . 내지로 이전한 이들 대학은 교육과 연구에 뛰어난 성과를 보였을 뿐만 아니라 서남과 서북의 경제문화 구축을 추진하는데 중요한 역할을 했다 .

기타 사회계층의 사람들도 전장과 피점령 지역에서 벗어나 후방으로 옮겨갔다 . "피난을 떠났던 사람들의 수에 대해서 현재 천백만 명에서 오천만 명까지라고 예측을 하고 있을 뿐 정확한 통계를 내지 못하고 있다. 일반적으로 봤을 때 그 수는 약 2,000~3,000 만 명 사이였다고 추정된다." 이는 중화민족 역사상 처음으로 진행된 대이동이었다.

중국공산당 중앙위원회는 항일전쟁을 시작한 후 수많은 항일지식인들에게 항일민족해방전쟁에 참여해 줄 것을 호소했다. 1938 년, 전국 각지의 수많은 청년지식인들이 연안 ( 延安 ) 으로 달려가기 시작했는데, 그중에는 많은 수의 평진 대학생들이 포함되어 있었다. 항일전쟁이 일어나기 전 섬서, 감숙 ( 甘肅 ), 영하 ( 寧夏 ) 의 변경 지역에는 대학교가 없었다. 중국공산당 중앙위원회가 섬북에 도착한 후 항일군정대학을 설립했고, 이 학교의 최초의 학생들은 모두 홍군 간부였다. 그 후 수많은 지식인들이 연안으로 몰려오면서 이들 외지의 지식청년들은 항일군정학교에 들어갔고, 군정대학에서 교육을 받은 후 전선으로 보내졌다. 항전 초기에 중국공산당은 섬북공학 ( 陝北公學 ) 과 노신예술학교 등의 학교를 새로 설립해 수많은 지식인들을 학생으로 모집했다. 그 후, 중국여자대학과 연안자연과학대학, 연안대학 등의 학교를 차례로 설립했다.

## 제 4 절 항전초기의 우한 ( 武漢 )

남경이 함락되기 전, 11 월 20 일 국민 정부는 중경으로의 이전을 선언했고 국민 정부 주석 임삼 ( 林森 ) 이 중경에 도착했다. 장개석은 군정기구를 거느리고 무한으로 옮겨갔다. 그 이후 10 개월 동안 사실상 무한이 군정의 중심이 되었다. 평원성 ( 平原 , 1952 년까지만 존재하던 행정지역 ) 과 천진 , 상해 , 남경 , 항주 등 연해 ( 沿海 ) 지역에서 철수한 각계 지식인들도 대부분 이곳으로 모여들었다 .

장개석은 이미 일본침략자들이 그와 타협할 생각이 없다는 것을 느끼고 있었다 . 그는 "침략자들이 나와 타협한다면 그 내용이 무엇이든 더 많은 요구를 해올 것이고 한계도 없을 것이다 . 또한 그들은 기회만 생기면 모든 신의를 저버리고 침략행위를 지속해 나가려 할 것이다 . 동북문제를 해결하고 그들에게 답을 받아냈다 할지라도 중국에 대한 침략을 멈추리라는 보장은 아무 것도 없다 ."라고 썼다 . 그는 항일전쟁을 지속해 나가기로 결심했다 .

이때부터 무한이 함락되기 전까지 , 국내 정치상황은 전체적으로 양호한 편이었고 , 과거에는 없었던 새로운 모습이 나타나기도 했다 . 모택동은 < 신민주주의론 > 에서 당시의 상황을 다음과 같이 요약했다 . "정치적으로는 민주화의 바람이 불었고 , 문화예술 방면에도 봄바람이 불어와 전국 각 지역이 생기로 넘쳐나고 있었다 ."

국민 정부를 중경으로 옮기는 결정은 긍정적인 결과를 가져왔다 . 천도 ( 遷都 ) 가 큰 결심이 필요한 일이라는 것을 지난 역사를 통해 알 수 있다 . 근대역사에서 중일 간에는 두 차례의 대대적인 전쟁이 있었다 . 그 첫 번째가 청일전쟁이었다 . 당시 강유위 ( 康有爲 ) 등은 유명한 '공차상서 ( 公車上書 )'를 올려 청나라 정부에 세 가지를 건의했다 . 그 중 하나가 '천도'였으나 청나라 정부는 이를 따르지 않았고 그 결과 수도였던 북경이 '적군이 성 밑까지 쳐들어오는' 위험에 처해 시모노세키조약에 조인하는 치욕을 겪었다 . 두 번째는 3, 40 년 후의 항일전쟁이었다 . 전쟁초기 중국이 패배하자 일본 침략자들은 중국을 협박해'굴욕적인 조약'에 서명하기를 종용했다 . 그러나 국민 정부는 수도를 후방인 중경으로 옮겨 '장기항전'의 결심을 표명했다.

남경이 함락된 후 장개석은 일기에 "지금 공산당에 대해 관용을 베풀어 그들이 최선을 다해 전투에 임하도록 하게 한다."고 기록했다. 주은래는 왕명 ( 王明 ) 과 박고 ( 博古 ) 등을 대동하고 연안에서 무한에 도착했다. 21 일 , 그들은 장개석과 첫 번째 회담을 진행했다. 주은래는 양당 관계위원회 구축과 공산당강령 결정 , 국방참의원 확대 등에 대해 구체적으로 건의해 정치 , 조직 , 제도적으로 확실한 기반 위에서 국공협력을 진행하려 했다. 장개석은 "아주 좋소. 그대의 말대로 한다면 좋은 결과가 나올 거라 생각하오. 내 생각도 그대와 같소."라고 대답했다. 왕명 , 주은래 , 박고 , 동필무 ( 董必武 ), 엽검영 ( 葉劍榮 ) 은 모택동 , 낙보 ( 甫 ) 와 중국공산당 중앙위원회서기처와 주덕 , 팽덕회 , 임필시 ( 任弼時 ) 에게 전보를 보낸 때가 1938 년 2 월 10 일 이었다. 그러나 실제로 장개석은 국공관계 개선에 대해 제한적이고 부분적인 조치만을 시행하려 했고 주은래가 건의한 근본적인 조치를 실행하려 하지 않았다.

그는 두 가지에 대해 제한적이고 부분적인 조치를 취했다. 하나는 주은래가 군사위원회 정치부 부부장 ( 부장은 진성 ) 을 맡는 일이었고 다른 하나는 공산당원을 청해 국민참정회에 참여하게 하는 부분이었다. 정치부의 홍보사업을 주관하는 제 3 청 ( 第 3 廳 ) 은 일본에서 귀국한지 얼마 되지 않은 곽말약 ( 郭沫若 ) 이 청장을 맡았다. 중국공산당에서는 모택동 , 왕명 , 박고 , 오옥장 , 임백거 , 동필무 , 등영초 ( 鄧穎超 ) 의 7 인이 참정위원으로 확정되었다. 결석을 요청한 모택동을 제외한 다른 사람들은 모두 국민참정회의 첫 번째 회의에 참석했다.

3 월 29 일 , 국민당은 무한에서 임시전국대표대회를 개최했다.

회의에서 장개석을 국민당 총재로, 왕정위(汪精衛)를 부총재로 선출해 국민당 내에서 장개석의 최고 지도자 지위를 확고히 다졌다.

또한 회의에서 대회선언과 <항전건국강령>을 통과시켰다. <강령>의 시작부분에서 "전쟁의 승리와 국가건설을 위해 국민당원 전원의 노력이 필요하고 특히 전국민과 협력하는 것이 중요하다."고 말했다.

구체적인 강령의 주요내용은 다음과 같다.

군대의 정치훈련을 강화하여 모든 병사들에게 항전건국의 의미를 잘 이해시킨 후 나라를 위해 목숨을 바칠 수 있게 한다.

국민참정기관을 조직하고 전체세력을 단결하여 생각과 식견을 집중시켜 국책의 결정과 추진에 도움이 되게 한다.

군사를 중심으로 경제건설을 추진해야 하며 이와 함께 국민의 생활을 개선하는 데 집중해야 한다.

전국 민중을 선동하여 농민, 노동자, 사업가, 학생 등 각계 단체를 조직하도록 하며 이를 개선하고 보강하여 재산이 있는 자는 재산으로, 싸울 수 있는 자는 전투에 참여함으로써 민족의 생존이 걸린 항전에 동참하도록 한다.

독립자주의 정신에 입각해 우리나라와 민족에 대한 국제적인 공감대를 이끌어 내어 세계의 평화와 정의를 위해 함께 투쟁하도록 한다.

국민당 전국임시대표대회에서는 국민참정회의 조직을 정식으로 결정해 참정위원 150 명 ( 얼마 후 200 명으로 증가 ) 으로 규정하고 , 국민 정부의 현임 관리들은 참정위원을 맡을 수 없도록 했다 . < 국민참정원 조직조례 > 에 따라 선정된 참정위원 중 , 국민당은 88 명 , 공산당은 7 명 , 구국회와 국가사회당 및 청년당은 각 6 명 , 중화민족해방행동위원회 1 명 , 중화직업교육사 4 명 , 향촌건설파 1 명 , 그 외는 무소속 인사로 화교와 소수민족의 대표가 포함되어 있었다 . 7 월 6 일 , 국민참정회 제 1 차 회의가 무한에서 개최되었다 . 사회 각계와 각 당파 , 각 민족을 대표하는 수많은 인물들이 한자리에 모여 , 함께 항전건국의 대사를 의논하는 자리가 마련되자 사람들의 가슴에는 새로운 희망아 차올랐다 . 추도분 ( 鄒韜奮 ) 은 《전국민항전》 창간호에서 "국민참정회는 비상시국에서 탄생한 민의기관이다 . 이번 참정회의 참정위원은 국민에 의해 선출되지는 않았지만 정부가 발표한 참정위원을 살펴보면 정부가 민의를 대표하는 일에 상당히 주의를 기울였음을 알 수 있다 . 국민참정회의 개최와 참정위원을 발표한 이래 , 여론도 민의기관으로서 활동할 국민참정회의 역할에 희망을 가지고 있다 ."고 발표했다 .

이 문장은 공정한 평론이었다 . 국민참정회의 설립에 긍정적인 진보의 의미를 부여해 희망과 기대를 품게 했을 뿐만 아니라 또한 그 약점도 함축적으로 지적했다 . 첫째 , 참정위원은 정부가 초빙한 인사들로 구성되었는데 , 당시 '청객 ( 請客 )'이라는 말을 유행시켰다 . 그 구성원들의 대다수는 국민당 인사들이었다 . 둘째 , 참정위원은 보고를 들을 권리와 질문할 권리 , 건의할 권리만 가지고 있었을 뿐 결정권은 없었고 구속력도 없어서 정부가 그들의 의견을 받아들이지 않으면 그저 공염불이 되고 말았는데 , 이는 국민참정회가 앞으로 발전해 나가는데 점점 실망감을 가져올 요소였다 .

당시 전국적으로 민중의 항일열기가 계속 달아오르고 있었는데 특히 무한에 집중적으로 나타났다. 당시 왕정위 국민당 부총재는 일본에 대해 '평화'라는 황당무계한 논리를 공개적으로 주장했다. 멀리 남양(南洋)에 있어 회의에 참석하지 못했던 화교의 지도자, 국민참정위원인 진가경(陳嘉庚)은 외국통신사의 관련 보도를 보고 왕정위(汪精衛)에게 "로이터에서 보내온 팩스가 사실인가? 평화는 절대 불가능하다. 교민들을 위한 답신을 기다린다."고 전보를 보냈다. 이에 왕정위는, "두 나라가 전쟁한 후 그 끝에는 반드시 평화가 찾아오게 마련이다. 중국은 오랫동안 쇠퇴했기 때문에 강화하지 않으면 나라가 망할 수밖에 없다."는 답신을 보냈고, 또한 "평화는 나라를 구하고 생존을 도모할 상책이다."라고 주장했다. 진가경은 즉시 싱가폴에서 국민당 참정회에게 '전보제안'을 보냈다. "이 제안에는 '평화를 거론하는 관리는 매국노로 논죄하라!'라는 한 문장뿐이었다." 이 '전보제안'이 회의장에 도착하자마자 20명이 넘는 사람들이 이 제안에 연합 서명했다.

1938년 3월, 중화전국문예계 항일협회가 설립되어 노사와 곽말약(郭沫若), 모순(茅盾) 등 45명을 이사로 선출했다. 이후 중화전국희국계항일협회, 중화전국가영(歌詠) 계항일협회, 중화전국영화계항일협회, 중화전국목각(木刻) 계항일협회 등의 단체가 잇따라 설립되었다. 그들은 문예라는 무기를 손에 들고 지속적으로 단결 항전할 것을 주장했다. 각종 사회단체와 민중단체도 활발히 움직였다. 항일구국과 진보사상을 홍보하는 신문간행물(중국공산당의 《신화일보(新華日報)》와 《군중(群衆)》을 포함한 주간간행물)도 각지에서 우후죽순처럼 쏟아져 나왔다.

항전 1주년이 다가 오자 주은래와 곽말약이 이끄는 정치부 제3

청은 대대적인 기념행사를 거행했다. 주은래의 말을 인용하자면 모든 백성의 항일의식을 불러일으키고 국민적인 항쟁을 촉진하기 위함이었다. 이번 행사에 가장 큰 부분은 '7·7'헌금의 모금이었다. 헌금에 대한 무한 민중의 반응은 아주 적극적이었다. 짧은 5 일이라는 기간 동안 헌금에 참여한 사람은 50 만 명 이상이었고 헌금의 총액은 100 만 위안을 넘어섰다.

해외 각 지역에 살고 있던 화교들도 잇따라 항일단체를 만들며 항일홍보를 진행했는데 여러 가지 형식으로 돈과 물자를 기부하고 공채를 사들였으며 전쟁물자의 운반을 도우며 중국의 항일전쟁을 지원했다. 화교가 가장 집중되어 있던 동남아 지역은 1938 년 10 월, 싱가폴에 남양각지 화교조국 난민구제회 ( 약칭 남교총회 ) 를 설립해 당시 유명했던 회교 지도자 진가경을 주석으로 선출했다. 미국에서 유명했던 화교 지도자 사도미당 ( 司徒美堂 ) 은 '뉴욕 전체화교 항일구국 조달총회'의 설립을 제의했고, 총회의 회장을 맡았다. 수많은 애국화교동포들이 결연히 귀국하여 전장에서 구호사업이나 운반 등의 일을 맡았다. 또한 더 많은 수의 열혈 청춘들이 조국으로 돌아와 전장에 참여했다.

중국의 항일전쟁은 수많은 국제 협력인사들의 공감과 지원을 받았다. 국제여론은 일본군국주의 자들의 중국에 대한 침략을 질책하는 방향으로 흘러갔다. 몇몇 국가의 민중은 성금을 거두어 중국의 항전을 지원했다. 캐나다의 유명한 외과의사인 노만베쑨 (Norman Bethune) 과 인도의 의사인 코티니스 (Kwarkanath S. Kotnis) 등은 의료진을 이끌고 무한으로 왔다가 화북전선으로 가서 병사들을 치료했다. 가장 먼저 중국을 지원한 외국 정부는 소련이었다. 1937 년 8 월 20 일, 남경에서 < 중소 ( 中蘇 ) 상호불가침조약 > 에 서명했다. 소련 정부는 중국에 차관을 제공해 비행기와 무기 , 탄약 , 자동차 등을 구매할 수 있게 도와주었다 .

## 제 5 절 쉬저우 ( 徐州 ) 회전부터 우한 ( 武漢 ) 보위전까지

일본이 남경을 점령한 후 일본 최고통치계층은 자만하여 이미 결정적인 승리를 거머쥔 듯 행동했다 . 그들은 상황을 계속 발전시켜 나가서 중국 정부가 가혹한 조건을 받아들이도록 압박할 수 있을 거라 여겼으며 , 이 목적을 달성하지 못하면 국민 정부를 해체하고 자신들이 조정하는 꼭두각시 정권을 세워 중국을 식민통치하면 된다고 생각했다 . 1938 년 1 월 , 일본천황이 주관한 어전회의에서 < 중국사변의 근본방침 처리 > 를 통과시켰다 . 일본의 고노에 후미마로 ( 近衛文麿 ) 수상은 이 '근본방침'에 의거해 공개적인 성명을 발표했다 . "제국정부는 앞으로 국민정권을 상대하지 않고 제국과 협력할 수 있는 중국 신정권의 수립과 발전을 희망하며 앞으로 이 신정권과 양국의 국교 수립을 진행할 것이다 ."

일본침략군은 남경을 점령한 후 중국에 대한 공격을 계속 확대시켜 나갔다 . 1937 년 12 월 , 일본군은 남쪽에서 절강의 항주를 점령했고 , 북쪽에서는 산동의 제남 ( 濟南 ) 을 점령했다 . 그러나 이 두 도시의 점령으로 인한 영향은 그리 크지 않았다 . 첫 번째 이유는 그곳에 주둔하던 중국 군대가 그리 많지 않았고 , 축성도 견고히 되어 있지 않았다 . 두 번째는 이들 도시는 전략적으로 그리 중요하지 않았기 때문이었다 . 그들은 다음 목표를 강소 ( 江蘇 ) 의 서주 ( 徐州 ) 로 변경했다 .

서주는 강소, 산동, 하남 ( 河南 ), 안휘 ( 安徽 ) 4 성의 요충지였고 중원과 무한의 중요한 장벽 역할을 했으며, 중국 남북을 가로지르는 진포 ( 津浦 ) 철도와 동서를 관통하는 농해 ( 隴海 ) 철도가 합류하는 곳이었을 뿐만 아니라, 주위의 지세가 험해 역사적으로 병법가들이 반드시 차지해야만 하는 중요지역으로 강조해왔던 곳이었다. 당시 일본침략군이 서주로 병력을 집중시킨 이유는 두 가지였다. 첫째, 진포철도를 개통해 북쪽과 남쪽의 일본군을 하나로 연결하려 했고, 둘째, 제 5 작전구역 사령관인 이종인 ( 李宗仁 ) 이 통솔하는 중국 군대 20 여만 명이 이곳에 집결해 있었기 때문에 중국 군대를 일거에 섬멸할 좋은 기회로 생각했다.

일본의 구체적인 작전은 군사를 두 갈래로 나누어 남쪽과 북쪽으에서 서주를 협공하는 것이었다. 북쪽 갈래의 주력 부대는 화북방면군이 속한 이타가키 세이시로 ( 板垣征四郎 ) 의 제 5 사단과 이소가이 렌스케 ( 磯谷廉介 ) 의 제 10 사단이었다. 이타가키 사단은 청도에 상륙한 뒤 교제 ( 膠濟 ) 철도를 따라 서쪽으로 진군했다. 이소가이 사단은 제남을 점령한 후 진포철도를 따라 남하했다. 이 두 사단은 서로 호응하며 적을 향해 돌진했다. 남쪽 갈래의 주력 부대는 화중 파견군 소속의 오기스 류헤이 ( 荻洲立兵 ) 가 거느린 제 13 사단이었는데, 이들은 진포철도를 따라 남단에서 북쪽으로 진격했다. 이들 몇 갈래 일본군의 집결을 막을 수 있을지 없을 지가 이번 작전의 관건이었다.

3 월 중순이 되자 중국 군대는 28 개 군단인 45 만여 명으로 증가했다. 증원된 부대 중에는 화북에서 남하한 장개석의 직속부대인 당은백의 3 개 부대도 포함되어 있었다.

중국 군대의 완강한 저항 속에서 일본군의 남북협공과 군대의 집결 계획은 성공하지 못했다. 북로의 서쪽에 있는 진포철도의 북단에서 한복구 ( 韓復 ) 가 싸우지 않고 제남과 태안 ( 泰安 ) 등의 중요지역을 포기함으로써 ( 한복구는 얼마 지나지 않아 총살당했다 ) 오직 이소가이 사단만이 신속하게 남하할 수 있었기 때문에 3 월 14 일 , 등현 ( 騰縣 ) 을 향해 맹렬한 공격을 퍼부을 수 있었고 , 이로 인해 성벽은 거의 무너져 버렸다. 수비군인 왕명장 ( 王銘章 ) 사단은 나흘과 반나절 동안 완강히 저항했지만 왕명장과 대부분의 병사들이 전사하면서 등현이 함락되었다. 등현전투는 손연중 ( 孫連仲 ) 과 당은백 등 원군이 시간에 맞게 전선에 도착할 수 있도록 시간을 벌어 주어 다음 단계의 작전에서 승리를 쟁취할 수 있는 유리한 조건을 만들어 주었다는 데 중요한 의미가 있다.

이소가이 사단은 등현을 점령한 후 , 더욱 오만 방자해져서 방부 ( 蚌埠 ) 의 방면군이 진포철도를 따라 북진하는 일본군과의 협공을 기다리지 않았을 뿐만 아니라 , 동쪽의 이타가키 사단과의 합류도 기다리지 않고 단독으로 신속하게 남하해 서주 동북의 대아장 ( 臺兒庄 ) 으로 돌격했다. 일본군은 3 월 24 일부터 대아장을 맹렬히 공격했고그 다음날 성내로 진입했다. 일본동맹사 ( 日本同盟社 ) 는 이미 대아장을 점령한 것처럼 발표했다. 그러나 손연중 ( 孫連仲 ) 수비부대와 지봉성 ( 池峰城 ) 부대는 맨몸으로 결연히 성을 수비하면서 치열한 시가전을 벌이면서 전진과 후퇴를 반복했다. 이때 손연중부대의 두 개 사단이 도착했고 대아장의 오른쪽과 왼쪽에서 일본군에게 반격을 가해 군대를 나누어 대응하도록 유도했다. 4 월 3 일은 대아장전투에서 가장 위험했던 날이었다. 일본군이 대아장의 5 분의 4 에 해당하는 지역을 점령했고 지봉성의 전투병력도 4 분의 1 밖에 남지 않았다. 손연중은 전화로 지봉성에게 "병사들이 싸우다 전사하게 되면 네가 나가고, 네가 전사하게 되면 내가 나갈 것이다. 누구든 운하로 후퇴하려는 자가 있으면 즉각 사살하라!"고 말했다. 6일 저녁, 이미 몹시 지쳐있었던 중국수비군이였지만 밤을 틈타 일본군에 전력을 다해 반격을 가했고 일본군이 대아장의 탄약고에서 폭탄을 발사했으나, 당은백 부대가 북쪽에서 남쪽을 향해 일본군을 포위하고, 손동훤(孫桐菱) 부대까지 임성, 조장(棗庄) 일선에 도착하자 일본군이 후퇴하기 시작했다. 그들은 마지막 며칠 동안 독가스를 이용해 중국 군대를 공격했으나 패배를 피해 갈 수는 없었다. 7일, 대아장전투에서 승리를 쟁취했다. 모두 11,994명의 일본군을 섬멸했고 8대의 탱크를 빼앗았으며 산포(山砲), 기관총 등 대량의 전리품을 획득했다.

　　대아장전투는 항일 전투가 시작된 이래 중국 군대가 거둔 최대의 승리였으므로 전국의 인민을 크게 고무시켰다. 승전보가 전해지자 전국은 기쁨으로 들끓었고 무한, 광주 등지에서는 성대한 집회와 행진이 열렸다. 대아장대첩 후, 장개석은 '대아장의 전과를 확대'하기 위해 성급히 20만 명의 지원군을 서주 지역으로 추가 파견했다. 이 지역에 집결된 중국 군대는 이미 36개 군단의 60만 여명에 달했다. 일본도 수많은 중국 군대가 이곳에 집결했다는 사실을 발견하고 <서주 부근 지역 지도 요령안>을 제정해 화북방면군과 화중파견군의 6개 사단의 남북협공을 준비했고 서주를 우회하여 포위한 후 이곳에 집결한 중국 군대의 주력부대를 섬멸하려 했다. 중국의 몇 십만 부대는 서부 일대의 평원 지역에 집결해 있는 상태여서 일본의 기계화 부대와 공군이 공격하기에 유리한 조건을 제공했다. 이곳에서 일본군과 결전을 벌인다면 송호전투의 전철을 밟게 될 것이었다. 중국 군대는 여러 가지 상황을 고려해 서주를 포기하기로 결정하고 신속히 철수했다.

서주를 점령한 후 일본군은 농해철도를 따라 서쪽으로 추격을 시작했고 6월 6일 하남의 개봉을 점령한 후 정주 (鄭州) 로 눈을 돌렸다. 정주를 점령한 일본군은 평한철도를 따라 남하하여 바로 무한으로 돌격했다. 장개석은 일본군의 진격을 막기 위해 '물길로 군사를 대신하기로' 결정했다. 9월, 정주 동북의 화원구 (花園口) 의 황하 (黃河) 제방을 폭파시키자 거센 물길이 세차게 쏟아져 나왔고 수면의 너비도 처음에는 몇 리에서 몇 십 리, 그리고 100여 리로 빠르게 확대되었으며 거센 물줄기가 회하 (淮河) 로 쏟아져 들어가 회하의 양안으로 넘쳐흘렀고 장강 (長江) 을 지나 바다로 흘러 들어갔는데, 이렇게 20세기에 이래 가장 큰 홍수가 만들어졌다. 홍수가 지나간 지역의 백성은 이 사실을 전혀 알지 못하고 아무런 준비도 할 수 없었기 때문에 이를 피하지도 못했다. 하남, 안휘, 강소 3개 성 (省) 의 44개 현 (縣) 과 시의 5만여㎢가 물바다로 변했다. 내정부에 따르면 하북, 강소, 안휘의 사망자 수는 10만 명에 달했고 피난자의 수도 400만 명 정도에 달했다. 백성이 입은 재산 손실을 말할 것도 없었다. 홍수가 정주로 향하던 일본군의 발걸음을 묶어두기는 했지만 민중이 입은 참혹한 재앙은 숫자로 표현할 수 없었다.

화원구에서 거센 물이 나오자 대량의 중화기를 가지고 있던 일본군이 홍수 속에서 통화할 수 없었다. 따라서 계획대로 정주에서 무한으로 남하할 수 없게 되자 전략을 재설정했는데 화북지역에 주둔한 제2군단을 보내 오카무라 야스지가 인솔한 제11군단과 화중파견군으로 재편성 해 하타 슌로쿠 (畑俊六) 를 사령관으로 임명하고 14개 사단을 보내 해군과 합동작전을 하며 장강에 따라 북상해 무한을 공격하기로 결정했다.

일본 군국주의자들은 무한만 점령한다면 중국의 투지와 전투력이 사그라들며 전쟁을 일찍 마무리 지을 수 있을 거라 생각했다. 그들은 항일전쟁이 이렇게 오랫동안 지속될 줄은 전혀 예상하지 못했다. 전쟁이 길어지면 일본은 버텨내기 힘들었다. 국제상황도 급격히 악화되어 그들을 압박하자 일본은 서둘러 이 전쟁에서 승리를 쟁취하려 했다. 2월 26일, 일본 최고사령부는 "세계가 새로운 혼란에 빠져 있을 때 중국사변의 발발을 계기로 반드시 1938년에 전쟁을 끝내야만 한다."고 생각했다. 4월 1일 그들은 무한과 광주를 공격할 계획을 제시했다.

중국 정부의 작전은 무한은 이미 우리 항전의 정치, 경제 및 자원의 중심이므로 이를 지키는 일은 극히 중요하다. 무한의 삼진(三鎭)은 지키기 어려운데 무한의 근교, 특히 강북은 의지하고 지킬만한 요새가 없다고 알려져 있으며 더욱이 강으로 가로 막혀 있고 바깥은 늪과 호수로 이루어져 있으니 지구전에 적합하지 않다. 무한과 떨어진 먼 지역에서 싸워서 무한을 수비하는 것이 상책이었다.

따라서 전선을 무한에서 멀리 떨어진 장강 연안과 대별산(大別山) 지역으로 설정했고, 47개 군단의 100만 명 이상을 전투에 투입했으며, 진성으로 무한수비총사령관을 겸하게 했다. 무한전투기간 동안 소련은 일본과 장고봉(張鼓峯)에서 군사적으로 충돌하여 일본관동군에게 큰 타격을 주었다. 소련은 국민 정부에게 무기를 지원해 주었는데, 소련의 항공대와 중국 공군이 협력하여 무한전투에 큰 공헌을 했다. 장개석은 일기에 "소비에트 러시아는 영국과 프랑스 각국과 비교해 더 많은 실질적인 도움을 주었으므로 안 좋게 상대하면 안 된다."고 기록했다

장강을 따라 서쪽으로 진격하던 일본 주력부대는 6 월 26 일 , 구강 ( 九江 ) 을 점령했고 또 다른 한 갈래의 군사는 합비 ( 合肥 ) 에서 남하하여 호북 ( 湖北 ) 의 동쪽으로 진입했다 . 무한의 문이 열리자 더 이상 지킬만한 요새도 없었다 . 그러나 이 과정에서 중국 군대는 차례차례 저항하며 많은 일본군을 죽이며 귀한 시간을 벌었다 . 몇 백 차례의 크고 작은 전투에서 일본군은 4 만여 명의 사상자를 냈고 , 중국 군대의 사상자는 약 40 만 명에 이르렀다 .

10 월 25 일 , 일본군은 무한의 삼진을 차례로 점령했다 .

무한이 함락되기 몇 일전인 10 월 12 일 , 일본군은 광동 ( 廣東 ) 대아만 ( 大亞灣 ) 에 상륙했다 . 장개석은 일본군이 영국과의 충돌을 피하기 위해 광주를 공격하지 않을 거라 생각하고 경계를 철저히 하지 않았다 . 21 일 일본군은 치열한 전투 없이 광주를 점령했다 . 광주와 무한의 점령은 중국에게는 크나큰 손실이었다 . 그러나 중국은 이에 굴복하지 않았고 일본의 중국침략 전쟁도 그들이 원하는 대로 되지는 않았다 . 항일전쟁은 이때부터 새로운 단계로 들어섰다 . 항일전쟁이 발발한 이후 1 년 동안 국민당과 그의 군대는 적극적으로 투쟁했고 민중운동에 대해서도 관대한 정책을 펼쳤다 .

1938 년 10 월 , 광주 ( 廣州 ), 무한 ( 武漢 ) 이 차례로 함락된 후 항일전쟁은 대치단계에 진입했다 . 이 단계는 항일전쟁에서 가장 오랫동안 지속되었고 여러 가지 변화무쌍하고 복잡한 상황이 발생했다 . 국제정세도 크게 변화했다 . 이 단계에서 일본 침략자와 국민당 , 공산당의 세력과 그들 간의 관계에 중대한 변화가 생겼다 .

## 제 1 절 대치단계에 들어선후의 변화

일본이 중국을 침략하기 위한 전면전을 시작했을 때는 '중국에 일격'을 날려 '속전속결'로 끝낼 계획이었다 . 그들은 현대적인 무기와 장비 , 훈련이 잘된 군사를 맹목적으로 숭배하며 이에 의지해 빠르게 승리할 수 있을 거라 믿고 , 이런 계획에 따라 전쟁에 대한 전반적인 구상과 배치를 준비했다 . 그러나 전쟁의 진행상황은 그들의 예상에서 완전히 벗어났다 .

일본 군대는 무한과 광주전투에 거의 모든 힘을 쏟아 부었다 . 무한을 공격하는데 동원한 병력은 14 개 사단에 이르렀고 , 광주를 공격하는데도 3 개 사단을 동원했다 . 일본은 노구교사건 이래 최대의 병력을 동원해 전투를 치렀고 , 이 두 번의 전투를 거의 동시에 진행하며'속전속결'로 중국의 주력군대를 섬멸하여 오랜 전투로 인한 조급함에서 벗어나려 했지만 , 여전히 그들의 목적은 이루지 못했다 . 일본이 동원한 병력의 주요 수송로를 보면 남북을 관통하는 평한 ( 平漢 ) 철도 , 월한 ( 粤漢 ) 철도와 동서를 가로지르는 농해철도 ( 隴海 ) 와 절감 ( 浙贛 ) 철도 모두 개통되지 못했고 , 기타 철도도 유격대의 계속적인 습격을 받았다 . 일본군이 중국전쟁에서 동원할 수 있는 병력도 한계에 이르렀고 , 새로 점령한 지역에도 군사를 나누어 지켜야 했기 때문에 처음과 같은 공격적인 기세를 유지할 수 없었다 . 단기간 내에 군대를 확대해 신병의 비중이 증가했기 때문에 부대의 수준도 크게 떨어졌다 .

전쟁이 길어짐에 따라 필요한 자금과 자원도 일본의 국력이 부담할 수 있는 수준을 크게 초과했다 . 1938 년 3 월부터 8 개월이라는 짧은 시간 내에 잇따라 네 번에 걸쳐 74 억 엔의 임시군비가 추가되었는데 , 이는 일본이 청일전쟁과 러일전쟁 , 제 1 차 세계대전 , 4 차례에 걸친 중국 동북지역에 사용했던 비용의 1.6 배에 달하는 금액이었다 . 1년이 조금 넘는 기간 동안 일본은 백억여 엔에 달하는 군비를 사용했다 . 1938 년에 사용한 직접군비는 59 억 6,000 만 엔으로 국가총지출의 76.8% 를 차지했다 . 군비의 급속한 증가는 일본경제에 심각한 부담을 안겨주었다 .

이렇게 궁핍한 상황에서 일본 군국주의자들이 생각지도 못했고 절대 바라지 않았던 대치 단계로 빠져들게 되었다 .

무한과 광동을 함락한 지 얼마 후 12 월 6 일 , 일본육군성과 참모본부장은 < 쇼와 13 년 가을 이후 중국에 대한 처리방법 > 에 , "특별히 필요하지 않을 때에는 점령지역을 확대하려 하지 말고 , 점령지역은 치안위주의 치안지역과 항일세력 제거위주의 작전지역으로 구분한다 ." 라고 규정했다 .

　　일본이 편찬한 전쟁의 역사에는 다음과 같은 내용이 기록되어 있다 .


　　　　당시 , 육군은 고노에사단만 국내에 남겨두고 , 24 개 사단은 중국에 배치했으며 , 만주와 조선에는 9 개 사단을 배치해 공격적인 기동능력을 완전히 상실했다 . 이렇게 중국의 주력군대 섬멸이라는 목적을 달성하지 못한 채 공격은 한계에 달했는데 이런 상태가 장기적으로 계속되었고 , 이와 동시에 소련과의 전쟁도 신속히 준비해야 하는 상황에서 중국과의 지구전은 전략적으로 몹시 불리했다 .


　　모택동은 < 지구전 분석 > 에서 "첫 번째 단계가 끝날 무렵 , 우리 군의 강력한 저항과 적군의 병력부족으로 일본은 공격을 포기할 수밖에 없었다 . 이렇게 공격을 포기하고 점령지를 지키는 단계에 진입했다 ."는 내용이 있었다 . 일본군의 무한과 광주의 점령은 '공격포기'로 이어졌다 .

　　이런 상황에서 그들은 중국에 대한 모든 방침을 조정할 수밖에 없었다 . 그들은 '장기전의 준비'를 제시해 이미 점령한 지역을 굳건히 지키고 반복적으로 적을 소탕함으로써 이들 지역이 비교적 안정된 후방이 되기를 희망했고 이곳의 인력과 자원을 보이는 대로 약탈해 전쟁

을 지속해 나갔다 . 이것이 바로 '전쟁으로 전쟁에 필요한 것을 조달'하
는 작전이었다 . 이와 동시에 정치적인 투항을 권했는데 투항한 중국인
을 끌어들여 괴뢰정권을 조직한 후 점령지의 정권을 중국인에게 반환
하는 것 같은 착각을 심어주어 점령지에 대한 통치를 굳건히 했다 . 이
것이 바로 '꼭두각시 중국인으로 중국을 다스리는' 전략이었다 .

이렇게 전쟁이 새로운 단계로 발전해 갔을 때 중국에 대한 일본
의 전략과 정략이 확실히 달라졌다는 사실을 알 수 있었다 .

이때 국민당정부의 정치중심은 중경으로 옮겨져 있었다 . 상황
의 변화에 따라 국민당 최고당국은 서로 다른 세력의 분열 조짐이 나
타났다 .

왕정위 ( 汪精衛 ) 국민당 부총재는 중국의 군사와 경제력으로는
일본을 이길 수 없으니 하루빨리 강화를 요청하는 것이 낫다고 생각하
며 민족실패주의를 지속적으로 주장했다 . 그를 따라 도망쳤던 주불해
( 周佛海 ) 는 < 간단한 자백 > 에서 다음과 같은 내용을 기록했다 .

당시 항전은 불리한 상황에 있었기 때문에 담화를 진행할
때마다 강화를 할 수 있으면 강화를 해야 한다고 주장했다 .

나는 당시 국제사회가 중국에 대해 도의적인 원조와 동
감 외에 어떠한 실제적인 도움을 주지 않는 모습을 보았다 .

또한 당시 중국의 국력이 일본에 미치지 못해서 항전
에 대한 믿음이 없었기 때문에 왕정위의 주장을 듣자 이치
에 맞는다는 생각이 들어 그와 자주 이야기를 나누었다 .

무한이 함락되기 전 , 영국과 프랑스가 독일 , 이탈리아와 '뮌헨협

정'에 조인해 유화정책을 진행하면서 체코슬로바키아를 희생시키자 국민당 내부의 일부 사람들이 심각하게 동요하기 시작했다 .

1938 년 12 월 29 일 , 왕정위는 베트남 하노이로 도주해 소위 '염전 ( 艶電 )'이라는 전보를 보냈는데 이 전보에서 일본 고노에 수상의 < 중일 양국의 관계조정에 대한 기본정책 > 성명에 공개적으로 회답해 항전을 중지하고 , 일본에 강화 요청을 주장하는 매국노와 같은 모습을 철저히 드러냈다 . 이 전보는 강렬한 반향을 몰고 왔다 . 전국의 인민은 분노했고 투항하려는 의견을 성토하려는 거대한 움직임이 일어났다 . 국민당의 상임위원회도 1939 년 1 월 1 일 , 임시회의를 열어 왕정위에 대해 "그의 당적을 영원히 제거하고 모든 직무를 중지한다 ."라고 결의 했다 .

국민당총재로서의 장개석과 왕정위는 완전히 달랐다 . 그는 항전을 지속하고 일본에 투항하지 않았으니 이는 칭찬할 만했다 .

그러나 일본군의 공격위협이 과거에 비해 약해진 사실을 간파한 장개석에게 또다시 큰 변화가 일어났다 . 중국공산당에 대한 그의 시기심은 너무나도 컸다 . 공산당이 이끄는 항일근거지와 유격전이 적의 등 뒤에서 신속하게 전개되었는데 그곳은 모두 국민당군대가 이미 포기해 일본군에 의해 점령된 지역이었기 때문에 중화민족의 항일세력을 강화시킬 좋은 기회였지만 장개석의 걱정은 오히려 깊어만 갔다 . 그는 1938 년 말 , 이 시기를 회고하며 "공산당이 기회를 잡아 세력을 확장해 나가는 것은 걱정거리가 아닐 수가 없다 ."라고 썼다 .

며칠 후 , 그는 "지금 가장 시급히 해결해야 할 문제는 일본군이 아니라 (1) 공산당이 도처에서 세력 확장을 시도하고 있는 것 , (2) 함락 지역 유격대가 어지럽고 체계가 없는 점 , (3) 각 변경 지역에 도적떼가

횡행하고 있는 점 , (4) 병역제도의 갈등이다 . 이 네 가지는 모두 국력의 성쇠와 항전의 성패와 밀접히 관련되므로 확실한 대책을 세워야 우환거리를 완전히 없앨 수 있다 .”고 기록했다 .

그는 일기에서 “나는 왜 공산당과 항전하지 못하는가 , 모든 조직과 홍보 , 훈련이 공산당보다 못한가 ? 나는 왜 청년들의 마음을 얻지 못하는가 ?”라고 심각하게 자문했다 .

장개석이 일기에서 토로한 심경의 변화에서 우리는 일본군의 공격이 약해진 후 , 그의 관심은 일본과의 전투에서 반 ( 反 ) 공산당으로 점차 옮겨졌고 이런 고민은 더욱 깊어져만 갔지만 공개적으로 전혀 드러내지 않았다 .

당시 국민당은 각지에서 반공산당 군사활동을 확대시켜 나가고 있었다 . 1939 년 1 월 21 일 , 국민당 제 5 회 5 차 전체회의가 중경에서 열렸다 . 장개석은 개회사에서 이제 두 번째 항전이 시작되었으므로 중간에서 포기하지 말고 끝까지 항전해 나가야 한다고 말했지만, 그는 끝까지 항전한다’를 ‘노구교사건 이전으로의 회복’이라고 설명했는데 동북회복을 포함시키지 않았기 때문에 대만은 언급할 필요조차 없었다 . 더욱 심각한 것은 회의에서 통과시킨 비정상적인 활동을 제한한다는 원칙은 명확히 공산당을 겨냥하고 있다는 사실이었다 . 이미 각지에 분산되어 나타났던 반공산당 군사활동은 국민당 제 5 회 5 차 전체회의에서 정식정책이 되었다 .

이는 항전기간 중국공산당 정책에 대한 장개석 태도변화의 전환점이 되었다 .

공산당은 무한과 광주가 함락될 즈음인 1938 년 9 월 9 일~ 11 월 6 일 중국공산당 제 6 회 중앙위원회 제 6 차 전체회의를 개최했다 . 모택동은 회의에서 < 새로운 단계 분석 > 에 대해 보고했다 . 보고서에는 '대치단계는 항전의 관건'이라고 지적했다 . 그는 "적군이 도시를 점거하고 우리는 농촌을 점거해 전쟁은 지구전이 되었지만 농촌은 마지막에 순간에 도시를 이길 수 있다 . 정면 방어에 대응하기 위해 주력군대에 쉬면서 정리할 기회를 주어야 하고 세력을 확대해 반격 전략을 준비하기 위해 모든 힘을 다해 근거지를 지키는 유격전을 펼쳐야 하며 , 장기간의 수비과정에서 유격부대를 정예부대로 단련시켜 적군을 견제하고 정면 방어를 돕도록 한다 ."고 강조했다 . 그는 국공 ( 國共 ) 양당의 장기적인 협력필요에 대해 "항일전쟁이 장기전에 돌입했기 때문에 모든 항일민족 통일전선도 장기적으로 준비해야 하며 , 국민당과 공산당의 협력도 장기적으로 유지해야 한다 . 이는 모든 정책의 출발점이다 ."라고 말했다 .

이번 전체회의에서 대표적인 인물인 왕명 ( 王明 ) 이 통일전선의 독립자주문제와 전쟁 , 전략문제 우경화에 대한 과오를 비판하고 이를 바로잡아 정확한 방향으로 계속해서 나갈 수 있도록 했다 .

국민당 제 5 회 5 차 전체회의의 개최와 반공산당 군사활동이 확대는 공산당에게 큰 근심거리였다 . 1939 년 1 월 24 일 , 중국공산당 중앙위원회는 장개석과 국민당 제 5 회 5 차 전체회의에 전보를 보내 그들이 고노에 연설에 대해 반박하고 왕정위의 당적박탈을 결의한 것에 대해 찬성하고 , 국민당이 반공산당 군사활동을 중지하여 국공양당의 장기적인 협력의 기초를 굳건히 다져 함께 항전하는데 유리한 조건을 마련해야 한다고 강조했다 .

이때 장개석은 일본에 대한 항전을 계속하면서 , 왕정위의 투항행위를 신랄하게 비판하고 있었다 . 그의 반공산당 군사활동은 주로 내

부에서 조성되고 계획되고 있었는데, 이미 발생한 여러 반공산당 군사
활동에 대해서는 지역적, 국부적인 사건이라고 치부해 버렸다. 따라
서 중국공산당은 이 문제를 신중하고 합당하게 처리할 것을 요구했고,
불만을 자제하며 지속적으로 국민당을 관찰했다.


## 제 2 절 정면전장과 적진의 후방 전장

　무한과 광주가 함락된 후에도 정면 ( 正面 ) 전장과 후방 ( 後方 )
전장 모두에서 중국과 일본의 전쟁은 계속 진행되었다.

　정면 전장과 후방 전장의 관계를 어떻게 설명해야 할까 ?

　국민당 위주의 정면 정장과 공산당 위주의 후방 전장으로 서로
협력하고 지지하는 관계이다. 그중 어느 한쪽이라도 없다면 일본침략
군이 다른 한쪽을 압박하여 나머지 한쪽은 곤경에 빠지게 될 것이다.
이 두 전장이 서로 결합되어야만 중화민족 항일전쟁이라는 웅장한 그
림이 완성될 수 있었다.

　먼저 정면 전장을 살펴보자.

　이때 일본군의 전략지도방침에 변화가 생겼다. 일본군 총본부는
무한에서 결전을 벌이기 전 무한을 공략한 후, 중국의 중요지역을 장
악해 야전주력부대를 섬멸하고 광주를 빼앗아 중국의 국제 채널을 봉
쇄하면 중국의 전력을 약화시켜 굴복시킬 수 있다고 판단했다. 그러
나 그들은 목적을 달성하지 못했다. 1938 년 겨울, 총본부는 다시 < 전
쟁지도방침 > 과 < 중국사변에 대한 처리방안 > 을 제정했다. 이들 방
안의 요점은 속결전략을 지구 ( 持久 ) 전략으로 바꾸고 국부적인 제한

공격과 폭격전략 및 중국 국제 보급라인 차단을 시도하여 중국의 항전 의지를 꺾고 전쟁 종식방안을 모색하는 것이었다.

무한과 광주 함락에서부터 태평양전쟁이 발발하기까지 3년 동안 일본군은 정면 전장을 공격의 중심으로 삼았다. 주로 중부의 무한주변과 남부의 광서의 남부 지역, 북부의 중조산(中條山) 지역의 정면 전장에서 전투를 벌였다. 이들 전투는 대체로 '국부적인 제한 공격'과 '중국 국제 보급라인 차단'이라는 두 가지 목표에 따라 진행되었다.

중부의 무한 주변부터 살펴보자. 이번 전투를 지휘한 오카무라 야스지(岡村寧次)는 회고록에서, "일본군이 무한을 함락한 후 우리는 그렇게 기뻐하지 못했다. 이는 우리 주력부대의 완전한 승리가 아니기 때문이다."라고 기록했다.

오카무라 야스지는 확실히 기뻐할 수 없었다. 당시, 일본의 병력은 이미 바닥이 났고, 그들이 무한을 공격을 공격할 때, 장강을 따라 직진하면서 주변지역을 고려할 수 없었고 중국은 남창(南昌), 장사(長沙), 의창(宜昌), 예남(豫南) 등 무한 외 지역에 여전히 수많은 병력을 보유하고 있어 일본침략자들이 무한을 장악하는데 위협이 되고 있었다. 따라서 일본군은 무한 외곽에서 남창전투와 수조(隨棗)전투, 제1차 장사전투, 조의(棗宜)전투, 예남전투, 상고(上高)전투, 제2차 장사전투 등에서 차례대로 제한적인 공세를 펼쳤다. 그중, 가장 중요한 전투는 두 번에 걸쳐 치러졌던 장사전투였다.

장사는 호남의 성정부(省政府) 소재지였고, 상강(湘江)의 하류와 동정호(洞庭湖)의 남쪽에 위치해 있어 월한(粵漢)과 절감(浙贛), 상계(湘桂) 철도의 요충지였다. 호남은 중국 후방의 중요한 곡창지대와 병력공급지였고, 연해에서 내륙으로 이전한 공장이 이곳에 집중되어 있어 군사적으로 서남의 보호벽이라 할 수 있었다.

일본군은 1939 년 3 월 남창을 점령한 후, 오카무라 야스지가 10 만여 명의 병사들을 이끌고 장사를 향해 공세를 펼쳤다. 중국군의 지휘관은 제 9 작전구역 임시사령관인 설악 ( 薛岳 ) 으로 수하에 24 만 명의 군사를 두고 있었다. 1939 년 9 월 17 일에 시작되어 22 일 동안 계속되었던 이 전투는 제 1 차 장사전투라 불렸다. 일본군은 격전을 치르고 장사 이북의 신장하 ( 新墻河 ) 와 멱라강 ( 汨羅江 ) 을 건넜지만 중국 군대의 완강한 저항으로 길을 따라 나아가지도 못했고 도로도 파괴되어 일본군의 탱크와 포차를 옮기기 어려웠다. 오카무라 야스지는 더 이상의 전투는 일본에게 불리하다고 판단하고 어쩔 수 없이 기존 진지로 전군을 철수시켰다. 이는 1939 년에 발발한 전면전 중 가장 큰 규모의 전투였고, 처음으로 일본대군의 공격을 저지함으로써 일본의 공세가 이미 약화되었음이 드러난 전투였다. 이 전투를 통해 전국의 병사와 인민은 크게 고무되었다. 풍옥상 ( 馮玉祥 ) 군사위원회 부위원장은 10 월 12 일 연설에서 "일본군의 세력이 점점 약화되어 더 이상 공격을 이어갈 수 없게 되었다. 일본인은 최근 유럽전쟁이라는 기회를 이용해 중국에 대한 군사적인 침략을 강화하려 했고, 속전속결로 전쟁을 마무리 지으려 했다. 일본군은 서안과 의창 ( 宜昌 ), 장사, 형양 ( 衡陽 ) 등지를 점령했다고 밝혔지만 지금 호남의 북쪽에서 전대미문의 실패를 맛보고 있으므로, 유럽의 상황에 관계없이 우리가 용맹하게 전투에 임한다면 마지막에 승리를 얻을 수 있을 것이다."라고 말했다.

제 2 차 장사전투는 1941 년 9 월에 발발했다. 일본군의 아나미 고레치카 ( 阿南惟幾 ) 제 11 군단장이 12 만 군사를 이끌고 장사를 공격했다. 제 1 차 공격에서 '파죽지세로 쳐들어가서' 실패한 경험을 교훈으로 삼아 이번에는 '중간 돌격'과 '양쪽에서 우회'하는 전술을 사용해 중국 군대의 세 갈래의 방어선을 차례로 돌파했다 . 9 월 28 일 일본군은 장사를 점령하고 다음날 주주 ( 株州 ) 를 침략했다 . 그러나 일본의 병력은 이미 약화될 대로 약화된 상태였다 . "당시 중국 군대가 사방팔방에서 몰려와 장사를 에워쌌다 . 일본군은 먼 거리를 달려왔고 , 보급선도 중국 유격대에 의해 파괴되어 무기와 탄약보급에 어려움을 겪고 있었으므로 소위 '치중 ( 輜重 ) 이 없어 패할 수도 있는' 상황이었다 . 30 일 , 일본군은 노도하 ( 撈刀河 ) 와 장사로 후퇴했다 ." 10 월 8 일 , 중국 군대는 신장하 ( 新墻河 ) 를 건넜고 일본군은 기존의 진지로 후퇴했다 .

조의전투에서 장자충 ( 張自忠 ) 제 33 군단장이 양하 ( 襄河 ) 를 건너 일본군을 공격할 때 , 일본군의 우세한 군대에 포위당해 1940 년 5 월 장렬하게 전사했다 . 장자충은 항일전쟁에서 희생된 병사들 중에서 가장 높은 지위에 있었고 장교였다 . 주은래는 그를 기념하는 문장에서 "장장군의 순국은 항일전쟁에서 모범이 되었을 뿐만 아니라 우리민족의 기개와 불굴의 정신을 잘 나타내었다 . 이러한 생사를 초월한 정의로운 민족기개는 항일전쟁에서 가장 필요한 정신이다 ."라고 썼다 .

남쪽 전선에서 일본이 광주를 점령한 후의 주요 작전목표는 중국 후방의 대외 수송로를 끊어 해외에서 필요한 물자를 들여오지 못하게 막음으로써 중국이 더 이상 버틸 수 없게 만들어 굴복시키는 것이었다 . 1939 년 2 월 , 일본은 해남도 ( 海南島 ) 를 점령했고 , 6 월에는 조주 ( 潮州 ) 와 산두 ( 汕頭 ) 일대를 점령했으며 , 8 월에는 심천 ( 深圳 ) 을 점령했다 . 이는 모두 중국 연해의 대외 수송을 봉쇄하기 위함이었다 . 당시 중국 서남지역에서 해외로 통하는 수송로는 광서와 운남의 육로

만이 남아있었다. 일본군은 광서에서 베트남에 이르는 수송로를 끊기 위해 계남전투를 일으켜 전월철도 (滇越, 운남성 곤명과 하구 (河口) 를 연결하는 철도) 와 버마로드를 위협했다. 특히 제 1 차 세계대전이 발발한 후, 영국과 미국이 세계대전으로 극동을 돌볼 틈이 없는 기회를 이용해 일본의 육해군의 수뇌부는 남령 (南寧) 을 점령해 중국을 지원하려는 각국의 의지를 꺾고 프랑스령의 인도차이나 반도의 북부를 빼앗을 발판으로 사용하고자 했다. 심지어 새로 부임한 도미나가 교지 (富永恭次) 육군작전부장은 남경의 점령이 중국과의 마지막 일전이 될 것이라 생각했다.

11 월 15 일부터 일본군은 흠주만 (欽州灣) 의 여러 곳에 상륙하기 시작했고, 24 일 남령을 점령했다. 이때, 선봉부대가 먼저 곤륜관 (崑崙關) 을 점령했지만 계속 전진해 나가기 위해서는 험준한 산봉우리가 끊임없이 이어져 있는 산악지대로 들어가야 했다. 서남이 대외 수송라인에서 중요한 위치를 차지하고 있었기 때문에 중국 군대는 14 만 병력을 소집해 잇따라 계남전투에 투입했다. 그중, 최정예부대는 항전이 시작된 후 새로 조직된 최초의 기계화 부대인 제 5 군단이었고 군단장은 곤륜관 공격임무를 맡은 두율문 (杜聿明) 이었다. 곤륜관은 남령에서 북쪽으로 40km 에 위치한 중요 거점지역으로 첩첩산중으로 둘러싸여 있었고, 깊은 계곡과 낭떠러지를 구비한 험준한 지세로 지키기는 쉽지만 공격하기는 어려웠다. 일본 대군이 이곳을 지키고 있었으므로 기계화 부대도 이런 험준한 지형에서는 그들의 위력을 충분히 발휘할 수 없었다. 12 월 17 일, 제 5 군단은 야간행군을 통해 은밀히 공격준비 위치에 잠입해 일본군 제 4 사단의 제 12 여단이 주둔해있는 곤륜관 산간지역을 포위했다. 쌍방은 서로에게 대대적인 포격을 퍼부은

후, 백병전을 전개하면서 15일간 혈전을 벌였다. 제5군단은 마침내 곤륜관을 모두 수복했다. 일본군의 여단장 중 한 명이었던 나가무라 마사오 ( 中村正雄 ) 소장은 포격 중 사살 당했다. 이 전투 이후, 일본군은 공세를 펼쳐 곤륜관을 점령했다. 1940년 9월, 프랑스가 독일에 투항하자 일본군은 계남의 주력부대를 베트남 북부로 이동시켰다. 이렇게 중국 군대는 남령과 계남지역을 수복하게 되었다.

북쪽전선에서 일본군의 주요 전투는 1941년 5월 발발한 중조산 ( 中條山 ) 전투였다. 중조산은 황하 이북의 산서의 남쪽과 하남의 북쪽이 교차하는 곳에 위치해 중원지역의 보호벽 역할을 하는 곳이었다. 이곳을 수비하고 있는 제1 작전구역 사령관 위립황 ( 衛立煌 ) 은 18만 명에 가까운 병사를 통솔하며 일본군의 3개 사단을 견제하고 있었다. 일본군은 중앙돌파와 집게 모양의 공세를 결합한 방식을 채택해 군사를 세 갈래로 나누어 공격했다. 20여일의 전투에서 중조산 수비군은 심각한 피해 ( 군단장 2명 전사 ) 를 입은 후 이 지역에서 후퇴했다.

당시 일본비행기가 후방, 특히 중경을 중심으로 잔인무도한 폭격을 퍼부었다. 1939년 5월 3일, 중경 시내지역이 크게 피폭 당해 모든 것이 불에 탔고, 4,400여명의 사람이 희생되었으며 20여만 명의 시민들이 시골지역으로 급히 피난을 떠났다. 1년 동안 중국 각지는 2,600여 차례의 공습을 당했다. 1941년 6월, 20,000여명의 중경시민은 일본 비행기의 폭격을 피하기 위해 터널로 피하다 질식사했다. 8월, 일본 비행기가 7일 동안 쉬지 않고 '간헐적인 폭격으로 적을 지치게 하는 전략'을 감행하자, 사람들은 공습경보가 울리면 방공호로 피할 수밖에 없었으므로 모든 업무는 중단되었다. 그러나 군민의 항전의지는 꺾이지 않았다.

상술했던 내용에서도 볼 수 있듯이, 항일전쟁이 대치단계에 들어선 이후, 여러 가지 문제가 존재하고 있음에도 불구하고 국민당군대는 여전히 항일진영에 있었을 뿐만 아니라 정면 전장에서 일본군에 완강하게 저항하여 수많은 장교와 병사들은 국가를 지키기 위해 용감하게 자신을 희생했다. 그러나 이 단계에서 국민당은 이미 기본적으로 전쟁에서 발을 빼려는 소극적인 태도를 보였고, 공세를 펼치다가 얼마 지나지 않아 공격을 멈추는 일이 많았으며 기존의 진지에서 철수하는 일도 있었다. 호승은 "정면 전장에서 일본침략군이 국부적으로 공격해 올 때에만 격렬한 전투가 발생했고, 국민당의 수많은 병사들이 용맹하게 작전을 수행했지만 대부분 전투는 일본이 공격을 끝내면서 마무리되었다."고 정곡을 찌르는 비평을 했다.

중국공산당이 주도했던 후방 전장 전투는 고난의 연속이었다.

팔로군이 산서에 진입한 후 초기에는 국민당과 함께 작전에 참여했다가 태원이 함락된 후, 적의 후방으로 진입했다. 중국공산당 중앙위원회는 다음의 지시사항을 전달했다. 팔로군은 새로운 상황에서 국민당군대에 의지하려는 생각을 버리고 독립적이고 자주적으로 군중을 선동해 자신의 세력을 키워 적의 후방인 농촌에 항일유격대의 근거지를 구축하고, 팔로군 각 부대는 산서의 적 후방에 전략적으로 군사를 배치했다. 즉, 제115사단을 2 갈래로 나누어 섭영현(聶榮臻)이 이끄는 일부 부대를 산서의 동북에 남겨두고, 산서와 찰합이(察哈尔), 하북 항일근거지를 지속적으로 구축한 후, 이 사단의 주력부대를 산서의 서남으로 보내 산서 서남항일근거지를 구축하게 하며, 제120사단은 산서의 서북 항일근거지를 구축하고, 제129사단은 산서와 하북, 하남 항일근거지를 구축한다. 이는 모두 국민당군대가 이미 퇴각한 지역이었다 . 4 개 지역은 산서의 거의 모든 성에 분포되어 있어 일본군이 점령한 중심도시와 수송라인를 포위하거나 측면에서 위협하는 형세를 갖추었다 .

1938 년 2 월 , 모택동은 왕공달 ( 王公達 ) 미국 UPI 통신사 기자를 만났을 때 , "이들 지역에서 중국이 잃어버렸던 것은 몇 가닥의 철도와 약간의 도시에 지나지 않았고 나머지는 빼앗기지 않았다 . 이는 이런 방법으로 몇몇 도시를 빼앗는 것만으로는 중국을 집어삼킬 수 없음을 구체적으로 증명한다 . 즉 , 우리가 앞으로 반격을 진행하면서 잃어버린 토지를 수복할 수 있는 기본적인 이유 중의 하나이다 ."라고 말했다 .

일본침략군은 팔로군의 움직임을 그다지 눈여겨보지 않았다 . 일본군이 점령한 지역 내에 숨어있는 국민 정부 패잔병 혹은 그저 항일을 위해 모인 비정규군으로 여겨 곧 쓸어버릴 수 있을 거라 생각하며 중요하게 여기지 않았다 . 그러나 얼마 지나지 않아 그들은 크나큰 교훈을 얻었다 . 1939 년 , 일본 화북방면군은 정보주관 회의를 열어 , 앞으로 화북 치안의 가장 큰 골칫덩이는 바로 공산당부대라는 것을 강조하고 , 군과 정부 , 당 , 인민이 유기적으로 결합에 근거를 둔 이 항일조직을 어떻게 무찌를 수 있는지가 현재 치안을 위해 숙청해야 할 가장 근본적인 문제라고 강조했다 .

대치단계에 진입한 후 , 일본군은 점령한 지역을 굳건히 지키는 것으로 전략을 전환했다 . 그들이 자신의 후방이 점점 위협을 받고 있다는 사실을 알게 되었을 때 , 즉시 일본 대군을 화북으로 회군시켜 팔로군이 구축한 항일민족 근거지에 대해 '치안 강화'라는 명목으로 가혹한 봉쇄와 분할 , 소탕작전을 진행했다 . 일본군은 근거지에 침입해 모든 건축물은 불태우고 사람은 보이는 대로 죽여 '모두 불태우고 ( 燒

光 ), 깡그리 죽이며 ( 殺光 ), 모조리 빼앗는 ( 搶光 )' 3 광 ( 光 ) 정책을
추진했다 . 그들은 물샐틈없이 모든 것을 포위하고 철저히 제거해 각
각의 지역을 '무인구역'으로 만들었다 . 매회 '소탕'기간은 3 개월 혹은
4 개월간 지속되기도 했다 .

이렇게 위태로운 상황 속에서 팔로군은 어떻게 뿌리를 내리고 끊
임없이 규모를 키워왔을까 ? 확고부동한 신념과 의지가 없었다면 , 끊
임없이 일본침략자를 공격하여 백성의 신임을 얻지 못했다면 , 특히 현
지의 민중과 함께 피를 나눈 형제와 같이 생사고락을 함께하는 관계를
맺지 못했다면 이는 절대 실현될 수 없었을 것이다 . 이는 공산당이 적
의 후방에서 항전을 진행하면서 얻은 가장 큰 성과로 국민당의 이끄는
군대는 절대 해낼 수 없는 일이었다 .

초기의 팔로군 화북 후방 활동은 산간지역에 집중되어 있었다 .
그러다가 중국공산당 중앙위원회와 모택동은 산간지역에서 평원지역
으로 진입해 유격전을 전개하는 중대한 결정을 내렸다 . 이런 결정을
내리기까지 여러 가지 어려움이 있었다 .

서향전 ( 徐向前 ) 은 "사람들은 모두 의문을 품었다 . 홍군 ( 紅軍 )
시대부터 시작해서 우리들은 산을 의지해 왔다 . 간부들도 평원지역에
서의 유격전에 대한 경험이 부족했기 때문에 믿음이 가지 않았다 ."고
기억했다 .

그러나 적의 후방인 평원에서 한 단계 더 발전한 유격전 전개와
근거지 구축은 꼭 필요하고도 가능한 일이었다 . 첫째 , 일본군에게 유
린당하고 도살당한 점령지 ( 평원을 포함한 ) 의 민중은 그들을 이끌
고 나라를 지키는 항일군대를 절박하게 기다리고 있었고 , 둘째 , 산악
지역의 지형조건은 유리하기는 하지만 자원과 인력이 유한했고 , 평원

은 산악지역보다 불리한 지형이었지만 넓은 지역에 인구가 밀집해 있고 자원이 풍부하고 교통이 발달해 있어 꾸준히 유지하기가 용이했다. 셋째, 현지의 주민을 충분히 선동하고 그들에게 기대기만 한다면 산이 없어도 '인간으로 이루어진 산'을 만들어낼 수 있었다.

1938년 4월, 모택동과 장문천(張聞天), 유소기는 주덕과 팽덕회 등에게, "항전 이후 전국에서 일부 동지들은 항전을 지속하고 다른 일부 동지들은 현재 군중 속으로 깊이 들어가 공작을 진행하고 있으므로 하북과 산동 평원지역에서 큰 규모의 항일 유격전을 진행할 수 있을 뿐 아니라, 평원지역의 유격전을 지속해 나가는 것도 가능하다."라는 전보를 보냈다.

전쟁의 대치단계에 진입한 후 이 방침에 따라 팔로군은 커다란 의미를 지닌 전략을 채택했는데, 즉 1938년 12월부터 팔로군의 3대 주력부대가 한꺼번에 하북과 산동, 하남으로 진격하여 평원유격전쟁의 새로운 국면을 열었다. 팔로군은 이렇게 일본군이 평원유격지역에 대해 전개한 여러 번의 '소탕'작전을 잇달아 격퇴했다. 일본군이 점령한 '점'과 '선'을 '면'으로 확대하려는 전략적인 의도를 분쇄하면서 평원 항일민주근거지를 더욱 공고히 하고 확대시켜 나갔으며, 현지의 항일무장 세력을 도와 전투력을 크게 향상시켰고 근거지 구축을 강화했다. 팔로군 주력부대인 제120사단은 반년 내에 6,400여 명에서 2만 1,000명으로 증가할 만큼 더욱 강화되었다.

1939년 5월부터, 일본군은 '소탕'의 중심을 평원에서 산악지역으로 변경했다. 팔로군의 각 근거지는 높고 험준한 산과 인구가 적고 교통이 불편한 산악지대의 유리한 지형을 의지해 유격전을 전개하면서 수많은 일본 괴뢰군을 견제하고 섬멸하고 있었다. 일본군은 자신의 수송라인이 그들에 의해 막히는 경우가 많았기 때문에 더욱 많은 병력을 분산시켜 일본군이 점령한 '점'과'선'을 굳건히 지키지 않을 수 없었다. 장가구 ( 張家口 ) 에 주둔하면서 '산악전 전문가'라 불리던 일본의 아베 노리히데 몽강 ( 蒙疆 ) 주둔군중령이 9 월부터 산서와 찰합이 , 하북 근거지로 이동해 겨울 대소탕작전을 지휘했다 .

11 월 7 일 , 아베 노리히데 ( 阿部規秀 ) 가 일본군 1,500 여 명을 이끌고 하북성의 내원현 ( 淶源縣 ) 으로 진격해 '소탕'을 진행할 때 , 미리 이곳에 매복해 있던 팔로군의 양성무 ( 楊成武 ) 부대가 박격포를 사용해 이들을 격살했다 .

양성무는 회고록에서 , "아베 중장이 격살 당하자 일본의 정부와 국민은 충격에 빠졌고 , 육군성은 아베 노리히데의 전사성명을 발표했다 .《아사히 신문》은 그를 깊이 애도하며 '명장의 꽃이 태행산 ( 太行山 ) 에서 지다'라고 신문 일면에 제목을 붙이고 , 이를 3 일 동안 게재했다 . 이 신문은 또 황군이 성립 이래 중장계급 장교가 희생된 예가 처음이었다고 했다 ."라고 기록했다 .

팔로군이 일본의 가혹한 소탕전투에서 계속 승리를 거두자 민중은 팔로군을 더욱 신뢰했고 모두들 팔로군에 입대해 항일무장전투에 몸담기를 원했다 . 팔로군은 일본침략자들과 끊임없이 전투를 치르면서 빠르게 강대해져 갔고 , 총병력도 처음의 4 만 5,000 명에서 1939 년에는 27 만여 명으로 늘어나 화북 후방 항일유격전쟁의 주체적인 세력이 되었다 . 산서의 신군은 50 개 사단으로 증가되었고 , 주력부대는 약 7 만여 명이었다 .

"화북을 굳건히 하고 화중을 발전시킨다 ."는 무한이 함락되기 전후에 열렸던 중국공산당 제 6 회 6 차 전체회의에서 결정된 중요한 정책이었다. 왜 '화북을 굳건히 하는'동시에 '화중을 발전시킨다.'라는 임무를 강조했을까? 일본군이 무한전투를 일으킴에 따라 화중지역의 거대한 국토가 차례로 점령되자 일본군이 군대를 돌릴 틈이 없는 기회를 이용해 이 지역에서 후방 유격전쟁을 빠르게 전개해 새로운 국면을 열어갈 필요가 있었기 때문이었다.

1939년 3월, 주은래가 안휘성의 강남지역 신 4 군부대에 도착한 후 가진 간부대회에서 "우리는 강남지역에서 발전해 나갈 방향을 세 가지 원칙으로 확정했다. (1) 비어있는 지역이 있다면, 우리는 그 지역에 세력을 확장시킨다. (2) 위험한 지역이 있으면, 우리는 그 지역으로 가서 새로운 활동을 전개한다. (3) 적군의 괴뢰군이 있는 지역에서 우군이 그들에게 주의를 기울이지 않는다면, 우리가 가서 그들을 저지할 것이다. 이 원칙은 아군과의 마찰을 줄일 수 있고 항전에도 유리하다."라고 말했다. 이 원칙에 따라 신 4 군의 전략방침은 남쪽을 굳건히 하고 동쪽으로 작전을 전행했으며, 북쪽으로 세력을 확대하면서, 동쪽과 북쪽으로의 세력 확대에 중점을 두는 것으로 정했다.

진의와 속유(粟裕)은 신 4 군 강소성 남부부대를 이끌고 모산(茅山)을 중심으로 한 항일근거지를 구축해 일본군의 첫 번째 포위 공격을 막아냈다. 장강이북에서는 1939년 5월, 장운일(張雲逸)과 서해동(徐海東)을 정, 부지휘관으로 하는 신 4 군 강북 지휘부를 성립해 안휘 지역의 진포철도 양측에 안휘동부 항일근거지를 구축했다. 팽설풍(彭雪楓)이 이끄는 유격부대는 하남, 안휘, 강소의 변경 지역에 항일근거지를 구축했다. 이선념이 이끄는 유격부대는 하남과 호북 변경지대에 항일근거지를 마련했다. 11월, 진의와 속유를 정, 부지휘관으로 하는 제 4 군 강남지휘부를 설립했고 두 개 종대를 파견해 강을 건너 북상한 후, 강남지휘부를 강소북부지휘부로 바꾸어 모두 9 개 사단의 7,000 여 명을 관리했다.

이 부대는 강력한 전투력과 풍부한 경험을 구비하고 있었다. 전군은 동쪽의 황교 ( 黃橋 ) 로 진격했고, 지방 당 조직과 함께 민중을 선동해 일본 괴뢰군을 지속적을 공격하면서 항일민주근거지를 구축했다. 그러나 서주전투 이후, 강소북부에서 더 이상 전진하지 못하던 한덕근 ( 韓德勤 ) 국민당 강소성 정부임시주석은 9 월에 3 만여 명을 이끌고 대거 남하하여 오히려 신 4 군을 공격했다. 신 4 군은 먼저 한 발 물러서 길을 터 주었으나 결국 황교에서 결전을 벌여 승리했다. 남하하여 추가 지원하던 팔로군의 황극성 ( 黃克誠 ) 부대도 곧바로 10 월 10 일 염성 ( 鹽城 ) 으로 향했다. 두 군대는 승리를 거두고 합류했다. 팔로군과 신 4 군의 연합하여 화중 최대의 항일근거지를 구축해 화중 적의 후방 형세를 근본적으로 바꾸어 놓았다.

1939 ~ 1940 년, 신 4 군은 후방에서 모두 5 만여 명의 일본 괴뢰군을 섬멸하며, 항일민주근거지를 확대해 나갔다. 신 4 군은 기존의 2 만 5,000 명에서 10 만 명으로 늘어났다.

이즈음, 팔로군은 1940 년 8 월부터 다음 해 1 월까지 화북에 전국을 뒤흔든 백단대전을 일으켰다. 처음에 이 전투는 '파괴전투'라 불렸는데, 정태 ( 正太 ) 철도를 파괴하고 다음으로 평한철도와 동포 ( 同蒲 ) 철도의 북단을 파괴하는 데에 집중했기 때문이었다. 시작단계의 병력은 2 두 개의 사단이었지만 그 후 105 개 사단의 20 여만 명이 참여해 '백단대전'이라 불렸다.

팔로군은 왜 이 전투를 일으켰을까 ? 당시 일본 군대는 화북으로 공세를 전환하려 하고 있었고, 후방 근거지에 대해 지속적으로 '소탕'

을 진행했다 . 그들은 몇 갈래의 수송라인에 의존해 점령지역을 계속 확장하고 거점을 늘려가고 있었다 . 중국군의 항일근거지는 나날이 축소되었고 부대 육성하는 데에도 어려움을 겪고 있었다 . 일본군은 소위 '함거 ( 檻車 ) 정책'으로 각 항일근거지 간의 연결을 봉쇄 , 차단했다 . 이렇게 각 근거지는 더욱 큰 어려움을 겪게 되었다 . 파괴전투를 시작하기 전 , 화북 항일근거지는 한때 현소재지 두 개 밖에 남아 있지 않았다 . 그러나 일본은 항일근거지에 깊이 침투한 후 , 보루를 쌓고 병력을 분산해 오히려 적의 후방에 후방을 형성한 형국이 됐다 . 덕분에 수송라인이 비어 있고 수비가 허술했는데 , 이는 팔로군에게 유리한 기회가 되었다 .

전투는 먼저 정태철도를 파괴하는 것에서 시작되었다 . 정태철도는 태행산을 가로질러 평한철도와 동포철도와 이어지는 일본군에게 중요한 화북 교통수송라인이었으며 , 산서와 찰합이 , 하북근거지와 산서 , 하북 , 하남근거지로 분할되어 일본군이 대대병력으로 지키고 있는 곳이었다 . 팔로군의 갑작스러운 맹렬한 공격으로 일본군은 당황했고 팔로군은 큰 승리를 거둘 수 있었다 . 백단대전에서 팔로군은 2 만 5,000 여 명의 일본군을 살상했고 , 대량의 무기를 빼앗았고 , 470 여 km 의 철도와 1,500km 의 도로와 교량 , 터널 260 곳을 파괴해 1 개월간 정태철도의 운행이 중단되었다 . 한때 4 ~ 50 개의 현 소재지를 수복하기도 했다 . 마지막까지 굳건히 지켜낸 현 소재지는 26 개 이상으로 일본군의 수많은 보루를 무너뜨렸다 . 팔로군은 1 만 7,000 여 명의 사상자를 냈다 .

일본의 《화북방면군 작전기록》에 "이 기습은 우리군의 예상에서 완전히 벗어났었기 때문에 피해가 더욱 컸고 , 이를 회복하는데 많은 시간과 거액의 비용이 필요했다."라고 기록했다. 화북방면군 참모부가 출판한 《화북방면 공산세력에 대한 관찰》에 팔로군의 작전에 대해 "대부분 상급간부는 경험이 많고 노련해 군대를 통솔하는데 뛰어났는데, 특히 광활한 지역에서 수많은 작은 부대를 교묘하게 분산하여 운용하는 능력이 뛰어났는데 이에 특히 주목해야 한다. 공산군의 기동 유격전법은 너무나 교묘하고 집요해 우리의 치안에 가장 큰 골칫거리가 되었다."라고 논평했다.

파괴전투는 전국 인민의 항일에 대한 믿음을 고무시키고, 공산당이 이끄는 항일군대의 명성을 높였다. 국민당의 몇몇 사람들은 소위 팔로군을 "적군을 따라 다니기만 하고 공격은 하지 않았다."고 말하며 그 명성을 무너뜨리려 했다. 팔로군이 '적군을 따라 다니기만' 했다면 아무도 그들을 도와주지 않는 상황에서 민중의 신임과 지지를 받고 어떻게 이토록 발전할 수 있었으며, 적 후방이라는 가혹한 환경에서 어떻게 국민당군대도 해내지 못한 심각한 타격을 일본침략자들에게 줄 수 있었을까. 장개석은 주덕과 팽덕회에게 "귀 부대가 유리한 기회를 잡아 과감하게 공격하여 적에게 큰 타격을 준 것에 대해 경하를 표한다."고 전보를 보냈다. 그는 일기에서 "1. 팔로군이 산서의 각 철도에 과감한 행동을 취해 적군에게 계획적으로 타격을 주었다. 2. 팔로군은 항전에 적극적인 태도를 취하고 있다."라고 인정했다.

백단대전으로 일본침략자들은 경악을 금치 못했다. 그들은 팔로군이 화북에서 그토록 빠르게 세력을 확장해 이렇게 심각한 타격을 안겨 주리라고는 전혀 생각하지 못했기 때문에 더 많은 병력을 모아 잔혹한 '소탕'을 진행했다. 그들은 화중에서 두 개의 사단을 선발해 화북으로 보내 30만여 명에 달하는 일본병력과 10만여 명에 달하는 괴뢰군 군대를 만들었다 .

 적 후방에 항일근거지를 구축하기도 힘들었지만 이를 유지하고 확대하는 일은 더욱 어려웠다 . 팔로군과 신 4 군이 이를 해낼 수 있었던 근본적인 원인은 다음과 같았다 . 처음부터 현지 민중에 의지했고 중국인구 중 가장 많은 수를 차지하는 농민들의 편에 서서 그들의 이익과 요구에서부터 출발하여 침략자를 지속적으로 공격했으며 항일근거지에서 경제 , 정치적인 민주개혁을 널리 펼쳐나갔고 , 사회적인 모든 것을 단결하는데 집중해 세력을 규합한 후 함께 투쟁했다 . 미국의 영향력 있는 《타임스》와 《라이프》 두 잡지의 중국특파원이었던 시어도어 화이트 기자와 안나 제이콥 기자는 이에 대해 다음과 같이 생동적으로 묘사했다 .


 공산당의 모든 정치논제는 다음의 문장으로 요약할 수 있다 . 당신이 일생 동안 괴롭힘을 당하고 학대와 모욕을 당해 왔으며 , 조상대대로 내려온 고통을 아버지에게서 물려받은 농민을 만나 그를 진정으로 한 인격체로 대우하고 , 그의 의견을 구하며 , 그로 하여금 지방 정부를 선출할 수 있는 투표권을 주고 , 그로 하여금 자신의 경찰과 헌병을 조직하게 하며 , 자신이 납부해야 할 조세를 결정하게 하고 소작료와 이자삭감 여부를 결정하게 하는 힘을 준다면 어떨까 ? 당신이 이 모든 것을 해낸다면 , 이 농민은 구체적인 목표가 있는 사람으로 변하게 된다 . 또한 그는 이 목표를 지키기 위해 일본인이나 중국인에 상관없이 어떠한 적들과 결사적으

로 싸울 것이다. 당신이 이 농민에게 한 갈래의 군대와 정
권을 주고, 그가 땅을 갈고 농작물을 수확할 수 있도록 도
와주며, 과거 그의 부인을 강간하고 그의 모친을 유린한 왜
구를 없애준다면, 그는 반드시 이 군대와 이 정부 및 군대
를 다스리는 정당에 충성을 다할 것이다. 그는 반드시 이
정당을 지지하고 이 당이 이끄는 방향으로 생각할 것이며,
여러 상황에서 이 정당의 적극적인 참여자가 될 것이다.

이 두 미국기자의 관찰은 정확했다. 그들은 과장된 문구를 사용
하지 않고도 중화민족 역사상 단 한 번도 존재하지 않았던 상황과 농
촌의 밑바닥에서 발생한 사회관계의 거대한 변화를 꾸밈없이 묘사했
다. 중국공산당이 이끄는 항일민주근거지가 어떻게 적 후방에서 크게
확대되어 나갈 수 있었을까? 그 이유는 이곳에 있었다.

## 제 3 절 국공합작 중의 위기와 "신민주주의론"의 발표

팔로군과 신 4 군이 적 후방에서 고생스러운 싸움을 이어가고 있
을 때 국민당 당국이 반공군사활동에 박차를 가하는 불미스러운 일이
발생했다. 국민당 당국은 일본군에게 유리하지만 국민당과 공산당에
게는 결코 이롭지 않은 공산당과의 군사적 충돌에 박차를 가하기 시작
했다.

항일전쟁이 대치단계에 들어선 후, 전면전으로 인해 일본의 군
사력이 약해지고, 팔로군이 적 후방에서 세력을 강화해 중국공산당의

영향력이 빠르게 확대되고 있을 때 , 장개석이 급격히 태도를 바꾸어 반공산당 군사활동에 박차를 가했다 .

1938 년 12 월 , 장개석은 섬서에서 열린 군사회의에서 팔로군 장교들의 회의참석을 요청하지 않았는데 , 이는 공산당과 팔로군에 대한 그의 방침에 변화가 발생했다는 사실을 알려주는 명백한 신호였다 . 그는 녹종린 ( 鹿鐘麟 ) 을 하북과 찰합이작전구역의 총사령관으로 임명해 화북의 적 후방에서 확대되기 시작한 항일민중운동과 이미 현지 민중의 선거로 구축되고 현재 운영 중인 효과적인 항일민주정권의 취소와 하북에서의 팔로군 철수를 무리하게 요구했다 .

중국공산당 중앙위원회는 국민당 당국의 이러한 반공산당 군사활동을 일본에 투항하려는 신호로 보았다 . 1939 년 6 월 , 모택동은 연안 ( 延安 ) 고급간부회의에서 , "현재 상황으로 봤을 때 , 국민당의 투항 가능성은 이미 가장 위험한 수준에 이르렀고 , 그 반공군사활동은 투항을 준비하려는 단계로 보인다 ."고 말했다 . 그러나 그는 여전히 신중한 태도를 취했고 "장개석이 하루라도 항전을 이끈다면 우리는 여전히 그를 지지 할 것이고 ( 당연히 항전을 조건으로 ), 장개석을 존중하지 않는다는 표시를 해서는 안 된다 . 장개석을 적극적으로 돕고 장개석을 더 나은 방향으로 이끄는 것이 우리의 방침이다 ."라고 말했다 .

국민당의 이러한 부당한 처사에 대해 중국공산당은 엄정하게 대처하지 않을 수 없었다 . 그렇지 않았다가는 적 후방에서 취한 모든 성과를 잃고 항전도 심각한 국면을 맞이하게 될 수도 있었다 . 7 월 7 일 , 중국공산당 중앙위원회는 < 항전 2 주년 기념 시국선언 > 에서 , "항전을 고수하고 투항에 반대한다 . 단결을 고수하고 분열을 반대하며 , 진보를 고수하고 역행을 반대한다 ."는 3 대정치 주장을 제시했다 . 얼마 지나지 않아 모택동은 중앙사와 《소탕보 ( 掃蕩報 )》, 《신민보 ( 新民報 )》의 기자와 인터뷰 중 , 국민당 보수주의자에 대해 "나를 도모하려 하지 않으면 , 나도 그들을 도모하지 않을 것이나 , 나를 도모하려 한다면 , 나도 반드시 그들을 도모할 것이다 ."라는 엄정한 태도를 표명했다 . '항전'과 '단결', '진보'를 고수하고 , '투항'과 '분열', '역행'의 반대는 항일전쟁 중간단계에서 중국공산당의 주요한 정치적 견해였다 .

국민당 내의 보수주의자에게 중국공산당의 자제는 오히려 만만하게 보였다 . 1939 년 말 , 장개석은 군사적인 수단으로 중국공산당에 대응하려는 경향이 강해졌다 . 11 월 , 국민당은 제 5 회 6 차 전체회의를 열고 과거의 "군사적인 공산당 규제보다 정치적인 공산당 규제를 우선시 한다 ."를 "정치적인 공산당 규제보다 군사적인 공산당 규제를 우선시한다.'로 바꾸었고 , < 이당 ( 異黨 ) 활동 제한방법 > 도 발표했다 .

국민당 제 5 회 6 차 전체회의기간 중 , 모택동은 공산당에서의 1 차 보고서에서 "우리의 단결은 조건부이다 . 만일 당신의 머리가 잘린다면 어떻게 단결을 논할 수 있으랴 ? 그러므로 우리가 말하는 단결은 투쟁이 필요할 때 투쟁하는 것이고 , 투쟁할 때만 단결한다 ."라고 말했다 .

그해 12 월 , 염석산 제 2 작전구역 사령관이 갑자기 산서에서 공산당이 거느리는 산서신군 ( 결사대 ) 를 공격해 신군을 삼키려 했다 . 주덕과 팽덕회의 통합된 팔로군은 산서신군을 든든히 지원했다 . 이 일이 있은 후 , 신군부대는 진서북 ( 晉西北 ) 과 진동남 ( 晉東南 ) 두 개 지역으로 집중되어 팔로군 전투부대로 들어갔다 . 이후 신군은 사실상 팔로군의 일부분이 되었다 . 국공협력의 분열을 피하기 위한 중국공산당 중앙위원회 결정에 따라 산서는 여전히 염석산에게 양도되어 여양산의 대부분 지역을 그에게 넘겨주었고 , 팔로군은 조그만 지역과 도로

한 곳만을 장악했다 . 이렇게 산서의 문제는 일단락되었다 .

얼마 지나지 않아 하북의 갈등은 심화되었다 . 당시 주회빙 ( 朱懷
冰 ) 제 97 군단장이 하북과 찰합이작전구역의 정치부 주임을 겸하고
있었다 . 1940 년 2 월 , 주회빙 부대는 갑자기 하북 남쪽 자현 ( 磁縣 ) 의
팔로군 주둔지를 습격해 팔로군의 장병 100 여 명을 사살했다 . 연이어
'군령정령통일 ( 軍令政令統一 )'이라는 명목으로 팔로군이 하북에 이
미 구축한 근거지를 그들에게 내어줄 것을 요구했다 . 이후 주덕은 당
시 상황을 다음과 같이 서술했다 . "주회빙이 근거지를 내어줄 것인가
아니면 싸울 것인가 ?"라고 오만방자하게 물었다 . 나는 그에게 "우리
가 구축한 근거지는 항일을 위함인데 왜 이곳을 내어 주어야 하는가 ?
당신도 알다시피 우리가 팔로군에 편입된 이래 내전을 한 적은 없었
다 . 그렇지만 당신이 싸우려 한다면 우리는 전혀 두렵지 않다 ."고 대
답했다 . 3 월 , 팔로군은 공격해 들어온 주회빙부대를 궤멸시켰다 .

중국공산당에게 이러한 전투는 자신을 방어하기 위한 어쩔 수 없
는 행동이었으므로 자신들을 도모했던 적들을 징벌한 후 적당한 선에
서 멈추었다 . 팔로군은 후방 전장에서 여전히 힘을 모아 일본침략군
을 무찔렀다 . 그해 3 월 , 일본 화북방면군은 각 소속부대 참모장 연석
회의를 열었다 . 방면군 부참모장 히라다 마사하리 ( 平田正判 ) 소장은
그해 작전의 실시요령에 대해 설명했다 . 그는 "공산군이 우리 점령지
에서 기승을 부리고 있어 앞으로 치안을 유지하는데 큰 우환거리가 될
것이다 . 따라서 다음 숙청목표를 공산군으로 정해 한마음 한뜻으로 이
들을 제거해야 한다 ."고 말했다 . 이 말에서 일본침략군이 화북 후방에
서 팔로군을 최대의 적수로 여기고 있음을 알 수 있다 .

1939 년에서 1940 년이 넘어갈 무렵 모택동은 《공산당원》의 발

간사와 < 중국혁명과 중국공산당 >, < 신민주주의론 > 등의 글을 발표했고, 신민주주의의 완전한 이론을 제시해 이를 체계적으로 설명했다. 이는 마르크스주의의 중국화 과정에서 비약적인 발전이었다. 그는 이 글에서 시국의 여러 가지 문제, 중국의 민주혁명의 현 단계와 앞으로 건설할 신중국에 대한 기본적인 문제에 대한 해답도 제시했다.

모택동이 당시 이러한 글을 작성한 이유는 상황 발전에 따른 필요에 의해서였다.

항전이 발발한 후 중국공산당은 기존의 폐쇄적인 협소한 근거지에서 전국정치라는 큰 무대로 나와 사람들의 주목을 받았다. 사람들은 시국과 중국의 미래발전에 대한 중국공산당의 생각을 알고 싶어 했다. 중국공산당은 항일민족 통일전선에서 독립과 자주를 고수하기 위해 전국 인민 앞에 자신의 정치적인 견해를 분명히 밝혀 사람들을 자신의 편으로 끌어들여야 했다.

국민당 내의 보수주의자들은 정치중심이 아직 무한에 있을 때, '하나의 주의 ( 主義 )'와 '하나의 정당'이라는 주장을 폈다. 항전이 대치단계로 진입한 후 이러한 선동은 더욱 심해졌다. 1938 년 12 월, 국가사회당의 장군매 ( 張君勱 ) 는 모택동에게 보내는 공개서신에서 변경 지역 근거지 해산과 팔로군, 신 4 군을 취소하라고 주장했고, 또 "현재 상황에서 봤을 때 내 개인적인 의견으로는 선생께서 대외민족전쟁을 위해 노력하는 것이 마르크스주의의 공산당을 포기하는 것보다 낫다고 생각합니다. 그렇게 할 수 있다면 나라 안의 각각 다른 사상을 가진 당파들이 민족과 나라를 구하는 일을 모든 것에 우선할 테니 나라를 구하는 일이 더욱 쉬워질 것입니다."라고 썼다.

공산당의 반역자이자 국민당의 '이론가'로 공언하는 엽청 ( 葉青 )

은 다음과 같이 선동했다 . "삼민주의는 중국의 현재와 미래의 모든 요구를 만족시킬 수 있다 . 국민당 이외의 모든 당들은 오늘에 그치지 않고 앞으로도 독립적으로 존재할 이유가 없다 ."이렇게 중국공산당이 반드시 자신의 기치를 더욱 확고히 하고 자신의 이론과 강령을 체계적으로 천명해 중화민족이 어떠한 새로운 사회와 새로운 국가를 구축해야 하는지를 밝히도록 요구했다 .

신민주주의는 1939 년 12 월에 쓰인 < 중국혁명과 중국공산당 > 에서 최초로 제시되었다 . 모택동은 소위 신민주주의 혁명은 무산계급이 이끄는 인민대중의 반 ( 反 ) 제국 , 반 ( 反 ) 봉건 혁명이라고 명확히 밝혔다 .

1940 년 1 월 , 모택동은 연안에서의 연설에 긴 시간을 할애했다 . 그는 이 연설을 발표할 때 제목을 < 신민주주의론 > 으로 바꾸었다 . 모택동 스스로 이 연설의 '주목적은 보수주의자에 반발하기 위함'이라고 말했지만 그 의미는 그 범위를 훨씬 넘어선 것이었다 .

모택동은 연설 첫머리에서 다음과 같이 명확하게 제시했다 . 우리는 새로운 중국을 만들어야 한다 . 무산계급이 이끄는 중국혁명의 첫 번째 발걸음은 신민주주의 혁명을 진행하는 것이고 , 두 번째가 사회주의 혁명을 진행하는 것이며 , 첫 번째 혁명을 완수해야 다음 단계의 혁명을 완수할 수 있다 .

그는 신민주주의 정치에 대해 중국에서 현재 세우려고 하는 신민주주의공화국은 자산계급공화국과 구별되어야 하고 , 사회주의공화국과도 구별되어야 한다고 밝혔다 . 이에 대해 그는 다음과 같이 요약했다 . "국가체제는 각 혁명계급의 연합 독재다 . 정치체제는 민주집중제다 . 이는 신민주주의 정치이며 , 신민주주의 공화국이다 ."

그는 신민주주의 경제에 대해 다음과 같이 밝혔다. 은행과 공업, 상업을 이 공화국의 국가 소유로 귀속시켜야 한다. 이러한 국영경제는 사회주의적인 성격을 지니며 전체 국민경제를 이끄는 힘이지만, '국가경제와 국민생활을 좌우하지 않는' 자본주의 생산의 발전을 금지하지는 않는다. 농촌의 봉건관계를 폐지해 토지를 농민의 사유재산으로 삼아야 하지만, '경작자가 밭을 소유하는' 기본원칙에서 발전된 각종 협력경제도 구체적인 사회주의의 요소이다.

그는 신민주주의 문화에 대해서는 다음과 같이 밝혔다. 민족적이고 과학적이며 대중적인 문화는 인민대중의 반제국, 반봉건 문화이자 신민주주의 문화이며, 중화민족의 신문화이다.

그는 이 세 가지의 결합이 바로 우리가 만들어 가야 할 신중국이라고 말했다.

모택동은 신민주주의와 구민주주의의 근본적인 차이는 무산계급 지도권의 장악여부라고 밝혔다. 이렇게 복잡한 중국의 상황에서 어떻게 해야 무산계급이 지도권을 장악할 수 있을까? 모택동은 《공산당원》의 발간사에서, "통일전선과 무장투쟁, 당의 건설은 중국공산당이 중국혁명에서 적에서 승리를 거두는 세 가지 주요 비법이다."라고 썼다. 이는 중국공산당이 18년 동안 투쟁한 과정에 대해 그가 내린 최종 결론이었다.

신민주주의 이론의 제시는 중국공산당에게 인식상의 도약이었다. 대혁명시기에서 시작해 중국공산당은 '비자산주의(非資産主義) 노선'의 발상을 제시했지만, 그 구체적인 의미는 분명하지 않았다. 중국공산당이 추구하던 목적은 사회주의였으나 당시에는 민주혁명을 진행하고 있었는데, 이 두 단계 간의 관계도 확실하지 않았다. 만일 이

두 가지가 뒤섞인다면 단계를 초월하는 잘못을 범하게 될 것이고 , 이
두 가지를 확실히 나눈다면 나아가야 할 방향을 잃고 먼 길을 돌아가
야 할 것이었다 . 신민주주의 이론의 제시는 오랫동안 사람들을 괴롭혔
던 문제를 처음으로 명확히 해결해 주었다 .

모택동은 오래전에 "주의 ( 主義 ) 는 예를 들어 깃발과 같은데 ,
깃발을 세워야 사람들이 다소 희망을 가지고 나아가야 하는 방향을 알
게 된다 ."고 말한 적이 있다 . 이번에 세운 '신민주주의'라는 깃발은 중
국역사상 큰 사건이었다 . 신민주주의는 항일전쟁 중후기에 생겨나 사
람들에게 큰 영향을 주었을 뿐만 아니라 앞으로의 중국혁명과 건설에
지도적인 역할을 하게 된다 .

국민당의 반공군사문제는 화북에서의 징벌로 끝나지 않았다 .
1940 년 하반기 , 모택동은 국내외 상황을 분석해 당내에 다시 경고했
다 . 충분한 신념을 가지고 갑작스러운 사건과 가장 큰 위기 상황에 대
응할 준비를 해야 한다 . 이런 위기상황은 빠르게 다가왔다 . 바로 국민
당 당국이 1941 년 1 월에 일으킨 환남 ( 皖南 ) 사변이었다 .

장개석은 왜 하필 이 시기에 더 큰 규모의 공산당 토벌을 진행했
을까 ? 이는 급박하게 변화하고 있던 국제형세와 관련이 있다 . 1940 년
6 월 5 일 , 독일은 프랑스에 기습적인 전면공격을 감행했다 . 5 일 후 ,
이탈리아가 영국과 프랑스에 공식적으로 선전포고를 진행함으로써
유럽의 상황은 급박하게 바뀌었다 . 22 일 , 프랑스의 페탱정부가 독일
에게 투항했다 . 영국군은 유럽대륙에서 후퇴하여 본국을 지켰고 , 영
국은 독일공군의 맹렬한 폭격을 받았다 . 9 월 , 독일과 이탈리아 일본
이 베를린에서 3 국군사동맹조약에 조인했고 , 영국과 미국도 협정을
맺음으로써 이 두 그룹의 대치와 투쟁이 더욱 격렬해져 갔고 모두 장

개석을 그들의 연맹에 끌어들이려 했다. 소련은 여전히 국민당정부를 지원하고 있었다. 이런 상황은 장개석을 득의양양하게 만들었고, 더욱 대담하게 만들었다. 주은래는 이 모든 것을 확실하게 꿰뚫어보고 있었다. 그는 11월 1일, 중경에서 중국공산당 중앙위원회에 전보를 보내 "삼국협정 이후, 영국은 적극적으로 장개석을 끌어들이려 하고, 장개석이 이를 기쁘게 생각한다. 일본도 장개석을 끌어들이려 하면서 장개석은 이 상황을 더욱 즐기고 있다. 스탈린도 장개석에게 전보를 보내 함께할 뜻을 밝히니 이 역시 장개석에게 기쁜 일이다. 이런 상황으로 장개석은 득의만면해 있다. 장개석은 지금 3개 연합의 쟁탈전 사이에 있다. 그는 드골과 페탱, 케말과 잠시 손을 잡으면 모든 일이 순조롭게 진행될 수 있을 거라고 생각한다."라고 말했다.

장개석은 1년 전에 진행했던 반공행동과는 달리 이번 반공군사 행동은 화중을 중심으로 진행했다. 왜 그랬을까? 그는 화중이 화북보다 그의 통치중심지역에 더욱 가깝고, 화북에는 팔로군이 이미 뿌리를 내려 국민당의 병력이 부족했으며, 신4군은 화중에 아직 발을 붙이지 못했고 안휘성 남쪽에 홀로 떨어져 일본군과 국민당군대에게 겹겹이 포위당해 있었으며, 실력차도 현저했으므로 쉽게 손을 쓸 수 있다고 보았다.

10월 19일, 국민당 당국은 '군령통일'을 구실로 하여 참모총장 하응흠과 부참모총장 백숭희의 명의로 주덕과 팽덕회, 엽정에게 전보를 보내, 팔로군과 신4군에게 한 달 내에 모두 황하이북의 지정된 지역으로 떠나고, 기존의 50만 명의 병력을 10만 명으로 줄이도록 하라는 명령을 내렸다. 팔로군과 신4군은 당연히 이 명령을 받아들일 수 없었다. 11월 9일, 주덕과 팽덕회, 엽정, 항영복은 하응흠과 백숭희에게 이에 반박하는 전보를 보냈다. 이 전보는 공손하고 완곡한 단어를 사용해 강남의 정규부대를 "전반적인 국면을 고려해 북쪽으로 이동하라는 명령에 따른다."고 크게 양보했고, "기한을 늘려줄 것을" 청했다. 국민당 당국에게 그들이 이런 양보는 만만하게 보였다. 12월 9일, 장개석은 12월 31일 전까지 황하 이남의 팔로군은 황하 이북으로 떠나도록 하고, 장강 이남의 신4군은 장강 이북으로 이동하며, 다음 해 1월 30일까지 신4군은 모두 황하이북으로 떠나야 한다고 직접 명령을 내렸다. 국민당에게는 이미 환남(皖南) 사변을 일으킬 충분한 준비가 되어 있었다. 이 명령은 '군령통일'이라는 기치 아래 그들의 다음 행동을 위한 여론을 형성하려는 준비에 불과했다. 3일째 되는 날, 장개석은 제3작전지역 사령관 고축동(顧祝同)에게 "이 작전지역에 사전에 정했던 계획에 따라 주도면밀하게 배치해 강북의 비적들이 감히 흥화(興化)를 공격하거나 기한(그해 12월 31일까지) 내에 북으로 이동하라는 명령을 준수하지 않는다면, 즉시 행동을 취하고 그들에게 관용을 베풀어서는 안 된다."는 명령을 은밀히 내렸는데, 이 명령에서 장개석이 이미 신4군을 도모하려고 결심했다는 것을 알 수 있었다.

1941년 1월 6일, 명령을 받고 북으로 이동 중이던 신4군군부와 그 직속부대 9,000여 명이 경현(涇縣) 무림(茂林) 지역을 지나갈 때, 갑자기 이곳에 매복해 있던 제3작전지역의 상관운상(上官雲相)이 이끄는 국민당군대 8만여 명에게 둘러싸여 공격을 당했다. 9일, 장개석은 일기에, "이미 강남 신4군의 잔존부대와 군사적인 충돌이 발생했으니, 이들을 모두 제거해 중국공산당이 절대로 이를 빌미로 반란을 일으키지 못하게 해야 한다."라고 썼다. 신4군부대는 7일 밤낮을 고군분투했으나 결국 수적인 열세에다 불리한 지리적인 환경까지 더해져 2,000 여 명은 포위망을 뚫고 나갔으나, 대부분은 희생되거나 포로로 붙잡혔다. 군장 엽정은 국민당군대와의 담판에서 억류되었다. 부군장 항영은 포위망을 뚫고 나갈 때 반역자들에 의해 죽임을 당했다. 1월 16일, 장개석은 일기에 "신 4군의 일은 깊은 연구와 굳은 결심이 필요하다. 이 일을 철저히 해결해야 위신과 기강을 세울 수 있다. 이 일로 인해 소련의 무기와 비행기의 보급이 중지된다 할지라도 전혀 아쉽지 않다."라고 썼다. 17일, 그는 신 4군이 '배신'했다고 무고했고, 신 4군의 군번호를 취소하는 명령을 내리고 엽정을 군법심판에 회부한다고 선언했다. 이것이 바로 중국과 세계를 놀라게 했던 환남사변이었다.

국민당 당국이 이토록 소름끼치는 참변을 일으키고 칼을 갈며 다음 행동을 준비하는 상황에서 중국공산당 중앙위원회군 위원회는 20일, 진의를 임시군단장으로, 유소기를 정치 위원으로 임명해 강소 북부에 신 4군 부대를 재건하고 7개 사단을 편성하라는 명령을 내렸다.

당시, 수많은 사람은 1927년의 장개석의 상해 반공쿠데타(중국에서 4·12 정변이라고 칭함)가 재현될 것이라고 생각했다. 그러나 이번 사변은 민족항전이 긴급히 진행되던 시기에 발생했다. 강한 적을 앞에 두고 수차례의 숙고 끝에 몇 가지 대책(군사반격을 포함한)을 고민하다가 결국 군사적으로 방어하고 정치적으로 공격하는 방침을 채택해 강력한 정치적인 공세를 펼쳤다.

국민당 당국이 1월 17일 전국적으로 훈령을 발표하자 주은래는 《신화일보》에 자신의 친필로 "환남사변에서 순국한 자들에게 애도를 표함"과 "내부의 전투로 서로를 해하니, 강남에서 순국한 이들은 너무나 억울하다."라는 문장을 썼다. 《신화일보》는 1941년 1월 18일,

이 글을 실었다. 이 비분강개한 마음이 가득찬 이 글은 중경 산간지역을 뒤흔들었고, 전국으로 퍼져나갔다.

주은래의 심의를 거쳐 만들어진 < 신 4 군 환남부대 섬멸진상 > 은 중경에서 비밀리에 배포되었다. 수많은 중간파의 인사들은 이 사건에서 국민당이 저지른 일을 알게 되면서, 국공합작이 깨어진 책임은 완전히 장개석에게 있다고 생각했고, 중국공산당에게 더 많이 공감했다.

24 일, 주은래는 중국공산당 중앙위원회에, "강남의 참변이 발생한 후, 중립을 취했던 사람들과 중간파의 인사들은 국민당에 대해 크게 실망했고, 자유민주와 반 (反) 내전을 위한 단결의 필요성을 통감하고 있다. 장백균 (章伯鈞) 과 좌순생 (左舜生) 등은 민주동맹회를 결성하려고 계획하고 있다."라는 보고서를 제출했다. 이것이 바로 중국민주정단동맹 (中國民主政團同盟, 이후, 중국민주동맹 (中國民主同盟) 으로 개칭) 결성의 시작이었다.

모택동은 2 월 14 일 주은래에게 전보를 보내 다음과 같이 시국을 예측했다.

장개석은 국내외적으로 이렇게 심한 질책을 받아본 적이 없고, 우리도 이렇게 많은 군중의 마음을 얻은 적이 없었다.

현재 상황에 변화가 생겼다. 1 월 17 일 이전에 그들은 공격적이었고, 우리는 방어적이었다. 17 일 이후, 상황은 정반대로 변해 그들이 방어적인 입장을 취하고 있으므로 우리가 크게 승리할 것이다.

이번 일이 잠잠해지면, 다시 반공군사행동과 토벌이 진행될 것이고 그때가 되면 우리는 어려움에 처하게 될 것이다 . 그러므로 지금이 상황전환의 중요한 시기이다 .

장개석의 행동은 국제적으로도 비난을 받았다 . 영국과 미국은 이로 인해 대규모 내전이 일어나 중국으로 일본을 견제하는 데 불리해질까 걱정했다 .

장개석이 환남사변을 일으켰을 때는 시기적으로 자신이 유리한 입장에 있어 국내외적으로 크게 반대하는 목소리가 없을 것이고 , 일본도 최소한 중립의 입장을 취할 것이라 생각했다 . 그러나 상황은 전혀 그가 상상하지 못했던 곳으로 흘러갔다 . 장개석은 대내외적으로 모두 고립되어 더 이상 물러날 수 없는 상황에 빠지고 말았다 . 5 월 6 일 , 그는 국민참정회에서 다시는 소위 '공산당 토벌'과 같은 군사활동을 하지 않을 것이고 , 앞으로 다시는 '군사토벌'과 같은 말을 중국역사에 남기지 않을 것이다 . 본인은 본 회의에서 앞으로 '공산당 토벌'과 같은 군사활동이 없을 것이라는 데에 책임을 지고 보장할 것이라고 말했다 .

그 이후 , 국공관계는 어느 정도 완화되어 완전히 분열되는 위기는 피하게 되었다 . 항일민족 통일전선 내부의 세력의 비중도 크게 변화가 생겨 그 이후의 중국정치생활에 심대한 영향을 미쳤다 .

## 제 4 절 국제 형세의 중대한 변동

1941 년 , 국제정세에 큰 변화가 발생했다 . 같은 해 6 월 , 독일의 파시스트들이 갑자기 소련을 공격했다 . 소련은 더 이상 중국을 지원할

수 없었으므로 , 중국 정부에 주둔하던 군사고문을 철수시켰다 . 12 월 8 일 , 일본군이 태평양지역에서 가장 중요한 미국의 해군기지인 하와이의 진주만을 기습해 태평양전쟁이 발발했고 , 중국과 미국 , 영국 등의 국가들은 각각 일본과 독일 , 이탈리아에 선전포고했다 . 이렇게 세계적으로 반 ( 反 ) 파시즘 통일전선이 형성되어 기존의 국계관계 구조를 크게 변화시켰다 . 그중 태평양전쟁의 발발은 특히 항일전쟁정세에 더욱 커다란 영향을 미쳤다 .

일본은 중국과 전쟁을 진행하면서 '북진'과 '남진'에 대해 논쟁하고 있었다 . '북진'은 소련의 시베리아를 공격하는 것이었고 , '남진'은 미국과 영국 , 네덜란드가 장악하고 있는 동남아를 공격하는 것이었다 . 소련과 독일의 전쟁초기 , 소련이 커다란 좌절과 실패를 겪자 일본은 다시 반소련 , 반공산당의 분위기를 선동했고 , 수많은 사람은 소련이 곤경에 빠져 있는 틈을 이용해 '북진'을 진행하리라고 생각했다 . 그러나 이와는 달리 일본은 '남진'을 택했는데 그 이유는 무엇이었을까 ?

일본은 자원이 부족한 국가였지만 이와는 반대로 야심은 아주 컸다 . 일본이 가장 눈독을 들이는 지역은 동남아였는데 , 이 지역에 전쟁을 계속 진행하기 위해 반드시 필요한 전쟁물자 , 즉 석유와 고무 , 주석 등의 자원이 풍부했기 때문이었다 . "남방의 자원을 취해 미국과 영국의 경제적인 의존에서 벗어나 자급자족하는 것은 스스로를 지키기 위한 필수불가결한 요소이다 ." 일본은 동남아의 풍부한 전쟁물자에 계속 눈독을 들이고 있었지만 경솔하게 움직일 수는 없었다 .

1940 년 , 독일군대는 네덜란드와 벨기에를 기습적으로 공격해 점령한 후 프랑스의 투항을 강요했고 , 곧 이어 영국본토에 상륙할 것처럼 보였다 . 이 시기에 영국과 , 프랑스 , 네덜란드 등은 동방을 돌아볼

겨를이 없었다. 이런 상황은 일본군국주의 자들에게 큰 자극이 되었고, 이를 놓치기 아까운 기회라고 생각했다. 6월 하순, 일본 육군성과 참모본부는 <세계형세변화에 적응하는 시국처리요강>을 제정해 중국에 대한 작전을 진행하는 동시에 '남방문제 해결'을 요구했고 해군의 동의를 얻었다. 7월, 최고 사령부와 정부연석회의는 <요강>을 정식으로 통과시켰다. 8월 1일, 마츠오카 요시케(松岡洋右) 외상은 공개적인 연설에서 '대동아공영권(大東亞共榮圈)' 구축이라는 슬로건을 제시했다.

이 방침에 따라 '남진'이 시작되었다. 일본은 이미 독일에 투항한 프랑스 비쉬정부를 위협해 일본군의 프랑스령 인도차이나 반도의 북부 주둔을 승인하도록 프랑스령인 인도차이나 총독부에 압력을 가해 줄 것을 요구했다. 9월 27일, 베를린에서 일본과 독일, 이탈리아 삼국동맹조약을 체결해 군사동맹을 형성했다. 이 두 가지 행동으로 일본이 동남아에 품고 있는 거대한 야심이 드러나면서 미일관계는 점점 긴장국면으로 빠져들었다.

1941년 4월부터, 미일 양국은 워싱턴에서 외교담판을 시작했다.

소련을 공격하는 것에 대해 일본에게는 또 다른 속셈이 있었다. 독일과 일본은 군사동맹을 맺었지만 독일은 소련을 공격하려는 상세한 상황을 사전에 일본에게 통보하지 않았다. 소련은 독일과의 전쟁 초기 불리한 상황에서도 극동의 부대를 여전히 동방에 남겨두고 서쪽으로 배치하지 않았고, 일본 관동군은 2차례에 걸친 동북변경의 장고봉(張鼓峯)과 낙문감(諾門坎)에서의 도발에서 소련 홍군에게 패했다. 따라서 "육군성과 해군 및 근위수상 등은 석유를 충분히 준비하지 못했기 때문에 먼저 동남아를 장악할 필요가 있으며 소련에 대한 독일의 세력이 약해질 때를 기다렸다가 북진을 시작해야 한다고 생각했다." 그들은 '관동군 특별군사훈련'이라는 허장성세를 벌였으나 오히려 '북진계획'은 뒤로 미루었고, 그 후 전세가 점점 일본에 불리해지자 '북진'은 사실상 취소되었다.

　일본이 '남진'을 결정했기 때문에 미일담판은 어떤 쪽으로도 결론이 나지 않았다. 미국은 전쟁을 피할 수 없다는 것을 알고 있었기 때문에 일본에 강경한 태도를 취했다. 7월 26일 (일본이) 프랑스령 인도차이나 반도 (남부) 에 주둔했을 때, 영국과 미국은 국내의 일본자산에 대해 동결을 발표했고 네덜란드도 이에 따랐다. 8월 1일, 미국은 일본에 대한 석유수출을 전면적으로 금지했다. 미국의 석유수출 금지는 일본의 전쟁체계에 치명적인 충격을 주었다. 일본 국내의 석유생산은 필요한 양의 10분의 1도 미치지 못했고, 4분의 3은 미국에서 수입해 왔으며, 그 나머지는 네덜란드령의 인도네시아에서 수입해왔기 때문에, 석유수입의 중단은 일본이 국내에 저장해둔 석유를 소모하는 것 외에 다른 방법이 없다는 것을 뜻했다. 군부, 특히 석유 없이는 절대 움직일 수 없는 해군은 석유의 부족을 가장 걱정했다.

　7월 31일, 나가노 군령부 총장은. "이대로 가다가는 2년 안에 저장해둔 석유는 바닥 날 것입니다. 전쟁이라도 난다면, 1년 반 안에 남아 있는 모든 석유를 다 소모해 버려야 하므로 지금 움직여야 합니다.라고 상소문을 올렸다. 해군 내에서도 맹목적으로 주전론(主戰論)을 강력하게 주장했다. 일본의 전쟁 지도자들은 이렇게 미영(美英) 전쟁을 향해 나아갔다.

　11월 5일, 일본 어전회의 (御前會議) 에서 < 제국국책실시요강 > 을 승인해 대외적으로 비밀에 부치고 선전포고도 하지 않은 채, 미국과 영국 네덜란드에 대한 전쟁을 결정했다 . 11 월 26 일 , 루즈벨트 미국 대통령은 장개석의 주미대표 송자문 ( 宋子文 ) 과 중국의 주미대 사 호적 ( 胡適 ) 을 만났을 때 , "태평양 전쟁이 얼마 남지 않았다 . 지금 정세가 극단적으로 변하고 있어 예측하기가 어렵지만 , 1, 2 주 후 , 태 평양은 대규모 전쟁에 휩싸이게 될 것 같다 ."라고 말했다 .

일본 군국주의자들의 탐욕과 얕은 안목으로 시작된 대외침략 확 대정책은 다시는 돌이킬 수 없는 악순환의 고리로 자신들을 몰아갔다 . 1941 년 12 월 8 일 미국 극동해군 기지인 진주만의 기습으로 시작된 태 평양전쟁은 바로 이런 역사적인 배경에서 발발되었다 .

태평양전쟁이 발발하기 전 , 중국은 거의 4 년 반 동안 독립적으로 일본 파시즘침략자에 대항하는 작전임무를 맡고 있었다 . 당시 , 영국 과 프랑스는 유럽전쟁으로 인해 몸을 빼기가 어려워 극동은 일본에게 최대한 양보하고 있었다 . 미국에서는 오랜 기간 동안 고립주의가 지 배적인 위치를 차지하면서 일본에 대해 지나치게 관용적인 태도를 취 했다 . 태평양전쟁이 발발한 후 , 상황은 근본적으로 변해 극동전쟁에 서 미국과 영국 , 중국 네덜란드가 함께 일본에 대항하는 새로운 국면 이 형성되었는데 이를 ABCD 전선 (4 나라의 영어국명의 첫 번째 글자 ) 이라 불렀다 . 그러나 미국과 영국 등은 당시 '선 ( 先 ) 유럽 , 후 ( 後 ) 아시아 정책'을 취하고 있었기 때문에 , 그들의 병력은 주로 유럽전쟁 에 투입했고 , 전쟁초기에 미국과 영국의 태평양지역 해군은 심각한 손 실을 입었다 .

따라서 일본군은 남진 후 , 신속히 괌과 말레이시아 , 싱가포르 , 필리핀 , 네덜란드령 동인도 ( 오늘날의 인도네시아 ), 미얀마 , 태평 양의 몇몇 섬을 점령해나갔고 , 반년도 못되어 380 만㎢의 토지와 1 억

5,000 만 명에 달하는 주민을 강점했다. 오스트리아와 인도는 심각한 위협을 받았다. 영국은 과거 해상제국이라는 칭호로 전통적으로 극동에 커다란 영향을 미쳤지만 일본에 공격에 무너지는 모습을 보였다.

이렇게 동방의 반파시즘 전쟁에서 중국군민의 지위와 역할은 더욱 두드러졌다. 일본군이 파죽지세로 영국과 미국, 네덜란드가 장악하던 지역을 휩쓸 때, 중국전쟁에서도 새로운 공세를 펼쳤다. 1941 년 12 월 하순, 아나미 고레치카 ( 阿南惟幾 ) 제 11 군단장은 12 만 병력을 이끌고 호남의 장사 ( 長沙 ) 를 연합 공격했다. 중국 군대는 제 9 작전 구역 사령관 설악 ( 薛岳 ) 의 지휘로 수비전략을 실시하면서 장사근교에서 완강하게 저항했다. 일본군은 다시 한 번 좌절을 겪었다. 탄약을 거의 다 소모해 공격이 시작된 지 20 여일 후에 철수하고 말았다. 이때, 일본군은 태평양전쟁의 거의 모든 전투에서 승리를 거두고 있었는데, 중국 장사의 성공적인 방어전은 국제적으로 큰 영향을 미쳤다.

일본침략자들은 화북의 적 후방에서 그들이 진행하는 대동아전쟁에 의지할 만한 후방기지를 세우려 했다. 약 25 만 병력을 집결시켜 야스지 오카무라 화북방면군 사령관이 지휘하고, 괴뢰군을 30 만 여명까지 확대시켜 계속해서 '치안강화운동'을 추진해, 더욱 잔혹한 대'소탕'을 진행하며 전쟁물자를 수탈했다. 팔로군은 극도로 위험한 상황에서 어려움을 이겨내고 적 후방 유격전을 확대하면서 일본괴뢰군 대부대를 확실히 견제해 다른 전장으로 병력을 이동하지 못하도록 만들어 심각한 타격을 안겨주었다. 화중의 군민도 지속적으로 전투를 진행하여 일본군의 '소탕'과 '숙청' 공격을 분쇄했다.

또, 중국은 원정군을 조직했는데, 나탁영 ( 羅卓英 ) 과 두율명 ( 杜明 ) 이 3 개 군의 10 만여 명을 이끌고 1942 년 1 월 미얀마로 가서 영국

군과 협력하여 일본군의 침략에 대항했다. 예난자웅전투 중 포위당한 영국과 미안마군 제 1 사단 및 장갑 제 7 여단의 7,000 여명을 구출해 영국을 떠들썩하게 했다. 중국원정군은 어렵고 힘든 조건에서 반년간 혈전을 벌이다 어쩔 수 없이 철수했는데, "일부 ( 신 22 사단 및 신 38 사단 ) 는 미안마의 북쪽 쿠몬범산을 넘어 인도국경까지 퇴각했고 , 주력부대는 운남의 남쪽과 서쪽으로 되돌아갔다." 군대가 이동할 때 , 대안란 ( 戴安瀾 ) 제 200 사단 사단장은 용맹히 전사했고 중국군인의 사망자는 1 만 3,000 명이었다 .

루즈벨트 미국대통령은 그의 아들에게 "중국이 없었다면, 중국이 무너졌다면 , 얼마나 많은 일본사단이 다른 곳으로 파견되어 작전을 진행했을지 상상이 되느냐 ? 그들은 오세아니아와 인도를 공략해 아무런 힘도 들이지 않고 이 지역들을 점령할 수 있었고 , 계속 중동을 향해 공격해 나가다가 독일과 근동 ( 近東 ) 에서 합류해 러시아를 완전히 분리시키고 , 이집트를 집어삼킨 후 , 지중해로 가는 모든 교통로를 끊어 놓았을 것이다 ."라고 말한 적이 있다 .

중국이 극동의 반파시즘 전쟁에서 이렇게 중요한 위치에 있었기 때문에 , 미국과 영국도 중국전장에서 일본군에 대한 견제를 강화하려 했다 . 루즈벨트의 건의로 1942 년 1 월 3 일 , 베트남과 태국을 포함한 연합군의 중국작전구역이 설정되었는데 , 장개석이 최고사령관을 맡고 , 미국의 스틸웰 중장이 참모장을 맡았다 . 1943 년 1 월 , 중미와 중영 사이의 새로운 조약은 각각 워싱턴과 중경에서 체결되었는데 , "조계 ( 租界 ), 군사주둔과 관련된 영사재판권 폐지를 중심으로 하는 각종 특권에 중점을 두었다 ." 그러나 영국은 여전히 홍콩을 중국에 반환한다는 내용을 이에 포함시키지 않았고 , 구룡조계지를 반환하는 문제도 결코 토론하지 않았다고 밝혔다 . 이 이후 벨기에와 노르웨이 , 캐나다 , 스웨덴 , 네덜란드 , 프랑스 , 스위스 , 덴마크 , 포르투갈 등도 차례로 중국과 평등한 새로운 조약을 맺었다 . 이는 중국인민이 항일전쟁을 지속해 얻은 중대한 성과였다 . 그러나 중국이 실제로 각 주요연합국과 평등한 위치에 있다는 것을 의미하지는 않았다 .

1943 년은 세계 반파시즘 전쟁에 근본적인 변화가 발생한 한 해였다 . 연합군은 소련과 독일의 전장이나 북아프리카의 전장 , 태평양 전장에서 모두 전쟁의 주도권을 쟁취하기 위해 대대적인 반격을 진행했다 . 일본과 독일 , 이탈리아의 파시즘 국가들의 패배는 이미 결정된 것이나 마찬가지였다 . 9 월 , 이탈리아가 연합국에 투항했다 . 12 월 , 미국과 영국 , 소련 , 중국은 공동으로 < 보편적인 안전에 관한 선언 > 을 체결해 되도록 빨리 국제평화와 안전을 보호할 보편성을 가진 국제조직의 구축을 제시했다 . 이것이 바로 UN 의 기원이다 . 11 월 23 ~ 26 일 , 미국과 영국 , 중국은 이집트 카이로에서 회의를 열어 극동문제에 대해 토론했다 . 루즈벨트 미국 대통령과 처칠 영국 수상 , 장개석이 이 회의에 참석했다 . 소련은 아직 일본에 선전포고를 하지 않았기 때문에 회의에 참석하지 않았다 . 회의에서 통과된 < 카이로 선언 > 에는 "일본이 빼앗은 동북 4 성과 대만 , 팽호군도 ( 澎湖群島 ) 등과 같은 중국의 영토를 중국국민에게 반환하도록 한다 . 기타 일본이 무력 혹은 탐욕으로 약탈한 토지도 반드시 일본의 영토에서 제외시킨다 ."고 명확히 규정되어 있다 . 이는 대만에 관한 국제적인 문건으로 대만과 팽호열도가 중국의 영토라는 사실을 확인해 준다 .

# 제 5 절 국민당통치구역의 위기의 심화

태평양 전쟁이 발발한 후, 중국의 국제적인 위상은 현저히 높아 졌다. 국민당정부가 장사전투와 미얀마에 파견한 원정군이 두각을 나타내었다. 그러나 국민당 통치지역 내의 정치와 경제, 문화적인 위기는 점점 가중되었다. 그 원인은 국민당정부에 자체에 있었다. 민중이 가장 큰 불만을 가진 내용은 다음과 같다. 장개석의 독재통치가 지속적으로 강화되었고, 정부요원들의 전횡으로 민중의 안전과 자유를 전혀 보장하지 못하게 되었으며, 국민은 인플레이션과 높은 물가에 시달렸지만 수많은 토착자본들은 오히려 '국난재(國難財, 나라의 어려움을 이용하여 번 돈)'로 큰 재산을 축적했다.

## 1. 정치적인 상황

전쟁초기와 비교했을 때, 국민당정부 시기에는 시대에 역행하고 있었다. 장개석은 항상 국가의 모든 대권을 오로지 자신의 손에만 쥐려 했다. 그러나 전쟁초기 그의 직무는 중국국민당 총재이자 군사위원회 위원장이었을 뿐이었고, 그의 부하들은 습관적으로 그를 '장 위원장' 혹은 '위원장님'으로 불렀다. 1943년 8월, 국민당정부 주석 림삼이 서거하자 그는 9월 국민당 제 5회 11차 전체회의에서 국민 정부주석 겸 행정위원장으로 확정되었다.

국가사회당의 장군매(張君勵)는 "그의 권력은 무한했다. 모든 경비는 그의 허가를 받아야만 법률적으로 유효했다. 그는 '쪽지를 전해주는' 방식으로 명령을 내렸다. 중경에서 장개석의 정부를 '쪽지정부'

라고 공개적으로 칭했는데 , 이런 제도는 권력의 남용을 초래했다 . 훈정 ( 訓政 ) 은 결국 당이 통치하는 것이 아니라 , 한 사람의 일시적인 감정에 따라 통치하는 것으로 타락했다 ."라고 장개석을 언급했다 .

일부 자유주의 지식인을 포함한 중간판 세력은 두 번에 걸친 헌정운동 ( 憲政運動 ) 에 대해 많은 기대를 하고 있었다 . 그들은 '헌정실시'를 명분으로 수많은 회의를 소집했고 수많은 문장을 발표했으며 , 여러 가지 방안의 초안을 작성하는 온화한 방법을 통해 국민당의'당치'를 얼마간 제한하고 민주주의를 확대하려고 시도했다 . 그러나 결과적으로 아무 것도 얻지 못한 그들은 깊이 실망했고 국민당정부에 대한 불만은 커져만 갔다 .

1943 년 3 월 , 장개석은 도희성 ( 陶希聖 ) 이 집필한 《중국의 운명》 을 출판했다 . 이 책에서 '국민이 앞으로 노력해 나가야 할 방향 및 건국사업의 중점'에 대해 서술할 때 , 공산주의와 자유주의에 대해 반대하면서 "개인 중심의 자유주의와 계급투쟁의 공산주의 사상은 영국과 미국의 사상과 소련의 사상을 표절하고 끼워 맞춘 것에 불과하다 . 이런 표절과 끼워 맞추기 식의 학설과 정치 평론은 중국의 국가경제와 국민생활에 맞지 않고 , 중국 고유의 문화정신에 위배될 뿐만 아니라 근본적으로 그들이 중국인이라는 사실을 망각한 것이다 ."라고 썼다 . 장개석은 자유주의와 공산주의를 모두 반대해 몇몇 중간파 세력들과도 대립하면서 자신을 더욱 고립시켰다 . 두 가지 중에서 그는 공산주의를 공격하는데 중점을 두었다 . 그는 공공연히 "오늘날 중국에 국민당이 없었다면 , 중국도 존재하지 않았을 것이다 . 간단히 말해 중국의 운명은 온전히 중국국민당에게 달려 있다 ."고 주장했다 . 책의 마지막 부분에 "우리 국내의 당파들은 어찌하여 무력으로 할거하는 악습을 버

리지 못하고 봉건군벌의 관념을 씻어내지 못하고 있는가, 이런 그들이 중국의 국민이라 할 수 있는가? 이들을 어떻게 '정당'이라 할 수 있는 가? 이것이 반혁명이 아닌가? 혁명에 방해가 되는 것이 아닌가? 이런 혁명의 장애를 스스로 포기하거나 해체하지 않는다면, 나라와 백성에 게 해를 미치지 않겠는가? 나라와 백성에 해를 끼칠 뿐 아니라 결국 자신에게도 해가 될 것이다."라고 썼다.

항일전쟁 승리가 눈앞에 다가오고 있을 때, 장개석은 갑자기 그가 서명한 이 책을 내놓고 대대적으로 홍보하면서, 수많은 지방에서 이를 대학의 교재로 삼도록 강요했는데, 이는 절대 정상적인 상황이 아니었다. 이는 가까운 미래에 호종남(胡宗南) 부대가 섬서, 감숙, 영하 변경을 공격하기 위해 여론을 조성하는 준비작업일 뿐만 아니라, 항전이 끝난 후에도 내전을 계속해 중국공산당을 없애고 장개석의 독재통치를 이어가겠다는 사실을 예고하고 있었다. 따라서 이 책이 출판된 후 국내에서는 큰 분쟁이 일었고 사회각계에서 맹렬한 비난을 받았다.

국민당의 특무통치(特務統治, 특무는 당 내에서 특수훈련을 받고 필요한 정보 확보, 내부감독 등 특수업무를 수행하는 자)는 전쟁 전에 이미 형성되었다. '언론계의 왕'이라고 불렸던 《신보(申報)》의 주인이었던 사량재(史量才)와 양행불(陽杏佛) 중앙연구원장 간사를 암살했던 일들은 모두 역행사(行社) 특무처장 대립(戴笠)의 지휘로 저질러진 일이었다. 항전기간, 장개석의 독재정치가 강화됨에 따라 대립이 장악하는 군사위원회 조사통계국(약칭 '군통(軍統)')과 진립부(陳立夫), 서은증(徐恩曾)이 장악한 국민당중앙집행위원회 조사통계국(약칭 '중통(中統)')이 조직되었다. 그들의 임

무는 일본의 작전정보와 '배반자 제거' 등이었지만, 주로 국민당 통치
지역 민중에 대한 통제 강화와 중국공산당에 대한 잔혹한 진압을 진행
했다. 그들은 어떠한 법률적인 제한도 받지 않았고, 모든 곳에 수용소
를 설치해 암살작전을 진행했으며, 사람의 목숨을 파리목숨처럼 여겼
고, 언론과 우편을 검사하고 애국자들의 행동을 감시했으며, '밀수 단
속'이라는 명분으로 대량으로 밀수를 자행하고 각지의 폭력세력과 결
탁하는 등 그들이 저지른 악행은 이루 말로 다 할 수 없었다.

## 2. 경제상황

중국의 가장 풍요로운 연안지역이 일본에게 점령당하고, 서안지
역의 대외적인 국제수송로까지 봉쇄되면서 후방의 경제는 지극히 어
려운 지경에 빠졌다. 그러나 수많은 공장을 내지로 이전하고, 10만여
톤의 신식 기자재와 1만여 명의 숙련공으로 인해 낙후지역이었던 서
부 광공업도 빠르게 발전하기 시작했다. 국민당정부는 이에 기여하며
항전을 지원하는데 중요한 역할을 했다. 항전에는 물자가 지속적으로
필요했기 때문에 후방의 중국중공업도 현저한 발전을 이루었다. 특히
국민 정부자원위원회가 손월기(孫越崎)를 주축으로 개발한 옥문(玉
門) 유전에 주목할 필요가 있다. 이는 미래지향적인 작업이었다. 이
렇게 애국심을 가지고 경제건설에 공헌을 사람과 일은 모두 칭송 받아
마땅했다.

그러나 1942년부터 후방의 경제상황은 역전되었다. 산업은 점점
위축되었고, 농촌생활은 고달팠으며, 민중의 생활수준은 날이 갈수
록 나빠졌다. 여기에 다음의 세 가지 문제점이 부각되었다.

첫째, 인플레이션으로 물가가 치솟았고, 민중의 생활이 어려워 졌다.

인플레이션의 원인은 일본과의 전투였는데, 드넓은 국토가 함락 되자 정부의 재정수입이 대폭 감소하고 지출은 급격히 늘었다. 전쟁초 기 1938 ~ 1939 년에는 풍작을 이루었고 국내 각지로 군대의 보급품을 보냈다. 1939 년 말, 화폐 발행량을 대략 전쟁 전의 3 배로 늘리자 되자 물가는 점점 상승하기 시작했다. 사람들은 열정적인 애국심으로 생활 의 어려움을 묵묵히 인내하며 지출을 줄이려고 노력했다. 그러나 1940 년 중국 인플레이션은 역사상 최고조에 달했다.

당시 국민 정부교통부 부장을 담당하던 은행가 장공권 ( 張公權 ) 은 《중국 인플레이션역사》 라는 책에서 "1940 년, 중국에 심각한 흉 작이 발생해 식량가격이 폭등했다. 1940 년 중국의 15 개 성 ( 省 ) 의 여 름 벼 수확량은 예년보다 20% 줄어들었는데, 겨울철의 보리 수확량이 예년과 비슷하다는 예상 하에서 1940 년의 농산품 생산량을 모두 계산 해도 10% 정도 줄어든 수준이었다. 중경의 쌀 가격지수는 5 월의 213 에서 12 월에는 1,004 까지 올랐다. 식량의 생산량은 1941 년에도 계속 하락해 전쟁 전의 평균과 비교해 9 ~ 13% 줄어들었다. 1940 년, 농산품 생산량이 갑자기 줄어들자 전쟁초기에 제한했던 물가상승의 모든 요 소들은 제 역할을 하지 못하고 인플레이션을 가속화 시켰다.

태평양전쟁이 발발한 후, 중국인은 정치적으로는 고무되었지만, 경제적으로는 어려움이 가중되었다. 여기에 대외적인 국제수송로가 막히자 물자가 더욱 부족해졌다. 1942 년의 수입액은 1 년 전에 비해 절반으로 줄었고, 수입상품의 가격은 3 배 이상 상승했으며, 원료부족 으로 몇몇 공장은 작업을 할 수 없었으며, 사람들은 국민당정부가 발

행한 법정지폐에 대해 보편적으로 불신하고 있었다 . 후방에서 각종 제
품의 물가지수는 태평양전쟁이 발발한 1941 년 12 월을 100 으로 보았
을 때 , 1943 년 12 월에는 1,057 까지 치솟았다 . 그 후 항전에 승리하기
바로 전이었던 1945 년 6 월에는 9,547 까지 상승해 물가는 거의 100 배
가 넘게 올랐다 . 그러나 이는 정부의 통계숫자일 뿐 실제 물가상승은
이보다 훨씬 더 높았을 것이다 .

둘째 , 1941 년 하반기부터 농촌에서 징실징차 ( 徵實徵借 ) 를 실
행하기 시작했다 .

'징실 ( 徵實 )'은 기존에 징수하던 토지에 부과하던 세금을 국민
당정부가 발행한 법정지폐에서 실물로 할인해서 징수함으로써 정부
가 식량과 면사와 같은 더 많은 물자를 통제해 시장을 장악할 수 있게
만들었다 . 항전시기에 이런 방법이 합리적이라 말할 수 없었다 . 실물
을 징수할 때 공평하고 합리적인 원칙을 집행할 수 없었는데 , 식량 등
실물은 납세자가 직접 운송해야 했으므로 , 식량 등 수많은 실물에 대
해 트집을 잡아 받아주지 않았고 , 그 과정에서 약탈하는 경우도 있었
다 . "백성이 곡식을 수집소로 운반할 때 여러 가지 어려움에 부딪혔는
데 , 현 ( 縣 ) 정부에서는 곡식이 너무 축축하다거나 쌀의 질이 좋지 않
다고 하기도 했고 , 이를 계량하는 데도 문제가 있었다 . 현 정부는 농부
가 납부한 곡식의 양이 부족하다고 주장했으므로 , 50 kg의 곡식을 납
부할 때마다 55 kg를 준비해야 했다 . 이러한 관청의 행태를 막아야 했
지만 백성에게 이는 너무나 어려운 일이었다 ." 이는 일종의 심각한 학
정이었다 .

'징차 ( 徵借 )'는 1943 년 사천에서 시작되었다 . 수매가 징차로 바
뀐 후 , 농민들에게 현금을 지급하지 않고 식량채권만 지급했다 . 1944

년, 후방의 각 성은 일률적으로 수매를 징차로 바꾸었고, 식량국고채권도 취소했으며, 식량교환권상에 기록만을 근거로 삼았고, 빌린 식량에 대한 이자도 지급하지 않았다. 이는 당연히 더 심각한 학정이었다. 이러한 원인들로 전쟁 시의 징실징매(징차) 정책으로 정부는 몇몇 물자를 장악할 수 있게 되었지만, 이와 동시에 빈부의 격차를 심화시켜 부자는 더욱 부유해졌고 가난한 사람은 더욱 가난해졌다.

셋째, 사람들을 더욱 분노하게 만든 것은 토착자본들이 이 기회를 이용해 '국난재'를 축적했다는 사실이다.

국민당정부의 수많은 당정요원들, 특히 공상희(孔祥熙)와 송자문(宋子文)은 경제적으로 혼란스럽고 물자가 부족한 상황에서 정치권력과 외화 독점, 운송을 장악하는 특권을 이용해, 무역 통제를 명분으로 독점판매, 부족한 자원 장악, 매점매석을 하면서 폭리를 취했다. 당시 그들은 토착자본가로 불렸다가 그 후 관료자본가로 불렸다. 그들이 국가재난 상황에서 '국난재'를 벌어들이기 위해 저질렀던 일들은 증오의 대상이 되었다.

유명한 경제학자이자, 중경대학교 경영대학원 원장이었던 마인초(馬寅初)가 1940년 10월에 발표한 < 국난재로 돈을 번 자들에게 임시재산세를 징수하는 것은 우리 나라 재정금융을 위한 유일한 출구이다 > 라는 글에서 "현재 전방에서 수많은 병사들이 자신들의 생명을 바쳐 싸우고 있고, 수천만의 백성이 타지를 떠돌며 고향으로 돌아가지 못하고 있는 이때에, 후방에 눌러 앉아있는 관료들과 자본가들은 정부를 위해 하는 일도 없이 오히려 전쟁을 이용해 막대한 재산을 취하니 그들은 양심도 없는 자들이란 말인가. 중국에서 국난재를 취한 자들은 상인들 이외에 정치세력을 이용해 재물을 취한 자들도 있다. 이러한 행위는 관료들이 해서는 안 되는 행동들이다 . 자본세의 실행은 반드시 국난재로 돈을 번 관료들에서부터 시작되어야 할 것이다 . 관료들이 벌어들인 국난재를 모두 몰수 하여 백성의 귀감으로 삼아야 한다 ." 고 분노에 떨며 주장했다 . 마인초는 이로 인해 국민당 당국에게 체포되어 21 개월 동안 갇혀있었다 . 장개석은 일기에 "오늘 헌병 사령부에 압송한 마인초는 공산당에 둘러싸여 유언비어를 퍼트리며 정부의 신용을 무너뜨리려 했다 ."고 썼다 .

사람들의 불만이 커지자 국민당정부의 억압으로 한동안 잠잠하던 후방의 민주운동이 조금씩 확대되기 시작했다 . 그중 중간파 세력의 정치태도가 변화했다는 사실이 가장 중요했다 . 호승 ( 胡  ) 은 "현재의 역사를 논한 책의 내용으로는 주로 국민당과 공산당에 대한 이야기와 그들 사이의 갈등에 대한 이야기가 될 것이다 . 계급은 두 가지로 나뉘는데 . 하나는 대지주 자산계급이고 , 다른 하나는 노동자계급이다 . 사실 , 이 두 계급의 중간에는 큰 간극이 있다 . 그래서 나는 국민당과 공산당의 두 역할 외에 제 3 자의 역할이 필요하다고 생각하는데 그것이 바로 중간파 세력이다 . 교목 ( 喬木 ) 동지는 과거 문학에 대해 이야기할 때 국민당 사람과 우리 사람들의 수는 아주 적은데 , 실제로 대다수를 차지하는 사람들이 바로 제 3 자라고 말한 적이 있다 . 정치적으로도 이와 같다 . 우리당이 중간파 세력을 끌어들인다면 혁명에서 승리할 것이고 , 중간파 세력이 국민당으로 향한다면 공산당은 승리할 수 없게 될 것이다 . 중간파 세력의 특징은 동요하고 분화하기 쉽다는데 있다 . 분화의 결과 대다수가 공산당을 향해 돌아섰고 , 국민당을 향해 돌아선 사람들도 있지만 그 수는 많지 않다 ."고 강조한 적이 있다 .

중간파 세력을 대표하는 중국 민주정단동맹 ( 民主政團同盟 ) 의

설립은 후방 정치에 있어서 일대 사건이었다. 이는 국민당정부가 민주
에 대한 압박을 강화하고 다른 모든 당을 제거하려 했기 때문이었다.
양수명 ( 漱溟 ) 은 1942 년 < 중국민주정단동맹기록 > 이라는 글에서
"동맹의 발기는 중화민국 29 년 ( 즉 1940 년 ) 12 월 24 일이다. 그날 아
침 중경신문에 국민참정회 제 2 회 선발인원 명부를 발표해 인원을 보
충했지만 처음에 선발된 당외 인사와 과감하게 자신의 의견을 말하는
사람들은 모두 제명시켰기 때문에 사람들은 실망을 금치 못했다. 나와
황임지와 좌순생 ( 左舜生 ) 이 중경 신촌 4 호 장군매 ( 張君勱 ) 의 집
에서 우연히 만났다. 우리는 서로 많은 것이 일치함을 알고 동맹을 맺
었다."고 회고했다.

황염배는 그 날의 일기에 "오늘 신문에 새로운 참정인원의 명단
이 발표되었다. 장군매와 양수명, 좌순생과 함께 새로운 조직 문제를
상의했기 때문에 나도 선출되었다. 나는 국민당과 공산당의 문제를 조
정하기 위해 제 3 자의 명확한 입장과 주장이 필요하다고 생각한다. 중
간파 조직의 강화는 이 네 사람의 결정으로 이루어졌다. 아무리 생각
해봐도 비민주적인 단결로는 상황을 해결할 수 없었다. 중간파의 조직
을 강화하지 않고는 민주단결을 쟁취할 수 없었다. 따라서 조직을 강
화하여 산만하고 구심점이 없었던 문제를 해결했다. 표면적으로 외부
의 압박을 두려워하지 않고 자신의 몸을 바로 세워 민중의 뜻을 대신
할 진정한 중간적인 입장을 취했다."고 기록했다.

환남사변 후, 국내정치는 또다시 심각한 위기상황에 빠졌다.
1941 년 3 월, 중경에 중국 민주정단동맹을 조직하고 12 개의 정치강령
을 통과시켰으며, 황염배를 주석 ( 같은 해 장란 ( 張瀾 ) 으로 대체 ) 으
로 추대했다. 민주정단동맹에 참가한 구성원들은 사실 상당히 복잡했

다. 서로의 정견도 달랐을 뿐만 아니라, 처음에는 중국청년당, 국가사회당, 중화민족해방행동위원('제 3 당'으로 불렸음), 직업교육파, 농촌건설파와 기존의당파에 참여하지 않은 소수의 인물이 있었다. 반년 후, 구국회파도 참여해 '삼당삼파'로 불렸고, 이렇게 중국 민주정당동맹이라는 이름을 갖게 되었다. 그 후 개인적인 신분으로 참여하는 사람이 점점 늘어나 중국 민주동맹으로 이름을 바꾸었는데 간단히 '민맹(民盟)'으로 불렀다.

중경의 정치적인 환경이 열악했기 때문에 민주정당동맹 초기에는 비밀리에 시작했다. 1941 년 10 월 10 일, 양수명의 주재로 홍콩 《광명보(光明報)》에 중국 민주정당동맹의 < 출범선언 > 과 < 시국에 대한 주장강령 > 을 발표했다. < 출범선언 > 에서 '군대국가화, 정치국가화'의 실행을 요구했다. < 시국에 대한 주장강령 > 에서는 10 가지 주장을 제시했는데, 그중 앞부분의 세 가지는, "(1) 항일주장을 관철하고 영토주권을 완전히 회복하며, 중도타협에 반대한다. (2) 민주정신을 실천하고, 당치(黨治)를 끝내며, 헌정을 실시하기 전에 각 당파의 국사(國事) 협의 기관을 설치한다. (3) 국내단결을 강화한다. 모든 당파 사이의 화합하지 못하는 점은 근본적인 조정을 통해 정상적인 관계로 만든다."이다.

이 두 서류가 발표되자 중국공산당은 즉시 공개적으로 환영 의사를 표했다. 연안(延安)의 《해방일보(解放日報)》에 발표한 사설에서 "이는 항전시기 우리나라 민주운동을 새롭게 추진하는 기회가 될 것이다. 민주운동의 추진으로 크게 발전하여 더 나은 미래를 개척하게 될 것이다. 신해혁명 이후 30 년 동안 국내의 모든 정치운동에는 두 가지 핵심적인 사항이 있었는데, 그중 하나는 민족독립이고, 다른 하나는 민주정치였다. 이는 전국 인민에게 필요한 것이다. 민주정단동맹은 사회적인 기초 위에서 투쟁해야 한다."라고 밝혔다

1941 년 11 월, 국민참정회 제 2 회 2 차 전체회의가 중경에서 열렸다. 장란 ( 張瀾 ) 과 장군매, 황염배 등이 당치를 끝내야 한다는 제안을 제출했다. 장개석은 몹시 분노하여 일기에 "장란과 장군매가 제출한 당치 취소안 10 조는 확실한 반동분자들이 의도하는 바이다. 이런 추잡한 정객들은 매국노보다 더 불쌍하고 역겹다. 장란과 장군매 등의 제안에 대해서는 반드시 이를 결렬시킬 방법을 준비해야 한다. 이 비열한 정객들은 너그럽게 대해서는 안 되고 법과 권력으로 상대하지 않으면 안 된다. 당시 나는 화가 들끓어 미칠 것 같은 상태였다. 앞으로는 이를 경계해야 한다."고 썼다.

태평양 전쟁이 발발한 후, 민주정단동맹 ( 약칭 '민맹') 이 홍콩에 창간했던 《광명보》의 간행이 정지당했으나 내륙에서의 활동은 계속되었고 더욱 활발해졌다. 1943 년, 봄부터 운남 곤명에서 비효통 ( 費孝通 ), 증소륜 ( 曾昭掄 ), 문일다 ( 聞一多 ), 오함 ( 吳晗 ) 등의 서남연합대학교 교수들이 민주정단동맹에 가입해 지식인과 청년학생 중산계급에 큰 영향을 미쳤다. 그들이 주장하는 주요 내용도 '정치민주화' 와 관련이 있었다.


## 제 6 절 중공항일민주근거지의 새로운 기상

1941 년과 1942 년은 중국공산당이 적 후방에서 진행하던 항일전쟁에서 가장 어려움을 겪던 시기였다.

팔로군과 신 4 군이 적 후방에서 일본 침략군들과 어렵고 힘든 전투를 이어가고 있을 때 , 국민당 당국은 1940 년 겨울 , 팔로군에게 지급하던 급료와 탄약 , 옷 등의 물자를 완전히 끊어버렸다 . 환남사변 후 , 신 4 군의 번호도 취소되었고 , 섬서와 감숙 , 영하 변경 지역 등 항일민주 근거지에 군사를 풀어 포위하고 경제적으로 봉쇄함으로써 외부의 지원을 끊어버리자 근거지 군민들은 매우 어려운 처지에 빠졌다 .

1942 년과 1943 년 , 심각한 가뭄이 오랫동안 이어졌고 , 여기에 해충과 , 풍수해 등의 각종 자연재해가 황하 중 , 하류지역 양쪽의 화북 대지를 휩쓸어 근거지 군민들의 생활은 이루 말할 수 없이 힘들어졌다 .

모택동은 < 항일시기의 경제문제와 재정문제 > 에서 "우리는 입을 옷이 없었고 , 먹을 음식이 없었으며 , 종이도 없었고 , 병사들에게는 신을 양말도 없었으며 , 겨울에는 덮을 이불도 거의 없었던 시절을 겪었다 . 국민당은 경비지급을 중단하고 경제적으로 봉쇄하여 우리를 사지에 빠뜨렸고 , 우리의 어려움은 상상을 초월했다 . 그러나 우리는 그 어려움을 이겨냈다 ."고 기록했다 .

그는 간부동원대회에서 날카롭게 질문을 던졌다 . "굶어 죽을 것인가 ? 흩어질 것인가 ? 아니면 우리가 먼저 공격할 것인가 ? 굶어 죽은 것에는 아무도 찬성하지 않았고 , 흩어지는 것에도 아무도 찬성하지 않았다 . 그러면 우리가 먼저 움직이자 . 이것이 우리의 대답이다 ."

중국공산당은 결연히 몇 가지 행동을 채택했다 . 당의 일원화된 지도하에서 더욱 심화된 감조감식 ( 減租減息 , 소작료와 이자를 감액 ) 을 실행했고 , 대 ( 大 ) 생산운동을 전개했으며 , 정부기구를 간소화했고 행정기관에서 '삼삼제 ( 三三制 )'의 집행을 관철했다 .

중국공산당이 지도하던 일본침략자에게 항쟁하는 인민전쟁은 인구의 절대다수를 차지하는 빈곤한 농민이 주를 이루고 있었다. 현재 직면해 있던 어려움에서 벗어나기 위해 농민들의 힘이 더욱 절실하게 필요했다. 감조감식의 필요성은 항전이 시작되었을 때 제시되었는데, 대다수 지주들을 단결시켜 항일을 진행하는데 유리하도록 지주에게는 감조감식을 요구하고, 농민에게는 기존의 소작료와 이자를 내도록 독려해 수많은 지주들이 항일전쟁에 참여하도록 유도했다.

이런 정책은 각 근거지에서 이미 시작되었다. 그러나 적 후방에서 어려운 국면을 타개해야 했고, 잔혹한 '소탕'에 대처해야 했으며, 이 외에 다른 이유들로 인해 수많은 항일근거지에서는 합리적으로 부담하는 쪽으로 중점을 두어 감조감식은 보편적으로 실행되지 못하고 있었다. 1942년 1월, 중국공산당 중앙위원회는 < 항일근거지 토지정책에 관한 결정 >(이하 '결정')에서, "몇몇 근거지 내에서 일부 지역에서만 감조감식을 실시하고 있고, 다른 지역은 여전히 실시하지 않고 있거나 감조감식을 단지 선전구호로만 여기고 법령으로 만들지 않아 실행되지 않고 있다. 혹은 이미 정부에서 법령으로 발표했지만 형식상으로만 조세를 감면했을 뿐 실제로는 실시하지 않는 일들이 발생했다. 이들 몇몇 지방의 군중은 정부를 적극적으로 지지하지도 않았고 군중을 조직할 수도 없게 되었다." < 결정 > 과 3 부의 첨부문건은 토지정책 집행에 대한 기본원칙과 구체적인 방법을 상세히 규정했고, 그 기본정신은 먼저 수많은 농민들 동원하는 것이었다. 군중을 동원한 후, 지주가 생존할 수 있도록 함으로써 경제적으로 봉건세력을 제거하지 않고 약화(반드시) 시켜야 했다.

이 < 결정 > 의 제정과 집행의 관철은 항일근거지의 일대 사건이었다. 1942년부터 각지에서는 관련 법령 조례의 제정 혹은 수정에 따라 반'소탕'작전 사이의 시간과 여름수확 , 가을 수확계절 동안 강력한 조치를 취함으로써 감조감식 운동은 크게 확대되었다 . 수많은 지방의 토지체계에 뚜렷한 변화가 생겼고 , 중농 ( 中農 ) 의 수도 크게 증가했다 . 이는 군중동원과 , 적극 생산 , 항일근거지 유지와 강화에 중요한 역할을 했다 .

중국공산당 중앙위원회는 심각한 생활의 어려움을 극복하고 , 항전을 유지하며 , 인민의 부담을 가중시키지 않기 위해 당의 외부인사와 섬서와 감숙 , 영하 변경정부의 부주석 이정명이 제시한 '정병간정 ( 精兵簡政 )'의 의견을 받아 들여 , 정부기관을 간소화하고 연대를 보강했으며 , 기초를 튼튼히 하여 인력과 물자를 절약했다 . 1943 년 , 산서 , 하북 , 산동 , 하남성 변경정부의 인력이 548 명에서 100 명으로 줄었고 , 팔로군의 전방본부와 제 129 사단을 통합했다 .

또한 군대와 정부기관 , 학교에서 '경제발전 , 공급보장'의 방침에 의거하여 대 ( 大 ) 생산운동을 전개해 자급자족을 실행했다 . 왜 대생산운동을 진행했을까 ? 국민당이 급료지급을 중단했고 , 또한 섬서와 감숙 , 영하 군민의 관계가 좋지 않아 농민의 부담이 컸기 때문이었다 . 따라서 부대와 기관 , 학교를 동원해 자신이 직접 일을 함으로써 재정문제를 해결하고 , 농민의 부담을 줄였다 . 대생산운동은 주로 농업을 위주로 하였는데 , 여기에 축산업 , 공업 , 중국공산당업 , 운수업 , 상업 등을 더했다 . 모택동과 주덕 , 주은래 , 임필시 등은 모두 생산하는 노동에 참여했다 . 팔로군 제 359 여단은 연안 이남의 남니만 ( 南泥灣 ) 까지 황무지를 개척해 1942 년 전 여단의 식량 자급률은 80% 였고 , 경비의 자급률은 90% 이상이었다 . 1943 년부터 , 적 후방의 각 근거지의 기관은 2, 3 개월에서 반년의 식량과 채소를 자급할 수 있게 되었고 , 생활도 현저히 개선되어 후방 근거지 인민의 부담은 총수입의 14% 정도 밖에 되지 않았다.

행정기관에서 중국공산당 중앙위원회는 각 항일민주근거지에 '삼삼제'의 실행을 요구했는데, 바로 공산당원과 다른 당파의 진보세력, 중간세력에 소속된 사람의 수가 각각 3분의 1이 되도록 하는 제도였다. 각 근거지에는 보편적으로 참의원을 설립되었다. 그 목적은 각 근거지의 민주제도를 완비하고, 각 항일계급과 계층을 단결해 함께 적에 대항하기 위해서였다.

이를 실천하면서 점점 실제상황에 부합하는 정책을 모색해냈고, 사람들에게 새로운 사회생활을 열어줌으로써, 누구도 무너뜨리지 못할 민중의 굳은 지지를 받게 되었다.

중국공산당은 1941년부터 3년에 걸쳐 정풍운동 ( 整風運動 ) 을 전개했다. 이 운동의 내용은 다음과 같다. 학풍 ( 學風 ) 을 정돈하여 주관주의를 반대하고, 당풍 ( 當風 ) 을 정돈하여 종파 ( 宗派 ) 주의에 반대하며, 문풍 ( 文風 ) 을 정돈하여 당팔고 ( 堂八股, 형식주의 문풍 ) 에 반대한다. 이는 중국공산당 당내에 깊은 영향을 미친 마르크스주의 교육운동이었고, 당내의 마르크스주의의 교조화, 코민테른의 결의와 소련경험의 신성화를 타파하는 사상해방운동이었다.

왜 항일전쟁이 중대한 고비에 있을 때, 이렇게 긴 시간과 노력을 들여 정풍운동을 진행해야 했을까? 이는 현실적으로 필요했기 때문이었고, 역사배경과도 깊은 관련이 있다.

중국공산당은 역사적으로 거대한 승리를 거머쥐었고, 또한 심각한 좌절도 경험했다. 그중, 가장 큰 실패는 왕명으로 대표되는 교조주의의 과오였다. 이런 과오는 발전과정에서 기본적으로 교정되기는 했지만 , 사상적인 측면에서 과오의 근원을 깨끗이 정리를 하지 못했다 . "어떤 과오를 진정으로 인식하지 못한다면 , 또 다른 환경에서 이와 같은 혹은 다른 형식의 과오를 다시 재현하게 된다 . 따라서 반드시 정확한 입장과 관점 , 방법으로 과오의 입장과 관점 , 방법을 극복해야 한다 ."

이번 정풍에서 가장 주요한 내용은 주관주의의 반대였다 . 이는 사상적인 측면에서부터 시작되었다 . 현실에서 출발해 객관적인 현실에 따라 확고하면서 융통성 있게 일을 처리할 수 있다면 어떠한 세력에도 굴복하지 않게 될 것이다 . 단지 주관적인 희망과 열정만으로 '으레 그럴 것이다' 혹은 '교조주의'에 따라 일을 처리한다면 , 고생은 고생대로 하면서 실패에 이르게 될 것이다 . 따라서 지도사상에서 주관주의를 확실히 반대하고 수정해 주관주의를 실제상황에 부합시키도록 최대한 노력해야 하며 정반대가 되지 않게 할 수 있는지의 여부가 당의 존폐가 달려있는 지극히 중대한 문제이다 . 항일전쟁이 시작된 후 , 당 내에서 발생했던 중대한 논쟁들에서 갈등의 초점도 바로 여기에 있었다 .

이 문제를 해결하기 위해 모택동은 1941 년 3 월 , 《농촌조사》를 출판하였는데 , 이 책의 머리말에 "지금 우리에게는 수많은 동지가 있지만 구체적이지 못하며 , 깊이 이해하지 않으려 하는 태도를 유지하고 있으며 , 민심을 전혀 이해하지 않고 그들을 지도하고 있으니 이는 위험한 현상이다 . 과거 사람들은 조사를 하지 않으면 발언권이 없다는 말을 편협한 경험론으로 치부하며 조롱했지만 , 나는 이를 후회하지 않는다 . 후회하지 않을 뿐만 아니라 , 조사를 하지 않으면 발언권을 가질 수 없다는 생각을 지속시켜나갈 것이다 ."라고 썼다 .

5 월 , 그는 연안간부회의의 < 학습개조 ( 改造 )> 에 대한 연설에

서 '실사구시'의 중요성을 강조했다. 그는 '사실'은 바로 객관적으로 존재하는 모든 사물이고 '시'는 객관적인 사물의 내부적인 관계로 즉, 규칙성을 구비하고 있으며, '구'는 우리가 연구해야 할 방향이다. 우리는 국내외와 성(省) 내외, 현(縣) 내외, 지역내외의 실제적인 상황에서 출발해야 하며, 그중에서 내재되어 있으면서 억측으로 만들어 내지 않은 규칙성을 끌어내어 우리의 길잡이로 삼아야 한다."라고 말했다.

그러나 분명한 관점을 구비하면서도 예리했던 모택동의 중요한 연설은 당의 고급간부들에게는 그리 큰 반향을 일으키지 못했고, 신문에 보도도 되지 않았다. 이는 모택동에게 문제의 심각성을 더욱 깊이 깨닫게 만들었고, 고급간부의 사상을 통일하는 것에서부터 정풍운동을 시작하기로 결정하는 계기가 되었다. 중국공산당 중앙위원회는 모택동이 편집을 맡은 당의 역사문헌집 《육대이래》를 고급간부들에게 지급해 이를 정독하여 현실과 결합해 비교와 분석을 진행한 후, 무엇이 옳고 그른지를 살펴보게 했다. 호교목(胡喬木)은 "당시 아무도 4차 전체회의 후의 중앙에 존재하던 '좌'경향의 노선에 대해 이야기 하지 않았습니다. 지금 이 문건을 자료로 만든다면 당시 중앙의 몇몇 지도자들에게 존재하던 주관주의와 교조주의의 근거가 될 수도 있었기 때문에 몇몇 사람들은 이에 반박을 하지 못했습니다." 라고 회고했다.

고위간부 정풍학습의 중요내용은 바로 이러한 정신에 입각해 당의 역사적인 경험을 평가하고 개인과 그 지역 혹은 부문과 연결해 조사를 진행하는데, 과거에 진행했던 사업의 성공했던 원인과 실패했던 교훈에 대해 연구하고 비판하며 시비를 분명히 가리면서 점차 사상적인 인식이 일치되게 했다 .

당 전체의 정풍학습은 1942 년 2 월 모택동이 당내 간부에 대해 발표했던 < 당의 태도 정리 > 와 < 당팔고의 반대 > 의 보고서에서부터 시작되었다 . 모택동은 보고서에서 주관주의와 종파주의 당팔고 반대의 중요성을 체계적으로 서술했다 . 그는 당내에 존재하는 교조주의와 경험주의라는 두 가지 주관주의 중 , 현재 교조주의가 더욱 위험하다고 말했다 . 그는 “과녁을 세워 화살을 쏜다 .”라는 말을 사용해 어떻게 이론을 실제와 연결시키는지를 설명했는데 , 마르크스 , 레닌주의라는 화살이 반드시 국가혁명이라는 과녁에 적중해야 한다고 말했다 . 그는 ‘문풍’문제와 상술한 두 가지 문제를 반드시 정리해야 할 ‘삼풍 ( 三風 )’의 하나로 분류했다 . 그는 ‘공염불과 빈말’, ‘허장성세’, ‘맹목적인 행동’을 특징으로 하는 당팔고를 신랄하게 비판했고 , “혁명정신이 발전하려면 반드시 당팔고를 버리고 생동적이고 새롭고 강력한 마르크스 , 레닌주의의 문풍을 택해야 한다 .” 라고 말했다 .

중국공산당 중앙위원회는 1943 년 4 월 , 당의 기풍을 정돈하는 동시에 전체 당내 간부에 대한 조직적인 심사를 요구했다 . 당시 매우 복잡한 사회적 , 정치적 환경과 각종 적대세력이 중국공산당과 근거지에 수단과 방법을 가리지 않고 침투하려고 시도하던 상황에서 간부들의 정치적인 상황에 대한 신중한 조사는 반드시 필요한 조치였다 . 그러나 실제 업무 중에서 과도하고 엄중하게 적의 상황을 추측했고 , 항일근거지가 외부와 단절된 상황이었기 때문에 간부의 과거를 조사하기는 매우 어려웠다 . 이런 측면에서 심각한 편차가 발생해 한동안 간첩이 ‘셀 수 없이 많은’ 상황에 이르기도 했다 .

그해 7 월 15 일 , 간부를 심사하는 구체적인 임무를 맡은 강생 ( 康

生 ) 은 중앙직속기관대회에서 < 당의 질서를 어지럽힌 인사의 구명 > 이라는 놀랄만한 보고를 한 후 , 고문을 통해 자백을 받아내는 것을 서슴지 않았는데 , 연안지역에서만 10 여 일 동안 1,400 명을 간첩으로 몰아 잡아들였다 . 강생이 중국공산당 중앙위원회정치국 회의의 발표기록에 따르면 1943 년 8 월 2 일 이었다 . 그는 이렇게 수많은 억울한 사람들을 간첩으로 몰았다 . 중국공산당 중앙위원회는 곧 이 문제를 발견했고 , 8 월 15 일 < 간부심사에 관한 결정 > 을 작성해 "억울하게 혹은 잘못 알고 잡혀온 사람들은 반드시 이를 바로 잡아야 한다 . 잡혀온 사람 중에 죄가 없음이 밝혀졌으면 석방하고 잡혀오지 않은 사람들도 최후의 판결을 발표하여 그 명예를 회복하도록 한다 . 심사과정에서 좌파에 치우친 행동이 발생할 수 있고 , 고문으로 자백을 받아내는 ( 개인의 고문자백과 민중의 고문자백 ) 잘못을 범할 수 있으며 , 아닌 일을 맞는 것으로 가벼운 잘못을 큰 잘못으로 몰고 가는 상황이 발생할 수 있으므로 임무를 맡은 이들은 반드시 주의를 기울여 바로 과오를 수정해야 한다 ."고 지적했다 .

10 월 모택동은 수덕 ( 綏德 ) 의 간첩청산운동에 대한 자료를 결제하면서 "한 사람도 죽이지 말고 , 기관은 체포하지 말라 . 이번 간첩 제거투쟁 중 반드시 이를 지켜야 한다 ."고 강조했다 . 그해 연말 , 연안의 간첩 심사는 식별단계로 들어섰다 . 모택동은 대회연설에서 간첩 심사업무에서 드러난 편차에 대해 책임을 질 것이라고 여러 번 강조했고 , 잘못된 심사로 인해 상해를 입은 사람들에게 허리를 굽혀 사죄하고 , 예를 갖추어 사과하여 사람들의 원망을 풀어주었다 . 이러한 잘못은 사람들의 가슴에 못을 박았지만 비교적 빨리 정상화되었고 전체 정풍운동 중의 한 갈래로 자리했다 .

1943 년에는 두 가지 중요한 일이 있었다 . 그중 하나는 코민테른이 5 월에 해체를 선포한 일이었다 . 다른 하나는 국민당 당국이 기회를 틈 타 반공여론을 조성해 공산당 해체를 요구했고 , 호종남 부대에 2 갈래의 집단군을 보내 연안을 '기습공격'하게 한 일이었다 . 중국공산당은 즉시 이를 신문에 공개적으로 폭로했고 , 연안에 3 만여 명이 참가하는 내전반대운동을 벌여 국내외적으로 큰 반향을 일으켜 이 시기의 중국에서 발생한 반공내전은 일본에게 유리할 뿐이라는 인식을 심어주었다 . 따라서 국민당 당국이 이번에 일으킨 반공정서는 대대적인 군사공격으로 확대되지 못하고 제지되면서 항전민족통일전선을 계속해 나갈 수 있게 되었다 .

1994 년에 들어선 이후 , 세계는 반파시즘전쟁에서 잇따라 승전보를 울리며 승리를 눈앞에 두었다 .

소련과 독일의 전장에서는 소련의 홍군은 1943 년 스탈린그라드전투와 쿠르스크전투에서 주도권을 거머쥔 후 , 계속해서 서쪽으로 전진해 나갔다 . 1944 년 , '10 차공격'이라 불려진 10 차례에 걸친 전투에서 200 만 명의 독일군을 무찌르며 소련의 영토에서 침략자를 몰아냈을 뿐만 아니라 , 동유럽 사람들의 협력과 지지를 받으며 루마니아와 불가리아 , 헝가리 , 체코슬로바키아 등으로 진격했고 , 북부전선에서는 독일의 동프로이센 국경지역으로까지 진입했다 .

서유럽전장에서는 아이젠하워 (Dwight Eisenhower) 연합군 총사령관이 미국과 영국 , 캐나다 , 프랑스 , 폴란드 등의 군대 280 만 명을 이끌고 두 번째 전투를 시작했다 . 1944 년 6 월 6 일 , 연합군은 영국해협을 건너 프랑스의 노르망디반도에 상륙했다 . 8 월 25 일 , 프랑스가 해방되었다 . 연합군은 계속해서 독일로 전진했다 . 12 월 중순 , 독일군은 아르덴지역에서 모든 힘을 끌어 모아 반격했으나 실패하고 말았다 . 이렇게 독일 서부전선의 문이 열렸다 .

지중해전장에서는 미국과 영국 등의 군대가 북아프리카에서 계속 승리하면서 시칠리아에 상륙했으며, 이탈리아 정부를 투항시킨후, 이탈리아에 주둔해 있던 독일군을 격파해 1944년 6월, 이탈리아의 수도 로마를 해방시키고 계속 북쪽을 향해 진격해 나갔다. 그리스와 유고슬라비아, 알바니아 등의 국민도 용맹하게 저항하고 무장해 큰 승리를 거두었다.

태평양 전장에서 연합군은 과달카날 섬을 점령한 후 더는 전면적인 군사행동을 하지 않고, '아일랜드 호핑'으로 전략을 바꾸었다. 1944년 6월, 연합군은 일본의 '태평양방파제'인 마리아나제도를 급습했고, 7월, 사이판과 괌을 점령했으며, 10월에는 필리핀에 상륙했다. 일본본토는 이미 연합군 공군의 대대적인 폭격을 당해 태평양전쟁의 도조히데키(東條英機) 내각의 실각을 야기했다. 연합군의 일본 본토 공격은 이미 예정되어 있던 일이었다.

미얀마전장에서 연합군은 1943년부터 미얀마 북쪽에서 반격을 시작하는 동시에 중국전장에 물자를 수송하기 위한 중인도로(中印公路)를 건설했다. 이번 반격에는 미국과 영국, 인도 일부 군대 외에 인도에 주둔하고 있던 중국군도 주력부대가 되어 참여했다. 인도에 주둔하던 중국군은 1942년 미얀마에서 인도로 퇴각하던 두 개 사단을 기본으로 미국군과 밀림작전 훈련을 받았고 신식무기와 장비를 갖춘 후, 신1군과 신6군의 두 개 군단으로 확대 편성되었으며, 미국의 스틸웰 장군이 총사령관을 맡고, 정동국(鄭洞國)이 부사령관을 맡았다. 그들은 빽빽한 밀림을 뚫고 강을 건넜으며, 질병을 이겨내고, 광활하고 황량한 미얀마 북쪽의 쿠몬범 산과 후쾅 계곡을 지나갔다. 인도에 주둔하던 군대는 필사적인 혈전을 통해 미얀마에 있던 일본의 정예부대에 큰 타격을 입혔고, 1944 년 8 월 미얀마의 북쪽 요충지인 미지나를 공격했다. 다음 해 초, 원정 ( 畹町 ) 부근의 망우 ( 芒友 ) 에서 원정군 과 회합하여, 560 여 km 에 달하는 도로를 건설했다.

정동국은 "8 년의 항일전쟁에서 중국 군대가 국경선외에서 미영 연합군과 유일하게 함께 협력해 완성한 작업이었다."고 회고했다. 이 일로 중국 군대의 위세는 대내외적으로 알려지게 되었다.

세계적으로 반파시즘 전쟁의 승리를 의심하는 사람은 아무도 없 었다. 바로 이때, 중국의 정면전장인 하남과 호남, 광서에서 오히려 중국군이 패하여 후퇴하고 있어 중국민중에게 큰 충격을 안겨주었다.

## 제 1 절 하남 , 호남 , 광서에서의 퇴각과 후방의 대변동

역사가 흘러가는 과정에서 사람들은 커다란 변화를 목도하곤 한 다. 처음에는 조금씩 조용히 변화하고 있어 아무도 이를 확실히 인식 할 수 없다. 이러한 변화가 긴 시간 동안 조금씩 쌓여가면서 어떤 요소 로 인해 촉발되면, 사람들에게 익숙해져 있던 일상이 급작스럽게 변화 하면서 새로운 상황을 만들어낸다.

항일전쟁후기의 후방의 민심이 변화했던 전환점은 1944 년 하남 , 호남 , 광서에서의 퇴각 후에 발생했다. 이 퇴각은 사람들에게 크고 강 력한 충격을 안겨주어 항전 최후단계의 국내정치 상황에 영향을 주었 을 뿐만 아니라 전쟁 후에까지 이어져, 국민당이 실패를 야기하는 중 요한 씨앗이 되었다.

그해 , 일본침략자들은 패망하지 않기 위해 중국전쟁에 '1 호작전'

이라는 계획을 실시해 하남과 호남, 광서지역에 대규모 군사공격을 감행했다. 이 공격의 목적은 두 가지였다. 첫째는 평한 ( 平漢 ) 철도와 월한 ( 粤漢 ) 철도, 상계桂철도를 뚫어 중국동북에서 베트남까지 관통하는 대륙수송라인을 만들기 위해서였고, 둘째, 호남과 광서에 세워진 연합군 공군기지를 파괴하기 위해서였다.

4 월, 일본의 화북방면군 ( 華北方面軍 ) 15 만 명은 황하를 건너 하남에서 공격을 시작했고, 38 일만에 정주 ( 鄭州 ), 낙양, 허창 ( 許昌 ) 등 주요도시를 점령해 평한철도를 뚫었다. 5 월부터, 17 만 명의 병력을 집결시켜 호북에서 월한철도를 따라 대거 남하해 장사 ( 長沙 ) 와 형양 ( 衡陽 ) 을 차례로 점령했다. 그들은 상계철도를 따라 서남으로 방향을 전환해 계림과 유주 ( 州 ), 남령 ( 南寧 ) 을 함락시켰고, 12 월 초 선봉대가 곧장 귀주의 독산으로 달려가 검계 ( 黔桂 ) 철도의 마지막 구간을 장악했다. 일본 본토의 폭격에 사용되었던 계림과 유주 등지의 36 곳 연합국 공군 기지는 모두 일본군에 의해 차례로 파괴되었다.

전략적인 대치단계에 진입한 후 정면 전장의 역대전투에서 승리와 실패를 거듭했지만, 대체적으로 쫓고 쫓기는 접전의 상태에 있었다. 이런 상태는 이미 5 년 동안 계속되어 왔기 때문에 모두 이를 정상적인 상태로 여겼다. 하남과 호남, 광서지역에서의 퇴각은 기존의 대치국면을 단번에 깨뜨렸다. 사람들은 중국이 이렇게 참담하게 패배하여 전세가 급작스럽게 역전될 줄은, 또한 국민당군대의 저항이 이렇게 약할 줄은 상상조차 못했다.

하남전투의 참패 후, 수많은 사람은 제 1 작전구역의 부사령관 탕은백 ( 湯恩伯 ) 부대의 극심한 부패로 민심을 잃었음을 알게 되었다.

그러나 사람들은 여전히 전세가 이보다 더 악화되리라고는 생각 못했고, 부분적이고 일시적인 현상이라고 생각했다. 장사가 함락될 때 사람들은 일본군이 계속 공격할 수 없을 것이라 여겼다. 그러나 중국의 거대한 국토는 차례로 일본군에게 점령당하고 있었다. 8월 8일까지 47일간 지켜왔던 형양도 일본군 수중에 넘어갔다. 한동안은 일본군에 저항할 수 있을 것이라 생각했던 계림도 너무나 빨리 일본에게 점령당했다. 과거 지속적으로 정부를 두둔하던 《대공보 ( 大公報 )》는 평론에서, "계림은 천혜의 요새를 구비한 것으로 유명한 성이었고, 대군과 식량, 무기도 충분했기 때문에 수비를 맡은 책임자도 계림은 3개월 동안 싸울 수 있다고 말했다. 그러나 36시간 만에 함락되었고, 유주도 같은 날 함락되고 말았다! 정부의 군대가 어쩌면 이렇게 형편없을 수가 있는가 !"라고 발표했다.

　일본군이 독산 ( 獨山 ) 을 점령한 후, 국민당군대의 《소탕보 ( 掃蕩報 )》에, "독산의 패배도 군대의 무능을 보여준 전투다. 군대는 한 번 싸워보지도 않고 후퇴했고, 대포와 무기들도 모두 버렸다. 적군은 아직 수십 리 밖에 있는데, 우리군은 도망치기 바빠 난민은 조금도 신경 쓰지 않았다."라고 평가했다.

　독산의 패배 후 후방정치의 중심이었던 중경은 공황상태에 빠졌다. 웨더마이어 (Albert Coady Wedemeyer) ( 스틸웰을 이은 중국 작전구역 참모장 ) 등은 정부를 곤명으로 옮겨 적의 예봉을 피해야 한다고 주장했다. 국민당의 몇몇 정부기관은 이미 난주 ( 蘭州 ) 와 아안 ( 雅安 ) 등지에 선발대를 파견해 이전할 준비를 했다. 전방 난민들이 대거 중경으로 몰려들어 거리를 가득 메웠다. 《신화일보 ( 新華日報 )》에서 "사람들은 차가운 바람 속에서 바닥에 자리를 깔고 누웠는데 무정한 차가운 바람은 오랫동안 그들을 괴롭혔다. 난민들은 모두 입을 옷이라도 있었으면 하고 바랐다. 사실 중경으로 도망쳐 올 수 있었던 이들은 다른 난민들에 비해 그나마 상황이 나은 이들이었다. 그들은 피난오기 전에 각종 직종에 종사하고 있었고 모두 2~3만 위안씩은 몸에 지니고 있었다. 그러나 지금은 아무것도 없는 빈털터리였다." 이런 비참한 상황을 바라보던 후방의 기타지역 민중에게 어떠한 충격을 주었는지 말할 필요도 없었다.

이러한 패배와 퇴각이 발생한 시기가 전 세계의 반파시즘 전쟁이 곳곳에서 승리하고 있을 때여서 이를 바라보는 사람들을 더욱 견디기 힘들게 했다.

현실은 가장 훌륭한 선생님이다. 사람들은 이런 참혹한 현실을 앞에 두고 심각하게 고민하지 않을 수 없었다. 도대체 무엇 때문에 일이 이렇게 돼버린 것일까? 중국이 어떻게 이 난국에서 벗어날 수 있을까?

민심이 변하면서 국민당 당국에 대한 후방 민중의 입장에도 큰 변화가 생겼다는 점이 중요했다. 적을 앞에 두고 있을 때 정부는 쉽게 국민의 이해와 지지를 받을 수 있었다. 대치단계로 들어섰지만 국민당 당국의 독단과 부패는 매일 사람들의 눈에 뚜렷이 들어왔고, 물가의 폭등과 특무요원들의 전횡까지 겹쳐 사람들의 불만과 분노는 더욱 쌓여가고 커져만 갔지만 이러한 문제들은 점점 더 심각해져 갔고, 사람들은 아직 강렬한 항의를 행동으로 표시할 결심을 하지 못했다. 전세계 반파시즘전쟁의 승리가 거의 다가왔을 때, 수많은 사람은 미래에 희망을 걸었다. 몇몇 민주주의인사들은 여전히 헌정운동으로 바빠 눈앞의 여러 가지 불합리한 현상을 잠시 눈감아 둘 수밖에 없었다. 환남사변 후, 국민당정부는 후방에서 고압적인 정책을 펼쳐 특무기관의 요원들은 임의적으로 사람을 체포하고 죽였고, 사람들에게 침묵을 강요했다. 따라서 오랫동안 후방의 정치는 정적에 휩싸여 있었고, 대대적인 정치폭동이 일어나지는 않았다.

이때는 오히려 과거와 달랐다. 전시상황에서 사람들은 언제나 군사적인 일에 집중했다. "사람들이 현 상태에 대해 토론할 때는 언제나 군사상의 일이 첫 번째였다. 적군이 여러 갈래로 계림에 침투하여 긴급한 상황일 때도 사람들의 모든 관심은 전쟁에 쏠려있었다. 다른 문제에 대해서는 간신히 참아줄 수 있다고 해도 전투에서 결코 일어나서는 안 되었던 철저한 패배는 사람들에게는 도저히 참아줄 수 없는 일이었다. 일본은 이미 패망의 길을 걷고 있었고, 이미 허약할 대로 허약해진 그들의 군대로 큰 규모의 전투도 없이 중국의 대부분 국토를 점령당했다. 이런 패배는 항전초기의 말했던 적군과 우리군의 세력차가 현저하다는 등의 이유 따위로는 설명할 수 없었다. 회의와 신문지상에서는 계속해서 국민당정부의 부패를 폭로하고 있었다. 모든 사람들이 이번의 참담한 패배는 국민당 당국의 정치, 경제, 군사적인 부분의 결점이 응집되어 나타났다는 사실을 알고 있었다.

국민의 원망은 전에 없이 끓어올랐고 여론도 격앙되었다. 따라서 위기타개의 해결책을 둘러싸고 국민당 통치구역에서 대대적인 민주운동이 일어났다. 이런 대중의 목소리는 사실 국민당정부에 대한 신뢰가 이미 무너졌음을 나타내고, 근본적인 개혁을 요구하는 것이었다. 각지의 민주주의 인사들은 분연히 집회를 가지고 선언을 발표하며 정권 개방을 주장하고 헌정실시와 제도를 개혁하여 위기를 극복하자고 주장했다. 9월 초, 장란 민주연맹 주석은 다음과 같은 담화를 발표했다. 정치문제는 전체적인 문제이다. 부차적인 문제까지 논한다면 부

차적인 문제부터 시작해야 하는데, 이는 문제를 해결하고 대응하는 태
도가 아니다. 결국 중요한 문제는 민생이다. 민주주의만이 중국의 유
일한 길이다.

10월 10일, 미국외교관 서비스가 스틸웰에게 보낸 비망록에 "국
민당의 실패가 점점 더 명확히 드러남에 따라 중국국내의 불만정서가
빠르게 퍼져나가고 있습니다. (국민) 당의 위신이 땅에 떨어져 장개
석은 지도자로서 과거에 누렸던 존경을 점점 잃어가고 있습니다."라
고 썼다.

국내에서 민주주의를 요구하는 목소리는 점점 커져갔고, 각계 인
사들의 국민당 일당의 독재 퇴출에 대한 요구는 이미 항거할 수 없는
거대한 물결을 이루었다.


## 제2절 연합정부 주장의 제시와 민족자본가의 태도변화

중국에서 두 가지 뚜렷이 다른 상황이 나타났다. 하나는 정면 전
장에서 일어난 비참한 퇴각이었고, 다른 하나는 중국공산당이 이끈 후
방 전장에서 2년간의 극심한 어려움을 극복한 후, 새로운 단계로 발전
이었다. 연안의 《해방일보》는 그해 연말, 다음과 같은 최종 결론을
보도했다.

　　1년간의 불완전한 통계에 따르면, 1년 간, 적군과
우리 군은 2만여 차례의 크고 작은 전투를 겪었고, 22만
여명의 적군과 괴뢰군을 무찔렀으며, 3만여 명을 포로로

붙잡았다.

16개의 현과 성을 수복했고, 47개의 현과 성이 함락당했고, 5,000여 곳의 거점을 점령했으며, 8만여㎢의 국토를 되찾았고, 1,200만 명의 동토를 해방했다.

1년 동안의 투쟁에서 승리한 결과, 우리의 정규군은 47만 명에서 현재 65만 명으로 증가했고, 민병도 200만 명에서 220만 명으로 증가했으며, 해방지역 인구는 8,000만 명에서 현재 9,200만 명으로 증가했는데, 이는 우리의 세력이 강화되었음을 보여준다.


공산당 스스로가 보도한 자료만으로는 단지 홍보용으로 보이기 쉬웠다. 사람들은 제3자가 관찰한 결과를 보기를 희망했다. 과거 중국공산당이 이끌던 각 항일민주근거지 혹은 먼 후방, 혹은 국민당 당국에게 빈틈없이 봉쇄를 당했던 후방의 수많은 사람은 구체적인 상황을 이해하기 어려웠다. 당시, 국민당 당국은 국내외 압박 속에서 처음으로 중국과 외국의 기자 서북 시찰단 21명이 근거지를 취재하도록 허락했는데, 그중에는 AP 통신과, UPI 통신, 미국의 《타임즈》 등 6명의 외국기자가 포함되어 있었다. 1944년 6월, 그들은 연안에 도착했다. 몇몇 사람들은 산서성 서북 등 근거지에 가서 시찰을 진행했다. 이들 기자가 쓴 수많은 보도와 평론은 후방과 국외의 몇몇 간행물에 잇따라 발표되었다. 미국의 《뉴욕 타임즈》 기자 포어맨(Foreman)은 연안과 산서의 수원 항일근거지에서 6개월간 취재를 진행한 후 <붉은 중국으로부터의 보고>라는 기사를 썼다. 그는 시작부분에 먼저 "우리 신문 기자의 대부분은 공산주의자도 아니고 공산주의를 동정하는 사람들도 아니다 ."라고 설명했다. 그는 직접 본 사실을 묘사한 후 , "팔로군을 만나 본 사람들은 그들을 의심하지 않았다. 그들은 민중과 함께 했기 때문에 빼앗은 무기 혹은 허술한 무기로 작전을 지속해 올 수 있었다. 연안에서 그들이 우리에게 전과 ( 戰果 ) 를 보고할 때 , 나는 정말 믿을 수가 없었다. 그러나 나와 팔로군이 후방에서 실제로 이들 근거지와 보루를 점령하고 파괴하는 두 개월 동안 작전을 함께 수행한 후에 나는 공산당의 보고가 전혀 과장되지 않았음을 알 수 있었다 ."고 썼다 .

《신민보》 기자 조초구 ( 趙超構 ) 가 쓴 《연안에서의 한 달 ( 延安一月 )》이 후방에서 출판된 후에도 큰 영향을 미쳤다 .

이들 중국과 외국의 기자들이 쓴 기사와 평론은 후방의 수많은 사람에게 과거에는 이해하지 못했던 전혀 새로운 세계를 보여주었고 , 눈과 귀를 새롭게 했다. 그곳에서 과거에 천대 받던 노비는 국토의 주인이 되었고 , 모든 곳에 생기와 활력이 넘치고 있었다. 이렇게 점점 더 많은 사람들의 마음속에는 중국의 미래에 대한 새로운 희망으로 불타올랐다 .

7 월 , 루즈벨트 대통령의 건의로 미군 시찰단을 연안으로 파견했고 , 수많은 보고서를 정부로 보냈다. 그들이 목도한 사실에 대해 한 미국인의 말을 인용하면 "공산당은 상술한 지역에서 강력한 정치와 군사조직으로 감조감세를 제시했고 , 괴뢰정권과 결탁한 지주를 몰아내어 민중의 지지를 얻었다. 공산당이 농민을 보호하고 재물을 갈취하지 않았고 장정들을 잡아가지 않았기 때문에 농민들은 평생 처음으로 그들이 납부하던 세금이 가벼워졌음을 느꼈다. 공산당 근거지가 확대됨에 따라 그들의 사회적인 지위는 더욱 높아졌고 농민들의 미래에 대한 믿음도 점점 깊어졌으나 , 국민당은 하북의 패배로 그 무능함이 드러났

고, 상황은 빠르게 악화되었다."

9월 5일, 국민참정회 제3회 3차 전체회의가 중경에서 개막되었다. 이번 회의는 전쟁상황이 심각하게 악화되고, 민심이 격앙된 시기에 열렸다. 회의에서 이루어진 격렬한 토론과 거리낌 없는 비판은 과거 역대 참정회에서는 볼 수 없던 광경이었다. 참정회에서 논의되었던 중요내용은 국민당과 공산당의 관계에 대한 문제였다. 과거 국민당 당국은 공산당과의 대화를 내부적으로만 진행했고, 공개적으로 선포하려 하지 않았다. 국내외의 많은 사람들이 국민당과 공산당의 담판에 대한 진상을 요구하였기 때문에 이번 참정회의에서 그 사항에 대해 논의하게 되었다. 15일, 임백거와 장치중(張治中)이 회의에서 국공담판에 관해 보고한 내용으로 전국이 들썩였다. 임백거는 이 기회를 놓치지 않고 중국공산당대표로 회의에 참석하여 '연합정부'를 구축하자는 주장을 공개적으로 폈다. 그는 보고 말미에 "나는 국민당이 즉시 일당통치(一黨統治)를 끝내고 국민 정부로 하여금 각 당과 각 파, 각 항일부대, 각 지방정부, 각 인민단체의 대표들을 불러 모아 국가회의를 열고 각 항일당파의 연합정부를 조직하게 하여, 모든 사람의 눈과 귀를 새롭게 하고, 민심을 북돋우고, 전방의 사기를 고무시켜 전국적인 단결을 강화하기를 희망한다."라고 명확히 의사를 전달했다.

이번 대회에 전국민의 이목이 집중되어 있었고, 공개적으로 진행되었기 때문에 임백거가 보고 중에 주장한 '연합정부'는 특히 많은 사람들의 관심을 받았다. 항상 국민당 편에 섰던 참정의원이었던 왕운오(王雲五)도 당일 회의에서의 연설 중, "정권의 공개는 공산당에서 제시했다. 사실 중국공산당뿐만 아니라, 전국 인민도 이와 같은 주장을 할 것이라고 생각한다."라고 말했다. 회의 후 국민당 중앙선전부는 각 신문사에 '연합정부에 대해서는 절대 보도하지 말 것'이라고 특별히 당부했다.

국민당 중앙통신사의 보도에서 임백거의 주장은 모두 삭제되었다. 그러나 9월 17일의 《신화일보》가 이 보고의 전문을 발표했다. 이 신문은 거리에 붙여져 많은 사람이 읽었다. 신문도 몇 천부나 더 많이 팔렸다. 각국의 기자도 국외로 기사를 송부해 광범위한 반향을 불러 일으켰다.

'연합정부'의 주장은 일파만파로 퍼져나갔다. 수많은 사람은 국민당의 일당 독재를 바꿔 연합정부를 세워야 한다고 주장해 후방의 민주운동을 새로운 단계로 올려놓았다. 곤명과 성도, 서안 등지의 신문에 많은 사설과 문장이 발표되었고, 여러 군중단체들이 집회를 열어 진정한 민주정치 실행을 강력히 요구했다. 중국민주동맹이 10월 10일 발표한 <중국민주동맹의 항전 최후단계에 대한 정치 주장>이 특히 눈길을 끌었는데 이 문장에서 제시한 다섯 가지 항목 중, 제2항은 "즉시 일당독재를 끝내고 각 당파의 연합정권을 세워 민주정치를 실행한다."였고, "각 당파회의를 소집해 전시 상태에서 전국적인 통일정부를 만들자."라고 요구했다. 이는 '연합정부' 설립이 이미 공산당만의 주장이 아니고, 중간파 인사를 포함한 후방의 광범위한 세력의 공동적인 뜻임을 의미했다.

후방의 민심에 변동이 생기지 않았다면, 수많은 민중이 국민당정부에 극도로 실망하지 않았다면, 사람들이 이 이외에 다른 출구가 있다고 생각했다면 '연합정부'의 주장은 이렇게 제시되지 않았을 것이고, 제시되었더라도 많은 이들이 거들떠보지도 않았을 것이다. 이는 바로 "시대의 흐름에 따라야 한다."는 말과 일맥상통한다.

1944 년 , 민족자본가의 정치태도에도 과거와는 완전히 다른 변화가 생겼다 . 항전이전에는 중국산업 절반 이상이 연안의 각 성에 집중되어 있었다 . 항전이 시작된 후 , 수많은 공장들이 내륙으로 이전해 항전이라는 대업의 지원과 내륙공업 발전을 선도하는데 중요한 역할을 했다 . 항전이 발발했을 때부터 1941 년까지 전시상황으로 인해 후방의 민족공업은 발전의 추세를 유지하고 있었다 . 그러나 1943 년부터 이들의 처지는 점점 어려워졌다 . 불황의 주요 원인은 다음 세 가지였다 . 첫째 , 심각한 인플레이션으로 공장이 제품을 생산해 판매하고 난 후 , 그들에게 돌아오는 금액은 제품을 생산하기 위한 원료를 구입하기에도 부족해 유동자금의 고갈을 가져왔다 . 기업은 일정한 비율에 따라 감가상각기금을 준비해두었지만 낡은 설비를 바꾸기에 항상 부족했다 . 둘째 , 국민당정부가 물자에 대해 독점적인 통제정책을 실시했기 때문이었다 . 정부는 1942 년부터 소금과 , 설탕 , 장작 등의 전매를 실시했고 , 다음 해 면방직물 등에 대해 가격제한과 협정가격을 실시했다 . 정부가 규정한 수매가격과 제한가격 , 협정가격은 물가지수와 비교해 봐도 , 암시장의 시가와 비교해 봐도 너무나 낮았기 때문에 기업들은 곤경에 빠졌다 . 셋째 , 토착자본이 경영하는 공영기업이 국가 경제의 주요부분을 장악하고 있었는데 , 1940 년 이후 민족자본에 대한 배척이 점점 더 강하게 이루어졌다 .

1943 년 , 민영산업의 생산총지수가 항전기간 처음으로 마이너스 성장을 기록했다 . 1944 년 , 후방 전체산업의 생산총지수도 처음으로 마이너스를 기록했다 . 이는 국민당정부 , 특히 토착자본에 대한 민족자산계급의 불만이 야기된 상직적인 계기였다 .

하남과 호남 , 광서에서의 후퇴로 후방민족산업은 큰 타격을 입

었다 . 내륙으로 이전한 공장들은 중경과 사천의 각 지역을 제외하고
는 호남과 광서에 가장 많았다 . 호남과 광서에서 후퇴할 때 , 권력이 있
는 사람은 그들의 재산을 남들보다 먼저 옮겼지만 민족산업가들은 힘
들게 내륙으로 옮겨온 기계설비들은 버려두고 거의 빈손으로 나와야
만 했다 .

항전후기 사천 공장이전 연합회 이사장을 맡았던 호궐문 ( 胡厥
文 ) 은 당시 , 호남에 있었는데 , 일본비행기의 폭격을 무릅쓰고 피난
하는 사람들을 따라 광서와 귀주를 지나 중경으로 돌아왔다 . 그는 당
시의 피난으로 나는 평생 가진 것을 몽땅 잃어 버렸다 . 호남과 광서에
서 철수하면서 나는 국민당정부의 부패와 국민당군대의 무능 및 민영
공장의 비참한 처지를 직접 경험했다 . 직접적인 경험을 통해 우리는
큰 교훈을 얻었다 . 산업계인사들이 경제에만 몰두하고 지금의 시국을
앉아서 구경만하고 있을 수 없다는 사실을 깨달았다 . 몇 차례의 논의
를 거쳐 나랏일에 대해 공개적으로 주장을 발표해야 한다고 의견을 모
았다 .”고 회고했다 .

1944 년 말 , 호궐문은 5 개의 산업단체를 연합해 시국에 대해 성
명을 발표했다 . 호궐문은 “당시 우리 민족자산계급이 처음으로 발표
한 시국에 대한 정치적인 주장은 산간지역에 큰 반향을 일으켰다 .”고
밝혔다 .

1945 년 말 , 민족자산가를 위주로 한 민주건국회가 성립되었다 .
호궐문은 “우리는 젊었고 , 정치를 혐오하고 있었으며 , 정치관료가 되
지 않고 산업을 통해 국가를 구하겠다고 결심했다 . 민주건설회를 설립
을 전환점으로 정치에 참여하게 되었다 .”라고 회상했다 .

주은래는 이후 , “1944 년 , 소자본계급뿐만 아니라 , 민족자본계

급도 우리에게 손을 내밀었다 ."고 기억했다 . 중국의 민족자본가가 공산당으로 돌아섰다는 사실에 해외의 몇몇 인사들과 국민당 내의 몇몇 인사들도 당혹감을 감추지 못했다 . 사실 이러한 현상은 중국사회가 자초한 일이었다 . 역사를 되돌아보면 , 그들의 정치태도 변화는 오랜 시간 동안 조금씩 진행되어 오다가 1944 년을 전환점으로 확실히 바뀌었는데 , 이는 하남과 , 호남 , 산서의 퇴각으로 초래된 심각한 결과와도 직접적인 관련이 있다는 것을 알 수 있다 .

## 제 3 절 미국의 장개석 지지와 공산당 반대정책의 형성

태평양전쟁이 발발한 후 중국과 미국은 연합국이 되었고 , 함께 일본의 파시스트 침략자에 대항했다 . 이렇게 미국의 정부와 민간이 중국문제에 대한 관심과 개입이 점점 그 도를 넘어서고 있었다 . 미국의 중국에 대한 정책은 미국의 국가이익에서부터 출발했다 . 미국은 참전 초기에 힘을 모아 나치독일을 격파하는데 전략의 초점을 맞추었기 때문에 아시아와 태평양 지역에서 일본에 대응할 여력이 많지 않았다 . 따라서 중국을 이용해 가능한 많은 일본의 군사력을 견제할 필요가 있었다 . 이와 동시에 앞으로 태평양전장에 미국이 진입하게 되었을 때 , '가장 짧은 시기에 미국인의 희생을 최소화 하면서 일본을 물리치기' 위해서 중국과의 긴밀한 협력이 필요하다고 생각했다 .

이런 상황에서 , 국민당과 공산당의 관계에 대한 미국의 견해는 장개석과 뚜렷한 차이를 보였다 . 장개석은 미국을 이용해 일본에 대응하기를 희망했고 자신의 세력을 보존하고 , 미국의 군사적인 지원으로 자신의 입지를 강화시켜 전쟁이 끝난 후, 더 많은 힘을 집중해 공산당에 맞서려 했다. 미국은 중국에 주둔한 군사와 외교관을 통해 장개석의 의도를 간파했고, 국민당정부에게서는 부패와 무능이, 공산당이 이끄는 군대에 대해서는 상당한 전투력이 있음을 알게 되었다. 특히 전쟁말기에 미군이 화동 등지에 상륙해 일본군과 싸우게 된다면 희생을 줄이기 위해 더욱 중국공산당과의 협력이 필요했다. 따라서 그들은 중국에서의 내란을 반대했다. 스틸웰은 몇몇 군사물자를 공산당군대에게도 나누어 주어야 한다고 주장하면서(한 번도 실행된 적은 없지만) 장개석과 첨예하게 대립했다.

다음의 두 가지 요소로 인해 이런 상황은 그리 오래가지 지속되지 않았다. 첫째, 미국은 이후 태평양지역에서 '아일랜드 호핑'전략의 실행을 결정해 화동 등지에 상륙할 필요 없이 일본본토를 직접 공격하게 되었고, 소련도 소련과 독일 전쟁이 끝난 후 극동지역의 군사파견을 허가했기 때문에 미국에게 이미 중국공산당군대와의 협력은 그리 중요하지 않았다. 둘째, 장개석이 강경한 태도로 미국정부에 스틸웰의 철수를 주장했다. 미국은 세계전쟁에서 전세는 점점 유리하게 돌아가고 있었기 때문에 전쟁 후의 세계적인 상황을 고려해야 했는데, 미국정부에게 장개석은 여전히 전후에 구축할 최상의 친미세력이었다. 1944년 10월, 루즈벨트는 결국 장개석의 요구에 동의해 스틸웰을 미국으로 불러들였고, 장개석과 관계가 좋았던 웨드마이어를 중국작전구역 연합군 참모장 겸 주중미군사령관으로 파견했다.

11월 7일, 장개석을 비호하던 미국 대통령의 개인 특사인 헐리가 연안에 도착해 모택동, 주은래 등과 회담을 가졌다. 그는 그가 초안을 작성하고 국민당 협상대표의 동의를 얻은 '협의기초'라는 서류를 가지고 왔다. 이 서류에는 연합정부의 문제는 전혀 언급되어 있지 않았다. 3일간의 협상을 통해 중국공산당의 건의에 따라 쌍방은 다섯 가지 협정에 동의했다.

그중, 제2항의 내용은 "지금의 국민 정부는 모든 항일당파와 무(無) 당파 정치인물의 대표를 포함한 연합국민 정부로 재정비해야 하고, 군사 정치, 경제, 문화의 신민주정책을 반포하고 실행해야 한다. 또한 군사위원회는 모든 항일군대 대표로 조성된 연합군사위원회로 재정비되어야 한다."였다.

제4항의 내용은 "모든 항일군대는 연합국민 정부 및 그 연합군사위원회의 명령을 준수하고 집행해야 하며, 이 정부 및 그 군사위원회의 승인을 받아야 한다. 국제연합에서 받은 물자는 공평하게 분배되어야 한다."였다.

11월 10일, 모택동은 중국공산당 중앙위원회 주석의 신분으로, 패트릭 제이 헐리(Patrick Jay Hurley)는 미국대통령 개인 특사와 증인의 신분으로 이 협정의 초안에 서명했다. 그러나 헐리가 중경으로 돌아온 후, 이 5개 항의 협정은 장개석에 의해 완전히 번복되었다. 헐리는 신의를 저버리고 장개석의 편에 섰고 11월 17일 주중미국대사로 임명되었다.

1945년 2월, 미국과 소련, 영국의 지도자들은 소련의 얄타에서 회담을 개최했다. 사실 이번 회담의 주요 논의 내용은 전후의 유럽과 극동에서 미국과 소련, 영국의 세력범위의 확정이었다. 이 회담에 중국대표가 참가하여 중국의 주권과 이익을 손상시키는 협정에 서명하는 일은 없었는데, 이는 바로 소수의 강대국이 세계를 지배하는 강권정치를 진행했음을 뜻했다.

이때 미국정부 내부에서는 중국정책에 대해 여전히 논쟁을 거듭하고 있었다. 완전히 장개석의 편에 있었던 헐리는 1945년 2월, 업무보고를 위해 귀국했다. 4월 2일, 그가 워싱턴을 떠나기 전 진행한 기자회견에서 "현재 중국의 군사기구와 미국의 군사기구, 중국국민 정부와 미국의 주(駐) 중경대사관은 한 팀이다."라고 명확히 말했다. 그는 중국공산당을 '군벌'로 칭하고 미국의 대중정책에 대해 "미국은 중국의 무장 군벌과 무장 정권이 아닌 국민 정부를 인정한다. 무장한 정당과 군벌만이 감히 국민 정부에 저항할 충분한 세력을 갖추고 있으므로, 중국은 정치연합을 할 수 없다."라고 표명했다. 이런 주장은 점점 미국의 대중(對中) 정책의 주류를 이루었다.

여러 가지 조짐으로 봤을 때, 1945년 4, 5월은 미국의 대중정책이 한쪽으로 기울어지는 중요한 시기였다. 당시 상황은 유럽전쟁이 이미 승리할 것으로 예측되고 일본의 투항도 시간문제였다. 미국의 정책 결정자는 공동의 적인 독일과 일본을 공격해 파시즘을 약화시키고 전후에 어떻게 소련의 발호에 대처할지에 고민하고 있었다. 이와 함께 미국 국내의 반공 분위기는 점점 더 심화되어 국무원에서 중국 관련인사의 대대적인 인사이동을 초래했다. 요컨대 전체적으로 1945년 4, 5월은 유럽전쟁이 끝나던 시기였고, 미국의 대중정책은 장개석을 지지하고 공산당을 반대하는 국면으로 바뀌어가기 시작하는 시기였다.

이는 중국공산당의 반응에서도 나타났다. 1945년 4월, 모택동은 중국공산당 제7차 전국대표대회의 정치보고서에서, "어느 나라 정부라도 중국의 반동분자를 지원하고 중국인민의 민주사업에 반대한다면, 절대적인 잘못을 범하게 될 것이다."라고 경고했다. 그러나 미국을 거론하지는 않았다. 6월이 되자 그는 제7차 전국대표대회의

폐회사에서 더욱 단호하게 , "미국정부의 장개석 지지와 반공정책은 미국에서 반동파가 기승을 부리고 있다는 것을 설명한다 . 그러나 중국 인민의 승리를 저지하려는 국외 반동파의 모든 시도는 결국 실패하게 되어있다 ."고 밝혔다 .

## 제 4 절 중국공산당의 제 7 차 전국대표대회와 국민당의 제 6 차 전국대표대회

1945 년은 세계적인 반파시즘 전쟁의 마지막 해였고 , 중국 항일 전쟁의 마지막 해이기도 했다 . 그해 상반기 , 상황은 이미 긍정적으로 변해가고 있었다 . 5 월 2 일 , 소련의 홍군이 베를린을 공격했고 , 8 일 , 독일은 무조건적인 항복을 선포했다 . 연합국의 군대는 태평양전장에 서 계속해서 '호핑 아일랜드'전략을 펼쳐 일본 본토를 점점 압박했다 . 4 ~ 6 월 , 미국 로스앤젤레스에서 열린 국제연합대회에 약 50 개 국이 참가했다 . 회의에서 국제 연합 헌장과 조직기구를 제정하고 통과시켰 다 . 미국과 소련 , 영국 , 중국 , 프랑스의 5 개국이 국제연합 안보이사 회 상임이사국이 되었다 . 전쟁은 곧 끝을 맺게 될 것이었다 . 국공양당 은 전후의 중국문제에 대한 고민에 빠졌다 .

중국공산당은 1945 년 4 ~ 6 월 연안에서 제 7 차 전국대표대회를 열었다 . 중국국민당은 5 월 중경에서 제 6 차 전국대표대회를 열었다 . 이 두 대회는 거의 동시에 개최되었는데 , 이는 우연이 아니었다 .

코민테른이 해산된 지도 이미 2 년이 흘렀다 . 왕명을 대표로 하여 마르크스 - 레닌주의를 교조화하고 , 코민테른과 소련의 경험을 신성화 하던 잘못된 추세는 이미 제거되었다. 이는 중국공산당이 국가 상황에 따라 독립적이고 자유로이 중국의 문제를 해결하는데 더욱 유리했다. 모택동이 제7차 전국대표대회에서 발표한 정치보고서 < 연합정치를 논하다 > 의 시작부분에 "중국이 민주적인 연합정치를 구축해야 하는지의 여부는 이미 중국인민과 연합국의 민주언론계의 주목을 받는 문제가 되었다."라고 언급했다. 보고서에서, "우리 공산당은 자신의 정치 주장을 숨긴 적이 없다. 우리의 미래강령 혹은 최고 강령은 중국을 사회주의 사회와 공산주의 사회로 발전시켜 나가는 것이고 이는 확실하고 의심할 바 없는 사실이다. 그러나 모든 중국공산당원들과 모든 중국공산주의 지지자들은 반드시 현재 단계의 목표인 민족압박과 봉건압박을 반대하기 위해, 중국인민이 식민지와 반식민지, 반봉건의 비참한 운명에서 벗어나기 위해 무산계급이 이끄는 농민해방을 주요내용으로 하는 신민주주의를 구축하고, 손문 선생의 삼민주의혁명의 독립적이고 자유로우며 민주적이고 통일된 부강한 중국을 건설하기 위해 투쟁해야 한다."고 밝혔다. 이것이 바로 중국공산당이 구상한 전후의 중국이었다.

유소기는 당규를 수정하는 보고서에서 "마르크스, 레닌주의 이론과 중국혁명 의 실천에 일치하는 부분이 있는데, 바로 모택동의 사상이다. 모택동사상은 우리 당의 모든 사업의 지침으로써 모든 교조주의와 경험주의의 편향적인 사고를 반대한다." 라고 말했다. 이 내용은 《유소기 선집》 상권, 인민출판사 1985년 332페이지에 나와 있다.

이 논단은 당규로 선정되어 제7차 전국대표대회에서 통과되었다. 모택동사상을 지침으로 제시한 데에는 또 다른 의미가 있는데, 바로 중국공산당이 마르크스, 레닌주의이론을 중국혁명의 실천과 일치시켜 독립적이고 자주적으로 자신의 길을 걸어가겠다는 의지의 표명이었다. 이는 아주 의미 깊은 선언이었다.

6월 19일, 중국공산당의 제7차 중앙위원회 제1회 전체회의에서 13명의 중앙정치국위원을 선출했는데, 모택동과 주덕, 유소기, 주은래, 임필시를 중앙서기처의 서기로, 모택동을 중앙위원회 주석으로 선출해 완전하고 안정적인 제1대 지도핵심을 형성했다.

중국국민당 제6회 전국대표대회의 개최는 모택동의 < 연합정부를 논하다 > 에서 말한 것과 같이 "소위 '국민대회 개최'와 '정치해결'이라는 연막을 쳐서 몰래 내전을 준비하는 공작이다."였다. 대회에서 < 국민대회 소집기간에 관한 안건 >, < 헌법초안에 관한 안건 >, < 지방자치결의안에 관한 안건 > 등을 통과시켰지만 이에 대한 사람들의 믿음은 이미 오래 전에 무너졌다. 대회에서 < 공산당문제에 대한 결의안 >, < 중국공산당문제에 관한 본당 동지의 공작방침 결의안 > 을 통과시켜, "중국공산당은 과거 오랫동안 여전히 무장할거를 고수하며 중앙의 군령과 정령을 받들지 않았다. 과거 중국공산당문제에 대해 정치적인 방법으로 해결하려 하였고, 앞으로도 여전히 이미 정한 방침에 따라 계속해서 노력해 나갈 것이다."라고 지적했다. 후자는 사실 '연막'에 불과했다.

장개석은 5월 22일 (대회가 끝난 그 다음날) 국민당 제6차 전국대표대회에 참석한 군대의 대표들에게 아주 솔직하게 말했다. 그는 먼저, "그대들은 대부분 군사학교의 학생이고 나의 형제와 같다."라고 말했고, 그 뒤 공산당 문제에 대해 집중적으로 이야기 했는데 "공산당은 자신의 잘못을 깨닫지 못할 뿐 아니라 다른 마음을 품고 있다. 그들은 고의적으로 통일을 막고 국가를 배반하려 하고 있다. 그들은 이번 기회에 본당과 우리 혁명의 무력을 철저하게 제거하지 않으면, 정권을 장악하고 중국을 적화하려는 음모를 성공시키지 못할 것이라 생각하고 있다. 따라서 그들이 이 항전에서 승리하기 전에 반드시 마지막 발악으로 힘들게 항전한 국민당군대를 습격하여 우리 정부의 위신을 떨어뜨리고 우리국가의 근본을 흔들려 할 것이다. 우리는 공산당을 '빈대'와 같다고 말하는데, 조금이라도 주의를 게을리 하면 그들에 의해 무고를 당할 수 있으므로, 캄캄한 어둠 속에서 더욱 철저히 방비해야 한다. …… 여러분은 토벌시기의 참담한 교훈을 통해 이 일이 여전히 우리 혁명의 성패와 국가 안위에 관련된 중요한 일이며, 또한 각자의 생존에도 관련되어 있는 일임을 알아야 한다. 반드시 항상 준비하고 경계해야 한다."고 말했다.

그의 이 말은 항전에서 승리하기 전, 그의 장군들에게 내전을 지시하던 것과 다르지 않았다. 이는 항전이 승리로 끝난 후, 장개석이 잠시도 지체하지 않고 전면적인 내전을 일으킬 것을 예고하는 말이었다.

1945년 하반기에 들어서자 항일전쟁은 마지막 단계에 들어섰다. 이때 일본군이 점령한 대부분의 도시와 현, 중요도로와 연안지대는 공산당이 이끄는 후방 항일근거지에 둘러싸여 있었다. 팔로군과 신4군, 후방 전장 군민들이 대대적인 봄, 여름 공격작전을 진행해 61개의 현과 성을 수복했고, 해방지역을 24여만㎢ 확대했으며, 해방된 사람의 수는 1,000만 명에 달했고, 일본군이 점령했던 점과 선에 대해 포위하고 숨통을 조여 수많은 항일근거지를 연결시킴으로써 분산되었던 유격전은 비교적 큰 병력의 기동전으로 점점 발전해 전면적인 반격을 위한 중요한 기초를 제공했다. 8월 9일, 150만 소련 홍군이 국경을 넘어 중국 화북의 일본관동군을 전면적으로 공격했다. 같은 날 모택동은

< 왜적에 대한 최후의 일전 > 을 발표했다 . 각 항일근거지 군민은 일본 군에 대해 전면적인 반격을 실시해 8 월 9 일부터 9 월 2 일까지 현 이상 의 도시 150 곳을 해방시키고 7 만 6,000 명의 일본군과 괴뢰군을 무찔 렀다 .

이때 , 국민당군대의 주력부대는 대부분 중국의 서남지역에 있었 고 , 25 개 군이 호종남의 지휘로 섬서와 감숙 , 영하 변경 지역을 포위 하고 있었다 . 그들은 미국이 지원한 수많은 무기와 장비를 구비하고 있었다 . 버마전투기간 , 두 개 군단이 미군의 장비를 구비하고 있었다 . 1943 년 4 월 , 장개석은 운남에 간부훈련단을 설립하고 , 단장을 겸임 했는데 , 부대의 부단장 이하의 대대 , 중대 , 소대장급 간부를 훈련대상 으로 "2 년 동안 약 1 만 명을 훈련시켰다 ." 인도기지에서는 신 1 군과 신 6 군이 미군의 장비를 구비하고 있었다 . 두 군대의 군관과 상술한 두 개 군단의 사단장급 간부도 이곳에서 훈련을 받았는데 , 교관은 거 의 미국인이었다 . 미국은 그 외에도 기타 군사상의 원조도 지원했다 . 항전초기와 비교해 국민당정부의 군사력은 매우 강해져 있었다 . 1945 년 , 주중일본군은 병력의 대폭적인 감소로 인해 긴축전략을 실시했고 광서에서부터 철군을 시작했다 . 중국 군대는 5 월에서 7 월 사이에 남 령과 유주 , 계림을 차례로 수복했다 .

## 제 5 절 일본의 무조건적인 항복

일본은 국토가 상대적으로 협소하고 자원이 부족한 국가였다 . 전 쟁에서 소모하는 물자가 지속적으로 증가함에 따라 전세가 빠르게 악화되고, 연합군이 경제적으로 봉쇄하여 압박을 가하며 미국공군이 일본의 주요도시에 치명적인 폭격을 가하자 일본 사회경제는 거의 붕괴되었고, 물자는 결핍되었으며, 식량과 소금 등 생활필수품조차도 부족해 민중의 생활은 지속적으로 악화되었고 심각한 어려움에 빠졌다. 독일과 이탈리아의 파시즘정권의 몰락으로 일본은 완전히 고립무원의 처지에 빠졌다. 전쟁은 이미 점점 일본본토로 가까이 다가오고 있었다. 통치자가 여전히 '일억옥쇄 ( 一亿玉碎, 천황을 위해 1 억 일본인이 몸이 부서지도록 충성을 다할 각오 )'를 고취하고 있었고, '신풍특공대 ( 神風特攻隊 )'가 비행기를 이용한 자살공격을 하고 있었지만 사실상 국력이 고갈되어 더는 버틸 수 없는 지경에 이르렀다.

독일 파시즘이 붕괴한 후, 미국과 영국, 중국은 7 월 26 일 '포츠담선언'을 발표해 일본의 무조건적인 항복을 권고했다. 소련은 일본에 대해 선전포고를 하지 않았기 때문에 선언에 서명하지 않았다가 그후에 이름을 올려 포츠담선언은 네 나라의 선언이 되었다. 소련의 일본에 대한 선전포고와 미국이 괌과 나가사키에 원자폭탄을 투하함으로써 일본은 더는 저항을 지속할 수 없었다. 8 월 10 일, 일본 정부는 중립국인 스위스와 스웨덴을 통해 미국과 소련, 영국, 중국의 각국정부에게 '포츠담선언'을 받아들이기로 결정했음을 알렸다. 15 일, 히로히토 ( 裕仁 ) 일본왕은 방송의 형식으로 무조건적인 투항을 정식으로 선언했다. 9 월 2 일, 도쿄만의 미국군함 미주리호에서 일본투항 서명식을 진행했다. 국민 정부 군령부장 서영창 ( 徐永昌 ) 은 중국 대표로 일본의 투항서에 서명했다. 9 일, 중국 작전지역의 투항의식은 남경에서 진행되었고 투항범위에는 중국 ( 동북지역에 대한 투항은 소련군이 받음 ) 과 프랑스령 인도차이나 반도 북부가 포함되어 있었는데, 이들

지역의 일본군 총병력은 128 만여 명이었다 . 10 월 25 일 , 중국 작전구역인 대만성의 투항의식이 대북 (臺北) 에서 진행되었다 . 항전에서 승리한 후 , 중국국경내의 일본군인과 78 만 명에 달하는 일본 교민은 본국으로 송환되었다 .

중국의 항일전쟁은 승리로 끝났고 세계 반파시즘 전쟁도 승리로 끝을 맺었다 .

항일전쟁의 승리는 중국 근대역사에서 아주 중요한 위치를 차지했다 . 과거 중국은 제국주의 침략자에 대해 지속적으로 투쟁해왔지만 매번 패배로 끝나 수많은 애국지사의 가슴에 한이 되었다 . 그러나 이번의 항전은 완전히 달랐다 . 이는 중국인이 외세에 대항한 백여 년간의 투쟁에서 처음으로 완전하게 승리한 민족해방전쟁으로 중화민족이 쇠퇴에서 부흥으로 변화하는 중요한 계기가 되었다 . 중국 항일전쟁이 세계 반파시즘 전쟁에 큰 공헌을 했기 때문에 국제사회의 긍정적인 반응과 존중을 받았고 , 중국의 국제적인 지위도 이에 따라 크게 상승했다 .

유명한 역사학자인 유대연은 다음과 같은 통계를 내었다 . "중국이 반격한 일본병력이 가장 많았다 . 일본군 사단의 계산에 따르면 노구교사건에서 1945 년까지 여러 해 동안 일본군은 중국관내 전쟁에 육군을 투입했는데 , 가장 많은 군사를 배치했던 해는 총수의 90% 를 차지했고 , 가장 적었던 해는 35% 를 차지해 8 년 동안 평균 매년 76.4% 를 차지했다 . 태평양 전쟁이 발발한 후에도 일본육군 주력부대는 여전히 중국에 분포되어 있었다 . 중국이 무찌른 일본군의 수가 가장 많았다 . 중국은 세계 반파시즘의 주요 전쟁터중의 하나였다 . 중국이라는 이 주요 전쟁터가 있었기에 동방 반파시즘 전쟁이 승리할 수 있었다 ."고 결론을 냈다.

　　항일전쟁은 민족의 반(反) 침략전쟁이었다. 이 전쟁에서 조국을 지키기 위해 용감히 저항하고 숭고하게 희생했던 중국의 아들과 딸은 모두 후세에 영원히 기억될 것이다.

8년간의 힘들고 어려운 민족항전을 통해 드디어 승리를 손에 넣었다. 일본침략군에 짓밟히며 유린당하던 민족의 고난은 드디어 그 끝을 맞이했다. 중국인민은 말로 형언할 수 없는 기쁨에 심취했다.

승리를 맞이한 후 사람들은 평화로운 조국건설에 대해 강렬한 기대를 가졌다.

이런 사람들의 마음은 이해하고도 남음이 있었다. 8년간의 피비린내 나는 항전과 커다란 대가를 치르고 승리를 얻어낸 후, 사람들은 힘들게 얻은 기회를 놓치지 않고 국가건설을 위해 힘을 모아 한 걸음씩 부강한 나라로 발전해 나가기를 희망했다.

중국민주동맹의 장란(張蘭) 주석이 1945년 8월 12일 발표한 담화에는 이런 내용이 담겨 있었다.

이 승리는 중국이 수많은 사람의 피와 눈물로 바꾼 것이다. 나는 여야의 인사들이 승리의 소식을 접해서 아픔을 되새기고 기뻐하면서도 과거 어려웠던 전쟁을 돌아보며 너무나 어렵게 승리를 얻었다고 생각할 것이다.

지금 국민이 유일한 희망이자 유일한 책임은 바로 어떻게 이 몇 십 년간 어려움과 고통을 겪으면서 얻을 승리의 성과를 유지해 나갈 수 있는가이다 .

　　따라서 우리는 오늘날 중국에 통일 , 단결 , 민주를 더 절박하게 필요하다고 느끼고 있다 . 이렇게 되어야만 모든 국민의 마음을 하나로 모아 한마음 한뜻으로 최선을 다해 노력할 수 있다 . 또한 모든 건국사업에 대한 책임을 질 수 있다 .


　사람들은 이렇게 선량한 마음으로 희망하고 있었지만 평화로운 국가건설은 쉽게 이루어 낼 수 있을까 ? 이제 막 승리를 손에 넣은 상태에서 내전의 어두운 그림자가 천천히 중국의 하늘을 가리고 있었다 .

　　장개석 ( 蔣介石 ) 은 항전이 아직 진행되고 있었을 때 전후에 어떻게 공산당을 제거할지 궁리하고 있었다 . 그는 일본이 그토록 빠르게 투항하리라고는 생각하지 못했다 . 트루먼 미국의 대통령은 회고록에서 , "당시 장개석은 서남일대에만 영향력을 미치고 있었고 , 화남과 화북은 여전히 일본이 점령하고 있었다 . 장강이북에는 중앙정부의 영향력이 전혀 미치지 못하고 있었다 ."고 기록했다 . 그러나 화북과 화중의 주요도시 도처에 팔로군과 신 4 군으로 둘러싸여 있었고 , 동북에도 공산당이 이끄는 항일무장대가 있었다 .

　　일본 정부가 항복문서를 제출한 당일 주덕 ( 朱德 ) 총사령관은 각 해방지역의 항일부대에게 근처의 적군에게 기한 내에 모든 무기를 버리지 않으면 즉시 공격할 것이며 , 그들이 점령하고 있는 도시와 수송로를 인수 관할할 것이라는 통첩을 보내도록 명령했다 . 그 다음날 , 장개석은 서로 모순되며 극단적으로 비합리적인 명령을 내렸다 . 첫 번째는 각 작전구역 병사들에게 보냈는데, 그들에게 "투쟁의 노력을 강화하고 모든 것은 이미 정한 군사계획과 명령에 따라 진행하는데 조금의 소홀함이 있어서는 안 된다."라고 요구했고, 다른 하나는 팔로군에게 보냈는데, "모든 집단군 ( 제 18 집단군을 가리킴 ) 소속부대는 기존 지역에 주둔하면서 명령을 기다린다."라고 말했다. 그가 이런 명령을 내린 의도는 너무나 분명했다. 바로 팔로군과 신 4 군의 손과 발을 묶어 놓고, 국민당이 항일전쟁의 승리라는 성과를 독식하려는 것이었다.

8 월 13 일, 모택동 ( 毛澤東 ) 이 주덕을 위해 장개석에게 보내는 전보에서 "우리는 당신이 내린 명령이 잘못되어도 너무나 잘못되었다고 생각되어 당신에게 말하지 않을 수 없습니다. 우리는 이 명령을 절대 따를 수 없소."라고 밝혔다. 같은 날, 모택동은 신화사 ( 新華社 ) 에 "장개석이 내전을 도발하고 논평을 써서 인민에게 경고했다.

중국공산당은 심각한 내전의 위기에 대비해 두 가지 준비를 해 두었다. 8 월 13 일, 모택동은 연안간부회의 석상에서 "장개석이 일으키려고 하는 내전의 음모에 대해 우리당은 일관된 방침을 고수하고 있다. 바로 결연히 내전을 반대하고 내전에 동의하지 않는 것이다. 앞으로 우리는 적극적으로 인내심을 가지고 인민을 지도하여 내전을 제지해야 한다. 그러나 장개석이 이미 내전에 대한 방침을 정했기 때문에 현재 아주 심각한 상황이라는 것을 확실히 인식해야 한다."고 연설했다. 그는 또한, "공개적이고 전면적인 내전이 발발할 것인가 ? 이는 국내적인 요소와 국제적인 요소에 의해 결정된다. 국내적인 주요요소는 우리의 힘과 각성의 정도이다. 국내외 상황의 발전추세와 민심의 향방이 우리의 노력으로 내전을 국부적인 범위로 제한하거나 전면적인 내전의 발발 시간을 늦출 수 있을까 ? 물론 가능하다."고 밝혔다.

중국공산당은 이런 가능성을 실현하기 위해 노력했다.

장개석이 이미 내전을 일으키려고 결심했지만 그가 전면적인 내전을 일으키려면 먼저 수많은 어려움과 걱정거리를 해결해야 했다. 국내에서는 8년간의 항전을 겪은 전국 인민이 보편적으로 내전에 반대하며 평화로운 환경에서 고향을 재건하고 자신들의 국가를 세우기를 갈망했다. 누구라도 내전을 일으키면 당연히 민심을 그를 떠날 것이었다. 국제적으로는 제 2 차 세계대전이 막 끝난 후여서 각국은 평화를 희망했고, 미국과 영국 소련 등은 각자의 이익을 위해 중국에서 대대적인 내전이 발생하기를 바라지 않았다. 장개석의 입장에서 더 큰 어려움은 그의 주력군대가 멀리 서남과 서북지역에 주둔해 있었기 때문에 그들은 내전전선까지 불러오려면 시간이 필요했다.

바로 이런 상황에서 장개석은 잇따라 세 차례에 걸쳐 모택동을 중경(重慶)으로 초청해 회담을 열기 위한 전보를 보냈다. 그는 모택동이 위험을 무릅쓰고 중경으로 오지 않을 거라 예상했고, 그렇게 되면 내전의 책임을 공산당에게 씌울 수 있을 거라 생각했다. 만일 그가 온다 해도 회담을 빌미로 그의 주역군대를 화중과 화북, 동북으로 보내는데 필요한 시간을 벌 수 있었다.

장개석의 전보를 받은 후, 중국공산당 중앙위원회정치국은 두 번에 걸쳐 회의를 진행했다. 모택동은 첫 번째 회의에서 현재 상황은 항일전쟁이 끝났고 평화건국에 진입하는 단계이며, 우리의 새로운 슬로건은 '평화, 민주, 단결'이라고 말했다. 그는 또한, "국민당 비판 문제에 대해 일본이 갑작스럽게 투항하여 장개석은 우리에게 '주둔지에 머물며 명령을 기다려라'는 명령을 내려 어쩔 수 없이 비판하게 되었지만 앞으로는 점차 자제해야 된다."고 했다.

모택동은 제 2 차 회의에서 그를 중경으로 초청해 회담을 진행하자는 내용에 대해, "갈 수 있다, 가야 한다."라고 말했다. 그는 우리의 세력과 전국의 민심, 장개석의 어려움, 외국의 간섭이라는 네 가지 조건이 있기 때문에 이번에 회담을 통해 몇몇 문제를 해결할 수 있을 것이라 말했다.

모택동은 당내의 의견을 통일하기 위해 중국공산당 중앙위원회에 초안을 작성해 당내에 통지했다. 그 내용은 국민당이 "안팎으로 압박을 받고 있기 때문에 회담 후 우리당의 지위에 대해 조건부로 승인할 것이고, 우리 당도 조건부로 국민당의 지위를 승인하여 양당협력 ( 민주동맹 등을 더해 ) 과 평화발전의 새로운 단계를 조성하게 될 것이다. 이런 상황이 전개된다면 우리당은 합법적인 투쟁을 할 수 있는 모든 방법을 익혀 국민당 지역의 도시, 농촌, 군대의 3 대사업 ( 모두 우리의 취약점 ) 을 진행하는데 박차를 가해야 한다. 국민당이 여전히 내전을 일으키려 한다면, 바로 국내적으로도 전 세계적으로도 도리에 맞지 않은 행보이고, 우리당이 스스로를 보호하고 공격을 막는 것은 도리에 맞는 행동이 된다."고 밝혔다.

중국공산당은 확실히 두 가지 준비를 했는데, 그 중점을 양당의 협력과 평화발전의 새로운 국면조성에 두었고 이를 실현할 수 있다고 생각했다.

8 월 28 일, 헐리와 장치중 ( 張治中 ) 을 대동하고, 모택동과 주은래가 연안에서 비행기를 타고 중경에 도착했다.

국민당은 회담에 아무런 성의를 보이지 않았을 뿐만 아니라, 모택동이 그렇게 빨리 초청해 응해 중경으로 오리라고는 예상하지 못했기 때문에 회담의 방안에 대해 아무런 준비도 하지 않았다. 회담의 진행과 구체적인 성과를 도출해 내기 위해, 공산당이 먼저 의견을 제시할 수밖에 없었다. 9월 3일, 중국공산당은 11항의 양당회담방안을 제시했다. 모택동은 장개석과 함께 몇 차례 회담을 진행했다. 한 달여간의 힘든 회담과 몇 번의 우여곡절을 겪으며 10월 10일, 드디어 '쌍십협정(雙十協定)'으로 불리는 < 정부와 중국공산당대표회담 기록요강 > 에 정식으로 서명했다. 비록 군대와 해방지역정권이라는 큰 문제에 대해서는 여전히 합의를 보지 못했지만, 국민당은 구두로 평화단결방침과 인민의 민주권리를 인정했고, 내전을 방지하고 양당이 새로운 중국을 세우는데 협력하는데 동의했다.

쌍십회담 기록요강은 어떤 의미가 있을까? 모택동은 10월 11일 중국공산당 중앙위원회정치국회의에서, "이 회담의 첫 번째 장점은 과거에는 하지 못했던 평등한 방식을 택해 쌍방이 정식으로 협정에 서명했다는데 있다. 둘째, 서로 합의를 이루었던 6조는 모두 인민에게 유익한 내용이었다."라고 말했다.

주은래도 다음 해에 "우리는 장개석이 이 협정을 깨뜨렸으나 아무런 수확이 없었던 것이 아니었다. 전국 인민은 중국공산당이 없으면 안 된다는 중요성을 인정했기 때문이다. 국민당이 이 협정은 어겼지만 협상을 포기하지 못했다."고 말했다. 이 회담과 합의를 이루었던 사항으로 곳곳에서 평화와 민주의 목소리가 높이 울려 퍼져 국민당 통치지역의 민주운동을 견인하는 원동력이 되었다.

전국 인민이 국가의 평화건설을 절실하게 희망하고 있었지만 장개석에게 중경회담은 시간을 벌어 병력을 집결해 내전을 일으킬 수단이었을 뿐이었다. 그는 회담을 진행하면서 9월 17일, 명령의 형식으로 내부에 10년간의 내전 시기에 그가 직접 정한 《공비토벌수첩》을 다시 배포하며 각 부대에게 '확실한 준수'를 지시했다. 그들은 미국군 함과 비행기의 대규모 운송수단을 이용해, 기존에 멀리 후방의 군대를 화북과 화동, 화남 등 각 대도시로 옮겨 일본군의 항복을 받아냈을 뿐만 아니라, 평한 ( 平漢 ), 진포 ( 津浦 ), 평수 ( 平綏 ), 동포 ( 同蒲 ), 정태 ( 正太 ) 의 5 대철도선을 따라 앞으로 전진해, 팔로군이 힘든 전투를 통해 일본과 괴뢰군의 수중에서 수복한 철도선 및 그 연선지역을 자신들이 강제로 빼앗아야만 '법률'과 '질서'가 회복된다고 여겼다.

무장충돌은 산서성 동남부의 상당 ( 上黨 ) 지역에서 시작되었다.

상당지역은 산서와 하북, 하남해방지역의 태행산맥에 위치해 있다. 전쟁은 염석산 ( 閻錫山 ) 의 도발로 시작되었다. 그는 장개석의 의도대로 산서 서남에서부터 해방지역으로 깊숙이 들어가 일본군과 괴뢰군이 강점하고 팔로군에 의해 포위되어 있던 장치 ( 長治, 상당지역의 정부소재지 ) 에서 태행과 태악 ( 太岳 ) 의 두 해방지역의 분할을 시도했다. 산서와 하북, 하남군사지역 사령관이었던 유백승은 군대를 이끌고 반격해 9 월 7 일부터 먼저 외곽지역을 소탕하고, 곧 장치를 포위했다. 염석산은 즉각 8 개 사단의 군사를 추가로 지원했다. 팔로군의 주력군대는 방향을 바꾸어 지원군을 공격해 거의 섬멸했다. 장치 수비군은 그들을 도와줄 군대가 올 수 없다고 여기고 포위망을 뚫고 나가는 과정에서 전멸하고 말았다. 이번 전투는 팔로군이 유격전에서 기동전으로 바꾸어나가는 중대한 과정에서 모두 3 만 5,000 명의 염석산군대를 섬멸해, 수많은 부대의 장비와 병사를 보충해 후방의 근거지를 굳건히 했을 뿐만 아니라, 중경회담에서 중국공산당의 위치도 강화시켰다.

쌍십회담 기록요강은 10 월 12 일 공포되었다. 그 다음날, 장개석

은 밀명을 내려 공산당에 대해 "빠른 시일 내에 토벌하지 않으면, 8 년
의 항전이 헛수고로 돌아갈 뿐만 아니라, 반드시 큰 우환거리가 될 것
이다."라며, 각 부대에 "토벌에 최선을 다해 신속히 임무를 완성하라."
고 요구했다.

이때, 평한철도의 정면전 상황이 가장 긴박하게 돌아가고 있었
다. 국민당 제 11 작전구역의 부사령관 마법오 (馬法五, 제 40 군단장
겸임) 와 고수훈 (高樹勳, 팔로군 군장 겸임) 은 장개석의 밀명에 따
라 3 개 군대를 거느리고 하남 북쪽의 신향 (新鄕) 에서 평한철도를 따
라 북상해 석가장 (石家莊) 에서 남하한 국민당군대와 함께 산서와 하
북, 하남 해박지역의 정부소재지인 한단 (邯鄲) 을 협공할 준비를 하
고, 남북을 관통하는 평한철도를 열었다. 그 후방에서는 또 다른 4 개
의 군대가 신향을 향해 진군하고 있었다. 이는 유백승 (劉伯承) 이 "그
들이 찬 축구공이 우리 화북 해방지역의 문을 향해 날아들고 있으니
우리는 문을 잘 지켜야 한다."고 말한 대로였다.

북상한 3 개 군대는 모두 기존의 서북군으로 전투력은 비교적 강
했지만 수많은 사람이 장개석의 비직계부대의 차별대우와 내전의 선
봉으로 내몰았던 것에 대해 큰 불만을 품고 있었다. 상당전투가 끝난
지 4 일 후인 10 월 16 일, 산서와 하북, 하남 군사지역에 한단전투를
진행하라는 명령을 내려 3 개 종대의 주력부대와 지방 무장군 10 만 여
명을 모아 완강하게 저항하며 반격했다. 한단 이남에서 국민당의 3 개
군을 포위했다. 격렬한 전투가 벌이는 동안 고수훈은 신 8 군의 1 만여
명의 군인을 이끌고 전장에서 봉기를 일으켰다. 마법오 부대는 포위를
뚫다가 섬멸 당했고 마법오는 포로로 붙잡혔다. 이번 전투에서 모두 3
만여 명의 국민당 군사를 섬멸했는데, 고수훈 부대의 봉기는 장개석이

일으킨 내전이 얼마나 민심을 얻지 못했는지를 반영하고 있었고 이 두 사건은 국민당 내부에 큰 충격을 주었다. 이는 국민당군대가 평한철도를 따라 북진하는 것을 막고, 해방군이 여유롭게 엄호를 위한 부대를 배치하는데 중요한 역할을 했다.

항전에서 승리하기 전, 동북지역에 국민당군대는 없었고, 중국공산당이 이끄는 항일인민무장 세력만 있었다. 1945년 8월 소련이 일본에 선전포고한 후, 중국공산당이 이끄는 하북과 열하, 요령 군사지역부대는 소련의 홍군과 협력하여 일본군과 괴뢰군을 격파하여 산해관(山海關) 등지를 수복했고, 그 후 금주(錦州)와 승덕(承德)으로 가서 주둔했다. 9월 19일, 중국공산당 중앙위원회는 "남쪽은 수비하고 북쪽으로 전진한다."라는 전략 방침을 확정해, 산동과 강소성 북부 등 항일근거지에서 10만 대군을 이동 집결시켜 물길과 육지로 길을 재촉해 동북에 진입했다. 이는 중대한 결정이었다. 당시, 소련 홍군은 심양과 장춘, 하얼빈 등 대도시와 철도 연선에만 주둔해 있어 활동할 수 있는 여지가 많았다. 동북으로 진입한 부대는 괴뢰군 무장 세력을 제거하고 인민을 동원하여 농촌과 중소도시에 민선 지방자치정부를 구축했다. 그러나 10월 말이 되자, 국민당 당국은 미군의 도움으로 바다로 두 개 군대를 이동시켜 진황도(秦皇島)에 상륙했고 동북을 향해 대대적인 공격을 감행했다. 11월, 그들은 이미 해방되었던 산해관과 금주 등의 요충지를 차례로 점령했다. 그 후, 철도를 따라 심양부근까지 진격했다.

내전의 상황이 격화될수록, 평화와 민주를 갈망하던 민중은 점점 더 불안해져 갔다. 서남연합대학의 소재지였던 운남의 곤명은 항전 후기의 유명한 민주보루였다. 11월 25일, 곤명 각 학교의 스승과 제자, 사회인사 6,000 여명은 서남연합대학의 운동장에서 반 ( 反 ) 내전을 호소하는 평화적인 시사모임을 열었고, 전단승 ( 錢端升 ) 과 비효통 ( 費孝通 ) 등 4 명의 교수가 회의에서 연설을 발표를 하다가 국민당 군대의 위협으로 무산되었다. 그 다음날, 분노한 각 학교의 학생은 수업거부를 선언했다. 12 월 1 일 수많은 국민당 특무요원과 제복을 입고 휘장을 패용한 군인이 무기를 휴대하고 각각 서남연합대학교과 운남대학 등에 난입해 수류탄을 투척해 4 명이 죽고 11 명이 중상을 입었으며, 14 명은 경상을 입었다. 사람들은 그들은 단지 내전에 반대했을 뿐인데 무슨 죄를 지었다고 이런 일을 벌였는가? 왜 죽어야만 했을까"라고 생각하지 않을 수 없었다. 그날부터 한 달 동안 연합대학도서관을 4 명의 열사를 위한 빈소가 되었고, 거의 매일 노인과 아이를 비롯한 수많은 시민들이 몰려들었는데, 어떤 사람은 근교에서 수십 리 떨어진 곳에서 열사들의 유해에 참배하기 위해 찾아왔다.

이런 참혹한 사고는 항일전쟁에서 승리한지 3 개월 만에 발생했고, 서남연합대학이라는 최고 학부에서 발생해 전국을 충격에 빠뜨렸다. 중경에서는 곽말약 ( 郭沫若 ) 과 심균유 ( 鈞儒 ) 등이, 상해에서는 송경령 ( 宋慶齡 ), 류아자 ( 柳亞子 ), 마서륜 ( 馬敍倫 ) 등이 주축이되어 각각 추도회를 열었다. 곤명의 학생들의 수업거부연합회에서"우리들은 당국의 지휘로 계획된 학살을 밝히고자 한다."고 선언했다. 사회의 각계각층은 이 사건에 대해 강렬한 반응을 보였는데, 국민당정부는 운남 경비총사령관 관린정 ( 關麟征 ) 을 해임했고, 정치적으로도 매우 수동적인 입장에 처했다.

후방 민중은 점차 국민당정부에 불만을 가지게 되었고 항전후기로 갈수록 점점 강렬해 졌다. 처음 기존의 피점령지구의 인민은 항전에서 승리했을 때 대부분 국민당정부에 대해 큰 기대를 가졌다. 그들의 이런 열정은 어떤 결과를 맞이했을까? 현실은 완전히 그들의 예측에서 벗어났다. 승리 후 가장 먼저 사람들의 눈앞에 펼쳐진 것은 끊임없이 계속된 약탈을 일삼는 국민당정부였다. 정부관원과 군사기관, 특무기관은 탐욕스럽게 금붙이와 자동차, 주택, 여자, 지폐를 긁어모았는데 사람들은 이를 '오자등과 (五子登科)'라 불렀다. 사람들은 이런 '인수 (接收)'를 '약탈 (劫收)'이라 불렀다. 사람들의 열정은 빠르게 식어갔다.

항전시기, 상해에 남아있던 유명기자인 도국은 (陶菊隱) 은 "국민당 정규군이 상해에 들어오기 전, 먼저 상해에 도착한 것은 국민 정부군사위원회 조사통계국 (약칭, 軍統系統) 에 속하는 충의구국군 (忠義救國軍) 이었다. 그 다음에는 악하고 욕심 많은 이들로 천지를 가득 채웠는데, 전자는 중경에서 비행기를 타고 온 수납대원들이었고, 후자는 기존에 상해에 잠복해 있다가 이 기회를 이용해 모습을 드러내 약탈을 자행한 '비밀요원들'이었다. 한 무리가 몰려왔다가 곧 또 다른 무리가 몰려왔고, 약탈이 끝난 후 바로 또 다시 약탈을 시작했다. 상해 시민의 입에서는, '우리가 광복을 맞이한 것이 맞느냐?'고 묻는 말이 절로 나왔다."고 썼다.

일본침략자들은 전쟁시기 '전쟁에 필요한 물품을 조달하기' 위해 수많은 독점적 경제사업을 장악 했었다. 이를 완전하고 계획적으로 인수인계 받아 발 빠르게 생산을 회복하고 발전시켜나가 평화건국 후 중요한 경제기지가 되어야 했지만 현실은 완전히 달랐다. 인수 담당자들이 수단과 방법을 가리지 않고 서로 경쟁하듯 빼앗아갔고 기존의 생산구조를 분할하여 지배했다. 자신이 빼앗은 부분은 그저 나누어가

질 재산으로 보았고, 심지어는 문 앞에 봉인을 붙여놓고 후문에서 공장 내의 자산을 몰래 빼돌려 매점해놓고 투기를 목적으로 매매했으며, 기계의 부속품도 단기간에 사라져버렸다. 유명한 민족사업가 이촉진은 "강철공장의 용광로를 돌리며 작업하고 있을 때, 접수원이 와서 모든 것을 멈추도록 명령해서 용광로에 들어있던 철이 용광로에서 굳어버려 용선로를 다시는 사용할 수 없게 되어버렸다."고 말했다. 이렇게 수많은 노동자가 직업을 잃고 말았다. 계속해서 공장을 가동할 수 있었던 기업들도 관료자본이 경영하던 중국방직회사 (中纺公司) 등의 수중에 떨어졌다. 국가 독점자본이 대대적으로 팽창하기 시작하자 민족공상업은 더욱 큰 어려움에 빠졌다.

국민당정부는 전쟁에서 승리한지 얼마 지나지 않아 '약탈'로 민심을 잃었다는 것은 의심할 여지가 없는 사실이었다. 장개석은 일기에서, "웨드마이어가 나에게 와서 중앙에서 화북으로 파견한 관료들이 불법적으로 횡령을 일삼아 민심을 잃고 있는지를 보고했는데 황당하고 난감하기 그지없었다."고 썼다.

그가 기존의 피점령지구에 파견해 시찰을 진행한 시종실 (侍從室) 의 비서 소육린 (邵毓麟) 은 회고록에서 "나는 실제 수복지역의 일반적인 상황에 근거하여 인수문제의 심각성을 강조했는데, 다음과 같은 말을 한 기억이 있다. '이렇게 나가다가는 비록 국토는 수복했지만 민심은 잃게 될 것이다!' 내가 보고를 마치고 나자 옆에 앉아있던 시종실의 동료는 나에게 다가와, 웨더마이어 장군이 내가 보고하기 몇 분 전에 위원장님께 이와 비슷한 보고를 한 적이 있다고 몰래 알려주었다."

소육린은 회고록에서, "개인 혹은 오자 (五子, 금붙이, 자동차,

주택, 여자 지폐를 가리킴 ) 를 '등과 ( 登科 )'하여 정부의 기초가 흔들렸다. 승리의 함성속에서 이미 실패라는 시한폭탄을 심어 놓았다."라고 기록했다.

진성 ( 陳誠 ) 은 회고록에서, "사전에 아무런 준비를 하지 않았기 때문에 임시적인 통제도 실패했고, 여기에 적합하지 않은 인물의 선임으로 '약탈'이라는 천인공노할 결과를 야기해 국내외적으로 머리를 들수 없게 만들었다. 8년간 혈전을 진행한 결과는 오히려 '승리의 재난'이었다. 이러한 일련의 일들은 사람들을 실망하게 만들지만 이것은 공공연한 사실이라는 것을 인정하지 않을 수 없다."고 썼다.

항전승리 후, 국민당정부는 법정지폐와 위 ( 僞 ) 중앙준비은행 ( 일본이 왕정위를 괴뢰로 세운 중화민국정부의 중앙준비은행 ) 이 발행한 지폐의 가격차를 1:200 으로 정해 기존의 피점령지구 민중에게 또한 번 큰 충격을 안겨주었다. 실제로 두 지폐의 가격차는 절대 1:100 을 초과할 수 없었다. 지금의 기존의 피점령지구 민중이 수중에 가지고 있는 위중앙준비은행 지폐를 이 비율로 법정지폐와 바꾼다면 아무런 이유 없이 자신이 가진 재산의 절반을 잃게 되는 셈이었다. 이는 사람들에게 너무나 커다란 절망감을 안겨주었다.

이종인 ( 李宗仁 ) 인 회고록에서 "항전에서 승리한지 얼마 지나지 않아 피점령지구의 위폐 ( 僞幣, 일제의 괴뢰정권이 발행한 화폐 ) 의 실제가격과 자유지구의 법정 지폐 환율을 200 대 1 로 정했다. 이 한 번의 명령으로 수복지역의 수많은 인민을 가난뱅이가 되었고, 엄청난 법정 지폐를 가지고 온 인수원들은 단번에 벼락부자가 되었다. 정부가 수복지구에서 이보다 더 크게 민심을 잃을 수는 없을 것이다."라고 썼다.

그 결과, 급작스러운 물가폭등을 야기했다. 상해의 주간지 《민주》 제 5 호의 '물가문제 칼럼'에 다음과 같은 문장이 실렸다. "현재 백성의 심경은 8 월 11 일 당시 희망으로 가득 찼던 심경과 비교했을 때, 3 개월이 못 되는 짧은 기간 동안 격세지감을 느끼고 있다. 하물며 더 이상 생활을 이어나가지 못할 지경에 처한 지금의 심경은 말해 무엇하랴."라고 썼다. 국민당정부 군령부장 서영창 ( 徐永昌 ) 은 1945 년 12 월 8 일의 일기에, "평진 지역에 최근 '매일 중앙정부를 바라고 있다가 중앙정부가 오자 더욱 큰 봉변을 당했다'는 말이 돌고 있다." 라고 기록했다.

미국 국무부가 1949 년 발표한 < 미국과 중국의 관계 ( 백서 )> 에 웨더마이어가 1945 년 11 얼 워싱턴에 보고한, "국민 정부의 불법적인 행태로 인해 인수관할 지역 사람들의 불만을 샀고, 일본과의 전쟁이 끝난 후에도 국민 정부는 심각하게 대부분 지역의 지지를 잃었다고 믿는다."는 내용이 언급되어 있다.

국민당정부의 입정에서 보면, 사정은 소육린이, "승리의 함성 속에서 이미 실패라는 시한폭탄을 심어 놓았다."고 말한 대로였다. 그러나 장개석은 여전히 '승리의 함성'에 도취되어 민심의 변화로 어떠한 심각한 결과를 일으킬지 알지 못했고, 좋은 것은 모두 자신의 손에 넣으려하면서 상황을 완전히 오판하고 있었다.

미국은 제 2 차 세계대전 후 세계의 패권을 거머쥐었다. 이런 사실은 중국 내부에 영향을 주었고 미군은 국민당정부의 가장 큰 지지자가 되었다. 미 군사력은 항일전쟁에서의 승리 후 국민당군대의 세력을 집결시키는 데 도움을 주었다. 미국 공군과 해군을 이용해 멀리 서남지역에 있던 국민당군대가 기존에 일본에게 점령되었던 화북과 화동지역으로 신속하게 이동할 수 있도록 도와준 일이 그것이다. 그들이 운송했던 국민당군대는 모두 40~50만 명으로 당시 연합군 중국작전지역 참모장이었던 웨더마이어는 "세계사에서 가장 규모가 큰 공중군대이동이었다."라고 말했다.

국민당의 정예주력부대의 무기와 장비는 거의 미국이 제공한 것이었다. 일본전쟁시기, 미국의 군사지원은 모두 국민당부대에게 집중되었다. 기존에 전쟁이 끝났을 때 국민당 39개 사단과 공군에게 장비를 지급하기로 했는데, 일본이 투항했을 때 이는 절반밖에 지원되지 않았다. 그러나 각종 장비와 공급은 내전시기에도 여전히 지속되었다. 그 이후, 1946년 8월, 미국은 9억 달러의 나머지 전쟁물자를 1조 7,500억 달러를 받고 국민당에 팔았다." 그러나 미국은 대대적인 군사행동으로 간섭할 수 없었기에, 국민당이 공산당을 물리치도록 도왔다.

미국국무부장관 애치슨은 1949년 7월, 트루먼 대통령에게 보낸 편지에서 "세계대전이 일어나기 전 10년 동안 국민당은 공산당을 물리칠 능력이 없었다. 세계대전 후, 상술한 바와 같이 국민당의 힘은 이미 위축되고, 의지도 약해졌으며 민심도 얻지 못하고 있다. 일본에게서 수복한 지역에서의 국민당 문무관원들의 행동거지는 이미 국민당이 빠르게 이 지역에서 국민의 지지와 명망을 잃게 만들고 있다. 이런 측면에서 공산당의 힘은 과거 어느 시기보다 강력해졌고, 이미 화북 대부분을 장악하고 있다. 국민당 부대의 무능은 머지않아 비참하게 드러나게 될 것이며, 미국의 군사력에 의지해야만 공산당을 축출해낼 수 있을 것이다. 1945년 혹은 그 이후, 미국국민은 이렇게 큰 의무를 우리 군대에게 부담시키기는 것을 분명 허가하지 않을 것이다."라고 솔직하게 밝혔다.

그가 봤을 때, 미국이 선택할 수 있는 방법은 다음과 같았다. 한편으로는 국민당이 개혁을 진행한 후, 중국에서 광범위하게 권력을 확립할 수 있게 하고, 다른 한편으로는 쌍방이 협상을 진행하도록 하여 내전의 발생을 막기 위해 최선을 다하는 것이었다. 그들은 전면적인 내전으로 결국 국민당정부가 실각할 것을 걱정했고, 협상의 과정에서 국민당이 자신의 세력과 지위를 강화시켜 전쟁 후, 중국이 친미성향의 국가가 되기를 희망했다. 트루먼은 대사를 맡고 있던 헐리가 업무보고를 위해 귀국했을 때 웨더마이어와 함께 백악관으로 들어와 중국의 정책에 대해 토론했던 일에 대해 떠올렸다. "나는 그들에게 우리의 정책은 장개석을 지지하는 것이지만, 중국내전에 관여해 장개석을 위해 전쟁을 할 수는 없다."

1945년 11월, 트루먼은 5성 장군 마샬을 대통령특사로 임명해 중국으로 보내 중재임무를 맡겼다. 마샬은 제2차 세계대전에서 미국 육군참모장을 맡아 '승리의 조직자'로서 영예를 누렸고, 미국과 세계에서 큰 명성을 떨쳤다. 트루먼은 마샬에게 보내는 편지에서, "나는 당신이 중국 정부를 설득해 각 주요 정당대표를 포함한 국민회의를 개최해 중국 통일을 실현하고 적대행위, 특히 화북에서의 적대행위를 멈추게 하기를 희망하오."라고 강조했다.

12월 15일, 마샬을 중국으로 출발했다 27일, 소련과 미국 영국의 외교부 장관은 모스크바회의 성명에서 중국은 반드시 내전을 중지해야 한다고 주장했다. 장개석은 미국정부의 태도를 고려하지 않을 수 없었고, 상당과 한단전투의 실패도 그로 하여금 전면적인 내전을 일으키기에는 아직 준비가 덜 되었음을 느끼게 했다. 여러 가지 요소의 상

호작용으로 상황은 잠시 완화되어갔다

마샬의 중재를 통해 국공양당은 국내군사충돌에 관한 합의를 도출했다. 1946년 10월, 쌍방은 각자 정전명령을 하달했다. 이렇게 전쟁은 전국적인 범위(동북을 제외하고)에서 중지되어 중국인민의 마음속에는 내전을 막을 수 있다는 희망으로 불타올랐다.

같은 날, 전국 인민이 주목하던 정치협정회의가 중경에서 개막되었는데, 회의에는 국민당과, 공산당, 민주동맹, 청년당과 무당파 인사 38명이 참석했다. 회의에서는 헌정초안과 정부조직안, 국민대회안, 평화건국강령, 군사문제안의 다섯 가지 사항을 통과시켰다. 협의내용은 다음과 같이 규정했다.

(1) 국민 정부위원회를 정부의 최고국무기관으로 삼는다.

(2) 국민 정부위원 정원의 절반을 국민당원으로 충원하고 그 절반은 기타당파 및 사회적으로 명망 있는 인사로 충원한다.

(3) 적극적으로 지방자치를 추진하여 아래에서 위로 보통선거를 실행한다.

(4) 성장의 민선.

(5) 성(省)은 성의 법령을 제정해야 하지만, 국가의 헌법에 저촉되어서는 안 된다.

(6) 입법원은 국가최고입법기관으로 하고, 선거인이 직접 선출하며 그 직권은 각 민주국가의 의회와 같다.

(7) 행정원은 국가 최고행정기관으로 행정원장은 총통

이 지명하고, 입법원의 동의를 얻어 임명하며, 행정원은 입법원에 대해 책임을 진다.

정치협상회의에서 협의한 이들 규정은 신민주주의의 성격은 아니었다. "행정원이 입법원에 대해 책임을 진다." 등의 규정은 오히려 서양식의 의회민주제에 가까웠고, 국민당이 정부에서 확실한 우위를 점할 수 있었다. 모택동은 중경에 협상하러 가기 전, "중국이 연합정부를 성립한다면 몇 가지 형식을 취할 수 있는데, 그중 하나는 현재의 독재에 몇몇 민주적인 방식을 더하는 것으로 이는 상당히 오랜 기간을 요구한다. 우리는 이런 형식의 연합정부에라도 참가해야 하는데, 장개석의 '목을 치기' 위해서가 아니라 그의 '얼굴을 세워주기' 위해서이다." 라고 말한 적이 있다.

이들 규정이 신민주주의가 아닌데, 공산당은 왜 이에 참가하려 했을까? 이는 국민당의 일당전제정치를 타파하고 민주정치를 추진하는데 유리했고, 해방지역의 지방정부의 합법적인 지위를 보장하는데 유리했으며, 평화건국에 유리했기 때문이다. 만일 이를 해낼 수 있다면, 중국은 한 걸음 더 발전하게 되는 것이었다. 당시, 정치협상회의의 협의는 국민당통치지역내의 수많은 사람의 시시비비를 가늠하는데 중요한 척도가 되었다. 정치협상회의의 노선을 고수하는 사람이 민심을 얻게 될 것이고, 정치협상회의의 협의를 파기하는 사람은 민심을 잃고, 민중과 대립하는 위치에 놓이게 될 것이었다.

중국공산당은 성심과 성의를 다해 이 협의를 실행할 준비를 했고, 이에 대해 너무나도 낙관적이었다. 모택동은 반포한 정전명령에서 "중국의 평화민주의 새로운 단계는 곧 시작될 것이다."라고 말했는데, 실제 업무에서 중국공산당은 정치협상회의에 협의를 도출한지 얼마 후, 이미 실시를 위한 조치에 착수했다.

첫째, 내부적으로 국민 정부위원회와 행정원에 참가할 구성원의 명단에 대해 초보적인 논의를 진행했다. 중국공산당 중앙위원회는 중경의 대표단에 전보를 보내, "국민 정부위원은 여전히 주은래 ( 周恩來 ) 가 연안 ( 延安 ) 에서 언급한 8 명, 즉 모택동과 임백거, 동필무 ( 董必武 ), 오옥장 ( 吳玉章 ), 주은래, 유소기, 범명추 ( 范明樞 ), 장문천 ( 張聞天 ) 8 명이 당의 지도중심을 외부로 이동하기에 적당하다. 첫 번째 회의에서 유소기는 출석하지 않았다.", "주은래, 임백거, 동필무, 왕약비 ( 王若飛 ) 를 행정원의 부원장과 두 명의 부장 및 무임소 ( 無任所 ) 부장에 각각 임명하는데 동의한다."라고 그들에게 전했다.

둘째, 이 전보 중에서 '전당의 지도중심을 외부로 이동하기'는 가까운 남경의 강소성 북부지역의 회음 ( 淮陰 ) 으로 이동하는 것을 의미했다. 당시 강소와 안휘변경 지역은 임시행정위원회 주석을 맡고 있었던 이일맹은, "내가 회음에 있을 때 화중국 ( 華中局 ) 당중앙이 연안에서 회음으로 옮겨간다는 내용을 전달받은 적이 있다. 남경에 있는 동지들은 일이 있어 회의가 열리면 남경으로 가야 했고, 일이 없고, 회의가 열리지 않을 때는 회음의 본부로 돌아갔다. 나도 몇몇 동지들과 회음성 외부를 몇 번 지나간 적이 있는데, 지세가 비교적 높은 지역에 위치해 있음을 보았다. 이 일이 아직 결정되지 않았을 때, 해방전쟁이 시작되었고 이 계획은 실행에 옮겨지지 못했다."고 기억했다.

셋째, 해방구 군인의 제대가 시작되었다. 중국공산당 중앙위원회는 1 기는 3 분의 1 을 선정해 3 개월 안에 제대시키고, 2 기에 또 3 분의 1 을 선정할 계획이었다. 이를 실행하는 과정에서 진찰기 ( 晋察冀 )

부대의 제대인원이 가장 많았고, 진행속도도 빨랐는데, 기존 야전군 26개 여단에 지방부대를 더해 모두 32만여 명에서 10만여 명을 먼저 제대시켰다.

중간파 인사들은 정치협상회의 협의사항의 실현에 대해 큰 희망을 품고 있었다. 2월, 황염배(黃炎培)는 중경에서 상해로 돌아와 기자들에게 발표한 서면담화에서, "하늘이 무심치 않아 오늘을 맞이했다. 앞으로 우리 중국인이 처음부터 시작해 현대 민주주의 국가의 새로운 국민으로 거듭나지 않는다면 우리 중국이 세계에 설 자리가 있겠는가?"라고 말했다.

국민당 당국은 정치협상회의의 협의사항의 실행에 전혀 성의를 보이지 않았다. 국민당은 전 단계에서 했던 것처럼 사람들이 미래에 낙관적인 생각을 가지고 있을 때, 곧 상상하지도 못할 충격을 계획했다. 정치협상회의가 아직 진행되고 있을 때, 진과부(陳果夫)는 장개석에게 "정치협상회의의 결과는 좋지 않을 것입니다. 어찌되었던 이는 공산당에게는 유리하지만 우리당에게는 불리합니다."라는 글을 올렸다.

불길한 징조는 이미 나타나고 있었다. 당시, 정치협상회의에 참석한 각계 협의회는 중경에서 강연회를 열었다. 국민당 특무부는 계속 문제를 만들며 회장을 어지럽혔다. 더욱 심각한 사건은 2월 10일 중경에서 만 여명의 사람들이 교장구(較場口) 광장에서 정치협의회의 성공을 축하하는 대회를 열었을 때 일어났다. 대회가 아직 시작되지 않았을 때, 수십 명의 폭도들이 연단에 난입해 방송기기를 빼앗고 의장단 구성원이었던 곽말약(郭沫若), 이공박(公朴), 시복량(施復亮) 등을 구타하고 군중을 향해 돌과 의자 등을 마구 던져 대회를 개최할 수 없게 만들었다. 이 사건은 국민당 중경시당부 (黨部) 주임위원 방치 (方治) 가 직접 계획했다.

사람들은 정치협상회의의 성공에 대해 너무나 큰 기대를 가지고 있다가 별안간 이런 참담한 일이 발생하자 경악하고 분노를 느끼지 않을 수 없었다. 전후 사회안정과 평화건국을 갈구했던 민족사업가들도 깊이 실망했다. 호궐문 (胡厥文) 은 회고록에서 "나는 이 빈번한 정치공작에서 장개석이 언행이 불일치하고 민주적이지 못하며, 믿을 수 없고, 민심을 얻지 못할 사람임을 느꼈다."고 말했다.

3 월 1 ~ 17 일, 국민당은 제 6 회 2 차 전국대회를 열었다. 회의에서 정치협상회의에서 공산당에게 너무 많은 '양보'를 했다고 한 목소리로 외쳤다. 회장에는 긴장감이 흘렀다. 회의에서, 오권헌법 (五權憲法) 은 절대 위배할 수 없고, '오오헌법초안'에 대한 수정은 모두 국민대회의 토론으로 결정되어야 한다. 국민당 중앙 전체회의의 방식으로 정치협정회의에서 이미 협의한 사항을 번복한다."는 결의를 강조했다.

사람들의 희망은 물거품이 되었다. 장개석은 절대 독재통치를 포기할 생각이 없음이 사실이 드러났다. 3 월 15 일, 모택동은 중국공산당 중앙위원회정치국회의에서 다음과 같이 말했다.

장개석의 주장은 두 가지입니다. 첫째, 모든 혁명당을 제거합니다. 둘째, 일시에 제거하지 못한다면, 잠시 보류했다가 때를 기다려 제거합니다. 장개석의 이 두 가지 주장은 첫 번째는 아주 분명하고 두 번째는 사람들이 잊기 쉬운데, 정세가 조금이라도 안정되면 바로 잊어버립니다. 2 월 1 일에서 9 일까지 교창구사건으로 기억이 되살아나기 시작했습니다.

이때, 전면적인 내전이 발발하기까지 겨우 3 개월간의 시간이 있었을 뿐이었다.

이때부터 시작해서 중국공산당은 점점 장개석의 비판과 폭로에 박차를 가하며 전면적인 내전에 대한 준비를 강화했다. 전면적인 내전이 발발한 지 얼마 되지 않아, 유소기는 정치회의에서 연초의 상황을 회고하며 다음과 같이 말했다. 1, 2 월에 사람들은 어리석었는데, 평화는 불가능하다는 사실이 증명되었다. 그러나 불가능하기는 하지만 대화는 여전히 필요하다. 사람들이 평화를 원하기 때문이다.

장개석은 전면적인 내전을 일으켜 공산당을 제거하기로 결심했지만 사실 이는 너무 이른 결정이었다. 항전에서 승리하자 그는 무력으로 공산당을 제거하려 했고, 지금이 절호의 기회라고 여겨 자신감으로 가득 차 있었다. 상황은 그가 생각했던 것과 비슷했다. 국민당은 당시 정규군 86 개 재편 사단 ( 즉 기존의 군대 ) 에, 약 200 만 명을 보유하고 있었고, 이에 비정규군과 군사학교, 후방기관 등을 더해 모두 430 만 명의 군사를 보유하고 있었다. 그러나 해방군은 야전군 61 만 명과 지방부대와 후방기관의 66 만 명으로 보유한 군사는 모두 127 만 명밖에 되지 않았다. 무기와 장비에서 쌍방의 차이는 더욱 뚜렷했다. 국민당군대의 약 4 분의 1 은 미군의 무기 또는 구일본군의 무기를 구비했다. 해방군이 가지지 못한 탱크와 중화기, 비행기와 군함을 가지고 있었다. 국민당은 전국 76% 의 토지와 71% 의 인구, 거의 모든 대도시와 주요 수송로, 거의 모든 현대적 산업시설을 장악하고 있었다. 그러나 공산당은 농촌의 몇몇 중소도시를 장악하고 있을 뿐이었다. 이렇게 국민당이 모든 면에서 공산당을 현저하게 앞섰다.

정치협상회의가 아직 진행되고 있을 때, 진성은 장개석에게, "현재의 상황은 무력으로 평화를 구할 수 있고 무력으로 통일을 도모할 수 있습니다. 유사 이래 국가가 통일할 때 무력을 사용하지 않은 적이 없습니다."라고 귓속말을 했다.

공산당을 '제거'하는데 얼마나 많은 시간이 필요할까? 장개석의 두 장교인 하응흠과 진성의 예측은 조금씩 달랐다. 하응흠(何應欽)은 2년이 필요하다고 생각했고, 진성(陳誠)은 반년이면 충분하다고 여겼다. 하응흠은 중국에 파견된 일본의 군사령관 오카무라 야스지(岡村寧次)에게 가르침을 청한 후 2년이라는 시간을 제시했다. 당시 하음흠의 시종참모를 맡았던 왕경후(汪敬煦)는"항전에서 승리한 후, 장 위원장은 공산당이 결국 군사를 일으켜 반란을 도모하리라는 것을 알고 하선생에게 공산당을 토벌할 계획을 세우라고 당부했다. 이 계획을 세우기 위해 하선생은 중국에 주둔하고 있던 일본군 사령관 오카무라 야스지를 찾아갔다. 오카무라는 하선생에게 안이한 생각으로 공산당을 대해서는 안 되고 그들은 무시해서도 안 된다고 말했다."고 기억했다.

따라서 하응흠은 2년이라는 계획을 세웠다. "당시 진성은 6개월 내에 공산당을 제거하는 계획을 제출했는데, 진성은 중화민국 20년대 강서의 토벌경험을 들어 공산당의 군대가 기계화된 국민당의 군대를 막아내지 못할 것이라고 여겼다. 위원장은 마음이 급해서 공산문제를 빠르게 해결하기를 바랐다." 이렇게 장개석은 진성의 계획을 택했고, 1946년 6월, 하응흠을 참모총장 직위에서 해임하고 진성으로 대체했다.

당시, 국민당정부주석 광주 임시군영주임을 맡고 있던 장발규(張發奎)는, "장 선생의 행동은 앞뒤가 맞지 않았다. 그는 한편으로는 공산당과 협상하면서 또 다른 한편으로는 고급장교들에게 밀령을 내려 공산당을 토벌하게 했다 . 바꿔 말하면 , 그는 공산당의 협상과 토 벌을 동시에 진행했는데 , 이것이 바로 마샬이 그에게 분노하고 그가 성실하지 못하다고 책망한 이유였다 ."고 기억했다 .

이 모든 사실은 전면적인 내전의 발발은 이미 피할 수 없을 뿐 아 니라 곧 시작될 것임을 말해주고 있었다 .

국민당 당국이 공개적으로 정치협상회의 협의사항의 포기를 발 표했을 때 , 국민당 주력군대는 이미 미국 군용비행기와 수송선의 이송 으로 북평과 천진 , 청도 , 상해 , 남경 등 대도시 및 그 부근지역을 완전 히 장악했다 . 3 월 초 , 소련홍군은 동북의 중요 도시와 철도선에서 퇴 각했다 . 국민당군대는 즉시 심양에 주둔했다 . 4 월 19 일부터 미국 제 7 함대가 이송한 국민당 정예군인 신 1 군과 신 6 군은 사평가 ( 四平街 ) 를 향해 맹렬한 공격을 퍼부었다 . 동북민주연합군대는 한 달여간 완강 하게 저항한 후 , 철수했다 . 이는 이미 "관내에서 적게 싸우고 관외에 서 크게 싸운다 ( 关内小打 , 关外大打 )."의 국면이었다 . 국민당군대 는 승세를 몰아 5 월 23 일 장춘을 함락했다 . 장개석은 당일 심양으로 날아갔다 . 25 일 , 그는 행정원장 송자문 ( 宋子文 ) 에게 흥분을 감추지 못하고 편지를 썼는데 , "이곳은 실제상황은 내가 남경에서 상상했던 것과 완전히 다르오 . 동북의 공산당의 주력부대만 완전히 제거하면 , 관내외의 일은 모두 쉽게 진행될 것이오 ."라고 말했다 . 그는 잠시의 승리로 인해 자만하여 무력으로 공산당을 완전히 제거했다고 여겼다 .

6 월 하순 , 장개석은 시기가 무르익었다고 생각했다 . 17 일 , 그는 국민 정부기념주간에서 , "공산당이 항복하지 않으면 1 년 내에 소멸시 키겠다 ."고 말했다 . 28 일 , 백숭희 ( 白崇禧 ) 는 국민당 중앙위원회 상

무위원회회의에서 "즉시 토벌을 진행해야 한다."고 보고했다.

공격은 어디에서부터 시작될까? 그들은 호북의 북부 선화점 (宣化店) 을 중심으로 하는 중원 해방구에서부터 손을 쓰기 시작했다. 이곳은 협소한 지역에 이선념 (先念) 과 정위삼 (鄭位三), 왕진 (王震), 왕수성 (王樹聲) 이 거느리는 군사지역부대 9 개 여단 6 만여 명이 밀집되어 있었다. 장개석이 봤을 때 그들은 무한을 위협하고 국민당군대의 북상을 방해하는 장벽이었고, 다른 해방구와 떨어져 있어 비교적 고립된 위치에 있었다. 따라서 장개석은 정전기간을 이용해 26 개 여단의 약 30 만 명을 이동 집결시켜 선화점 지역을 층층이 포위해 식량과 약품의 공급을 차단했다. 6 월 26 일, 정주의 수정 (綏靖, 나라와 백성을 편안하게 하는 뜻이다. 국민당은 통치시기에 중화민국 전역을 여러 개의 수정구역으로 나눠 주둔했다) 공서 (公署) 주임 유치 (峙) 의 지휘로 중원 군사지역부대에 공격을 감행했다. 그날 밤, 중원부대는 계획에 따라 3 갈래로 포위를 뚫었다. 격렬한 전투를 벌여 주력부대는 서쪽으로 가서 평한철도를 넘어 하남과 호북, 섬서의 변경지대로 진입해 국민당군대의 포위를 뚫고 탈출했다.

이것이 그 유명한 '중원돌위 (中原突圍)'이다.

중원군사지역부대는 국민당 30 만 대군을 반년이상 붙잡아 두며 화북과 화동 등 해방구에서 국민당군대에 전면적인 공격을 준비할 수 있는 귀중한 시간을 벌어주었다. 중원부대가 포위를 뚫기 위해 큰 대가를 치러야 했지만 이는 해방구 자위전투의 전체국면 전환에 큰 공헌이 되었다.

사람들이 피하려고 그토록 노력하던 일이 결국 발생하고 말았다. 전면적인 내전이 이렇게 시작되었다.

# 제 14 장
민심의 향배

장개석이 전면적인 내전을 일으켰을 때부터 남경정부가 전복되기까지 3년이 못 되는 시간이 걸렸고, 전세가 역전되기 까지는 반년밖에 걸리지 않았다. 장개석은 전쟁에 대해 확신을 가지고 있었는데, 왜 상황이 이렇게 변했고, 이러한 변화는 왜 이렇게 빨리 일어났을까? 그 원인은 다음과 같았다. 전쟁의 패배를 야기한 것은 쌍방의 군사와 경제력의 대비가 아니라 가장 중요한 것은 민심의 향배였는데, 중국 절대다수 민중의 지지를 얻을 수 있는가에 달려있었다. 주관적인 지도방침(특히 직접지휘)가 정확한지 여부도 중요했다. 지휘방침이 정확하지 않다면 객관적인 절호의 기회도 헛되이 놓쳐버리기 때문이었다.

## 제 1 절 국민당군대의 전면적인 진공

장개석이 전면적인 내전을 일으켰을 때의 전략방침은 전면적으로 공격하여 속전속결하는 것이었다.

그는 전쟁을 시작했을 때부터 모질게 마음을 먹었으며, 그의 모

든 계획이 실현되리라 믿어 의심치 않았다. 미국의 신임 주 ( 駐 ) 중대
사 존 레이턴 스튜어트 (John Leighton Stuart) 는 국무부 장관에게 보내
는 보고서에서, 7 월 19 일 그가 노산에서 처음으로 장개석을 만나 회
담을 나눌 때, "그는 나에게 내가 중국역사에 대한 이해로 다음의 신념
을 증명할 수 있는지 물었습니다. 역대왕조 및 그 통치자의 성패는 반
란세력과 기타 조직적인 폭력에 대처할 때 자비와 위엄을 동시에 보여
주는 원칙을 운영하는 데에 달려있었습니다. 위원장은 상응하는 고사
성어를 인용하면서 그는 이미 이 두 가지 방법으로 몇몇 적수를 성공
적으로 격파했다고 알려주었습니다. 그는 절대 무장한 반대파를 용인
하지 않습니다."라고 썼다.

진립부 ( 陳立夫 ) 는 7 월 26 일 국민당과 공산당 사이에서 중재역
할을 하는 황염배 ( 黃炎培 ) 에게 "(1) 국민당은 공산당과의 병존을 용
인하지 않을 것이고, (2) 제 3 자가 국민당과 공산당을 병칭 ( 竝稱 ) 하
면 국민당의 정통성을 무시해 중재에 문제가 생겨 중국공산당문제의
해결에 시간이 걸리게 된다."라고 밝혔는데, 이는 국민당이 전면적인
내전을 일으키는 것을 이미 막을 수 없다는 사실을 방증하고 있었다.

국민당군대의 전면적인 공격은 강소의 중부에서 시작되었다. 강
소 중부 해방구는 남경, 상해와 장강을 사이에 두고 서로 마주하고 있
었고, 서쪽으로는 진포철도를 가르고 있었다. 국민당정부가 남경으로
돌아간 뒤, 이에 대해 극도로 불안해하며, 반드시 이를 해결하려 했다.
이 공격임무를 맡은 제 1 수정구역 사령관 이묵암의 지휘 아래에 있던
5 개 편성 사단의 12 만 명이었다. 강소 중부 해방구를 수비하는 부대
는 화중 야전군 사령관 속유가 거느린 19 개 연대의 3 만여 명에 불과했
고, 부대도 유격전 위주에서 기동전 위주의 전략으로 변화해가는 과정

에 있었다. 7, 8 월 동안 화중야전군은 민과 군이 협력하고 7 전 7 첩 ( 七戰七捷 ) 하여 국민당의 6 개 반 여단을 차례로 무찔렀다.

속유 ( 粟裕 ) 는 전투가 끝난 후 승리의 이유를 정리했다. 첫째, 전략 거점을 함부로 버리지도 않았지만, 필사적으로 지키지도 않았다. 둘째, 전략적으로는 적은 병력으로 많은 병력을 이기는 원칙을 실행했지만 전술적으로는 이와 반대로 많은 병력으로 적은 병력을 이기는 전법을 취했다. 셋째, 속결전을 선택했다. 넷째, 각 연대가 협동하면서 움직였다. 그는 "여러분은 전투력을 갖춘 부대를 가지고 있다면 승리할 것이고, 전투력을 갖춘 부대를 소모하거나 잃는다면 패배하게 된다는 사실을 잘 기억해야 한다."라고 강조했다.

이후, 모택동은 그의 정리를 군사원칙으로 만들었다. "도시와 지방을 수비하거나 뺏는 것이 아닌 전투력을 갖춘 부대로 적을 섬멸하는 것을 주요 목표로 한다."

강소 중부에서의 7 전 7 첩은 인민해방군이 전면적인 내전이 발발한 후 처음으로 맞이한 비교적 큰 규모의 승리로 전군의 사기를 크게 높였고 실제전투에서의 성공적인 경험을 새로이 얻었다.

강소 중부지역의 전투가 끝난 후, 십여 일만에 유백승과 등소평이 지휘하는 산서와 하북, 산동, 하남의 야전군이 산동 서남지역의 정도 ( 定陶 ) 전투에서 승리해 개편된 국민당 제 3 사단 ( 기존의 제 10 군 ) 의 1 만 7,000 명을 섬멸했다. 기타 전장에서도 수많은 적을 섬멸하며 승리했다.

장개석의 전략 지도방침은 이와는 상반되었다. 자신의 병력 특히 무기와 장비의 우수함에 기대어 도시와 지방을 빼앗는 것을 주요 목표로 삼았다. 구체적으로, 철도간선을 따라 남쪽에서 북쪽으로 서쪽에서 동쪽으로 진격하여 주요도시를 빼앗고 수송로를 장악해 해방구를 분할함으로써 분할된 해방지역에 대해 '지역을 나누어 소탕'을 진행해 해방군을 제거하려 준비했고, 3 ~ 6 개월 내에 관내의 해방군 주력부대를 제거하고 다음 단계로 동북의 분제를 해결하려 했다. 따라서 그는 적지 않은 수의 군대가 섬멸 당한 현실에서 당연히 내려야 할 결론을 도출하지 못했고, 현재 전쟁 상황이 점차 바뀌는 것을 인지하지 못하고 이와는 반대로 자신이 중요하게 생각하던 해방구의 거대한 영토를 점령하는 목표가 실현되고 있다고 생각했다. 그는 자신의 병력과 기계화의 우세에 기대어 해방구에 지속적이고 전면적인 공격을 퍼부었다.

강소 중부지역 전투 후 이묵암은 수많은 국민당의 고급장교들의 당시의 심경을 반영한 기억을 떠올렸다. 그는, '속요가 '7 전 7 첩'으로 부르는 강소 중부의 7 차 작전에서 6 개 반에 해당하는 장개석 군대의 여단을 섬멸했다. 당시, 우리부대는 약 5 개 여단의 4 만여 명의 손실을 상부에 보고했다. 수많은 국민당의 군사들이 포로로 잡힌 후 해방군의 대오에 들어갔고, 수많은 무기와 장비도 잃었다. 그러나 쌍방의 작전목표가 달랐기 때문에 각자의 평가도 달랐다. 당시 우리의 작전목적은 주로 근거지를 수복하고 도시를 점령하여 해방군을 몰아내 점령지역의 안전을 유지하는 것이었다. 따라서 몇몇 부대를 잃었다고 해도 결국 염성 ( 鹽城 ) 이남 대부분 지역을 수복하고 포구 ( 浦口 ) 에서 남경까지의 철도 및 장강하류의 수송로를 확보했으며 남경정부에 대한 해방군의 위협을 해소했다. 이런 점에서 봤을 때 우리부대는 작전목적을 이루었다 할 수 있다. 우리가 지휘하는 부대가 비교적 많았기 때문에 일부 손실을 입었다 해도 정상적인 상황에 속하며 남경정부는 우리에게 책임을 물은 적이 없었다."라고 말했다.

이런 생각을 가지고 국민당군대는 지속적으로 해방구에 대한 전면적인 공격에 박차를 가했고, 병력과 장비의 우세함에 기대어 비교적 많은 해방구의 도시와 지방을 점령했다.

중국공산당의 작전은 상대방의 전투력 구비한 부대를 제거하는데에 중점을 두었다. 모택동은 당내에 지시한 <3 개월의 총괄정리>에서, "우세한 병력을 집중시켜 각각의 적을 섬멸하는 것은 과거 3 개월간 25 개 여단을 섬멸할 때 채택했던 유일하게 정확한 작전방법이었다. 우리는 반드시 적보다 6 배, 5 배, 4 배, 최소한 3 배 많은 병력을 집결시켜야 비로소 효과적으로 적을 섬멸시킬 수 있다. 전투적으로든 전술적으로든 반드시 이와 같아야 한다. 앞으로 한동안은 적군 약 25 개 여단의 섬멸하는 임무를 맡는다. 이 임무를 완수하면, 장개석군대의 공격을 막을 수 있고, 잃어버린 지역을 부분적으로 수복할 수 있다." 고 밝혔다.

해방구에 대한 국민당군대의 전면적인 공격은 1946 년 10 월에 최고조에 달했는데, 이 당시의 병력은 전쟁이 시작되었을 때의 72 개 여단에서 117 개로 여단으로 증가했다. 10 월도 국민당군대가 가장 많은 해방구 도시, 63 개를 점령한 달이었다. 이때, 사람들의 이목은 장가구(張家口)에 집중되어 있었다. 이는 국공합작 전면 결렬의 마지노선이다.

주은래는 9 월 30 일 마샬에게 준 비망록에서, "나는 특별한 임무를 받아 각하에게 선언하고, 각하가 미국정부에 전달해 주기를 청합니다. 국민당이 장가구 및 그 주위에 대한 군사행동을 즉시 중단하지 않으면, 중국공산당은 정부가 공공연히 전면적인 결별을 선언하고, 정치적인 해결방침을 포기했다고 생각하지 않을 수 없습니다. 이에 따라 야기될 심각한 결과에 대한 책임은 당연히 정부가 모두 져야할 것입니다.”라고 엄정하게 선언했다.

그러나 이때, 장개석은 자신의 표면적인 일련의 승리에 도취되어 공산당의 경고와 각계 인민의 반대를 전혀 고려하지 않았다. 10월 11일, 부작의(傅作義) 부대는 동쪽으로 이동해 장가구를 점령했다. 이는 장개석을 더욱 득의만만하게 만들었다. 12일, 장개석은 일방적으로 결정한 국민대회를 다음 달에 열겠다고 선포했다. 양당을 중재하기 위해 바쁘게 뛰고 있던 중국민주동맹서기장 양수명은 새벽에 국민당군대가 장가구를 점령했다는 소식을 신문에서 발견하고는 기자에게 “잠에서 깨어나니 평화는 이미 물 건너갔구나.”라고 남겼다.

스튜어트 미국대사는 그 다음날 국무장관에서 보내는 보고서에서, “같은 날 장가구의 함락과 국민대회의 소집령 공포가 동시에 진행되었다. 전자는 정서적으로 강렬한 반향을 야기했고, 후자는 쟁론을 야기했다. 총통은 독단적으로 국가 대회의 시기를 다른 당파의 지도자와 의논하지 않고 결정할 권리가 있는지. 장개석의 일반적인 행동은 독재와 독단적인 경향을 반영한다. 공산당은 이런 반감을 이용해 작은 당파들을 자신의 진영으로 끌어들일 것이다.”라고 썼다.

상황이 이런 단계까지 진행되었을 때, 국공의 평화로운 회담은 이미 불가능했다. 11월 19일, 주은래가 이끄는 공산당대표단이 회담을 마치고 미군전용기를 이용해 연안으로 돌아왔다. 서안사변을 평화적으로 해결한 후, 주은래는 국민당 통치지역에서 회담을 진행하며 10년을 보냈다. 그는 중경의 문화계 인사들과의 다과회에서, “거의 10년입니다. 나는 지속적으로 단결된 회담을 진행하기 위해 중경과 연안 사이를 분주히 뛰어 다녔습니다. 회담을 위해 내 인생의 5분의 1을 바쳐 나

는 이미 늙어버렸습니다 !"라고 말한 적이 있다 . 국민당 통치지역의 상
당히 많은 사람들은 주은래를 통해 공산당을 이해하고 인식하게 되었
다 . 중국민주동맹은 국민대회의 참가하기를 거절했다 . 중국공산당대
표단 구성원인 이유한은 연안으로 돌아간 당일 일기에 다음과 같은 문
장을 남겼다 . "국공의 회담이 결렬되었지만 우리당은 민심을 얻었다 ."

당시의 시국은 중대한 전환의 시점에 있었다 . 11 월 21 일 , 중국
공산당 중앙위원회는 연안에서 회의를 개최했다 . 모택동은 내전이 일
어날 것인가 ? 지금 이 문제에 대한 대답은 이미 나왔고 , 이제 우리가
승리할 수 있을지에 대한 문제가 남았다라고 말했다 . 유소기는 전투의
방침은 정해졌다 . 이것은 평화적으로 해결하기 불가능하다는 것을 증
명한 것이다 . 국제적 , 국내적으로 승리를 분석하는 것은 가능하지만
오랜 시간의 어려움을 겪어야 한다고 말했다 . 12 월 9 일 한 서방의 기
자가 모택동에게 , "중국의 국내 상황으로 봤을 때 전쟁이 일어날까요 ?"
라고 물었다 . 모택동은 "일어날 겁니다 . 상대방이 싸우고 싶어 하니까
요 ."라고 명쾌하게 대답했다 .

연말이 다가오고 있을 때 스튜어트는 미국 국무장관에게 보고서
를 또 썼다 . 장개석이 그와 만나서 "공산당문제는 반드시 모종의 방식
으로 반년 내에 해결될 것이다 . 6 개월 내에 공산당의 군대세력을 분쇄
할 수 있다고 믿는다 ."고 확신에 차서 말했다 . 그러나 그가 자신감에
차있을 때 , 상황은 점점 변화하고 있었다 .

이 변화는 먼저 국민당이 집중적으로 공격하던 산동과 강소의 북
부전장 , 특히 산동전장에서 나타났다 .

당시 국민당군대는 차례로 회북과 회남 , 강소의 중부 3 개 지역을
차례로 장악했고 , 강소 북부의 대부분 지역을 장악하여 형세는 국민당

에게 유리하게 돌아가는 듯 했다. 그들의 계획은 먼저 강소 북부를 정리하고 이 후 산동 남부로 진군해 산동에서 화북지역의 해방군 주력부대와 결전을 벌이는 것이었다. 해방군은 병력을 집결하기 위해, 속요가 거느린 화중야전군의 북상을 재촉했고, 진의(陳毅)가 거느린 산동야전군과 합류하여 화동야전군을 조성해 진의를 사령관 겸 정치위원으로 속요를 부사령관으로 삼았다. 두 군대가 합류한 후, 각개격파 방법을 취해 숙천(宿遷) 이북과 산동 남부전투에서 7만여 명의 국민당군을 차례로 섬멸했다.

1947년 1월, 장개석은 화동의 해방군 주력부대가 이미 산동 남쪽지역에 집결해 산동 남부에서 결전을 준비하고 있다는 사실을 알았는데, 그들은 화동야전군 주력부대가 반드시 산동해방구의 정부 소재지인 임기를 굳게 지킬 것이라 판단하고 11개의 재편 사단인 30개 여단을 집결해 남쪽에서 북쪽으로 임기를 협공할 준비를 했다. 이때 진의는 국민당이 남쪽 전선에 대군을 집결시키고 있어 전투의 기회를 찾기 힘들고, 북쪽 전선은 고군분투하고 있으니 기존의 작전방침을 바꾸어 남쪽 전선에서 대군을 집결하고 있는 적군은 내버려두고 주력부대를 은밀히 북상시켜 절대적인 병력의 우세를 이용해 북쪽 전선의 적군을 섬멸시키는 것이 낫다는 중요한 계획을 제시했다.

따라서 화동야전군은 두 개의 종대를 주력군으로 위장시켜 남쪽 전선에 넓은 방어선을 구축하여 국민당군대의 주의를 끌어 완강하게 저항하며 반격한 후 임기를 포기했고, 주력군은 빠른 속도로 북상시켜 2월 20일부터 내무(萊蕪)성내의 이선주가 거느린 북쪽 전선 국민당의 두 개 군대를 갑작스럽게 포위했다. 23일, 이선주가 포위를 뚫고 나가려다 포로로 잡혔고, 5만 6,000여 명의 국민당 군인을 무찔렀다.

국민당군의 제 2 수정지역사령과 산동성정부주석을 맡고 있던 왕요무 ( 王耀武 ) 가 "5 만 여명이 3 일만에 한 명도 남지 않고 섬멸되다니 . 돼지 5 만 마리를 풀어서 잡아라 해도 공산군이 다 못 참을 걸 ."하고 한탄한 것도 당연했다 .

　내전의 주요 전장에서 진행된 내무전투는 전세에 큰 영향을 미쳤다 . 국민당이 편찬한 전쟁사에는 산동 남부전투와 내무전투를 다음과 같이 평가했다 .

　"당시 국민당군대의 병력이 절대적인 우세를 차지하고 있었는데 , 서주부근에서 이동 집결한 부대는 약 80 만 명이었고 , 진의의 병력은 40 만도 채 되지 않았으며 , 국민당의 장비도 공산당보다 훨씬 우수했다 . 이런 우세한 상황에서 진의의 주력부대를 일거에 제거해야 했다 . 그러나 국민당군대의 너무 많은 실수를 저질렀고 , 진의는 이를 이용했다 … 이번 작전은 주요전장에서 쌍방의 승패의 전환점이 되었다 ."

　동북전장에서 임표 ( 林彪 ) 와 팽진 ( 彭眞 ), 고강 ( 高崗 ), 진운 ( 陳雲 ) 등이 거느린 동북민주연합군이 1946 년 말에서 1947 년 초까지 '삼하강남 ( 三下江南 ), 사보임강'의 전투를 진행했다 . 국민당군을 '먼저 남쪽을 그 후 북쪽을' 공격하여 쳐부수고 상황을 바꾸었는데 동북전장에서 국민당군은 공격에서 수비로 동북민주연합군은 수비에서 공격으로 전환하게 만들었다 .

## 제 1 절 국민당군대의  전면적인  진공

　1947 년 3 월부터 , 국민당군대는 해방구에 대해 전면적인 공격에

서 집중 공격으로 전환했다. 장개석은 전체적인 양면공격전략을 고려해서 이렇게 결정했을까? 그건 아닌 듯하다. 당시 국방부 제 3 청 ( 작전주관 ) 청장을 맡고 있던 곽여매 ( 郭汝瑰 ) 가 가까이서 관찰한 바에 따르면 "어떤 사람은 장개석의 중점 공격은 산동과 섬서의 두 곳에서 양면 공격이라고 하는데, 사실 그의 전략수준은 이렇게 높지 않았다." 확실히 이는 객관적인 군사상황의 변화로 인해 어쩔 수 없이 기존의 전면적인 공격 계획을 수정해 공격의 규모를 축소한 것에 지나지 않았다.

1946 년 7 월에서 1947 년 2 월까지 8 개월 동안의 작전을 통해 국민당군대 정규군 66 개 여단의 54 여만 명과 비정규군 17 여만 명을 포함한 71 여만 명이 섬멸 당했다. 국민당군대는 105 개의 해방구도시를 점령했는데, 도시 하나를 점령할 때마다 7,000 명의 목숨을 대가로 지불했다. 1947 년 봄이 되자 국민당의 군사력은 전쟁을 시작할 때보다 9% 떨어졌다. 몇몇 도시를 점령한 후 이 도시를 수비할 병력을 남겨둬야 했기 때문에 제 1 선의 공격에 이용할 수 있는 병력은 1946 년 10 월 111 개 여단을 최고치로 85 개 여단으로 하락했다. 전투력을 갖춘 부대가 계속 섬멸 당했기 때문에 병력은 점점 부족해져 지속적인 전면공격을 이어갈 수 없자 전선을 축소시킬 수밖에 없었고, 병력을 집결해 섬북과 산동을 공격했다.

섬북은 중국공산당 중앙위원회의 소재지였다. 국민당군대의 연안 기습공격은 급하게 결정되었다. 그 직접적인 원인은 미국과 소련, 영국, 프랑스의 외무장관 회담이 1947 년 3 월 모스크바에서 열렸고, 중국의 문제에 대해 토론을 진행했기 때문에 장개석은 먼저 연안을 손에 넣어 평화회담이라는 가능성을 완전히 덮어버리려 했다. 서안의 수정공서 ( 綏靖公署 ) 주임인 호종남 ( 胡宗南 ) 은 장개석의 뜻에 따라 두 개의 재편부대 ( 기존의 집단군 ) 을 주력부대로 모아 모두 34 개 25 만 명의 기타부대와 함께 2 월 13 일 연안과 섬서와 감숙 , 영하의 변경 지역에 갑작스러운 공격을 퍼부었다 . 이때 해방군은 서북의 부대에서 농동 ( 隴東 ) 과 산서 등지에 분산되어 작전을 진행하고 있어 교도여단 하나에 두 개의 연단만이 이를 저지하는데 동원할 수 있었고 , 방어에 필요한 정면진지는 동서로 100 여 리 , 종심 ( 縱深 ) 은 70 ~ 80 리의 지역이었다 . 16 일 , 중국공산당 중앙위원회는 서북야전병단을 성립해 팽덕회로 하여금 변경 지역의 모든 부대를 지휘하도록 했다 . 18 일 , 중국공산당 중앙위원회기관과 연안군중의 대피가 완료되었고 모택동과 주은래도 해질 무렵 연안을 떠났다 . 19 일 , 호종남부대가 연안으로 진입했을 때는 아무것도 없는 텅 빈 도시였다 .

연안에서 철수하기 전 모택동은 중대한 결단을 내렸다 . 그와 중국공산당 중앙위원회는 황하를 건너지 않고 섬북에 남았다 . 사람들은 모택동과 중국공산당 중앙위원회의 안전을 크게 걱정했다 . 모택동이 이런 결정을 내린 이유는 두 가지였다 .

첫째 , 우리는 연안에서 평화로운 환경에서 10 여 년을 살았다 . 지금 전쟁이 났다고 이곳을 떠난다면 , 나는 섬북 사람들에게 면목이 없어져 이후 그들에게 고개를 들 수 없게 될 것이다 . 나는 섬북 사람들과 함께 하기로 결정했고 , 호종남과 싸워 이기기 전에 절대 황하를 건너지 않을 것이다 .

둘째 , 내가 섬북을 떠나지 못하는 데는 또 다른 이유가 있다 . 호종남에게는 20 여만 명의 병사가 있고 , 내게는 2 만 명이 있으니 섬북에서 우리는 10:1 로 싸우게 된다 . 다른 전장은 이보다 훨씬 나은 조건에 있다. 적군과 나의 세력차가 이렇게 현저하게 나지는 않는다. 당에서 내가 군사부문을 맡고 있는데 내가 섬북에 있지 않으면, 누가 섬북을 맡겠는가? 현재 몇 개의 해방구에서 막 주도권을 차지하고 있고 내가 섬북에 남아 있으면, 장개석은 호종남을 다른 전장에 투입하지 못할 것이다. 내가 이 '서북왕(西北王, 호종남의 별호, 서북의 군사실권을 장악해 서북왕으로 불림)'을 붙잡아 두고 있으면, 다른 전장에서는 크게 힘을 덜게 될 것이다.

연안 함락으로 장개석과 호종남은 몹시 기뻐하며 큰 전쟁에서 승리한 것으로 여겼다. 그러나 중국공산당 중앙위원회와 서북 야전병단의 주력부대가 어느 곳으로 갔는지 그들은 전혀 알지 못했고 어떤 행동을 취할지도 모르고 있었다. 서북 야전병단이 연안에서 철수한 후 병력을 집결시키자 기동성이 크게 증가되었고 섬북 민중의 지지를 받아 은밀하게 집결하기 쉽게 정보를 빈틈없이 봉쇄할 수 있었으므로 한 달여 만에 청화폄(青化砭)과 양마하(羊馬河)의 매복전과 반용진의 힘겨운 싸움에서 연달아 3차례의 승리를 거머쥐어 1만 4,000명의 국민당군대를 섬멸해 섬북의 전세를 안정시켰다. 호종남부대는 서북 야전병대와의 결전을 모색하는 과정에서 도처에서 허탕을 쳐서 피로가 쌓였고, 여러 차례 공격을 받으며 식량도 부족해졌고, 사기도 떨어져 속수무책으로 당하기만 하면서 스스로 일어설 수 없게 되었다. 이는 그들이 공격을 감행할 때에는 전혀 예상하지 못했던 상황이었다.

다음으로 산동의 전장을 살펴보자.

장개석은 이 지역의 병력과 작전부서에 대해 대폭적인 개편을 감행했다. 육군 총사령관 고축동(顧祝同)에게 서주를 지키며 통일된 지휘를 실시하게 했고, 병력을 3개 병대와 두 개 수정지역(绥靖区)

의 24 개의 개편사단과 60 여 개의 여단, 45 만 명으로 편성했다. 3 월 하순부터 4 월 상순까지 그들은 진포철도의 서주에서 제남구간을 개통시켰고, 산동의 남쪽 산악지역을 점령해 임기에서 연주 ( 兗州 ) 까지의 도로를 개통해 산동해방구에 진격한 첫 단계의 목표를 실현했다. 그러나 1947 년 봄, 화동해방군의 실력은 과거에 비해 크게 강대해져 1946 년 7 월의 57 만 명에서 64 만 명으로 병력이 증가했다. 그중, 야전군은 13 만 명에서 27 만 명으로 2 배로 증가했고, 무기와 장비는 노획으로 많은 우수한 무기를 손에 넣었고, 우수한 국민당군과 작전을 진행했던 경험도 풍부했다. 4 월 하순, 화동야전군 주력부대가 '그들의 예상을 깨고' 태안 ( 泰安 ) 을 함락해 국민당이 개편한 제 72 사단을 섬멸했고, 그 다음 진포철도의 서주와 제남구간을 끊어 놓다. 주력부대는 더 큰 전과를 올리기 위해 산동의 중부 해방구의 중심지역으로 회군했다. 국민당군대는 기세를 몰아 이 지역으로 전진했고, 화동야전군 주력부대와의 결전을 모색했다.

공격을 개시한 각 갈래의 국민당군대 중에서 탕은백 ( 湯恩伯 ) 의 제 1 병단의 핵심부대, 즉 개편된 제 74 사단이 가장 뛰어났다. 당시, 해방군이 여러 차례 공격 후 회군하여 국민당 주력부대와의 결전을 피하자 장개석과 진성은 해방군이 '피로에 지쳐' 있다고 오해하고, 각 부대를 독촉해 산동의 중부 산악지역 침범하도록 했다. 5 월, 국민당군대는 모든 전선에서 공격을 시작했다. 탕은백은 공을 세우는데 급급해 제 2, 제 3 의 병단과 함께 행동하기를 기다리지 않고 개편된 제 74 사단을 화동야전군 부대의 소재지인 탄부 ( 坦埠 ) 에 직접 투입해 그 중심을 돌파하여 일거에 해방군의 지휘중심을 제거하려 했다.

개편된 제 74 사단은 국민당군대의 최정예부대로 모두 미국의 기계화 장비를 구비하고 있었고 미국군사 고문단의 특별훈련을 받아 상당한 지휘와 전술, 기술 수준을 가지고 있었다. 항전승리 후 가장 먼저 비행기로 남경으로 이동한 부대이기도 했다. 이 사단은 '어림군 ( 御林軍 )'이라는 별호를 가지고 있었다. 전면적인 내전이 발발한 후, 남경에서 차출되어 화동해방구를 공격하는 주력부대가 되었다. 그들은 평소에도 안하무인으로 행동했고, 스스로 "74 사단이 있어야 국민당도 있다."고 말하고 다녔다. 그들이 중앙돌파의 임무를 맡고 있고 이미 화동야전군 주력부대가 집결한 위치의 정면에 진입했기 때문에 해방군의 배치를 다시 조정할 필요가 없었으므로, 국부적으로 이 사단에 대해 5:1 의 절대적인 우위를 점할 수 있게 되었다. 이 부대가 평소에 오만하고 독단적으로 행동해 다른 국민당 부대와 갈등이 깊었기 때문에 화동야전군이 그들을 포위위해 지원군을 차단했을 때, 다른 국민당 부대는 그들을 구하기 위해 싸우려 들지 않았다. 속요는 이런 판단에 근거해 세력이 약한 적이나 고립된 적을 먼저 공격하던 과거의 전법을 바꾸어 개편된 제 74 사단을 섬멸하기로 결심했다.

　5 월 15 일, 해방군은 맹량고 ( 孟良崮 ) 지역에서 개편된 제 74 사단을 포위했다. 과거 해방군은 이런 식의 전투를 해본 적이 없었다. 포위전은 격렬한 요새 공격전이고, 저지전은 어려운 진지방어전이므로 반드시 2, 3 일 내에 전투를 끝내야 했다. 74 사단은 해방군을 완강하게 저지하며 국민당 지원부대의 공격을 차례로 막아냈는데, 몇몇 지원부대는 개편된 제 74 군과 5 ㎞ 거리밖에 있었지만 그들과 합류할 방법은 없었다. 맹량고의 지세가 험준하고 암석으로 이루어져 있어 진지를 구축하기 어려웠고, 중장비부대는 장비를 이동하고 배치하는데 더욱 어려움을 겪었다.

16일, 해방군은 맹량고에서 총공세를 펼쳤고 개편된 제74사단을 몰살시켰다.

맹량고전투의 결과는 전국을 충격으로 몰아넣었고, 장개석과 국민당의 상부에 더욱 큰 충격을 주었다. 그들이 잃은 이 부대는 일반적인 개편사단이 아니라 최고의 정예군이라 여기던 부대였기 때문이다. 4일 전, 장개석은 12일 개최했던 제2기 군관훈련단 개학식의 연설에서, "우리 고급장교들이 심기일전하고 믿음을 가진다면, 올해 10월 이전에 토벌임무는 일단락 지어질 것이다."라고 말했다. 일주일이 지난 후, 19일 같은 기수의 학생들에게 연설할 때, 어조가 크게 변해 이 패배를 "토벌을 진행한 이래 우리군의 가장 가슴 아프고 가장 안타까운 사건"이라고 부르면서, "여러분이 대오각성하고 분발하지 않는다면, 혁명을 완성할 수 없는 것은 물론이고, 우리의 토벌작전은 결국 실패로 돌아가 모두 공산당에 의해 제거될 것이다."라고 말했다.

그 짧은 시간 내에 국민당 지도계층의 상황에 대한 예측과 생각의 급변은 전세 전환의 시기가 곧 도래할 것을 예고했다.

## 제 3 절 제 2 전선의 형성

군사상황의 변화와 함께, 국민당통치지구 내에는 학생운동을 선봉으로 민중운동이 급속히 퍼져나가 국민당 통치지구의 민심 변화에 직접적인 영향을 주었다. 그중 규모가 가장 큰 두 번의 운동은 1946년 말에 시작된 미국폭력항의 운동과 1947년 5월 20일에 고조된 반(反)기아 반(反)내전 운동이었다.

우선 미군폭행 항의운동부터 살펴보자.

이 운동은 항전에서 승리한 후 얼마 지나지 않아 그토록 전국을 휩쓸었던 것은 우연한 일이 아니었다. 이 문제가 수억 중국인의 마음 깊이 자리 잡은 가장 민감한 아픈 곳을 건드렸기 때문이었다. 중화민족은 한 세기가 넘는 기간 동안 열강의 억압과 모욕 속에 살아왔다. 8년간의 피비린내 나는 항전을 통해 드디어 중국인 위에서 온갖 전횡을 일삼던 일본 침략자들을 몰아내자, 모든 중국인은 억압에서 벗어나 머리를 들고 인간으로서의 삶을 누리게 되었다. 사람들이 가장 참을 수 없을 때가 바로 열강이 중국의 영토에서 위세를 부리며 제멋대로 행동하는 모습을 다시 보았을 때였다. 이는 애국심이 있는 중국인은 즉시 백여 년 전 겪었던 치욕과 고통을 연상시켰고, 피가 끓어오르는 것을 참지 못하고 목숨을 걸고 항쟁하기에 이르렀다.

항일전쟁시기, 미국군인, 특히 공군이 중국의 후방에 도착했다 그 수는 그리 많지 않았다. 중국인이 봤을 때, 그들은 연합군이며 중국의 항전을 도와주러 온 사람이었기에 그들에게 친밀한 감정을 가지고 있었다. 미국군인이 군용차를 타고 거리를 지날 때, 사람들은 엄지손가락을 들어올리며 "좋아요."라고 말하곤 했다.

상황은 빠르게 변해갔다. 전쟁 후, 미국사병들은 각 대도시의 사람들이 밀집해 있는 거리를 지프차를 타고 제멋대로 달리다가 중국인을 치어서 다치게 하거나 죽이는 일이 자주 발생했다. 상해만을 살펴봐도 국민당정부의 통계의 의하면 1945 년 9 월 12 일에서 1946 년 1 월 10 일까지 120 일 동안 지프차로 발생한 사고는 495 차례였고, 244 명의 사상자가 발생했다. 미국군은 마음대로 중국인을 구타하기도 했다. 상해의 인력거꾼 장대교자 ( 臧大皺子 ) 는 미군병사에게 당연히 받아야 할 차비를 요구했다가 미군에게 맞아 죽었다 . 신문에는 미군이 술에 취해 일을 일으키고 떠들썩한 시내 거리에서 중국의 부녀를 모욕하고 강간한 사건들이 연일 보도되었다 . 이런 냉혹한 현실은 민족의 자존심이 강한 중국인이 항전에서 승리했지만 외국인들이 중국에서 위세를 부리며 제멋대로 행동하던 날은 지금도 지속되고 있다고 고통스럽게 부르짖지 않을 수 없었다 .

1946 년 11 월 , 국민당정부 외교부장 왕세걸 ( 王世杰 ) 은 주 ( 駐 ) 중대사 스튜어트와 < 중미우호통상항해조약 > 에 조인했다 . 이는 중국이 항일전쟁시기 기존의 몇몇 불평등 조약을 폐기한 후 외국과 체결한 첫 번째 통상조약이었다 . 이 조약에서의 '평등'이라는 단어 속에 극단적인 불평등을 숨기고 있었다 . 표면적으로 체결국 쌍방은 모두 상대방의 '영토의 국경 내'에서 자유롭게 공장을 세우고 통상하며 , 항해하는데 제한을 받지 않았다 . 그러나 실제로 왕세걸 본인이 조약을 체결한 당일 일기에 "서로 평등호혜의 원칙에 따라 이 조약을 체결했지만 중미의 경제상황이 다르기 때문에 호혜는 실제로 일방적인 혜택이 되기 쉬웠다 ."고 썼다 . 이 조약의 공포는 중국사회 각계의 강력한 반대를 야기했다 .

오랫동안 쌓여오던 분노가 결국 폭발했다 . 미군폭행 항의운동이 도화선이 되었는데 , 1946 년 12 월 24 일 저녁 , 미국해군 해병대 수군 2 명이 북평시내에서 북경대학 선수반 ( 先修班 ) 여학생 심숭을 강간한 것에서 시작되었다 . 26 일 오후 , 북경대학의 홍루 ( 紅樓 ) 의 서쪽 벽에 이 끔찍한 일이 게재되었다 《관찰》의 북평특약통신 는 당시 북경대학생의 일반적인 심정을 보도했다 . "이런 끔찍한 소식을 듣고 모든 북경대학의 학생들은 분노에 차이를 갈았고 , 벽에는 붉고 푸른 항의선언이 가득 찼다. 그들은 이는 짐승 같은 행위이고, 제국주의자들이 중국의 깊은 곳은 유린하고 있을 나타낸다. 겁탈을 당한 사람은 심숭만이 아닌 중국의 모든 부녀자이고 중국의 모든 동포다. 미군이 중국에서 퇴각하는 날이 길어질수록 중국인민의 인권과 자유도 그만큼 보장받을 수 없다." 그날 저녁, 학생들은 책을 손에서 놓고 항의운동에 대해 논의하고 서명운동을 시작했다.

국민당 당국은 이 불길을 잡으려 노력하기 위해 멍청한 행동을 했다. 중앙사의 보도내용 중, '이 여성은 20 여 세로 양가의 규수가 아닌 듯' 등과 같은 단어를 사용했다.( 사실 심숭은 청나라 말기 양강총독 심보정의 증손녀였고, 남방에서 올라와 북평에서 학업을 이어가고 있었다 ).

29 일, 북경대학 미군폭행항의 창립위원회가 각계 대표회의를 개최하고 있을 때, 갑자기 손에 몽둥이를 들고 허리에 권총을 찬 1,100 여 명의 폭도를 태운 여러 대의 지프차와 트럭이 쳐들어와 무자비하게 몽둥이를 휘두르며 회의장을 점거해 소위 '북평 각 대학학생 정의연합회' 의 성립을 선포하고 수업거부와 시위를 반대했다. 이러한 멍청한 행동은 학생들의 폭행항의운동에 기름을 들이붓는 격이었다.

12 월 30 일, 청화 (淸華), 연경 (燕京), 북경대학, 보인 (輔仁), 사범대학 등의 대학생 5,000 여 명이 영하 15 도의 엄동설한에서 시위를 진행했다. 길가에 붙여진 슬로건에는, '여자 형제가 없는 사람이라도 어찌 미국인의 강간을 용인할 수 있겠는가', '양심이 있는 중국인이여 일어나라, 미군을 중국에서 몰아내자.' 등의 내용이 적혀있었다. 그들은 사건이 발생한 동단 (東單) 광장에서 집회를 열었고, 약 2 만 명의 민중이 이를 지켜보았다. 같은 날, 천진의 남개 (南開) 대학과

상해의 복단 ( 復旦 ), 동제 ( 同濟 ), 기남 ( 暨南 ) 등 대학도 수업거부를 선언했다. 1947 년 1 월, 상해, 남경, 천진, 무한, 장사, 남경, 제남, 광주, 복주 ( 福州 ), 대북 ( 臺北 ), 계림, 성도, 중경, 서안, 난주, 개봉, 낙양, 심양, 장춘 등 도시의 학생들도 차례로 수업을 거부하고 시위를 벌였으며 참가한 인원은 50 만 명에 달했다.

학생들의 폭력항의라는 거대한 물결은 사회각계에 광범위한 지지를 받았다. 문화계와 여성계, 산업계 단체와 유명인사는 잇따라 연설 혹은 공개서한을 발표하며 미군의 폭행에 강력히 항의했고, 미군의 중국 철수를 요구했다. 마인초 ( 馬寅初 ) 는 "이런 상황을 참을 수 있다면, 중국은 노예로 자라난 사람들이다. 우리는 절대 참지 않을 것이다. 지금의 정부는 도대체 중국인의 정부인가 미국인의 정부인가? 만일 중국인의 정부라면 즉시 항의해 엄중하게 교섭을 진행해야 할 것이고 그럴 수 없다면 퇴진해야 한다. 국민에게 면목이 없는 정부가 무슨 염치로 높은 곳에 앉아 있겠는가?"라고 말했다.

2 월, 중국공산당 중앙위원회는 정치국회의를 열고 모택동이 초안을 작성한 < 중국혁명의 새로운 정점을 맞이하여 > 의 당내 지시사항에 대해 토론했다. 주은래가 제출한 보고서에 처음으로 국민당통치지역이 인민운동을 '제 2 전장'이라 칭했다. 그는 작년에는 반미투쟁이 이렇게 크게 발전하리라고 예상하지 못했는데, 수많은 사람이 미국에 대해 환상을 품고 있었기 때문이라고 말했다.

국민당 당국이 민중에게 고압적인 정책을 유지하고 이를 강화하고 있었지만, 내전의 확대와 각종사회적인 갈등이 심화됨에 따라, 특히 심각한 인플레이션과 물가폭등으로 국민당 통치지구의 인민운동은 멈추지 않았고, 오히려 빠르게 확대되어 갔다. 5 월까지 반기아와 반내전 운동이 더욱 크게 일어났다.

국민당 통치지구의 심각한 인플레이션과 물가폭등은 이미 오랫동안 지속되어 왔다. 항전승리 후, 후방과 기존의 피점령지구의 물가는 일시적으로 대폭 하락했지만 한두 달 후, 10 월 초부터 다시 빠르게 상승하기 시작했다. 1946 년에 들어선 후, 물가는 더욱 빠르게 올랐고 민중생활은 나날이 어려워져 갔다. 정부의 통계에 따르면, 거의 일 년 동안 정부지출은 3.2 배 증가했는데, 지출에서 내전에 사용된 비용이 60% 를 차지했고, 수입은 지출의 32% 밖에 되지 않았다.

재정상으로 수입보다 지출이 많은 상황에 대처하기 위해 행정원장 송자문은 시중의 화폐를 회수하기 위해 대량의 지폐를 발행하고 세수를 증가시켰으며, 황금과 외화를 지속적으로 투매했다. 정부 수중의 황금과 외화의 절반을 팔았다. 송자문이 이렇게 할 수밖에 없었던 중요한 원인은 장개석과 진성이 1 년 내에 공산당을 제거하고 내전을 끝낼 수 있다고 확신했기 때문이었다. 따라서 그는 장기적으로 생각하지 않고 눈앞의 상황에만 대처하고 나머지는 내전이 끝난 후 처리하려 했다. 그러나 전세는 국민당에게 점점 더 불리해져 갔고, 군비지출은 점점 급증했다.

장개석은 정부가 구비하고 있던 황금과 외화의 절반을 투매한 사실을 알고 몹시 분노했다. 그는 1947 년 2 월 8 일 송자문을 소환해 신랄하게 질책했다. 그 날, 송자문은 중앙은행에 황금 투매를 중지하라고 명령했다. 10 일과 11 일, 물가는 바로 2 배로 뛰어올랐다. 가게들은 물건을 팔려고 하지 않았고, 물가는 혼란에 빠졌다. 3 월 1 일, 송자문은 어쩔 수 없이 행정원장의 직무에서 물러났고, 장개석이 이를 겸임했다.

비정상적인 물가폭등은 이런 상황에서 나타났다. 상해의 《시여

문 ( 時與文 )》은 5 월초에 발표한 기사에서 "이번 물가폭등은 더욱 전면적이고 더욱 심각한 상황이다 . 지금까지 이 상승세가 멈출 것이라는 희망을 가질 수 없을 것 같다 . 물가의 상승추세는 곡선의 파도모양이어야 하는데 , 심각한 인플레이션이 뒤로 갈수록 곡선은 점점 짧아져 마지막에는 간격이 없어져 수직으로 변하게 될 것이다 . 4 월의 쌀과 밀가루 , 기름 , 실 , 옷감 , 비누 등 각종 생필품이 모두 50 ~ 80% 상승했는데 , 앞으로 상승세는 더욱 심각해 질 것이라 예측된다 ."고 썼다 .

5 월에 들어서자 물가는 고삐 풀린 말처럼 하늘 높이 치솟았다 . 5 월 2 일 , 오국정 ( 吳國楨 ) 상해시장은 10 일 안되어서 쌀 한 섬의 한도가를 13 ~ 20 만 위안으로 올렸다 . 수많은 싸전에서는 정찰가가 너무 낮다고 판매를 거부했다 . 그 다음날 , 쌀 가격은 30 만 위안을 돌파했다 . 모든 신문에 다음과 같이 보도했다 . "쌀과 기름이 끝도 없이 올라 시장에는 불안감이 형성되고 있다 . 잡곡 가격도 올라 계속 최고점을 갱신하고 있다 ." 상해와 남경 , 항주 , 성도 , 무석 , 소주 등 지역에서 굶주린 백성이 떼를 지어 싸전을 터는 사건이 발생했다 . 노동자들의 임금은 1 월 수준으로 동결되었고 , 물가는 이미 이를 훨씬 초과했기 때문에 생활을 이어나갈 방법이 없었다 . 5 월초 , 상해 노동자들은 잇따라 시위를 벌이며 생계비지수를 낮추어 줄 것을 요구했다 . 이런 상황에서 교사들이 학생들을 가르치고 학생들도 편히 공부할 수 있었겠는가 ?

'반 ( 反 ) 기아와 반 ( 反 ) 내전'의 슬로건은 이런 사회적인 배경으로 제시되었다 .

당시의 생활은 국민당 통치구역의 민중 , 특히 기존에 정치적으로 중립의 입장이었던 수많은 사람이 가장 큰 관심을 가지던 문제는 바로 두 글자'기아였다 . 《대공보 ( 大公報 )》가 연초에 실었던 사설에서 ,"수많은 청년학생이 옷 두 벌, 낡은 이불 하나로 견디고, 끼니마다 희멀건 국물 반 그릇과 짠지 한 이파리, 작은 빵 3 개로 버티고, 학비와 잡비를 독촉하는 종이를 보면서 고민하는 어려운 생활을 하고 있다.'라고 썼다.

이 신문은 5 월 초에 < 백성을 생계를 이어갈 수 있게 해야 한다 > 라는 제목의 또 다른 사설을 발표했다. 사람들이 기아문제에 집중하고 있을 때, 자연스럽게 한 단계 더 발전된 사고를 하게 되었다. 이 모든 문제가 어떻게 조성되었는가 ? 대답은 간단했다. 이는 정부가 전면전을 일으켰기 때문에 시작된 문제다. 기아의 근원은 내전에 있었고, 반 ( 反 ) 기아를 위해 반드시 반 ( 反 ) 내전을 해야 한다. 수많은 학교의 학생은 집회에서 반복적인 토론을 통해 반기아와 반내전을 요구하는데 동의했다.

당시 유행하던 만화는 다음과 같은 글이 쓰여 있었다. '대포를 향해 먹을 것을 요구하다 ( 向炮口要饭吃 )' 이는 사람들 사이에서 강렬한 공감을 불러일으켰다.

반 ( 反 ) 기아와 반 ( 反 ) 내전 운동은 수도인 남경에서 가장 먼저 일어났다.

심각한 사회경제적인 위기는 교육사업에 극단적인 결과를 야기했다. 공무원의 급여로는 항전후기 이후 기본적인 생활을 영위할 수 없었다. 내전이 확대됨에 따라 군비는 나날이 증가했고, 교육경비는 나날이 축소되었다. 4 월, 남경 중앙대학교수들은 긴급회의를 열어 물가 대비 급료지급과 교육경비 인상 등의 요구를 제시했고, 13 명의 교수가 대표로 교육부에 청원서를 제출했지만 교육부는 어떠한 대답도 하지 않았다. 이와 동시에 학생의 생활도 빠르게 나빠졌다. 1946 년 12 월에 규정된 대학 국비생의 부식비는 원래 낮았는데, 1947 년 5 월까지 전혀 개선되지 않았으며, 이 기간의 곡식과 육류, 콩, 기름 등의 가격은 평균 4.3 배 올랐다. 5 월 4 일부터 국비생의 급식단가가 잠시 4 만 위안으로 예산이 책정되었다. 그러나 행정원은 이에 동의하지 않고 2 만 4,000 위안의 수준을 유지해야 한다고 거듭 표명했다. 이렇게 이미 오랫동안 지속적으로 억눌려 있던 분노는 결국 터져버렸다.

5 월 12 일 저녁, 중앙대학에서 학생대표 대회가 열렸다. 미식단 (米食團) 은 5 월분의 부식비로는 14 일까지밖에 견딜 수 없는데 그 이후로는 어떻게 해야 할지 모르겠다고 보고 했다. 격렬한 쟁론을 거쳐, 다음날부터 수업을 거부하고 행정원과 교육부에 파견해 청원서를 제출한다는 내용을 투표를 통해 결정했다. 이 청원서에 대해 아무런 대답을 들을 수 없었고 남경의 기타 대학도 잇따라 수업을 거부했다. 17 일, '남경지역 대학교 국비대우쟁취 연합회'를 구축해 20 일 국민참정회가 개막될 때 연합하여 청원서를 올리고 전국의 9 대 도시의 대학생에게 함께 행동할 것을 요구하는 전보를 보내기로 결정했다.

사실, 이 운동은 이미 전국적으로 맹렬하게 전개되고 있었다. 각지의 선생과 학생은 똑같이 심각한 기아의 위협에 놓여 있었기 때문이다. 5 월 14 일, 매이기 (梅貽琦) 청화대학교장 주재로 평진국립대학 교장 간담회를 열어, 교육부에게 각 학교의 경상비를 최저 6 배 올려달라는 요청을 전보로 보내기로 결의했다. 청화대학과 북경대학학생은 19 일부터 3 일간의 수업거부를 선포했고, 거리홍보를 위해 수천 명의 학생을 파견했다. 천진 남개대학과 북양대학 학생은 18 일부터 3 일간의 수업거부를 선포했다. 상해와 항주의 각 대학들도 5 월 중순에 차례로 수업거부를 진행했고, 남경에 대표를 파견해 국민참정회에 청원서 제출을 결정했다.

날이 갈수록 점점 끓어오르는 민중의 항의에 직면해 국민당 당국이 채택한 대책은 단호한 진압이었다. 18일, 국민 정부위원회는 < 사회질서 유지를 위한 임시방법 > 을 통과, 반포했는데, 장개석은 < 방법 > 에 대해 서면 담화를 발표해, "최근 발생한 학생들의 행동은 이미 국민도덕과 국가법률이 허가하는 범위를 넘어섰고, 공산당이 직접, 간접적으로 사주했음이 분명하게 드러나고 있다. 이를 방임한다면 학풍을 해칠 뿐만 아니라, 기강이 문란해질 것이니, 청년의 교육기관이 법과 기강을 문란하게 하는 근거지가 되고 말 것이다. 이러한 학교와 제멋대로 행동하는 청년을 왜 소중히 여기겠는가? 전 국가의 생명과 전 청년의 미래를 보장하기 위해 단호한 조처를 취하지 않을 수 없다."라고 말했다.

　　장개석이 담화를 발표한 후, 여론은 술렁였다. 19일, 상해의 10개 국립대학과 4개의 사립대학 학생 7,000여 명은 '상해와 항주 지역 국립대학의 교육위기 구조를 위한 남경진출 대표연합청원단' 환송대회를 열었다. 회의 후, 대표단을 기차역까지 환송했다. 기차역 부근의 높은 빌딩에는 '민국만세, 천하태빈(民國萬稅 天下太貧)'이라는 현수막이 걸려있었다.

　　5월 20일 새벽, 남경의 중앙대학 등 학생 5,000여 명과 상해, 항주, 소주 학생 대표는 손문 초상화를 행진대오 앞에 두고 '남경과, 상해, 소주, 항주의 16개 이상의 대학의 교육을 위기에서 구하기 위한 연합시위'라는 현수막을 높이 들고, 국민참정회를 향해 전진했다. 대오가 주강로(珠江路)에 다다랐을 때, 길은 이미 군대와 경찰에 의해 봉쇄되어 있었다.

　　《관찰》 남경통신의 보도에 따르면 "주강로 입구를 지날 때, 학생대오는 소방용 호스의 물을 맞으면서 앞으로 나아갔고, 나머지 200 ~ 300 명의 대학생이 아직 다 건너지 못했다. 갑자기 방망이를 든 경찰들이 학생들을 해산시키려 했다. 처음에는 방망이를 마구 휘두르더니, 나중에는 머리를 때리면서 체포했다. 학생들은 전혀 저항할 수 없었다. 대오의 말미가 해산 당한 후, 도망쳐 나와 보고했고, 오교장 (중앙대학교장 오유훈 ( 吳有訓 )) 은 학생들이 구타당한 사실을 알고는 기절했다고 한다. 시위에 참가하지 않는 학생들도 일제히 달려갔다. 경찰을 뚫고 나온 학생들은 국부로 ( 國府路 ) 에 포위되어 참정회에는 가까이 가지도 못했다. 학생들은 기마경찰과 헌병, 경찰들로 둘러싸였다.”라고 했다.

쌍방은 6 시간 동안 대치했다. 오후에 큰비가 쏟아졌으나 학생들은 여전히 움직이지 않고 그 자리를 지켰다. 나중에 국민참정회의 사무국장인 소력자 ( 邵力子 ) 의 중재로 학생들은 기존의 노선을 따라 행진한 후, 학교로 돌아갔다. 5·20 운동은 5 월 20 일의 사건이라 하여 이름 지어졌다.

이 사건은 맹량고 ( 孟良崮 ) 전투가 끝난 후 4 일 후 발생해 국민당 당국은 대외적으로 더욱 어려운 지경에 처했다.

같은 날, 북평대학교 학생 7,000 여 명은 ‘화북학생북평지역 반기아, 반내전 시위’라는 현수막을 높이 들고, 시내에서 시위를 펼쳤다. 청화대학 퇴역군인 수백 명이 대오의 앞쪽에서 걸었는데, 그중 3 분의 1 은 과거 미군군복을 입고 “항전군인은 일본과만 싸웠다! 항전군인은 내전에 참여하지 않는다! 청화의 제대군인은 내전에 반대한다!”라고 크게 외치면서 행진했다.

5·20 사건이 발생한 후, 학생투쟁의 슬로건에 ‘반 ( 反 ) 박해’라는

글자가 더해졌다. 24 일이 되자 상해에서 수업을 거부한 대학과 고등학교는 80 여 개로 늘어났다. 과거에 이렇게 많은 중·고등학생이 적극적으로 운동에 뛰어든 경우가 거의 없었다. 전국적으로 봤을 때, 운동은 남경과 상해, 북평, 천진, 항주, 성도, 중경, 광주, 무한, 청도 등지를 휩쓸었고, 학생들은 연이어 수업을 거부하고 거리에서 홍보활동과 시위를 진행했다. 기존에 정치적으로 중간입장을 취했던 수많은 학생도 적극적으로 운동에 참여했다. 운동의 규모와 세력은 연초의 미군 폭행 항의운동을 훨씬 뛰어넘었다.

모택동은 5 월 30 일 신화사에 보낸 사설에서 "전국민의 적이 된 장개석정부는 이미 자신이 전국민에게 포위되어 있음을 발견했을 것이다. 장개석정부는 군사적으로도 정치적으로도 모두 실패했고 이미 그가 선포한 적의 세력에 의해 포위되었으며 이를 탈피할 방법도 찾을 수 없을 것이다. 중국에는 이미 두 가지 전선이 있다. 장개석이 일으킨 군과 인민해방군의 전쟁이 바로 첫 번째 전선이다. 지금 두 번째 전선이 나타났는데, 바로 위대하고 정의로운 학생운동과 장개석 반동 정부 간의 첨예한 투쟁이다. 학생운동의 슬로건은 먹을 식량과 평화, 자유를 요구하는 반기아, 반내전, 반박해이다. 학생운동은 전체인민운동의 일부분이다. 학생운동의 고조는 전체 인민운동의 고조를 촉진한다."라고 썼다.

# 제 4 절 천리 길을 걸어 다볘 산맥에 약진

국민당정부가 각 방면에서 심각한 좌절과 혼란에 빠져 있을 때,

중국공산당 중앙위원회와 모택동은 과감하게 대담한 결정을 내렸다. 유백승과 등소평이 거느린 산서와 하북, 산동, 하남 야전군 주력부대 12만 명이 황하의 도하를 강행해 멀고먼 여정을 통해 대별산(大別山)에 도착했다.

국민당군대의 집중 국공산당격이 아직 끝났지 않았고, 인민해방군의 수와 장비가 아직 국민당군대에 미치지 못했을 때, 즉시 주력부대를 포위선으로 보내 전쟁을 국민당 통치구역으로 이끌어 전략적인 수비에서 전략적인 공격으로 전환했다.

당시, 국민당군대는 해방구에 대한 공격을 동서 양측에 집중했다. 섬북전장에는 21개 여단 20만 명이 있었고, 산동전장에는 56개 여단 40만 명이 있었다. 동서 양측 사이의 병력은 얼마 되지 않았는데, 황하라는 천연요새로 해방군의 남하를 저지하려 했다. 해방군은 전략적인 공격으로 전환했다. 그들의 수비가 취약한 중심지역을 겨냥해 황하의 도하를 강행해 곧장 대별산으로 향했다.

주력부대로 포위선을 뚫은 또 다른 중요한 목적은 바로 전쟁을 해방구로 향하게 하고 더 나아가 해방구의 인력과 물자를 파괴하고 소모해 해방군이 지속적으로 전략을 지속하지 못하도록 만들려고 시도하는 국민당 당국의 의도를 철저히 파괴하는 것이었다.

1947년 6월, 산서와 하북, 하남야 전군 12만 명은 산동의 서남지역에서 황하의 도하를 강행했다. 그들은 산동의 서남에서 한 달여를 전전하면서 국민당의 4개 개편사단을 차례로 제거했다. 당시, 국민당은 해방군의 이번 행동의 진정한 의도를 전혀 알지 못했다. 해방군의 다음 행보는 동쪽으로 운하를 건너 화동야 전군과 직접 호응하여 국민당군을 집중 공격하는 것일지, 아니면 남쪽으로 전진하여 농해로(隴

海路 ) 를 끊고 바로 서주로 달려갈지 짐작하기 어려웠고 , 해방군이 과거에서처럼 그 자리에서 나아가고 물러나면서 승리한 후 , 북쪽으로 황하를 건널 것이라 여기고 있었다 .

사실 , 유백승과 등소평의 대군으로 봤을 때 , 황하의 도하 강행과 산동의 서남을 전전한 일은 대거 남하하여 대별산으로 진입하기 위한 시작에 불과했다 .

유백승과 등소평의 대군이 황하의 도하를 강행한 후 한 달여 동안 산동의 서남을 지속적으로 전전하느라 쉬면서 정비할 시간을 갖지 못했다 . 8 월 7 일 , 그들은 과감히 대별산으로 들어갔다 . 이 길에서 농해철도를 지나 황하의 범람지역과 사하 ( 沙河 ), 여하 ( 汝河 ), 회하 등 여러 하류를 건넜다 . 장개석은 그들이 이렇게 위험한 수를 쓰리라고는 예상하지 못했고 , 처음에는 그들이 "북쪽으로 황하를 건너지 못해 남쪽으로 몰렸다 ."라고 생각했다 . 유백승과 등소평의 대군은 국민당 군대의 시간을 빼앗기 위해 피곤을 무릅쓰고 용감하게 전진했다 . 대군이 사하를 지나자 장개석은 유백승과 등소평의 대군이 '어쩔 수없이 남쪽을 몰린 것'이 아니라 , 계획적으로 대별산으로 진군하는 전략적인 행동을 취했음을 알아차렸다 . 그는 즉시 군대를 배치해 남북협공을 실행했다 . 26 일 저녁 , 유백승과 등소평의 주력부대는 회하를 건너면서 대별산으로 진입하기 위한 여정에서 가장 어려운 관문을 지났다 . 회하를 건넌 부대 앞에는 더느 자연적인 장애물이 남아 있지 않았으므로 , 밤낮을 재촉해 대별산을 향해 달렸고 , 머나먼 여정을 달려오는 임무를 성공적으로 완수했다 .

유백승과 등소평의 대군이 머나먼 여정을 통해 대별산에 도착한 후 , 해방군의 또 다른 두 개의 대군은 그들의 좌우 양측으로 잇따라 남하했다. 진갱(陳賡)과 사부치(謝富治) 집단 8만 여명은 산서의 남쪽에서 출발해 황하를 건너 하남의 서쪽 지역에 진입했고, 진의와 속요가 이끄는 화동야전군 주력부대 18만 명은 산동에서 서남 방향으로 진군하면서 농해철도를 건너 하남과 안휘, 강서 지역에서 활동을 전개했다. 이렇게 세 갈래의 대군이 서로 호응하여 적을 견제했고, 농해철도 이남과 장강이북에는 '품(品)'자 형태의 진을 벌였다. 인민해방군 해방구를 공격하는 국민당군대의 주요 후방인 중원(中原) 지역은 이미 인민해방군이 전국적인 승리를 거머쥐기 위한 근거지가 되었다.

황하이북지역에도 쌍방 형세는 변화를 보이고 있었다. 국민당군대는 산동반도와 그 외의 국부적인 공세를 벌이는 지역을 제외하고 전면적인 수비태세로 전환하고 있었고, 각 갈래의 인민해방군은 반격과 공격으로 차례로 전략을 전환하고 있었다. 서북야전군은 사가점(沙家店) 전투와 청간(清澗) 전투에서 개편군 제36사단과 개편군 제76사단의 대부분을 섬멸해 섬북전장의 상황을 근본적으로 바꾸었다. 산서와 찰합이, 하북의 야전군은 청풍점(清風店) 전투와 석가장(石家莊) 전투에서 제3군단을 섬멸하고 석가장을 해방시켜 공격을 통해 대도시를 점령하는 새로운 경험을 했다. 동북민주연합군은 여름과 가을 차례로 공세를 취하며 국민당군대를 장춘과 심양, 은주 등 대, 중, 소 도시 및 그 부근 지역 이내로 축소시켜 고립무원의 처지에 빠지게 만들었다. 겨울의 전투가 끝났을 때, 국민당군대가 굳게 지키고 있던 사평(四平)을 점령해 심양과 장춘간 철도를 완전히 끊어, 제한적인 항공수송의 지원에만 의존할 수밖에 없었으므로, 자연히 더 이상 유지할 수 없었다.

중국공산당 중앙위원회는 여전히 섬북에 남아 전국의 전쟁을 지휘했다. 이때 전쟁의 주도권은 이미 완전히 인민해방군의 수중으로 넘어왔다.


## 제 5 절 농촌토지제도의  대변동

1947 년 7 월에서 9 월, 유소기의 주재로 중국공산당 중앙위원회는 서백파 ( 西栢坡 ) 에서 전국토지회의를 열어 토지개혁 운동의 경험을 총결해 < 중국토지법 대강 > 을 통과시켜, 해방구 내에서 봉건토지소유제를 폐지하는 토지개혁을 시작했다. 이는 국내 상황의 발전과정에서 발생한 매우 중요한 의미를 가진 큰 사건이었다.

전면적인 내전이 발발했을 때 해방구는 농촌과 몇몇 중소도시에 있었다. 해방구 민중의 절대다수는 가난한 농민이었다. 이들은 조상 대대로 지주의 잔혹한 학대를 받아왔고 자신만의 토지를 갈망했다. 이는 중국근대사회에서 가장 긴급히 해결되어야 할 기본문제 중의 하나였다.

항일전쟁 기간, 중국공산당은 큰 적을 앞에 두고 단결하여 일본에 대항하기 위해 농촌에서 감조감식과 합리적인 부담, 매국노 재산 몰수 정책을 펼쳤다. 이는 농민의 부담을 크게 줄여주었고, 상당한 양의 토지가 지주 수중에서 가난한 농민의 수중으로 들어갔고, 농촌에서 중농 ( 中農 ) 의 수가 크게 증가해 농민들을 적극적으로 바꾸었으나 지주의 토지소유제를 폐기하지 않아 감조감식과 함께 농민의 소작료와 이자의 납부도 요구되었다. 이는 당시 역사적인 조건으로 봤을 때 필요했으며, 농민군중은 이를 이해하고 받아들일 수 있었다.

항전에서 승리한 후, 상황에 큰 변화가 생겼다 일본 침략자들이 중국에서 쫓겨난 뒤, 해방된 지역이 크게 확대되었는데, 그중 대부분은 일본침략자의 수중에서 회수해온 것이었다. 이들 지역 내에서 일본의 괴뢰정권이 비록 무너지긴 했지만, 전시에 일본, 괴뢰정권과 결탁하고 현지에서 전횡을 일삼던 지주들은 여전히 많은 토지를 강점해 감조감식도 실시하지 않고 있었다. 특히 일본에 대해 반격한 후 되찾은 신 해방구에서 농민들이 분분히 들고 있어나 매국노 반대와 청산, 감조감식 투쟁의 과정에서 상당량의 토지는 지주에게서 농민의 수중으로 들어갔다.

농민들이 분분히 들고일어나 지주 수중에서 토지를 빼앗아오는 거대한 시대적 추세에 직면해 공산당은 어떤 태도를 취했을까? 가난한 농민들의 편에 서서 그들의 토지 약탈을 허가했을까, 아니면 이와는 반대일까? 이는 반드시 명확하게 대답해야 할 문제였다. 이때 전면적인 내전의 발발이 눈앞으로 다가왔다. 민중(특히 수많은 가난한 농민)의 세력에만 기대어 약세인 현재 상황을 전환시킬 수 있다. 1억여 명의 인구가 해방구내에 있다면, 신속히 토지문제를 해결해야 민중의 장기적인 지지를 받는 전쟁을 할 수 있다. 객관적인 상황들은 이 문제를 더 이상 지체할 수 없게 만들었다.

1946년 5월 4일, 중국공산당 중앙위원회는 토지문제의 지시상황에 관해 토론했다. 토론에서 유소기는 "토지문제는 현재 민중이 스스로 해결하고 있는 중이고 중앙은 1942년에 토지정책 하나만을 결정했는데, 이는 이미 뒤로 밀려나 있습니다."라고 말했다.

모택동은 "국민당은 우리 보다 장점이 많지만 가장 큰 약점이 바로 토지문제를 해결할 수 없어 백성을 도탄에 빠트리고 있습니다. 이는 우리에게는 장점입니다. 시간이 너무 많이 걸리면 안 되고 너무 짧아도 실행할 수 없으니, 이를 우리의 모든 일의 근본으로 삼아 아래에서부터 근간을 다지고 다른 일은 모두 이를 기반으로 구축하도록 합시다. 이는 우리 모두가 명심해야 합니다.

토지 배분을 하기 전에 농민은 절대평등주의를 요구한 것은 혁명으로 간주해야 하고 반대해서는 안 됩니다. 그러나 토지를 배분한 이후의 절대평등주의는 반대해야 합니다."라고 말했다.

이번 회의에서 < 토지문제에 관한 중국공산당 중앙위원회의 지시 > 를 통과시켰는데 일반적으로 '5·4 지시'라 불렀다. 지시에서 제시한 기본원칙은 "수많은 군중의 요구로 우리당은 매국노 반대와 청산, 이자 감소, 소작료 반환, 이자반환 등의 투쟁에서 민중을 보호하여, 지주의 수중에서 토지를 취해 경작자가 토지를 소유하는 정책을 실현해야 한다."였다. 이렇게 해방구의 토지정책은 감조감식에서 경작자가 토지를 소유하는 정책을 실현하는 것으로 바뀌었다.

'5·4 지시'를 반포할 때, 해방전쟁은 아직 전략적인 수비단계에 있었다. 각급 당 조직은 중국공산당 중앙위원회의 지시에 따라 수많은 간부를 뽑아 조직된 작업팀은 농촌으로 달려가 토지개혁운동을 이끌었다. 신화사 통신과 각 지방신문 자료에 따라 산서와 하북, 하남의 변경 지역에서 10 월이 되자 2,000 만 명의 농민이 한 사람당 3 ~ 6 묘 ( 畝 ) 의 토지를 소유했다. 동북해방구는 땅을 넓었지만 사람이 적었고, 대량의 일본과 괴뢰정권이 장악한 '개척지'와 '만척지 ( 滿拓地 )'를 몰수하여 분배했기 때문에 10 월 말까지 농민 한 사람당 6 ~ 7 묘의 토지를 소유하게 되었다.

'5·4 지시'는 봉건토지소유제의 명확한 폐지를 제시하지는 않았다. 해방구 내에서 토지상황은 크게 개선되었고, 토지에 대한 지주의 점유율은 큰 폭으로 감소했지만 문제가 철저하게 해결되지는 않았다. 유소기의 말을 인용해 보면, 이는 '5·4 지시의 과도기적인 상황'이었다.

1947년 여름에서 가을로 계절이 바뀌어 갈 무렵, 인민해방군은 수비전략에서 공격전략으로 전환해 국내 상황에 큰 변화가 발생했다. 전쟁에서 승리하기 위해 반드시 농민의 토지문제를 철저히 해결해야 했다. 기존의 해방구에서 군중의 요구를 만족시켜 토지개혁을 완성해야 했고, 새로운 해방구에서는 기존 해방구의 경험과 교훈을 기초로 단계별로 농민토지문제를 해결해 굳건한 근거지를 세워서 했다. 전국 토지회의의 개최와 <국민토지법 대강>의 제정은 이런 배경 하에서 급박하게 진행되었다.

<국민토지법 대강>의 가장 큰 특징은 봉건착취제도를 철저히 제거해 경작자가 토지를 소유하게 만들었다는 사실이다. 그 기치에는 "봉건적이고 반봉건적으로 착취하는 토지제도를 제거하여 경각자가 토지를 소유하게 하는 토지제도를 실시한다."라고 명확하게 규정되어 있다. 이는 전체 토지제도개혁의 대강이었다.

이 근본적인 요구에 따라 <대강>에는 다음과 같이 규정했다.

(1) 모든 지주의 토지소유권을 폐지한다.

(2) 모든 사당과 불당, 사원, 학교, 기관 및 단체의 토지 소유권을 폐지한다.

(3) 모든 농촌에서 토지제도개혁이전의 채무를 폐지한다.

(4) 농촌 농민협회는 지주의 가축과 가구, 집, 양식

및 기타 재산을 수취하고 부농의 상술한 재산의 나머지 부
분을 징수하여 이러한 재산이 부족한 농민 및 기타 가난한
사람들에게 나누어 주며, 지주에게도 똑같이 나누어 준다.

(5) 삼림과 수리공정, 광산, 목장, 황무지 및 늪과
호수 등은 정부가 관리한다.

< 대강 > 은 농민이 역사적으로 누리지 못했던 민주적인 권리를
규정해 군중의 역량으로 토지개혁을 요구했다.

< 중국토지법 대강 > 은 전국적인 범위에서 봉건토지제도를 철저
히 제거하는 기본강령으로 봉건제도를 공개적으로 폐기한다는 기치
를 높이 세웠다. 이는 '5·4 지시'와는 달랐는데, '5·4 지시'에서 한 단계
더 발전된 형태였다. 동시에, 중국공산당은 각지에 수많은 토지개혁
팀을 만들어 농촌으로 내려 보내 농민동원에서는 손을 떼고 가난한 농
민단체와 농촌협회를 조직해 지주를 규탄하고 악질 토호를 처벌하여
농민들의 기를 살려줬기 때문에 신속히 < 대강 > 을 이행할 수 있었다.
동북해방구 후방의 합강성 ( 合江省 ) 을 예로 들어 보면, "전 성의 농
민들 한 사람 마다 7 에서 12 묘의 토지를 나누어 가졌고, 40 묘에서 70
묘 마다 가축 한 마리를 배정해준다. 따라서 집, 옷 등 기본적인 생활
문제를 해결하게 되었다. 이는 하늘과 땅이 모두 뒤집어질만한 변화였
다. 농민들의 생산에 대한 열의가 이로 인해 매우 높아졌다." 동북지
역 인민해방군의 세력은 이로 인해 빠르게 확대되었는데, 주로 토지개
혁 후 입대하려는 농민의 수가 대폭 늘어났기 때문이다.

이는 중국농촌사회의 대변화였고, 진정한 의미의 대혁명이었다.
길고 긴 세월 동안 고용 농민과 빈농, 중농 및 기타 백성이 농촌인구의

절대다수를 차지했지만, 아주 자그마한 토지만을 소유했을 뿐이었고 일 년 내내 힘들게 일을 해도 배부르게 먹을 수도 없었다. 이런 심각한 상황은 중화민족이 침략당하고 억압당하는 동안 가난하고 낙후된 주요 원인이었으며, 중국의 국가 민주화와 산업화, 독립, 통일 및 부강에 가장 근본적인 장애물이었다. 토지개혁에서 해결되어야 할 문제가 바로 이것이었다.

토지제도의 개혁은 중국민주혁명의 근본적인 내용 중의 하나였다. 지주의 토지소유제를 폐지하지 않으면 철저한 반봉건이라 말할 수 없었고 중국의 현대화라고 말할 수 없었다. 중국에서는 농민의 이익을 대표하는 다른 정당은 존재하지 않았다. 수많은 정당과 그 대표자, 혹은 농민의 토지문제에 전혀 관심이 없었고, 심지어는 농촌 토호의 세력에 기대어 그들의 통치를 유지하거나 말 혹은 문장으로 몇 마디 빈말을 하거나 그다지 중요하지 않는 몇 가지 일만 했을 뿐이었다. 중국공산당만이 결연히 현실적으로 농촌에서 수많은 가난한 농민을 이끌고 오랜 시간 동안 해결되지 못했던 봉건토지소유제를 뿌리부터 제거했다.

당시 상해의 영문 간행물이었던 《밀러드의 리뷰》에서도 이와 같은 내용을 찾아 볼 수 있는데, "(중국) 내전 전장의 진정한 분계선은 농민의 토지문제였다. 하나는 농민이 토지소유권을 가지게 되어 자신을 위한 경작을 하게 될 것이고, 다른 하나는 토지소유권을 가지고 있는 지주를 위해 경작을 하는 것이다.", 이는 "국공(國共) 양당의 미래를 결정할 뿐만 아니라 국가의 운명을 결정하게 될 것이다."라고 썼다.

전국토지회의에도 문제가 존재했는데, 바로 '철저하고 공평한 토지분배'의 제시였다. 유소기는 회의에서, "이렇게 되면, 중농이 동요하게 된다." 그러나 "중농을 동요시키지 않고 빈곤한 고용 농민을

만족시키는 지방은 비교적 적다 ."고 말했다 . 유소기가 전국토지회의
에서 발언한 기록은 1947 년 9 월 4 일 이었다 . 이 결정은 중국공산당 중
앙위원회의 허가를 받았다 . "회의에서 이렇게 중요한 원칙을 변경을
한 것은 신속히 수많은 농민들을 동원해 투쟁에 투입하기 위해서 무산
계급정책과 농민의 절대 평등주의의 요구 사이에 양보를 이끌었다고
알 수 있다 ."

토지회의에서 해방구의 철저하지 못한 토지개혁과 당내의 불순
한 정서에 대해 심각하게 나쁜 쪽으로 예측했으므로 우파반대를 강조
했으나 '좌'파 방지에는 주의를 기울이지 않았다 .

토지개혁 운동을 진행하고 있을 때 , 짧은 시간 동안 수많은 지방
에서 나타난 '좌'파 경향은 수많은 사람을 당혹하게 했다 . 중국공산당
중앙위원회는 이 문제를 신속히 발견해 정책문제를 가장 중요한 위치
에 두고 당 전체의 정책 의식수준을 높여야 한다고 강조했다

각지 당 조직은 중국공산당 중앙위원회의 지시에 따라 엄격한 지
시요청 보고제도를 구축했다 . 지도사상이 명확하고 힘있고 과감한 조
치를 진행했기 때문에 해방구의 토지개혁운동은 6 개월여 만에 기대하
던 성과를 도출했다 .

## 제 6 절 인민민주통일전선의 공고화와 확대

해방전쟁의 승리가 확대되어감에 따라 국민당은 그들의 눈에 띄
는 모든 반대세력에 대한 진압의 강화로 정치적으로 중간적인 입장에
있던 몇몇 세력은 국민당에 대한 환상을 버리고 국민당을 반대하는 입

장에 서게 만들었다 . 중국공산당이 이끌던 인민민주통일전선은 더 단
단해지고 더 확대되었다 .

중국국민당은 손문이 창립했고 , 구성원에는 수많은 애국민주사
상을 가진 인사들이 포함되어 있었다 . 오랫동안 그들은 장개석의 독재
통치와 행동에 불만을 가지고 있었다 . 항전에서 승리한 후 , 그들은 정
치협회의 결의 옹호를 주장하고 내전에 반대했다 . 1947 년 4, 5 월 , 이
제심과 하향옹 ( 何香凝 ), 주학범 ( 朱學范 ) 은 홍콩에서 비밀리에 만
났다 . 주학범 ( 朱學範 ) 의 기억에 따르면 "내전상황이 이미 최후 결전
단계에 도달했다 . 우리는 수일 내에 일정한 역할을 하게 될 혁명조
직을 만들기 위해 준비할 것을 결정했다 ." 이제심은 비단에 밀서를 써
서 관련 인사에게 보냈으며 , 송경령 ( 宋慶齡 ), 팽옥상 ( 馮玉祥 ) 등과
연락을 취했다 . 여러 가지 조직의 명칭을 고려하다가 , "송경령이 상해
에서 인편으로 이 혁명조직을 '중국국민당혁명위원회'로 제의하는 전
언을 보냈다 ."

1948 년 1 월 1 일 , 중국국민당혁명위원회가 정식으로 성립되어
송경령을 명예주석으로 , 이제심을 주석으로 추대했고 , 성립선언을
통해 "중국국민당혁명위원회는 장개석의 위협 하에 있는 반동중앙에
서 탈피해 당내에 총리에 충성을 다하고 혁명에 충성을 다하는 동지들
을 집결시켜 혁명의 삼민주의를 실현하기 위해 투쟁하고 행동강령을
발표하여 전국의 각 민주당파와 민주인사가 서로 손을 잡고 함께 나아
가 혁명에 장애물을 철저히 제거하고 독립적이고 , 민주적이며 , 행복
하고 새로운 중국을 건설한다 ."라고 밝혔다 .

중국민주건국회와 중국민주촉진회 , 중국농공민주당 , 구삼학사 ,
중국치공당 ( 致公堂 ), 대만민주자치동맹 등을 포함하는 기타 민주당

파도 차례로 신민주주의혁명에 참여하는 입장을 명확히 표시했다. 중국공산당이 이끄는 다당협력과 정치협상제도는 바로 이런 기초에서 형성되었다.

여러 방면에서의 발전과 변화는 현재 중국이 역사의 전환점을 향해 가고 있다는 사실을 나타냈다.

항전에서 승리한 후, 중국공산당은 평화건설의 시대로 진입하기를 희망해 이를 위해 많은 노력을 쏟아 부었었다. 장개석이 전면적인 내전을 일으켜 사람들을 이에 대항하는 것 말고는 아무 것도 할 수 없는 지경으로 몰고 갔다. 이때, 중국공산당은 자신들이 참여하는 전쟁을 여전히 '자위전쟁'이라 불렀다. 그러나 인민해방군이 전쟁에서 방어전략을 공격전략으로 전환하고 국민당 통치구역의 정치경제 위기가 전면적으로 확산됨에 따라, 장개석이 여러 가지 시대 흐름에 역행하는 행동으로 점점 민심을 잃고 고립돼 사람들은 다시는 그에게 희망을 품지 않아 상황은 크게 변화되었다.

모택동은 예리하게 기회를 놓치지 않고 현재 변화하고 있는 상황을 관찰해 적시에 부대를 배치하고 새로운 임무를 부여했다. 1947년 10월, 그가 섬북에서 초안을 작성한 < 중국인민해방군 선언 > 에 처음으로 명확히 '장개석을 무찌르고 중국을 해방시키자'는 슬로건을 제시했다.

장개석은 이때 도처에서 사람들의 뭇매를 맞는 혼란스러운 상황에 빠져 있었다. 그는 일기에, "공산군이 군사력을 분산시켜 전투하니 우리군의 병력 배분 시에 늘 힘들다. 이쪽 빚으로 저쪽 빚을 갚는다는 느낌이 들어 패배할 징조가 나타나고 있다. 지도에 공산당 무리의 세력 확장범위가 사람을 놀랍게 할 정도였다."라고 한탄했다.

1947년 말, 중국공산당 중앙위원회는 섬북 미지현 (米脂縣) 의 양가구 (楊家溝) 에서 확대회의를 열었는데, 이 회의를 '12월회의'라 불렀다. 모택동은 < 현재 형세와 우리의 임무 > 라는 서면 보고서에서 시작부터 "중국인민의 혁명전쟁은 지금 이미 전환점에 도달했다. 이는 20년간 장개석의 반혁명통치로 인한 멸망의 전환점이다."라고 명확히 밝혔다. 이는 중국역사발전과정에 대한 위대한 판단이었다. 당시, 국내상황에서 여전히 수많은 애매모호하고 명확하지 않은 요소가 존재하고 있었고, 모든 사람이 이런 전환점에 이미 도달했다고 여겼던 것은 아니었다. 이런 저런 느낌이 있다 할지라도 이렇게 뚜렷한 결론을 내릴 수 없었다. 모택동은 신중한 관찰과 사고를 통해 명확한 문장으로 판단하여 당 전체에 명백히 밝혔다. 이러한 위대한 판단을 근거로 장개석을 타도하고 새로운 중국을 세우는 문제가 의사일정에서 언급되었다. 어떻게 새로운 중국을 세울까? 모택동은 서면보고서에서 기본적인 윤곽을 묘사했다. "봉건계급의 토지를 몰수하여 농민에게 귀속시키고, 장개석과 송자문, 공상희 (孔祥熙), 진립부를 우두머리로 하는 독점자본을 신민주주의 국가소유로 귀속하여 민족사업을 보호한다. 이는 신민주주의 혁명의 3대 경제강령이다."

모택동은 < 현재 형세와 우리의 임무 > 라는 서면 보고서에서 다음과 같은 내용도 기록했다.

1947년 10월, 인민해방군은 선언을 발표하는데, 그 중, '공업과 농업, 병사, 학업 상업의 각 억압받던 계급과 인민단체, 민주당파, 소수민족, 각지화교와 기타애국지사를 연합하여 민족통일전선을 구축하고 장개석 독재정권을 타도하여 민주연합정부를 세운다 .' 라고 말했다 . 이 것이 바로 인민해방군이었고 중국공산당의 가장 기본적인 정치강령이다 .

새로운 중국의 경제구조는 , (1) 국영경제 , 이는 지도 계급 , (2) 개인에서 점점 단체로 발전하는 농업경제 , (3) 독립적인 소상업자의 경제와 소 , 중등 개인의 자본경제이 다 . 이것이 바로 신민주주의의 전체 국민경제이다 .

또한 신민주주의 국민경제의 지도방침은 반드시 생산 과 번영 , 경제 , 정부와 민간을 동시에 고려하고 , 노동자 와 자본가에게 모두 이익이 되는 총목표를 따라야 한다 .

"우리들 앞에 서광이 비치고 있으니 반드시 노력을 다 해야 한다 ." 모택동은 낭랑하고 힘찬 문장으로 보고를 마쳤다 .

1948 년 3 월 , 섬북의 전세가 이미 정해지고 전국적인 승리가 눈 앞으로 다가온 상황에서 모택동이 이끄는 당중앙기관은 섬북에서 화 북의 서백파로 옮겨갔다 .

중국공산당은 역사적인 전환시기가 다가왔을 때 , 머지않아 다가 올 새로운 국면을 뚜렷이 예견하여 적시에 새로운 사고의 방향을 제시 하여 조리 있게 사업을 진행했다 . 이는 다음 단계의 혁명을 맞이하여 전국적으로 승리를 쟁취하는데 매우 중요한 조건을 만들어 주었다 .

# 제 15 장
전국에서 민주혁명의
승리를 거머쥐다

1948 년, 국내의 상황은 급박하게 돌아갔다. 이런 변화는 군사와 경제, 정치 등 여러 방면에서 나타나 전국적인 민주혁명의 승리가 얼마 남지 않았음을 예고했다.

군사적인 면에서 봤을 때, 인민해방군은 적보다 열세인 조건에서 침착하게 대처하면서 "도시와 지방을 수비하거나 빼앗는 것이 아니라 전투력을 구비한 적의 부대 섬멸을 주요 목표로 한다."와 "우수한 병력을 집중시켜 각 적군을 섬멸한다." 등의 군사원칙을 실행하여 전쟁 첫해에 국민당군대 112 만 명을 섬멸하여 국민당의 전략을 공격에서 수비로 전환하게 만들었고, 다음 해에는 국민당군대 152 만 명을 섬멸해 국민당은 전면적인 수비에서 중점지역 수비로 전환해 군기가 해이해지고 사기가 저하되었다. 국민당 잃은 군대에서 포로가 된 군인은 163 만 명으로 전체의 61.7% 를 차지했는데, 그중 절반은 교육을 통해 해방군이 되었다.

1948 년 6 월, 국민당 총병력이 365 만 명까지 떨어져 제일선에 배치할 수 있는 정규군은 174 만 명밖에 되지 않았다. 병력이 가장 많이 집중되어 있는 5 대지역은 화중전장 ( 서주지역 ) 의 유치 ( 劉峙 ) 집단,

동북전장의 위립황 ( 衛立煌 ) 집단 , 화북전장의 부작의 ( 傅作義 ) 집단 ,
화중전장의 백숭희 ( 白崇禧 ) 집단 , 서북전장의 후종남 ( 胡宗南 ) 집
단이었다 . 그들은 전쟁의 주도권을 완전히 상실해 피동적으로 공격을
막아내기에 급급했다 .

해방군은 수많은 농민을 받아들여 군대에 입대시켰고 국민당 포
로에서 해방군이 된 사람들이 많았으며 , 국민당군 봉기부대까지 합해
총병력이 이미 전쟁초기의 120 여만 명에서 280 여만 명으로 증가했고
그중 야전군은 149 만 명이었다 . 부대의 사기는 하늘을 찌를듯했고 ,
무기와 장비들도 크게 개선되었으며 , 기동전과 도시 공격전의 풍부한
경험까지 더해 완전히 주동적인 입장이 되었다 .

군사상황이 악화됨에 따라 국민당 통치지구의 재정경제상황도
잇따라 악화되었다 . 미국국회가 1948 년 1 월 중국지원법안을 통과시
켜 미국정부가 국민당정부에 4 억 달러의 차관을 제공했지만 , 국민당
정부의 입장에서는 턱없이 부족한 금액이었다 . 심각한 인플레이션과
물가폭등이 지속적으로 빠르게 악화되어 갔다 . 수많은 민족사업이 휴
업하거나 파산했다 . 백성도 이미 생존해 나갈 방법이 없어 정부에 대
한 원성이 들끓었다 . 그러나 해방구에서는 토지개혁 후 , 농민들의 생
산 열의가 더욱 높아졌고 , 열정적으로 전선을 지원해 도처에 생기가
넘쳐흐르고 있었다 .

국민당정부의 정치위기는 가속되어 갔다 . 민중의 반정부운동은
그 기세를 더해갔다 . 통치집단 내부에서도 분열되는 양상이 나타났다 .

1948 년 3 월 , 국민당 당국은 '행헌 ( 行憲 ) 국민대회'를 개최했는
데 , 내부의 각 파벌이 대회를 엉망으로 망쳐놓았다 . 장개석은 이미 그
들에 대한 통제력을 잃었음을 통감하며 자신에게 "온갖 추태가 곳곳

에서 나타나니 마음이 아프기가 그지없다 ."라고 말했는데 , 이미 최후의 날과 같은 모습이었다 . 이번 '국민대회'의 주요의제는 총통 선거였다 . 장개석은 총통으로 선출되었다 . 부총통은 네 번의 선거를 통해 미국과 수많은 지방세력의 지지를 받는 이종인 ( 李宗仁 ) 이 당선되었는데 , 장개석이 내정하고 전폭적으로 지지하던 손과 ( 孫科 ) 는 낙선했다 . 이종인은 "네 번째 투표가 최고조에 달했을 때 장 선생은 관저에서 숨을 죽이고 조용히 라디오로 방송되는 선거상황을 들었고 수시로 전화로 보고를 들었다 . 진행자가 나의 득표수가 절반 이상을 넘어 법에 따라 당선되었다고 발표할 때 장 선생은 격노하여 라디오를 발로 차버렸다 ."고 기억했다 .

국민당의 '행헌국민대회' 기간 , 연안은 서북 인민해방군에 의해 수복되었는데 이는 상징적인 의미의 변화였다 . 회의가 폐막되기 하루 전 중국공산당 중앙위원회는 노동절을 기념하는 슬로건을 발표하며 "각 민주당파와 인민단체 , 사회에서 존경받는 인사들은 신속히 정치협상회의를 개최하여 인민대표대회의 소집을 토론하고 실현하여 민주연합정부를 세우자 . 장개석을 타도하고 새로운 중국을 세우기 위해 함께 투쟁하자 !"라고 제시했다 . 중국공산당의 민주연합정부 설립의 주장은 각 민주당파와 무당파 민주인사의 열렬한 호응을 얻었다 .

모든 것이 크게 변화할 시기가 곧 다가오리라는 것을 누구나 느끼고 있었다 . 기존의 상황은 이미 더 이상 유지될 수 없었다 . 중국의 역사는 빠르게 새로운 페이지로 넘어가고 있었다 .

# 제 1 절 국민당통치구역 재정경제의 총파탄

국민당정부의 재정은 심각한 불균형에 시달리고 있었는데, 내전 군비의 급증과 토착자본의 자의적인 착복으로 더는 치료할 수 없을 지경에 이르렀다.

법정지폐는 이미 절망적인 상태였는데, 장개석은 8월 19일 <재정경제 긴급처분령>을 반포했고, 동시에 <금원권 발행방법> 등을 공포해 세부규정을 실시했다. 이 화폐제도 개혁의 내용은 주로 다음과 같다.

(1) 금원권으로 민중에게 신용을 잃은 법정지폐를 대신한다. 금원권과 법정지폐의 가격 차는 7월 7일 초안을 작성한 최초의 방안에는 1원에 125만 법정지폐라고 규정되어 있었다. 그러나 법정지폐의 평가절하가 너무 빠르게 진행되어, 7월 29일 왕운오가 장개석에게 지시를 요청할 때, 법정지폐 200만 위안으로 바꾸고, 8월 19일 정식으로 공포되었을 때는 1:300만 위안으로 바뀌었다.

(2) 개인, 법인 및 기타 사회단체가 보유하고 있는 황금과 백은, 외화는 반드시 기한 내에 금원권으로 바꾸어야 하고 위반자는 일률적으로 몰수한다. 이는 장개석이 가장 중요하게 생각한 사항이었으며, 민간에서 보유하고 저축해 두었던 금과 은, 외화는 평가절하된 금원권으로 신속하게 국민당정부에 빼앗겼다.

(3) 공무원과 교직원, 사원과 사병의 대우는 일률적으

로 기존의 급여를 기본으로 금원권을 지급하며, 생활지수
에 따라 급료를 지급하던 방식을 일괄적으로 금지한다.

　(4) 각종 물품과 노동의 값은 8월 19일의 가격에 따
라 판매해야 하며 가격을 올려서는 안 된다.

　제3항과 제4항은 물가와 임금을 동결하기 위해서였다. 장개석
은 이를 중요시 여겼다. 그는 일기에 "군사, 경제, 당의 업무는 이미 실
패해 수습할 수 없는 지경에 이르렀고, 이로 인해 정치와 외교, 교육도
혼란에 빠져 붕괴의 조짐을 보이고 있다. 깊이 생각해본 결과 군사상황
을 만회할 수 있다면, 기타 당무와 경제, 정치도 쉽게 회복될 것이다.
군사상황을 만회할 수 없다면 후방에서 먼저 손을 쓰는 것이 낫고, 경
제가 안정될 수 있다면, 후방의 민심도 안정될 수 있을 것이며, 전방의
사기도 진작될 것이다. 그 후, 군사적인 발전을 도모해야 한다."고 썼다.
　상해는 전국의 경제중심이며 금융의 중심이다. 장개석은 중앙은
행총재 유홍균(兪鴻鈞)을 파견해 상해 경제지도 감독원으로 임명하
고 그의 아들인 장경국(蔣經國)을 파견해 지도감독을 돕도록 했는데,
실권은 장경국이 쥐고 있었다. 기타 몇몇 주요도시에도 통제구역을 설
치해 경제지도감독원을 파견해 집행을 맡겼다. 장경국은 장개석에게
"상해금융기관은 당과 정부, 군의 중요인사와 밀접한 관계를 맺고 있
지 않는데, 그들에게 물밑작업을 해놓는다면 앞으로 큰 힘이 될 것입
니다."라고 했다. 그는 상해에 도착한 후, 경제통제와 관련된 법령과
물가 통제에 관련된 방법을 공포했고, 단호하고 신속하게 이를 실행에
옮겼는데, 일명 '호랑이를 잡기'로 알려진 조치로, 상해 범죄조직 두
목 두월생(杜月笙)의 아들 두유병(杜維屛)과 신신(申新) 방직공

장의 사장 영홍원 ( 榮鴻元 ) 등 60 여 명을 차례로 잡아들였다 . 이런 강경한 수단을 사용한 결과 상해의 물가는 잠시 동안 안정을 유지했다 . 시민들은 자신의 수중에 있던 금과 은 , 외화를 금원권으로 바꾸었다 . 1948 년 10 월까지의 통계에 따르면 상해에서 황금과 백금 , 달러 , 홍콩 달러로 상환한 금액은 약 2 억 달러의 가치가 있었다고 한다 .

그러나 장경국의 '호랑이잡기'는 공상희 ( 孔祥熙 ) 의 아들 ( 송미령 ( 宋美齡 ) 의 생질 ) 인 공령간 ( 孔令侃 ) 이라는 진정한 '대호'를 만났으나 잡는 데는 실패하고 말았다 . 그가 두월생의 '계책'에 빠져 사람을 보내 공령간의 양자 ( 揚子 ) 회사를 압수 수색할 때 장개석은 화북에서 금주 ( 錦州 ) 를 지원하기 위한 긴급군사행동을 하고 있었다 . 10 월 8 일 송미령이 "북평의 장개석에게 급보를 보내 상해에 큰문제가 생겼으니 신속하게 비행기를 타고 남쪽으로 오라고 전했다 . 당시 북평은 일촉즉발의 상황이었는데 장개석은 북평에서 군사회의를 주재하고 직접 지휘하고 있다가 이 소식을 듣고 바로 부작의에게 맡기고 자신은 비행기에 올라 상해로 향했다 . "그 다음날 장개석은 장경국을 만나 '너는 상해에서 도대체 무얼 하고 있었나 ? 자신의 집안까지 잡아먹을 녀석 !'이라고 한바탕 호되게 꾸짖었고 양자공사의 압수수색을 중지하도록 했다 . 30 분도 채 못 되는 시간 동안 부친과 이야기를 나누고 나온 장경국은 의기소침해져 고개를 떨구었다 ." 이렇게 장경국의 '호랑이 잡기'도 , 경제 통제도 모두 흐지부지 끝나고 말았다 .

경제운행 과정에서의 문제는 단순히 강경한 행정적인 수단으로 해결될 수 없다 . 이번 화폐제도의 개혁은 정부가 민간에서 수많은 황금과 백은 , 외화를 압수한 것 외에 심각한 인플레이션과 물가폭등의 근본원인을 건드리지도 못했고 해결했다고는 더욱 말할 수 없었다 . 금원권의 발행은 표면적으로 지폐의 액면금액만 크게 축소시켰다. 재정의 지출이 수입보다 많은 상황이 더욱 심해졌기 때문에 실제 법정화폐와 비교해 액면가가 훨씬 큰 금원권의 인쇄 제작에 박차를 가했다. 금원권의 발행액은 1948 년 8 월에는 5 억 4,400 만 위안이었고, 11 월 에는 23 억 9,400 만 위안으로 증가했으며 12 월에는 83 억 2,000 만 위안에 달했는데, 이 일은 반년이 채 안 되는 시간 동안 발생했다.

선량한 민중은 기아상태에서 발버둥 치며 물가가 안정되기를 절실히 바랬다. 그러나 물자의 공급을 늘어나지 않았고, 정부의 신용은 전혀 개선되지 않았으며, 금원권이 계속 대량으로 발행되고 있어 화폐는 지속적으로 평가절하될 수밖에 없어 물가는 근본적으로 안정될 수 없었다. 이런 상황에서 강경한 수단으로 제한가격과 임금동결을 실행했다면, 그 결과는 불을 보듯 뻔했다. 10 월 초부터, 상해에서 먼저 환물운동이 일어났다. 당시의 생활을 경험했던 사람들은 다음과 같은 상황을 기억하고 있다. 사람들이 밀물처럼 상점에 몰려들어 인산인해를 이루었는데, 수중의 화폐가 평가절하되어 아무것도 살수 없게 되기 전에 필요한 물건이든 필요치 않은 물건이든 모두 다투어 구매했다. 수많은 상점은 제한가격으로는 원가에 미치지 못해 물건을 판매한 후 다시 물건을 사들이지 못했기 때문에 아예 문을 닫고 판매를 포기했다. 이런 상황은 당연히 오랫동안 지속될 수 없었다.

10 월 30 일, 국민당군은 동북에서 주력부대의 전면로 패색이 짙어지자 장개석은 북평에서 다급하게 남경으로 돌아왔다. 그는 일기에 "경제개혁계획과 금원정책이 완전히 실패했고, 제한가격의 실시도 불가능해져 물가는 더욱 가파르게 오르고 있는데, 특히 식량을 공급할 수 없어 사람들이 이를 구매하지 못하는 것이 가장 치명적인 어려움이

다. 무슨 방법을 써도 체계가 무너진 사회와 군대를 구제할 수 없다. 이번의 군사와 경제의 실패는 실제 붕괴가 다가오는 징조다."라고 썼다. 그는 그날 저녁 8시 반 "당정의 고급간부를 불러 경제문제를 상의했다. 시중의 물자 부족과 식량부족으로 제한가격을 포기하지 않는다면 봉기가 일어날 수 있는 우려가 있다. 따라서 정책을 바꾸어야 한다."라고 썼다

11월 1일, 행정원은 어쩔 수 없이 식량가격을 낮추었다. 같은 날, 행정원장 옹문호(翁文灝)와 재정부장 왕운오(王雲五)가 사임했다. 4일, 상해 경제통제를 맡고 있던 장경국이 사임했다. 물가는 매일 미친 듯이 올랐고 식량은 여전히 구매하기 어려웠다. 5일, 장개석의 일기에 "민심이 동요하고, 이제 국민의 원망은 최고조에 도달했다."라고 썼다. 그는 "이는 모두 공령간으로 인해 이 지경이 되었다."고 썼다.

11일, 행정원은 <금원권발행방법 수정>을 통과시켰고, 금과 은, 외화의 소유와 은화의 유통을 허가하고 금원권 환율 수정을 선포했다. 이번 화폐제도 개혁의 실패를 정식으로 선언한 것이었다.

금과 은 외화의 개인 소유의 허가를 선포한 후, 장개석은 중앙은행에 저축된 황금을 군함을 이용해 한밤중에 몰래 대만으로 운반했다. 이 소식이 퍼지자 예금을 찾으려는 사람들로 인산인해를 이루었다. 상해에서만 "12월 23일 10만여 명의 사람이 상해의 각국은행에서 황금을 인출하느라 극심한 혼란을 야기해… 7명이 사망했고, 105명이 다쳤다."

금원권의 발행량은 1949년 5월에 68조 위안으로 증가했는데, 이는 1948년 8월 금원권을 막 발행했을 때의 12.5만 배에 달하는 금액이었다. 사람들이 지폐를 소유하려 하지 않았기 때문에 상해물가는 하

루에 몇 배로 뛰었고, 도매물가의 지수는 이 기간 내에 12 만 1,200 배까지 폭등했다.

특히 쌀을 살 수 없었기 때문에 사람들은 생활을 이어나갈 수 없었고, 전체 사회경제는 이미 되돌릴 수 없는 몰락의 길을 걷고 있었다.

대만에서 출판된 《국민 정부의 실패에 대한 나의 견해》라는 제목의 책에서 "화폐제도를 개혁한 당일 나는 직접 법을 지키는 민중을 보았는데, 고루 ( 鼓樓 ) 부근의 중앙은행 밖에 수백 미터로 줄을 서서 소유한 황금과 달러를 정부에 납부하고 금원권으로 교환했다. 그러나 얼마 지나지 않아 금원권은 법정지폐보다 더 빨리 사라졌다 ( 금원권도 1 년이 채 되지 않아 '은원권'으로 대체되었다 ). 소수의 특권계급을 제외하고 전국의 절대다수 민중의 재산이 이번에 정부에게 수탈당해 한 푼도 남지 않게 되었다. 민중의 정부에 대한 신용은 완전히 땅에 떨어졌고, 법을 준수하던 마음이 정부를 원망하는 마음으로 바뀌었고 국민 정부가 하루빨리 와해되기를 희망했다."라는 내용이 있었다. 이런 정부가 와해되지 않을 수 있겠는가?

## 제 2 절  3 대 전략의 결전

이때 인민해방군은 파죽지세로 증가하고 있었고 국민당은 민심을 잃을 대로 잃어 전국적인 해방전쟁의 결전의 날이 점점 임박해 오면서 수많은 중대한 문제들을 공동으로 상의할 필요가 있었다. 1948년 9 월, 중국공산당 중앙위원회는 서백파 ( 西柏坡 ) 에서 정치국회의를 개최했다. 이는 중국공산당 중앙위원회가 연안에서 퇴각한 이후 처음으로 개최한 정치국회의였고, 항일전쟁이 끝난 후 회의 참가자수가 가장 많았던 중앙회의였으며, 새로운 중국이 탄생하기 바로 전 개최되었던 중요한 정책결정회의였다.

모택동은 회의 개막에서 보고를 하며 혁명을 끝까지 완수하고, 중도에서 타협할 수 없다고 밝혔다. 그는 전략방침에 대해, 군대는 앞을 향해 전진하면서 한 단계 더 성장할 수 있고, 규율을 강화하고, 작전방식도 점차 정규화하면 5년 정도면 국민당을 무너뜨릴 수 있다고 말했다.

회의에서 앞으로 건립될 새로운 중국은 어떤 국가가 되어야 할지에 대해 더 많은 토론을 진행했다. 즉, 미래의 새로운 중국에 대해 대체적인 윤곽을 묘사하는 것이다. 옛말에 "어떤 일이든 준비하지 않으면 실패한다."고 했다. 새로운 중국이 탄생하기 1년 전, 중국공산당 중앙위원회는 결전을 위한 준비에 바빴지만, 이 문제를 진지하게 연구했고, 이를 더욱 구체화해 멀리 내다보고 있었다.

새로운 중국의 정치체제에는 국체(國體)와 정체(政體)가 포함되어 있었다. 국체는 국가에서 사회 각 계급의 위치를 말한다. 모택동은 보고에서, "우리 정권의 계급은 다음과 같다. 무산계급이 이끌고 공농(工農) 연맹을 기초로 하지만, 공농만이 아니라 자산계급의 민주주의자가 참가한 인민민주독재도 있다."고 말했다. 그가 제시한 '인민민주독재'는 중요한 명제이다. 인민민주독재와 대혁명 때의 '연합전선'은 달랐고, 토지혁명시기의 6대 규정의 '공농민주독재'와도 달랐으며, <신민주주의론>에서 말한, '각 혁명계급 연합독재'와도 차별화되었는데, 그 이면에는 역사적인 발전과정이 내재되어 있다. 정체는 정권 구성의 형식이다. <신민주주의론>에서 이미 정체는 민주집중제라

고 제시했다 . 모택동은 이 보고에서 , "인민민주독재 국가는 인민대표
회의에서 만들어진 정부로 이를 대표한다 . 중앙정부문제는 12 월 회의
에서 이를 고려만 했으므로 이번 회의에서 반드시 의사일정의 하나로
토론해야 한다 ." "우리 정권의 제도는 의회제를 채택할 것인가 ? 아니
면 민주집중제를 채택할 것인가 ?" "나는 우리가 자산계급의 의회제와
삼권정립 ( 三權鼎立 ) 등이 불필요하다는 결정을 할 수 있다고 생각한
다 ."고 말했다 .

　　모택동은 보고서에서 신중국의 사회경제에 대해,"어떤 사람은'신
자본주의'라고 말한다 . 나는 이 말에는 우리 사회경제에서 결정적인
역할을 하는 국영경제 , 공영경제를 설명하지 않고 있기 때문에 합당하
지 않다고 생각한다 . 이 국가는 무산계급이 이끌고 있으므로 , 이들 경
제는 모두 사회주의의 성격을 지니고 있다 . 농촌의 개인경제에 도시
의 민간경제를 더하면 그 수는 많아지지만 결정적인 작용을 하지는 않
는다 . 우리의 국영경제와 공영경제는 수적으로는 비교적 작지만 이들
은 결정적인 역할을 하고 있다 . 우리의 사회경제의 이름은 '신민주주
의경제'로 하는 것이 낫다 ." "< 신민주주의론 > 을 쓸 때 , 우리는 아직
민족자본과 관료자본을 아직 뚜렷하게 구별되지 못하고 있다 . 공업과
은행 상업들이 관료자본이든 아니든 국가가 승리한 후 일정한 시간 내
에 모두 몰수되어야 한다 . 이는 신민주주의 경제의 원칙이다 . 몰수만
한다면 이들은 모두 사회주의의 일부가 된다 ." "우리는 농업사회주의
를 반대하고 공업에서 탈피하여 농업만으로는 사회주의를 이룰 수 없
다 . 이는 생산을 망치고 생산발전을 저해 하는 반동의 것이다 . 그러나
이로 인해 생산을 오해해서는 안 된다 . 앞으로 사회주의 체제에서 농
업도 사회화가 되어야 한다 ."고 말했다 .

9 월 회의가 끝나기 하루 전 (9 월 12 일 ) 부터 인민해방군은 4 개 월간 차례로 요심전투와 회해 ( 淮海 ) 전투 , 평진 ( 平津 ) 전투 등 3 차 례의 결전을 치렀다 . 이 세 차례의 전투로 국민당군대의 정예부대는 모두 궤멸되었고 , 해방전쟁의 전면적인 승리를 더욱 앞당겼다 . 이 세 차례의 이전과 비교할 수 없는 규모의 결전은 해방군이 각 방면에서 우세해질 때까지 기다렸다가 일으킨 것이 아니었다 . 이런 결단에는 비 범한 지모와 용기가 필요했다 . 동시에 3 대전투는 분산과 고립의 형태 로 각자 따로 진행된 것이 아니라 , 전반적으로 계획하고 , 하나씩 연결 시키며 , 서로 호응하여 전체적으로 고르게 배치한 인류전쟁사에서 보 기 드문 전투였다 .

3 대전투는 어디에서부터 시작되었을까 ? 모택동과 중국공산당 중앙위원회는 먼저 결전의 방향을 동북전장으로 잡았다 . 당시 , 전국 각 전장 중에서 동북전장의 쌍방 세력은 해방군에게 가장 유리했다 . 국민당군대는 50 여만 명이었고 , 전투력이 매우 강한 정예주력부대인 신 1 군과 신 6 군이 포함되어 있었지만 , 그들은 서로 연결되어 있지 않 는 장춘과 심양 , 금주의 고립된 거점을 오랫동안 사수하느라 군기는 떨어졌고 , 보급품의 공급에도 어려움을 겪고 있었다 . 9 월이 되자 , 장 개석은 장춘과 심양의 주력부대를 동북에서 철수시키기 시작하며 화 북을 굳건히 하려 했다 . 그러나 동북의 '토벌 총사령부'의 총사령관 위 립황이 단호히 반대했고 , 요요상 ( 廖耀湘 ) 등 기타 고급장교들도 굳 건히 지키던 대도시에서 벗어나 이동 중에 해방군에게 섬멸될 것을 걱 정하자 장개석도 결정을 내리지 못하고 있었다 . 이때 동북의 해방군 은 이미 100 만 명으로 증가해 모든 정장에서 가장 많은 병력을 구비하 게 되었고 , 장비도 개선되어 사기는 하늘을 찌르고 있었다 . 동북해방

구는 이미 하나로 연결되었고 토지개혁과 토적의 소탕이 모두 끝나 후 방을 안정시키며 모든 준비를 끝냈다.

동북전장의 결전은 어디에서 시작되었을까? 당시 두 가지 선택을 할 수 있었다. 하나는 먼저 장춘을 치는 것이었고, 다른 하나는 먼저 금주를 공격하는 것이었다. 장춘의 국민당군은 10만여 명으로 북쪽에 외로이 고립되어 이미 5개월간의 포위로 보급은 거의 끊어졌고, 해방군의 북만(北滿) 근거지와도 가까웠다. 이를 공격하는 것도 그 성과가 적지 않았고, 확신도 있었으며, 위험도 그다지 크지 않았다. 금주는 북령철도로 동북과 화북을 연결하는 요충지(당시 북령철도는 아직 금주에서 관내 구역까지 뚫려 있었다)였고, 장춘과 심양에 대해 공중으로 보급을 진행하는 기지였다. 그러나 해방군주력부대가 집결되어 있는 북만 근거지와 멀어 장거리 기습을 해야 한다면 보급선도 너무 길어지기 때문에 금주를 빠르게 점령하지 못한다면 심양과 화북에서 온 국민당군대의 협공을 받게 되어 상당히 위험한 처지에 빠질 수 있었다. 모택동은 중국공산당 중앙위원회와 여러 차례 이해득실을 고려하여 먼저 금주를 공격하여 동북 국민당군대와 관내의 연결을 끊고 이를 봉쇄하여 동북에서 각개격파하기에 가장 유리했고, 굳건한 결심과 충분히 준비만 한다면 이를 해낼 수 있을 거라고 믿었다.

국민당 당국은 이때 해방군이 멀리서 금주를 급습하리라고는 전혀 생각하지 못했고, 해방군의 실력도 제대로 가늠하지 못했기 때문에 추가 지원을 적시에 결정하지 못했을 뿐 아니라 동북에서 퇴각할 생각은 전혀 하고 있지 않았고, 수비도 많은 허점을 가지고 있었다.

9월 12일, 동북야전군이 임표의 지휘로 금주 주위의 각 중요지역을 신속하게 점령하여 금주를 완전히 포위했다. 국민당 당국은 비로소 정신을 차리고 해방군의 목표가 금주 점령이라는 것을 알아 차렸다. 30 일, 장개석은 북평으로 달려가 부작의와 상의하여 관내에서 8 개 사단을 차출해 해상으로 호로도 ( 葫蘆島 ) 항구로 이동시키고, 기존에 은서와 호로도에 있던 4 개 사단으로 동진병단을 구성해 금주로 파견했다. 또한 심양에서 주력부대인 신 1 군과 신 6 군 등 1 두 개 사단을 뽑아 서진병단으로 구성해 동북의 '토벌 총사령부' 부총사령관 겸 제 9 병단 사령관 요요상이 이끌고 금주를 지원했다. 그의 의도는 이미 금주를 지원하는 것이 아니라 동서협공을 도모해 금주일대를 수비하는 동북 '토벌 총사령부' 부총사령관 범한걸 ( 范漢杰 ) 부대의 7 개 사단과 합류해 금주지역에서 해방군과 결전을 벌이는 것이었다.

전장은 팽팽한 긴장감으로 넘쳐흘렀다. 해방군은 동서 양쪽에서 국민당의 지원군을 차단하면서 금주를 빠르게 점령했다. 신속하게 금주를 점령하느냐의 여부는 아주 중요했다. 국민당군의 동진병단의 공격은 비교적 빨랐다. 10 월 10 일부터 해방군의 탑산 ( 塔山 ) 진지를 맹렬하게 공격했는데, 이는 은서에서 금주로 가기 위해 반드시 거쳐야 하는 길이었다. 소정 ( 蘇靜 ) 동북야전군 참모처장은 "적군이 구름처럼 몰려들었고, 공중에서 적기가 금주와 탑산 사이를 비행하면서 폭탄을 투하하고 기관총으로 쏘아댔다. 상해의 적함은 대구경 함포를 사용해 육지의 포병과 협력하여 수많은 폭탄을 쏟아 부었다. 5 일 밤낮의 격전을 통해 우리는 탑산의 영웅부대가 굳건히 지킨 진지를 수비했고, 돌격을 거듭하며, 일부 진지를 뺏기고 빼앗기를 반복했다. 소위 적의 결사대와 육탄전을 벌여 수많은 적군을 무찌르며 단 한걸음도 들어오지 못하게 했다."라고 기억했다.

요요상이 거느린 서진병단은 10 월 8 일 신민 ( 新民 ) 에서 길을 나누어 서진했다. 그는 금주를 향해 직진하지 않고 서북으로 방향을 꺾어 11일 창무(彰武)를 점령하여 남하하는 해방군의 후방교통보급선을 끊으려 했으나 작전시기를 놓쳤다.

10월 14일, 동북야전군 주력부대는 주도면밀하게 준비한 후 금주에 총공격을 감행했다. 31시간의 격전을 통해 금주의 공격은 성공적으로 끝났다. 국민당군인 10만 명을 섬멸했고, 범한걸 등 장교급간부 35명을 포로로 잡았다. 더욱 중요한 것은 동북의 국민당군대 진출로를 막아 요심전투의 완전한 승리를 위해 중요한 한 걸음을 옮겼다는 사실이었다.

장춘의 국민당 수비군은 정동국(鄭洞國)이 이끄는 신 7군과 제 60군이었다. 그들은 5개월 동안 포위되어 있어 이미 절망적인 상태에 빠져있었다. 금주전투가 시작된 후, 정동국은 부대를 거느리고 포위를 뚫고 나가 남쪽으로 철수하려 했으나, 군대의 사기가 이미 저하되어 포위를 뚫고 나가려는 작전은 실패하고 말았다. 10월 11일, 장개석은 비행기를 재파견해 그의 편지를 공중에서 떨어뜨려 장춘 수비군에게 신속하게 남쪽으로 철수하라고 요구했다. 그러나 장개석의 말은 사지로 뛰어들라는 말과 같았다. 그날 저녁, 이미 해방군과 연락을 취하고 있었던 제 60군은 폭동을 일으키기로 결심했다. 신 7군은 포위를 뚫고 나갈 힘도 없었고, 성을 계속 지킬 힘도 없었으므로 19일 오전 모든 무기를 내려놓았다. 이렇게 장춘은 해방되었다. 인도와 미얀마 전장에서 작전을 수행하던 정예부대인 신 1군과 신 6군이 포함되어 있었다. 그들은 심양에서 서진해 동진병단과 함께 빠르게 은호(銀葫)를 뚫을 수 있을 거라 생각했지만, 동진병단은 탑산에 대한 공격에 아무런 진전을 얻을 수 없었다. 요요상병단이 장개석의 재촉으로 신개하

( 新開河 ) 를 건너 신립둔 ( 新立屯 ) 을 점령했을 때 , 금주는 이미 해방 되었고 , 그들은 진퇴양난의 처지에 놓이고 말았다 . 그들은 며칠 동안 의 망설임과 언쟁을 통해 흑산 ( 黑山 ) 을 공격해 영구 ( 營口 ) 로 물러 나 해로로 동북에서 퇴각하기로 결정했다 . 동북야전군 주력부대는 금 주를 공격한 후 , 신속히 군대를 거느리고 북상해 요요상병단의 심양과 영구의 퇴로를 차단했다 . 요요상병단은 혼란에 빠졌다 . 격전은 28 일 새벽녘까지 계속되었고 , 서진병단의 10 만여 명은 모두 섬멸 당했다 .

그 후 , 동북의 국민당군대는 오합지졸이 되었다 . 11 월 1 일 , 동 북야전군은 심양을 향해 총공격을 퍼부었다 . 그 다음날 , 심양이 해방 되었다 . 52 일간의 벌어진 요심전투가 승리로 끝을 맺었고 , 국민당군 47 만 3,000 명을 섬멸했다 . 요심전투가 끝난 후 12 일 뒤 , 신화사는 이 번 전투 후의 군사형세에 대해 새롭게 판단한 모택동이 집필한 평론 < 중국군사형세의 중대변화 > 을 발표했다 . 그는 , "중국의 군사형세는 이미 새로운 전환점으로 접어들어 전쟁을 하는 쌍방의 세력은 이미 크 게 변화했다 . 인민해방군은 이미 질적인 우위를 점하고 있을 뿐 아니 라 , 수적으로도 우위를 차지하고 있다 ." "이렇게 우리가 기존에 예상 했던 전쟁의 과정이 크게 축소되었다 . 기존에는 1946 년 7 월부터 대략 5 년 정도가 지나야 근본적으로 국민당 반동정부를 무너뜨릴 수 있다 고 예상했다 . 지금 다시 살펴보면 , 지금부터 1 년 정도면 국민당 반동 정부를 근본적으로 무너뜨릴 수 있다고 생각한다 ."고 썼다 .

요심전투가 끝나자마자 , 서주 ( 徐州 ) 지역을 중심으로 한 역대 최대 규모의 회해전투가 시작되었다 . 주덕 총사령관은 , "우리는 전력 을 기울여 적군과 결전을 벌이고 있다 . 20 년간의 혁명전쟁에서 항상 적군이 우리를 찾아내 결전을 벌였다 . 오늘날 상황은 변했는데 , 우리

가 주력부대를 집결해 적군을 찾아내 결전을 벌이려 한다. 동북결전
에서 이미 적군을 섬멸했다. 지금, 서주지역에서 결전을 벌일 것이고,
평진결전도 곧 시작될 것이다.”라고 밝혔다.

서주는 역사적으로 자주 결전을 벌여오던 전장으로 지세가 넓고
광활하여 인구밀도가 높았다. 서주는 강소와 안휘, 하남, 산동의 요충
지로 남북과 동서의 진포 ( 津浦 ) 와 농해 ( 隴海 ) 철도가 이곳에서 합
류해 교통이 편리했고, 남경북쪽의 보호벽이었고, 전면적인 내전이
발발한 이래 국민당군대가 해방구에 매번 공격을 가했던 중요한 군사
기지였다.

이곳에 가장 많은 국민당군대가 집결했는데 서주의 ‘토벌 총사령
부’의 총사령관 유치와 부총사령과 두율명 ( 杜聿明 ) 이 지휘하는 구청
천 ( 邱淸泉 ), 황백도 ( 黃百韜 ), 이미, 손원량 ( 孫元良 ) 의 4 개 병단
과 빙치안 ( 馮治安 ), 유여명 ( 劉汝明 ), 이연년 ( 延年 ) 의 3 개 수정지
구 ( 유여명과 이연년의 수정지구는 얼마 후 병단으로 개편됨 ) 가 있었
고, 이후 화중을 지원할 황유 ( 黃維 ) 병단과 합해 총병력은 80 여만 명
에 달했다. 해방군은 이번 전투에는 화동야전군 16 개 종대와 중원야전
군 7 개 종대가 있었고, 지방무장 세력과 합해 총 60 여만 명이 참가했다.
요심전투 이후, 전국적으로 해방군의 수가 우위를 차지하고 있었지만,
이 지역에서는 국민당군대가 수적인 우세를 차지하고 있었다.

결전은 어디에서 벌어졌을까? 화동야전군 임시사령관 겸 임시
정치위원이었던 속요는 이미 화동야전군 임시사령관 겸 임시 정치위
원회장인 속요는 심사숙고했다. “장강 이북에서 결전을 치르는 것이
장강 이남보다 훨씬 유리하다. 서주와 방부 ( 蚌埠 ) 지역은 지형이 광
활하고 넓을 뿐만 아니라 길이 많아 대부대가 움직이기 적합하기 때문

이다. 또한 대부분의 지역이 구해방구와 반(半) 구해방구였기 때문에 민중이 우호적이고 산동과 하북, 하남 근거지를 등지고 있고 화동과 중원의 경계지역으로 화북과도 멀지 않아 각 방면의 인력과 물자의 지원을 받을 수 있다. 장개석과 신계계(新桂系) 사이의 갈등을 이용해 병력을 집중시켜 장개석의 서주 집단군을 무찌를 수 있다.”라고 생각하고 있었다. 그는 이런 생각에 기초해 9월 24일 중국공산당 중앙위원회군위원회에 회해전투를 건의했고, 그 다음날 중국공산당 중앙위원회의 허가를 얻었다.

회해전투의 계획은 변화의 과정을 거쳤다.

속요가 처음에 건의한 회해전투는 2단계로 나뉜다. 제1단계는 소북병단으로 회음(淮陰)과 회안(淮安)을 공격하고 승세를 몰아 보응(寶應)과 고우(高郵)를 되찾고 전력을 다해 적의 지원군의 공격을 준비한다. 제2단계는 3개 종대로 해주(海州)와 연운항(蓮雲港)을 함락해 회해전투를 끝낸다. ‘회해’는 바로 회음과 회안, 해주를 가리킨다. 서주 이동에서 소북까지 벌어진 전투로 산동과 소북을 연결시키는 계획이다. 사람들은 이 계획을 ‘소회해(小淮海) 계획’이라고 칭한다.

이때 국민당은 해방군의 전략을 전혀 알지 못하고 있었다. “장개석은 ‘서주와 방부 구간’에 군사를 집중시켜 ‘공세방어’와 ‘물러나 회해 수비’라는 두 가지 방안 중에서 결정을 내리지 못하고 있었다. 11월 초, 그는 참모총장 고축동(顧祝同)을 서주로 파견해 서주의 ‘토벌 총사령부’ 총사령관 유치 등과 최종 토의를 거쳐 서주와 방부 양쪽에 병력을 집중하기로 결정했다. 그들은 이런 배치는 공격과 수비에 모두 용이하며 퇴각에도 용이하다고 생각했다. 따라서 황백도병단에게 신안진 (新安鎮) 지역에서 서쪽으로 철수하여 운하의 서쪽연안을 확보하라고 명령했다." 그들은 해방군이 공격하는 목적은 서주를 습격하기 위해서라고 판단했지만 그들의 첫 번째 목표가 먼저 병력을 집중시켜 황백도병단을 제거하는 것이라고는 생각하지 못했다.

11월 6일, 화동야전군 주력무대가 산동에서 남쪽으로 전진하면서 담성 (郯城) 에서의 전투가 시작되었다. 이는 회해전투의 첫 번째 단계였다. 황백도병단은 상황의 심각성을 깨닫지 못하고 해주에서 서쪽으로 퇴각하는 군대를 기다리느라 시간을 허비했다. 8일, 부사령관, 중국공산당지하당원 하기풍 (何基灃) 과 장극협 (張克俠) 은 임성 (城) 과 대아장 (臺兒莊) 지역을 수비하는 제3 수정지구의 두 개 군대 (기존의 서북군) 을 이끌고 무장봉기를 일으켰다. 해방군 주력부대는 이렇게 순조롭게 제3 수정지구를 통과해 신속히 황백도병단과 서주 (徐州) 의 연락을 끊었다. 11일, 화동야전군 주력부대가 황백도병단을 모두 년장 (碾莊) 을 중심으로 하는 협소한 지역에 가두자 유치는 황망히 구청천과 이미의 두 개 병단 16만 명을 서주에서 동진시켜 적의 포위망을 뚫으려 노력했다. 그들은 비행기와 중화기 탱크의 지원을 받으며 계속 맹렬한 공격을 퍼부었지만 동북야전군 대군의 완강한 저지로 11월 내내 20km 도 전지하지 못했다. 22일, 황백도병단 5개 군 12만 명은 몰살당했다. 이는 남쪽 전선의 국민당부대에게 큰 충격을 안겨주었다. 회해전투의 첫 번째 단계는 승리로 막을 내렸다.

제1 단계의 전투가 막 시작되었을 때 속요는 제2 단계의 작전계획을 구상해 대담한 계획을 제시했다. 화동야전군 부참모장 장진 (張震) 은 "요총사령관은 나와 상의하면서 황백도병단을 섬멸한 후 승세를 몰아 전세를 확장해 서주 및 그 주위의 남쪽 전선 적의 주력부대를 몰살시킬 계획을 세웠다. 나는 황백도부대가 멀지 않아 제거될 것이므로 그의 의견에 전적으로 찬성했고, 이렇게 나는 화동야전군의 십여 개 중대와 중원야전군를 긴밀히 협동시켜 서주부근에서 더욱 큰 규모의 섬멸전을 치른다. 군사적으로 봤을 때, 일단 적군의 주력부대를 강북에서 전멸시키고 나면, 그 후 도강작전과 마지막으로 중국 전역을 해방시키는 과정에서 큰 저항을 없을 것이고, 강남의 수많은 도시들도 전쟁으로 인한 손해를 입지 않게 될 것이므로 승리 후의 경제건설에 긍정적인 역할을 하게 될 것이다. 따라서 우리는 황백도의 병단을 섬멸한 후, 기존의 계획에 따를 필요 없이, 주력부대를 회음과 회안으로 진격하여 공격하게 한 후, 방향을 바꾸어 서주와 방부로 진격하여 적군을 서주 및 그 주위에 억류시킨 후 각각 약화 시켜 점차 전멸하게 만든다.”고 기억했다.

11월 8일, 속요는 상술한 의견을 군사위원회에 제출했다. 9일, 중국공산당 중앙위원회군사위원회는, “서주 부근에서 적의 주력부대를 섬멸시키고, 남쪽으로 달아나지 못하도록 모든 힘을 다하라.”라는 답신이 왔다. 이는 중대한 전략적인 결정이었다.

이 전략목표를 달성하기 위해 중원야전군은 돌발행동으로 11월 16일 새벽 안휘의 숙현(宿縣)을 공격했다. 숙현은 진포철도에서 서주와 방부 사이의 중심이었다. 농해철도 동쪽 구간이 화동야전군에 의해 끊긴 후, 진포철도 서주, 방부 구간은 서주 ‘토벌 총사령부’와 남경 총지휘부 사이의 유일한 육로 수송로였다. 서주, 방부 구간이 끊기자 서주의 유치집단군의 양식과 탄약의 결핍뿐만이 아니라 방부의 국민당 군여명과 이연년의 병단의 서주 지원을 위한 수송로도 막혀 서주 국민당 대군이 진포철도를 따라 남으로 퇴각하는 길도 막혀버려 마치

섬에 고립되어 있는 처지로 전락해 회해전투의 승리를 위한 중요한 조건을 만들었다.

회해전투의 규모가 점차 확대됨에 따라 중국공산당 중앙위원회 군대위원회는 유백승, 진의, 등소평, 속유, 담진림 ( 譚震林 ) 으로 구성된 총전위 ( 總前委, 전방전장 총위원회 ) 를 구축해 등소평을 서기로 임명했다. 이는 인민해방군 역사상 처음으로 양대 야전군의 공동작전이다.

회해전주의 두 번째 단계의 주요목표는 국민당 정예부대 중의 하나인 황유병단을 섬멸하는 것이었다.

황유병단은 4 개 군과 10 개 사단 및 1 개 기계화 부대, 12 만 명을 구비하고 있었는데, 그중 제 18 군은 진성이 애지중지하던 주력부대로 탱크와 중화기뿐만 아니라 소총과 화염방사기 등의 미국 기계화 장비를 갖추었고, 간부는 모두 군사학교 졸업생으로 강력한 전투력을 자랑하고 있었다. 그들은 기존에 하남의 확산 ( 確山 ) 과 주마점 ( 駐馬店 ) 일대에 주둔하고 있었다. 회해전투가 시작된 후, 장개석의 명을 받아 서주를 지원하기 위해 급히 출발했다. 중무기가 많고 도로사정이 나빴으며, 여러 물길을 건너야 했기 때문에 느리게 이동했다.

11 월 23 일, 해방군 주력부대는 이동 중인 황유병단에 작전을 개시하여 맹렬한 공격을 퍼부었다. 황유는 상황이 불리하다고 생각해 숙현 서남의 쌍퇴집 ( 雙堆集 ) 으로 물러났다. 25 일, 중원해방군은 황유병단을 포위하는데 성공했다. 황유는 우수한 무기를 구비하고 있었기 때문에 교만하여 환형수비를 구축해 굳게 지키며 지원을 기다렸다. 더욱 심각한 상황은 국민당은 황유병단을 구해 남쪽 전선의 역전을 실현하기 위해 서주를 포기하기로 결정하고, 두진명에게 구청천과 이미,

손원량의 병단을 지휘해 남하하면서 먼저 황유병단을 구출해 함께 남쪽으로 철수하라고 명령했다. 또 유치에게 방부로 가서 이연년과 유여명 병단의 북상을 지휘하고 황유병단을 방부로 맞이하라고 명했다. 이 두 갈래 공격은 매우 맹렬했고, 한 갈래라도 막지 못한다면 예상할 수 없는 심각한 결과를 맞이하게 될 것이었다.

이 상황을 어떻게 대처해야 할까? 총전위의 반복적인 연구를 통해 먼저 황유병단을 섬멸하는데 총력을 기울이고, 북쪽에는 잠시 수세를 취해 두진명부대의 남하를 저지하며, 남쪽에는 이연년, 유여명 병단의 지원을 차단하기로 결정했다. "12월 1일, 진의는 속요에게, '우리는 이곳에서 원수 같은 황유를 처리하고 있다. 우리는 북쪽에서 두진명을 잡고 남쪽에서는 이연년과 유여명을 손봐줄 것이다.'라고 전보를 보냈다. 유백승은 재치 있게 이 전투의 배치를 식욕이 아주 좋은 사람이 술자리에서 입 속에 음식을 씹으면서, 젓가락으로 음식을 집어 올리고, 눈으로는 접시 위에 남아있는 음식을 쳐다본다고 비유했는데, 그가 전투하는 방식이 바로 하나는(황유병단) 먹고, 다른 하나는(두진명집단군) 젓가락에 끼우고, 나머지 하나(이연년, 유여명 병단)은 눈으로 쳐다보고 있는 뜻이었다."

남북양쪽을 저지하는 동안, 이연년과 유여명 병단의 전투력이 약해 전진 속도가 느렸고, 해방군을 만나 저지당하면, 후퇴했는데, 가장 어려웠던 점은 서주에서 남하하는 두진명 집단군을 어떻게 막아내느냐는 것이었다. 속요는, "두진명이 12월 1일 30만 명을 이끌고 서주에서 퇴각했다. 우리는 여러 갈래의 길에서 그의 뒤를 바짝 뒤쫓았고, 우회하여 길을 차단하면서 적군을 추격하는데 힘썼다.

사실 우리는 두진명을 그냥 내버려 두었다. 서쪽이든, 북쪽이든,

동쪽이든 어느 쪽으로 가든 상관없었지만, 남쪽으로만 가지 못하게 했다. 나머지 방향은 모두 병력이 없었다. 즉 우리는 이미 가진 힘을 다썼다는 뜻이었다. 12월 4일 새벽녘, 우리는 두진명 집단군을 모두 진관장(陳官庄) 지역에 포위해 두었고, 12월 6일, 서남방향으로 포위를 뚫고 오는 손원량 병단을 몰살시켰고, 손원량만 변장해 탈출했다. 우리는 두진명을 '포위'하고 나서야 한숨을 돌릴 수 있었다. 이전 전장의 형세는 확실한 것이 거의 없었다. 이후 우리는 모든 전투에서 승리할 수 있다는 확신을 가졌다."고 기억했다.

해방군은 황유병단을 포위한 후, 전면적인 공격을 펼치자 황유병단의 방어는 점점 무너져갔고, 병력도 점점 줄어들었으며, 사기도점차 저하되었다. 15일, 황유는 전세에 희망이 없다고 판단하고 포위를 뚫고 나갈 것을 명령했다. 사실 그저 목숨을 건지기 위해 도망가는것이었지만 이미 빠져 나갈 구멍이 없었으므로 황유 등은 포로가 되었고, 황유의 병단은 모두 전멸하고 말았다.

회해전투의 제3단계는 서주에서 서쪽으로 퇴각하는 두진명 집단군을 진관장에 포위하여 섬멸하는 것이었다.

이때 이 지역에 제5군이라는 정예부대를 포함한 20만여 명의 두진명 집단군이 포위되어 있었다. 전세는 이미 기울어 졌고, 승부도 이미 결정된 것이나 다름없었다. 문제는 전체적인 상황에서 봤을 때, 언제 총격을 하는 것이 가장 유리한가였다. 당시, 중국공산당 중앙위원회군위원회는 화동야전군에게 먼저 "포위하고 싸우지 말라."고 요구했는데, 그 목적은 화북의 부작의집단군을 안정시켜 그들이 상황이 심상치 않음을 알아채고 해상이동을 통해 남쪽으로 철수하는 것을 막기위해서였다. 동시에 국민당군을 포위해 굶주림과 추위로 와해시켜 해방군의 손실을 줄여 최소한의 희생으로 총공격에서 승리하려 했다.

화동야전군은 이곳에서 20일간 휴식을 취한 후, 평진은 이미 포위당한 상태였고 부작의 집단군은 남쪽으로 철수할 방법이 없었다. 그들은 1949년 1월 6일부터 총공격을 퍼붓기 시작했다. 4일간의 격전으로 두진명을 포로로 잡았고, 구청천은 사살해 두진명의 모든 집단군을 섬멸했다.

66일간 진행된 회해전투에서 해방군은 22개 군단과 56개 사단의 55만여 명의 국민당군대를 제거했다. 이렇게 국민당군대는 남쪽전선의 정예부대를 완전히 잃자, 화북, 화동, 중원의 3대 해방군지구는 하나로 연결되었다. 인민해방군은 신속히 남하하여 바로 장강연안에 도착해 도하작전에서 완전히 승리하기 위해 매우 유리한 조건을 만들었다. 국민당정부의 수도 남경은 직접적으로 해방군의 눈앞에 드러났다. 국민당의 통치는 이미 깡그리 와해되어 버렸다. 회해전투에서 국민당과 공산당 쌍방 병력은 80만 대 60만이었는데, 이는 해방군은 병력과 장비 모든 부분에서 국민당에 열세인 상황에서 국민당의 대군과 결전을 벌여 승리했다. 모택동은 그들을 치하하며 "회해전투에서 정말 잘 싸웠다. 아직 다 끓여지지 않아 설익은 밥을 여러분이 한 입씩 꼭꼭 씹어 삼켰다."고 말했다.

회해전투가 제2단계로 들어선지 얼마 지나지 않아 동북야전군과 동북군사지역은 화북지역에 평진전투를 일으켰다.

국민당은 화북지역에 화북 '토벌 총사령부' 총사령관 부작의가 지휘하는 부대에 12개 군단과 52개 사단의 60여만 명을 두고 있었는데, 동쪽 북령선(北寧線)의 난현에서부터 서쪽 평수선(平綏線)의 시구보(柴溝堡)까지 배치해 북평, 천진, 장가구, 당고, 당산을 중심으로 약 600 km의 좁고 긴 일자형 ( 一字型 ) 사진 ( 蛇陣 ) 의 형태로 배치했다 . 이들 부대의 일부는 부작의가 수원에서 데리고 온 직계부대도 있었는데 대부분은 장개석이 항전에 승리한 후 화북에서 투입한 중앙군이었다 . "부작의는 구체적인 병력배치에 심혈을 기울였다 . 그는 의도적으로 장개석부대를 북안선에 배치하고 자신의 직속부대는 평안선에 배치했는데 , 동북의 자신의 군대가 관내로 들어오자 장개석부대가 가장 먼저 공격을 받게 되었고 , 부작의의 직속부대는 불리한 상황에서 수원으로 달아날 수 있었다 ." 요심전투가 끝난 후 , 장개석은 부작의를 남경으로 불러들여 그에게 "화북은 반드시 굳건히 지켜야 하므로 이를 절대로 포기하면 안 된다 . 이에 전권을 그대에게 준다 ."고 말했다 .

해방군은 이번 전투에 100 만 명을 투입해 병력면에서 국민당군대를 훨씬 앞섰다 . 동북의 모든 지역이 이미 해방되었고 , 부대도 승리해 사기가 하늘을 찔렀다 . 국민당군대는 이와는 반대로 이전의 전투에서 패해 사기가 크게 저하되어 있었다 . 동북야전군은 요심전투가 끝나자마자 신속히 관내로 진입해 국민당 당국의 예상을 뒤엎었다 . 그들은 동북야전군이 요심전투처럼 큰 전투를 치른 후 , 최소한 3 개월간의 휴식을 취한 후 관내로 들어올 수 있다고 생각했기 때문에 아직 군대의 배치도 끝내지 않아 혼란스러운 상황에 빠져들었다 .

해방군이 이렇게 신속하고 갑작스럽게 전투를 일으킨 것은 국민당이 아직 화북에서 퇴각하려는 결정을 내리기 전에 그들을 꼼짝 못하게 만들고 , 부작의의 직속군대가 서쪽의 수원 근거지로 후퇴하지 못하게 하며 , 장개석의 직속부대가 동쪽으로 가서 해상으로 철수하지 못하게 만든 후 그들을 제거하기 위해서였다 .

해방군은 국민당군대의 '긴 일자형 ( 一字型 ) 사진 ( 蛇陣 )'을 앞에 두고 어디에서부터 싸워야 했을까 ? "중앙군 위원회는 먼저 서쪽을 치고 그 후 동쪽을 치기로 정해 화북부대로 하여금 먼저 장가구의 주변을 치도록 명령했는데 , 그 목적은 장가구의 적군을 잡아 서쪽으로 도주하지 못하게 만들고 , 이로써 북평에 있는 적의 지원군을 끌어들여 북평의 부작 주력부대를 최대한 서쪽으로 끌어내기 위해서였고 , 또한 장개석의 직계군대를 평진지역에 잡아두고 , 호대 ( 蘆臺 ), 당고 ( 塘沽 ) 를 지키는 적을 공격해 섬멸하여 해구 ( 海口 ) 를 우리 수중에 넣어 부작의가 철수하거나 굳게 지키지 못하게 하기 위해서였다 . 우리는 군사를 나누어 북평과 , 천진 , 장가구 , 당구 일선을 수비하는 적군을 각개격파하는 방침을 취해 짧은 시간 내에 적군을 섬멸했다 . 이는 바로 평진전투의 주요 지도방침이었고 , 부작의도 자신도 모르는 사이에 이 전략에 걸려들었다 ."

　　당시 , 섭영진 ( 聶榮臻 ) 이 이끄는 화북해방군의 병력은 아직 다 집결하지 않았고 , 임표와 나영환 ( 羅榮桓 ) 의 지휘로 관내에 집입한 동북야전군 선발부대는 하북의 동쪽지역에 진입하기 시작했다 . 국민당군대가 즉시 철수했다면 , 이를 막기가 어려웠을 것이다 . 11 월 24 일 , 모택동은 귀수 ( 歸綏 , 오늘날의 호화호특 ( 呼和浩特 )) 를 포위 공격하는 화북 제 3 병단 양성무 ( 楊成武 ) 에게 전보를 보내 3 개 중대를 거느리고 "신속히 동진하여 장가구를 포위하고 , 이를 바로 점령하지 말고 적의 지원군이 올 때까지 기다려라 ."라는 명령을 내렸다 . 29 일 , 부대는 작전지역에 도착했고 , 평진전투가 시작되었다 . 이곳은 평진과 수원을 오갈 때 반드시 지나가야 하는 중요한 길이었다 . 부작의는 예상대로 평북부근에서 주둔하던 부작의의 직계 정예 주력군 제 35 군을 신속히 기차와 자동차에 태우고 장가구를 지원하러 갔다. 이때, 동북 야전군 주력부대는 길을 나누어, 냉구와 희봉구 ( 喜峰口 ) 를 지나 만리장성을 넘어 평진으로 급히 달려가다가 북평의 동북 밀운 ( 密雲 ) 일대에 나타났다. 그들의 갑작스런 출현으로 부작의는 크게 놀랐고 해방군이 북평을 점령하러 간다고 생각하여 며칠 전 장가구를 지원하러 떠났던 제 35 군단을 태운 400 여 대의 차량을 북평으로 불러들이라는 명령을 내렸다. 12 월 8 일, 제 35 군단은 철수하는 길에 있는 신보안진 ( 新保安鎮 ) 에서 석가장에서 북으로 달려온 화북 제 2 병단 양득지 ( 楊得志 ) 부대에 의해 겹겹이 둘러싸였다. 부작의는 이 소식을 듣고 안절부절 못했다. 일이 이 지경에 이르렀지만 그는 여전히 장가구와 수원을 오가는 주요도로인 신보안을 포기하지 못했다. 부작의는 모택동의 계책대로 자신을 더욱 옭아매고 있었다.

국민당군대가 계속 관에 진입한 동북야전군의 포위를 뚫고 퇴각하는 것을 막기 위해 12 월 11 일, 모택동은 임표에게 전보를 보내 "오늘부터 2 주 내 (12 월 11 일에서 12 월 25 일 ) 에 기본적인 원칙은 포위하되 싸우지 않는 ( 예를 들어 장가구와 신보안에서처럼 ) 것이고, 몇몇은 사이를 두고 포위하지 않고 ( 즉 북평과 천진, 통주 ( 通州 ) 에서처럼, 전략적으로만 포위하여 모든 연락을 끊어, 전투하지 않고 포위한다.) 대회 통신만 끊어주는 전략을 취해 배치를 끝낸 뒤 각각 섬멸한다. 특히 장가구 ( 張家口 ) 와 신보안 ( 新保安 ), 남구 ( 南口 ) 의 적은 완전히 제거하면 안 된다. 왜냐하면 이럴 경우 남구 동쪽의 적이 신속히 도망갈 것이므로 이를 여러분이 반드시 이해하기 바란다."

12 월 하순, 모든 준비가 완료되었다. 22 일, 화북 제 2 병단은 신보안에 총공격을 퍼부어 제 35 군단을 신속히 제거했다. 24 일, 화북

제 3 병단은 장가구를 해방시켰다. 부작의는 자신이 믿고 의존하던 직속부대를 모두 잃었을 뿐만 아니라 서쪽 수원으로의 퇴로도 막혀 버렸다. 동쪽 전선에서 동북해방군은 당산 등지를 해방하여 천진과 당고를 포위했다. 부작의는 퇴각할 길도 없는 고립무원의 처지가 되었다. 이런 상황에서 부작의는 북평의 문제를 평화롭게 해결하려 생각했으나 여러 문제가 존재했다. 그의 딸 부동국 ( 傅冬菊 ) 은 공산지하 당원이었다. 중국공산당 평진지휘부는 언제든 적의 지휘 동향 및 상황의 변화를 알 수 있었는데, 이는 정말 해내기 힘든 일이었다.

1948 년 1 월 10 일, 회해전투에서 승리했다. 14 일, 동북야전군은 동쪽 전서에 천진을 총공격하라는 명령을 내렸다. 이 전투는 29 시간의 싸움으로 간단히 종료되어 국민당 대군이 굳건히 지키고 있던 천진성을 해방시켰고, 수비군 13 여만 명 모두를 섬멸했다. 해방군은 부작의와 담판을 시작했다. 20 일, 부작의는 해방군이 제시한 조건을 받아들여 25 개사단 20 여만 명에게 성을 나가도록 명령했고, 개편을 받아들였다. 장개석은 23 일 이 소식을 들었고, 일기에 "전혀 예상치 못했던 일이 발생했다."며 한탄했다.

2 월 3 일, 해방군은 북평에서 성대한 입성식을 거행했다.

64 일간 계속된 평진전투로 군사와 정치적인 면 모두에서 완전히 성공적으로 끝나 국민당군대 52 만 명을 섬멸하고 개편시켰고, 북평이라는 문화고도를 완전히 보존했다. 요심, 회해, 평진의 3 대전투는 전쟁의 규모 혹은 쟁취한 성과에서 중국전쟁사에서 전혀 볼 수 없던 기록을 달성했는데, 이는 세계전쟁사에서도 찾아보기 힘든 성과였다. 이 3 대전투는 1948 년 9 월에 시작되어 1949 년 1 월에 끝나 국민당 군대 154 만 명을 섬멸시켜 국민당이 통치를 유지하기 위해 기댔던 주요

군사세력은 기본적으로 무너졌고, 전국적인 중국혁명은 성공적으로 끝났다.

## 제 3 절 혁명을 끝까지 진행하다

국민당정부는 군사적으로 경제적으로 모두 어려움에 빠졌다. 장강 이북의 국민당 세력은 이미 완전히 붕괴되었고, 정예부대도 모두 잃었으며 군사들의 사기도 땅에 떨어졌다. 장강이남에서도 효과적인 수비체계를 구축할 수 없었다. 사회경제의 붕괴는 수습할 수 없는 지경에까지 이르렀다. 국민당통치그룹 내부의 갈등은 갈수록 첨예화되어 조직이 와해될 지경에 이르렀는데, 특히 오랫동안 장개석의 배척을 받던 계계(桂系) 이종인과 백숭희는 이 기회를 이용해 장개석에게 압력을 가해 국공평화협상을 재개해야 한다는 주장을 펼쳤다.

계계가 협상재개를 제시한 중요한 목적은 장개석이 궁지에 몰렸을 때 하야를 강요해 이종인으로 그 자리를 대신하게 하는 것이었다. 1948년 섣달 그믐날, 장개석은 어쩔 수 없이 이종인을 부총통에 명하고, 오원의 원장과 국민당중앙상무위원회를 황포로 관저의 식사에 초대했다. 식사 후 <강화요청성명>을 제시하면서 그들의 의견을 물었다. 그는 <성명>에서 "개인적으로 직위에 연연하지 않고 국민의 의견에만 귀를 기울인다."라고 말했다. 그 자리에서 곡정강(谷正綱)과 장도번(張道藩)은 장개석의 하야와 평화협상에 발언했고, 심지어 곡정강은 부모라도 잃은 듯 크게 소리 내어 울었다. 이에 대해 장개석은 크게 꾸짖으며, "내가 하야를 원하는 것은 공산당 때문이 아니라 본당의 어떤 세력 때문이다 ."라고 말했다 . 그가 말한 '어떤 세력'은 바로 '계계'를 가리켰는데 , 이종인과 백숭희에 대한 미움이 어떠한지 알 수 있었다 .

사실 , 이종인과 백숭희 등이 강화를 주장한 이유는 단지 장강을 경계로 '통치지역을 구분'하여 '군대를 정리'할 기회를 얻어 재기할 기회를 엿보기 위해서일 뿐이었다 .

12 월 30 일 , 모택동은 신화사에 < 혁명을 끝까지 진행하자 > 라는 제목의 글을 1949 년 신년축사로 썼다 . 문장의 시작부분에 , "중국인민은 위대한 해방전쟁에서 승리를 거머쥐었다 . 우리의 적도 이에 대해 어떤 의문도 가지지 않는다 ."라고 말했다 . 문장의 마지막에는 큰 소리로 "1949 년 반동분자가 참가하지 않는 완성된 인민혁명의 완수를 목표로 하는 정치협상회의를 개최할 것이고 , 여기에서 중화인민공화국의 성립을 선언하고 공화국의 중앙정부를 조성할 것이다 . 이 정부는 중국공산당의 지도하에 각 민주당파와 각 인민단체의 적당한 대표인사들이 참여하는 민주연합정부가 될 것이다 ."라고 선언했다 .

1949 년 1 월 21 일 , 장개석은 < 퇴진 강화 공고 > 에서 "퇴진을 먼저 결정했다 . 이종인 부총통이 총통의 직권을 대행한다 ."고 말했다 .

장개석의 이런 행동은 그가 큰 충격을 받았고 , 중국대륙에서의 통치가 이미 막다른 길에 이르렀다는 것을 나타냈다 . 또한 이종인을 총통으로 밀어 공산당과 공방전을 벌이도록 하고 백숭희와 정잠 ( 程 潛 ) 등의 세력을 공고히 했다 . 퇴진을 발표하기 전 , 그는 먼저 당은백을 북경과 상해 ( 이후 북경과 상해 , 항주까지 확대됨 ) 경비총사령관으로 , 장군 ( 張群 ) 을 중경수정관아의 주임으로 , 설악을 광동성 정부주석으로 , 진성을 대만성 정부주석 겸 대만성 경비총사령관으로 발표해 한편으로는 장강이라는 천연요새에 의지해 계속 완강하게 저항할 준비를 했고, 다른 한편으로는 대만으로 건너가려는 모든 준비를 마쳤다. 그는 비록 고향인 봉화의 계구 ( 溪口 ) 로 돌아갔지만, 모든 것은 여전히 그의 말에 의해 좌우되고 있었다.

라디오 방송을 통해 중국공산당의 파견대표가 희망하는 평화회담 날짜와 위치가 반포되었다. 그는 안혜경 ( 顏惠慶 ) 과 장사소 ( 章士釗 ), 강용 ( 江庸 ) 등을 동원해 '상해인민평화대표단'을 만들어 북평으로 보내 중국공산당지도자를 만나게 했다. 그러나 이종인은 실권이 없었기 때문에 이런 일들은 단지 공염불에 불과했다. 3 월 24 일, 남경정부는 장치중을 수석대표로 하는 평화회담대표단을 구성하기로 결정했다. 26 일, 중국공산당 중앙위원회는 주은래를 수석대표로 하는 평화회담대표단을 구성하기로 결정했다. 쌍방은 4 월 1 일 북평에서 협상을 개시했다. 몇 번의 협상을 통해 4 월 13 일 주은래는 < 국내평화협정 > 의 초안을 제시했고, 토론을 통해 수정한 후, 15 일 < 협정 > 의 최종 수정안을 제출해 4 월 20 일을 마지막 서명기한으로 요구했다. 그 다음날, 남경중부대표단 황소횡 ( 黃紹竑 ) 은 < 협정 > 의 원본을 가지고 남경으로 돌아가 지시를 요청했다. 이종인은 자신이 책임지고 결정할 수 없어 17 일 전용기를 보내 < 협정 > 을 계구로 보내 장개석에게 결정을 요청했다. 장개석은 그날 일기에 "황소횡과 소력자 등이 놀랍게도 이를 받아들이다니 부끄러움도 모르는 자들이다."라고 쓰고, "이 조건을 거절한다."라고 결정했다. 20 일 남경정부가 협상을 거절한다고 정식으로 밝히면서 국공협상은 결렬되었다.

4 월 21 일, 모택동과 주덕은 해방군에게 < 전국을 향한 진군의 명령 > 을 발표해, 그들에게 "용감하게 전진하여 감히 저항하고 있는 중

국 국내의 모든 국민당 반동파를 결연하고도 철저히, 그리고 깨끗하게 제거해 전국 인민을 해방시켜 중국영토의 주권의 독립과 완전성을 보호하라."라고 요구했다.

인민해방군은 이 명령에 따라 아직 해방되지 않은 광활한 지역을 향해 대대적인 규모로 진군했다. 장개석은 일기에 '도강을 저지하는 것을 유일한 중요임무'라고 썼다. 이번 진군은 썩은 풀과 나무를 꺾듯 쉬웠는데, 국민당군대는 이미 '산이 무너지듯' 전세가 기울어 효과적으로 수비하지 못했다. 유백승과 등소평 등이 거느린 제2 야전군 ( 기존의 중원야전군 ) 과 진의, 속요가 거느린 제3 야전군 ( 기존의 화동야전구 ) 은 4 월 20 일 밤, 서쪽의 강서 ( 江西 ) 구강 ( 九江 ) 의 호구 ( 湖口 ) 에서 동쪽의 강소 강음 ( 江陰 ) 까지 500 ㎞의 전선에서 장강의 도하를 강행해 국민당군이 심혈을 기울여 3 개월 반 동안 지키던 장강의 방어선을 신속하게 파괴했다.

23 일, 해방군은 수도 남경을 장악했다. 곧이어 길을 나누어 남쪽으로 전진하여 5 월 3 일 항주를 해방시켰고, 22 일에는 남창을 해방시켰으며, 27 일에는 중국의 최대도시 상해를 점령했다. 7 월, 복건을 향해 진군하기 시작했다. 8 월 17 일 복주 ( 福州 ) 를 해방시켰다. 임표와 나영환등이 이끄는 제4 야전군 ( 기존의 동북야전군 ) 은 5 월 14 일, 무한의 동쪽에서 장강의 도하를 강행해 17 일, 무한의 3 개 현을 해방시켰다. 곧이어 호남으로 남하했다. 국민당 호남성정부 주석 정체와 제1 병단사령관 진명인은 8 월 4 일 무장봉기를 일으켜 호남은 평화적으로 해방되었다. 팽덕회와 하룡 등이 이끄는 제1 야전군 ( 기존의 서북야전군 ) 은 5 월 20 일 서안을 해방시킨 후, 계속 서북을 향해 진군했고, 8 월 26 일 난주를 함락했고, 9 월 5 일 서령을 해방시키고, 23 일 은

천 ( 銀川 ) 을 해방시켰다 . 국민당 수원성정부주석 동기무 ( 董基武 ) 는 9 월 19 일에 무장봉기를 일으켜 수원은 평화적으로 해방되었다 . 국민당정부 신장성 경비총사령관 도치악 ( 陶峙岳 ) 과 신장성 정부주석 포이한 ( 包尔漢 ) 등은 9 월 하순에 무장봉기를 일으켰고 , 신장 역시 평화적으로 해방되었다 . 중국대륙에서 광동과 광시 , 서남지역을 제외한 모든 지역이 모두 해방되었다 .

## 제 4 절  미국정부의  난감한  처지

미국정부는 몇 년간 장개석을 지지하고 공산당을 반대하는 정책을 취해왔다 . 국민당정부가 전면적인 내전을 일으켰을 때 , 미국으로부터 재정과 무기의 대대적인 지지를 받았다 . 중국정세가 변화되어 국민당정부가 놀랄만한 속도로 붕괴되고 와해되자 미국정부는 매우 난처한 입장에 처했다 .

중국공산당이 끝까지 혁명을 진행할 것이라는 결정을 내렸을 때 , 미국이라는 요소를 충분히 고려하고 있었다 . 중국공산당은 전략은 무시하고 전술은 중시한다는 입장이었다 . 모택동은 미국기자 스트롱에게 다음과 같은 말은 한 적이 있었다 . "모든 반동파는 모두 종이호랑이에 불과하다 . 반동파 세력이 대단한 듯 보이지만 , 실제로 그렇게 대단하지는 않다 ." "장개석과 그를 지지하는 미국의 반동파도 모두 종이호랑이다 ." 1947 년 12 월 회의에서 그는 "실제로 2 차 세계대전 이후의 미국제국주의가 장개석과 각국 반동파가 생각하는 것처럼 그렇게 강대할까 ? 흐르는 물처럼 장개석과 각국 반동파를 지원할 수 있을까 ?

그렇지 않을 것이다."라고 말했다.

그러나 모택동은 절대로 이를 가볍게 여기지 않고, 가장 심각한 상황을 대비해 꼼꼼히 준비했다. 1949년 1월 정치국회의에서 그는 "우리는 이제껏 미국이 직접 군사를 내어 중국연해의 몇몇 도시를 점령하고 우리와 전투하는 가능성을 생각했고, 우리의 작전계획에 포함시켜 왔다. 만일의 사태가 발생했을 때, 속수무책으로 당하지 않기 위해 여전히 이 계획을 유지시켜 오고 있다. 그러나 중국인민혁명세력이 더욱 강해지고 굳건해질수록, 미국이 직접적인 군사간섭을 할 가능성도 점점 줄어들 것이다." 라고 말했다. 인민해방군이 장강을 건넌 후, 한동안 제 2 야전군과 제 3 야전군의 주력부대가 함께 강남에 머물러 진의를 상해시장으로, 유백승을 남경시장으로 임명해 미국이 군사를 내어 간섭할 때를 대비했다.

이런 상황에서, 미국정부는 중국의 변화에 대해 어떤 정책을 취했을까? 사실 미국은 약자 앞에서는 강하고 강자 앞에서는 약했는데, 국민당정부가 미국정부에게 도와달라고 애걸복걸했지만 중국공산당 세력이 확장되던 터라 감히 도움 줄 생각을 못했다. 왕운오와 공상희는 차례로 워싱턴을 방문했으나 트루먼은 그들을 만나주지도 않았다. 국민당정부는 송미령에게 크게 기대하며 미국으로 보냈으나 1942 ~ 1943년 미국을 방문했을 때와 같은 모습을 다시는 보지 못했다. 그녀가 워싱턴에 도착한지 열흘이 되자 그제야 트루먼은 그녀를 만났다. 회견을 끝낸 후 기자가 '그에게 좋은 소식이 있는지 혹은 다시 대통령을 만나기로 했는지 여부'를 물었을 때, 그녀는 '그 대답은 대통령이 할 것'이라고 답했다. 그녀의 표정은 엄숙했고, 냉소를 짓고 있어 회담이 성공하지 못했다는 인상을 주었다. 그 다음날, 워싱턴에 접근한 마셜가의 사람은 장개석의 부인에게 리스버그에 체류기간을 연장하지 않는 것이 좋다고 암시했다. 송미령은 거의 20일 동안 시간을 끌었다. 이 기간에 트루먼은 기자회견을 열었다. 한 기자가 대통령에게 장 부인에 대한 앞으로의 계획과 다시 그녀를 만날 계획이 있는지를 물었을 때, 그는 화를 냈다. 그는, 그녀의 계획은 모르겠고, 그녀를 다시 만날 계획도 없다고 말했다. 일주일이 채 되지 않아 장 부인은 워싱턴을 떠나 뉴욕으로 갔다. 1949년 1월, 국민당정부는 미국과 영국, 프랑스, 소련에게 국공내전의 각서를 중재해 달라고 요구했으나 10일이 채 되지 않아 모두 거절당했다.

몇몇 사람들은 국민당정부가 위급한 지경에 처했을 때 미국이 반드시 도움의 손길을 줄 거라 생각했는데, 왜 미국에게 버림받은 것일까?

미국정부의 중국에 대한 정책은 처음부터 끝까지 그 자신의 이익에 따라 결정되었다. 오랜 시간 동안 모든 것을 압도하는 미국의 목표는 여전히 국민당정부를 지지하는 것이었고, 국민당이 광대한 지역에 정권을 구축하게 만드는 것이었는데 이는 어떻게 강조해도 지나치지 않다. 그러나 미국은 국민당정부에 대해 무조건적, 무제한적인 지원을 해줄 수는 없었다. 중국의 상황이 이렇게 변화하자 더 이상 어쩔 도리가 없는, 도와주고 싶어도 더 이상 여력이 없는 난처한 상황에 처했다는 사실을 알게 되었다.

국민당정부에게 더 많은 군사와 재정적인 지원을 계속해 줄 수 있을까? 과거에는 이런 지원을 충분히 해주었지만 아무런 결과를 얻지 못했고, 오히려 상황은 빠르게 그들이 기대했던 것과는 정반대로 흘러갔다. 재정적인 지원의 대부분은 국민당 고급관료의 주머니로 들어갔다. 국민당군대의 실패는 현대적인 무기가 부족해서가 아니었다. 미국은 국민당의 전투의 패배로 그들이 지원해준 수많은 무기와 장비가 해방군의 수중으로 들어간 사실에 더욱 실망했다. 국민당정부 외교부장 왕세걸은 서영창에게 "사람들은 장춘과 심양의 32개 사단이 미군에게 지원 받은 무기를 몇 일만에 모두 공산당에게 갖다 바쳤다고 한다."고 말했다.

국민당정부가 독재와 부패로 민심을 잃은 일은 미국으로서는 전혀 도와줄 방법이 없었다. 트루먼은 회의록에서, "장 위원장의 태도와 행동은 예전의 군벌과 다름이 없었는데, 그와 군벌이 사람들의 추대를 받지 못했다는 점에서 똑같았다."라고 썼다. 만일 계속 전폭적인 지원을 해 주었다면, 무거운 부담이 되었을 뿐만 아니라, 상황의 개선에 전혀 도움이 되지 않는, 그저 깨진 독에 물 붓는 격이었을 것이다.

그렇다면, 미국이 군사를 내어 무장간섭을 하면서 국민당이 내전을 진행하는데 도움을 줄 수 있었을까? 그럴 수는 없었을 것이다. 첫째, 중국은 땅이 너무 넓어서 미국이 군사를 내었다면 대대적인 규모의 전쟁이 되어 발을 뺄 수 없게 되었을 것이다. 2차세계대전이 끝난지 얼마 지나지 않아, 미국의 국민이 평화를 염원하던 때에 미국의 핵심적인 이익과 관계도 없는 극동지역의 전쟁에서 작전을 수행하도록 국민의 아들과 형제를 다시 전쟁터로 보내라고 설득할 수도 없었다. 이 전쟁에서 승리하기가 어렵다는 것은 둘째 치고 전쟁을 끝내기도 어려웠을 것이다. 둘째, 미국이 거만하고 거대한 나라이지만, 사실 미국의 병력과 재력에도 한계가 있었다. 미국의 주요 이익이 나오는 유럽에 주의를 기울이고 있었기 때문에 더 많은 힘을 중국에 쓸 수 없었다. 셋째, 전쟁 후 미국과 소련의 관계가 점점 악화되었지만 쌍방은 각자

우려하는 바가 있어 정면충돌을 피하고 있었다. 미국이 중국에 대대적인 군사개입을 한다면, 소련의 반응을 고려하지 않을 수 없었다.

트루만은 회의록에서 그가 당시에 취했던 태도에 대해 낙심하며 "장개석은 마지막에 국민의 지지와 미국의 지원을 잃어 패배했는데, 그의 장군들은 거의 우리의 무기로 무장한 군대를 가지고 적군 군영에 투항했기 때문이다. 나는 이렇게 수많은 군인이 투항할 때 중국의 지원을 중단하기로 결정했다."고 고백했다.

장개석이 '퇴진'을 선언했을 때, 미국 당국은 이종인에게 작은 희망을 가졌다. 국회에서 어떤 사람이 "이종인은 선견지명이 있고, 자유로운 생각을 가진 사람이다."라고 말했다. 그들은 '자유로운 사상'이라는 점을 중시했다. 그러나 이종인은 능력이 그다지 뛰어나지 않는 사람이었으므로 이런 희망은 빠르게 사라졌다.

해방군이 장강을 건너 남경을 해방시킨 후, 미국과 영국 프랑스의 주중대사는 모두 국민당정부를 따라 광주로 옮겨가지 않고 남경에 남아 계속 관찰했다. 5월 4일, 영국과 프랑스 대사는 스튜어트를 만나 해방구의 각급 정부를 인정해야 하는지에 대해 논의했다. 6일, 미국국무장관 애치슨은 즉시 이런 방법은 바람직하지 못하다고 밝혔다. 13일, 애치슨은 스튜어트에게 영국과 프랑스 등 주중대사에게 "공산당정권을 실제로 인정하는 것은 정치적으로 공산당을 고무시켜 국민당에게 충격을 주게 된다." "우리는 어떠한 나라도 실제로든 법률적으로든 서둘러 공산당을 인정하는 것에 반대한다."라고 강조하도록 지시했다.

중국공산당은 신중국의 외교에 이미 "새로운 출발, 집을 깨끗이 청소하고 손님을 청한다."라는 방침을 확정했지만, 여전히 미국의 외

교인사와 접촉하기를 원했고 , 쌍방의 관계를 적당히 개선할 수 있을
지를 살펴보려 했다 . 남경간부회 외교처 책임자인 황화 ( 黃華 ) 는 스
튜어트가 연경 ( 燕京 ) 대학교의 학생이었을 때 그와 사적으로 몇 번
만난 적이 있었다 . 스튜어트는 6 월 30 일 애치슨에게 전보를 보냈다 .
"6 월 28 일 , 황화가 약속한 시간에 저를 방문했습니다 . 그는 모택동과
주은래의 말을 전했는데 , 내가 연경대학을 방문하기를 희망하고 북평
을 방문하는 것을 환영한다고 했습니다 ." 스튜어트는 북평을 가겠다
는 뜻을 분명히 했다 . 그는 이 전보에 계속해서 , "미국관료에게 유례
가 없는 기회 즉 , 중국공산당의 최고지도자와의 비공식 회담을 할 수
있는 기회를 주겠다고 했습니다 . 이는 놓치기 아까운 기회입니다 ."라
고 말했다 . 그러나 미국정부는 이를 단호하게 반대하며 "어떤 상황에
서도 북평을 방문해서는 안 된다 ."고 명확히 지시했다 . 스튜어트는 그
후 남경을 떠나 미국으로 돌아갔다 . 이렇게 미국정부는 신중국과 접촉
할 수 있었던 이 문을 꼭 닫아버렸다 .

스튜어트가 남경을 떠나 아직 워싱턴에 도착하지 않았던 8 월 5
일 , 미국국무원은 < 중미관계백서 > 를 발표했다 . 애치슨이 < 백서 >
를 트루먼에게 보낼 때 , 몇 년간 미국이 국민당정부에게 주었던 지원
과 그 효과에 대해 요약 정리한 편지를 한 통 첨부했다 .

"일본전쟁에서 승리한 후 , 미국정부가 증여와 차관의 방식으로
국민당에게 중국을 지원한 총 액수는 20 만 달러인데 , 이 액수는 중국
정부화폐지출의 50% 이상의 가치와 같고 중국 정부의 예산과 비교했
을 때나 비율로 봤을 때 전후 미국이 지원했던 어느 서유럽 국가의 액
수보다 많습니다 . 이런 증여와 차관 외에도 미국정부는 수많은 군용과
민용의 전시 잉여물자를 중국 정부에 판매했는데 , 그 구입원가총액은

10억 달러 이상이나, 협의를 통해 미국정부에게 갚은 액수는 2억 3만 2천 달러밖에 되지 않습니다. 그러나 일본에 승리한 이후부터 미국은 중국 군대의 군수용품의 대부분을 제공했는데, 국민당 지도자들이 군사적으로 무능했고, 그들의 배신과 투항, 병사들의 투지상실로 인해 모두 중국공산당의 수중으로 들어갔습니다."

"불행이지만 피할 수도 없었던 일은 중국내전의 불행한 결과를 미국정부가 통제하지 못했다는 사실입니다. 미국은 합리적인 한도 내에서 할 수 있는 일을 다 했지만 그 결과를 바꾸지는 못했습니다. 미국이 하지 못한 일들을 했더라도 이 결과에는 아무런 영향을 주지 못했을 것입니다. 이는 중국내부세력 충돌의 산물이고, 이들 세력들은 미국도 영향을 주려 시도한 적이 있었으나 효과를 볼 수 없었습니다. 중국 국내 상황은 이미 결정이 난 상태이고, 설령 책임을 다하지 못해 생긴 결과라 할지라도 상황은 이미 확정적입니다."

애치슨은 아주 솔직하게 말했다. 미국이 이미 그들이 할 수 있는 모든 일을 했지만 중국의 상황은 중국 내부의 상태에 의해서만 결정되는데, '미국정부가 통제할 수 없다'고 이 편지에 그들의 진퇴양난과 속수무책의 심란한 마음을 남김없이 드러냈다. 그러기에 신화사 논설에서 이 백서를 '어쩔 수 없는 자백서'라고 칭한 것은 당연했다.

신중국의 탄생을 막을 수 있는 어떠한 힘도 없었다.


## 제5절 신중국의 건립을 계획하다

신중국의 수립은 이제 눈앞으로 다가왔다.

1949년 1월, 중국공산당 중앙위원회는 정치국회의를 열었다. 회의에서 다음과 같은 내용이 제시되었다. "우리는 이미 전국적인 범위에서 국민당에게 승리를 완전히 장악했고, 1949년에는 반드시 반동파의 대표가 참가하지 않는 중국인민혁명임무 완성을 목표로 하는 각 민주당파의 각 인민단체의 정치협상회의를 소집해 중화인민민주공화국의 성립을 선언하고, 공화국의 중앙정부를 설립하고 공동강령을 통과시킬 것이다."라고 확정했다.

3월, 중국공산당의 제7회 2차 전국대회가 서백파에서 열렸다. 모택동은 보고서에서 전국적으로 신속하게 혁명을 추진하는 방침을 제시하고. "1927년부터 지금까지 우리의 사업은 농촌에 중점을 두었고, 농촌에서 힘을 모았고, 농촌으로 도시를 포위하여 도시를 장악했다." "지금부터, 도시에서 농촌으로, 도시에서 농촌을 이끄는 시기가 시작되었다. 당의 사업 중심은 농촌에서 도시로 옮겨졌다." "최선을 다해 도시관리와 도시건설을 익혀야 한다."고 밝혔다. 생산사업을 가능한 한 신속하게 회복시키고 발전시킬 수 없다면, 정권을 유지할 수 없어 실패하게 될 것이었다. 그는 보고서에서 정치와 경제, 외교방면에서 신중국의 기본적인 정책을 제시했는데, 특히 중국경제의 각종 구성요소의 상황과 당이 반드시 채택해야할 정책에 대해 집중 분석하여 중국이 농업국가에서 산업국가로 변화하고, 신민주주의사회에서 사회주의사회로 변화 발전하는 방향을 제시했다.

6월 30일, 모택동은 < 인민민주독재를 논함 > 이라는 문장을 발표했다. "인민은 무엇인가? 중국에서 현재 단계에서 바로 노동자계급이고, 농민계급이며, 도시 소자산계급과 민족자산계급이다." "인민 내부에 대한 민주적인 측면과 반동파에 대한 독재적인 측면을 서로 결합시키면 바로 인민민주주의 독재가 된다." 모택동은 제 7 외 2 차 전국대회에서의 보고서와 < 인민민주독재를 논함 > 에서 신중국 설립 초기에서 임시헌법 역할을 하는 인민정치협상회의 < 공동강령 > 의 정책기초를 구축했다.

1949 년에는 남쪽으로 계속 진군하고 농업생산과 산업생산을 증가시키며, 기존의 해방구의 토지개혁을 완성하는 것 외에 매우 중요했던 것은 새로운 해방구의 인수관할 작업 특히 수많은 대, 중도시의 인수관할 작업이었다.

과거, 각 해방구는 주로 농촌과 몇몇 중소도시였고, 비교적 큰 도시인 하얼빈 ( 哈尔濱 ) 이 실제로 동북해방전쟁의 보급기지였다. 해방전쟁에서 승리함에 따라 특히 요심전투와 평진전투에서 수많은 주요대도시들이 차례로 해방되었다. 강을 건너 남하한 후, 해방군은 도시를 선점하고 농촌을 장악하여 더 큰 도시들도 해방되었다. 수많은 새로운 사업이 잇따라 해방군과 인민정부에게 제시되었고, 도시의 인수관할 작업과정에서 많은 경험을 얻게 되었다.

그중 매우 중요했던 작업은 관료의 자산을 몰수해 인민의 국가소유로 귀속시키는 일이었다. 몰수대상은 국민당중앙정부와 성 정부, 현 정부가 경영하던 것으로, 즉 각급정부가 경영하던 공업과 상업, 유명한 국민당고위관료가 경영하던 기업이었다. 하위관료와 지주가 경영하던 공업과 상업 혹은 관료기업중의 민족자본가의 개인소유는 몰수항목에서 제외했다. 국민당정부의 관료자본은 점차적으로 형성되어 항일전쟁에서 승리한 이후 가장 높은 수준에 달했다. 이 관료자본은 먼저 금융영역에서 형성되었는데 가장 중요한 것은 '사행이국 ( 四行二局 : 중앙은행, 중국은행, 교통은행, 중국농민은행, 중앙신탁국,

우정저축외환업무국 )'이었다. 항전에서 승리한 후, 이들은 전국 금융업자본의 88.9%를 차지했다. 이들은 산업영역에서 조금 늦게 형성되었는데, 항전승리 후 수많은 일본과 괴뢰정권의 광공업기업을 접수한 후, 전국근대산업과 교통운수업 ( 철도, 도로, 해운, 민항, 전신 등을 포함 ) 자본의 6.1%를 차지했다. 심각한 인플레이션과정에서 사람들은 물건을 중시하고 화폐를 가벼이 여겨 "공장은 상점보다 못하고 상점은 사재기보다 못하다."라는 말이 생겨, 정상적인 경영을 포기하고 투기에 열을 올렸다. 투기자본이 극도를 기승을 부려 시장질서가 무너졌고, 투기활동의 근거지도 관료자본의 통제 하에 있어 국민의 원성이 하늘을 찔렀다.

관료자본의 몰수는 먼저 심양에서 시작해 비교적 체계적인 경험을 얻었다. 당시 심양간부회의 주임과 동북국 ( 東北局 ) 전권대표를 맡고 있던 진운 ( 陣雲 ) 은 < 심양 인수의 경험 > 에, "어떻게 빠르고 완벽하게 이를 인수할 수 있을까, 간부회는 이를 시작하기 전, '체계에 따라 위에서 아래로 아무것도 변화시키지 않고 먼저 보고를 받고 처리'하는 방법을 확정했다." "이들 방법은 혼란을 막을 수 있고, 신속함 ( 이틀 만에 상부에 보고 ) 을 보장할 수 있었다. 체계적이지 못하고 아래 위도 없이 무턱대고 했다가는 반드시 큰 손실을 보고 나쁜 영향을 미쳤을 것이다."라고 기록했다. 천진과 북평이 해방된 후, 각 관료자본기업도 완전히 접수해 반년 만에 정상적인 생산활동을 하게 되었다.

상해는 중국상공업과 금융업이 가장 집중되어 있는 지역으로서 전국에서 가장 중요한 위치에 있었다. 관료자본은 상해에 상당히 큰 비중을 가지고 있었다. 따라서 관료자본몰수는 상해의 경제성격을 바

제 15 장 | 전국에서 민주혁명의 승리를 거머쥐다

꾸는 것과 아주 큰 관계가 있었다. 왕도함 ( 汪道涵 ) 은 < 해방초기의 산업 인수관리와 개혁 > 에서 말했다. "상해의 산업 인수관리는 군사통제위원회가 집중적으로 관리하고 지위했는데, 아래는 전문적으로 인수업무를 맡은 기관이 그 책임을 맡았다. 관료자본주의 기업을 완전히 접수하고, 접수과정에서의 손실과 훼손을 최대한 줄이며, 접수 후 신속히 생산을 회복하기 위해, 기존의 기업조직기관과 기술조직, 생산시스템을 훼손하지 않고 기존의 각종제도를 임의로 바꾸지 않았으며, 기존의 공장장과 기술자 및 기타 직원들이 계속 근무하기를 원한다면, 파괴공작원만 아니라면 계속 기존의 업무를 맡을 수 있게 해주었다. 이런 명확한 원칙과 융통성 있는 조치는 기업이 신속히 생산을 재개할 수 있게 해주었다."

상술한 이전 정책을 취했기 때문에 관료자본몰수 작업은 순조롭게 진행되었고, 신구정권교체 시에 나타날 수 있는 손실을 피했을 뿐만 아니라 신속히 생산을 회복할 수 있었다.

관료자본은 구중국에서 국민경제의 명맥을 좌우하고 있었다. 관료자본몰수 작업을 순조롭게 큰 손실을 입지 않고 완성되어 인민의 국가소유로 만들어 사회주의성격의 국유경제가 전체국민경제에서 주도적인 위치를 차지할 수 있게 만들었다. 1949 년 말, 국영산업은 전국발전량의 58%, 기존 석탄 생산량의 68%, 주철 생산량의 92%, 강철 생산량의 97%, 면사 생산량의 53% 를 보유했다. 국영경제는 모든 철도운송과 항공운송, 체신업무를 장악했고, 바지선 화물수송량과 도로 여객운수의 절반 정도를 장악했으며, 금융시장을 통제하여 수출입관리를 집행했다. 모택동은 그 후, "관료자본주의의 투쟁을 반대하는 데에는 이중성이 내포되어 있다. 한편으로 반 ( 反 ) 관료자본은 바로 반 ( 反 ) 매

판자본이며, 민주혁명의 성격을 지니고 있다. 다른 한편으로 반(反)
관료자본은 바로 대자본계급을 반대하는 것으로 이 또한 사회주의 혁
명의 성격을 띠고 있다." "우리는 해방 후 모든 관료자본을 몰수해 중
국자본주의의 주요부분을 제거했다."라고 말했다. 이는 신중국사회
의 경제구성과 시작 단계에서 매우 중요한 의미를 가지고 있다.

그럼에도 불구하고, 자본주의 경제는 여전히 전체 중국산업에서
수적으로 우세를 점하고 있는 무시할 수 없는 세력이었다. 이들 개인
기업은 과거 오랫동안 제국주의와 관료자본의 억압 하에서 이미 숨만
붙어있는 상태에 있었다. 수많은 공장은 생산을 중지하거나 생산부족
으로 시장에서 상품은 심각하게 부족했고, 수많은 노동자들이 실직했
다. 몇몇 새로운 해방도시의 노동자들은 생활개선에 대해 너무 큰 요
구를 하곤 했다. 모택동은 이에 대해 "우리당의 상공업정책의 임무는
생산을 증대하고 경제를 번영시키며, 공과 사를 함께 고려하고 노동자
와 자본가가 모두 이익을 취하는 것이다. 우리당이 노동자계급을 이끌
며 이 임무를 진행하는데 익숙하지 않아 너무 높은 노동조건을 제시하
여 과거 역사적인 과오를 다시 범한다면 생산의 저하와 경기 위축, 공
과 사를 함께 고려하지 못하고, 노동자와 자본이 함께 이익을 취할 수
없는 상황을 야기해 큰 실패로 끝나게 될 것이다."라고 명확히 밝혔다.

이후, 상해 등 대도시가 해방된 후, 국민경제에 유리한 몇몇 개인
기업에 대해 보호와 육성정책을 취해 제품수매, 가공발주, 원료제공,
자금 신용대출 제공 등의 방법을 통해 그들이 어려움을 극복하여 생산
을 회복할 수 있게 도와주었다. 해방되기 전, 일부 자본가들은 자산을
빼돌려 해외로 도주했으나 생산설비는 거의 남겨두었고, 대부분의 자
본가들은 해방을 기다렸다. 1949년, 개인자본주의는 산업영역에서

개인자본주의의 총생산은 전국 산업총생산 ( 수공업 불포함 ) 의 63.3% 를 차지해 개인상업매출액의 비중은 더욱 커졌다 .

실제상황에 따라 모택동은 '사면팔방 ( 四面八方 )'의 주요 경제 정책을 제시했다 . 그는 1949 년 5 월 초 당시 태행구 ( 太行口 ) 당위원 서기를 맡고 있던 도노가 ( 陶 笳 ) 등에게 다음과 같이 설명해 주었다 . "우리의 경제정책은 '사면팔방'이라는 한 마디로 요약할 수 있다 . '사 면팔방'이란 무엇인가 ? '사면'은 즉 공공과 개인 , 노동자와 자본가 , 도시와 농촌 , 국내와 국외를 말한다 . 모든 한 면이 두 가지를 포함하니 이를 합하면 바로 '사면팔방'이 된다 . …… 우리의 경제정책은 바로 '사 면팔방'의 관계를 잘 처리하는 것으로 , 공과 사를 함께 고려하고 , 노 동자와 자본가가 모두 이익을 취하며 , 도시와 농촌이 서로 돕고 , 국내 와 국외가 서로 교류하는 정책이다 ."

"과거에는 자유자산계급과의 연합에 치중하고 규제에 치중하지 않았다 . 자본가와의 왕래를 두려워하는 생각은 잘못된 것이다 . 노동 자와 자본가 쌍방이 이익을 취하지 않고 한쪽만 이익을 취하게 된다 면 , 그것이 바로 불리이다 . 왜 그런 것인가 ? 노동자에게만 이익이 되 고 자본가에게 불리하면 공장은 문을 닫게 된다 . 자본가에게만 이익이 되고 노동자에게는 불리하다면 , 생산을 증가시킬 수 없다 . 공과 사를 함께 고려하는 것도 이와 같다 . 모두 함께 고려해야 하고 한쪽만을 고 려할 수 없다 . 한쪽만 고려하면 결국은 고려하지 않게 되고 , 고려하지 않는다면 붕괴하게 된다 . 네 가지 관계에서 공과 사 , 노동자와 자본가 의 관계가 가장 기본이 된다 ."

"'사면팔방'의 경제정책을 실행할 때 , 투기사업을 규제하지 않는 것은 당연히 옳지 않다 . 정책적으로 응당 규제해야 하지만 , 규제가 타

격이 되어서는 안 되고, 그들이 천천히 정상적인 길을 갈 수 있도록 인
도해야 한다. 우리는 자본가와 단결해야 하는데 수많은 동지들이 감히
이 말을 하지 못하고 있다. 지금 자본가가 없으면 안 된다는 것을 이해
해야 한다."

신중국을 수립하는 일은 중국인민정치협상회의가 완성했다.

1948 년 8 월부터, 중국공산당 중앙위원회 '51 구호'의 각 민주당
파 책임자와 무당파 ( 無黨派 ) 민주인사 이제심, 심균유, 곽말약, 마
서륜 ( 馬敍倫 ), 황염배, 모순 등이 잇따라 상해와 홍콩 해외에서 해방
구로 들어왔다. 북평이 해방된 후 그들은 차례로 북평에 도착했다. 이
과정에서 중국공산당 중앙위원회는 그들과 신중국 건립의 여러 문제
에 대해 광범위한 협상을 진행했다.

같은 시간에서부터 1949 년 9 월까지 중화전국총공회, 중화전국
학생연합회, 중화전국민주부녀연합회, 중국신민주주의청년단, 중화
전국청년연합총회, 중화전국문학예술계연합회 등 수많은 전국적인
범위의 인민단체들이 차례로 회복되거나 수립되기 시작했다.

9 월 21 일, 중국인민정치협상회의 제 1 회 전체회의가 북평에서
성대히 개막되었다. 회의에 참가한 대표 634 명과 300 명의 내빈이 개
막식에 참가했다. 모택동은 개막사에서 "우리가 단결하여 인민해방전
쟁과 인민대혁명으로 국내외 압제자를 타도해 중화인민공화국의 설
립을 선포했다." "우리의 민족은 다시는 모욕당하는 민족이 되지 않을
것이다. 우리는 이미 우리 힘으로 일어섰다. 우리 혁명은 이미 전 세계
수많은 사람의 동감과 환호를 받고 있으며, 우리 친구들은 전 세계에
퍼져있다."고 선포했다.

회의에서 < 중국인민정치협상회의 공동강령 > 과 < 중화인민공

화국 중앙인민정부 조직법 >, < 중국인민정치협상회의 조직법 > 의 역
사적인 문건을 통과시켰고, 중화인민공화국의 수도와 기년 ( 紀年 ),
국가 ( 國歌 ), 국기의 네 가지 안건을 통과시켰다. 수도는 북평으로 결
정했는데, 그날부터 북경으로 이름을 바꾸었다.

9 월 30 일, 중국인민정치협상회의 제 1 회 전체회의는 마지막으
로 접어들었다. 회의에서 모택동을 중국공산당인민정부주석으로, 주
덕과 유소기, 송경령, 이제심, 장란, 고강을 부주석으로, 진의 등 56
명을 위원으로 선출했고 중앙인민정부위원회를 조직해 중화인민공화
국의 설립을 선포했다.

중국인은 그토록 심한 모욕과 고난을 겪으며 109 년간의 힘들고
어려운 투쟁을 통해 수많은 피를 흘린 후 결국 중국공산당의 지도하에
오만한 국내외 적들과 싸워 이겼고, 중국근대민족 민주혁명에서 승리
를 거머쥐며 민족독립과 인민해방을 실현했다. 구세대가 물러가고 새
로운 시대가 시작되었다.

중국인은 구세계를 깨뜨릴 수 있었을 뿐만 아니라, 새로운 세계
를 구축할 수 있음을 사실로 증명했다. 아름다운 미래가 사람들 앞에
펼쳐져 있었다. 이때부터 중국은 새로운 역사의 장을 열게 되었다.

**제 16 장**
중국은 이때부터
일어서기 시작했다

1949 년 중국에서 일어난 사건은 단순한 정권교체 혹은 정치세력의 교체가 아니었다. 그것은 중화민족 역사상 전대미문의 사회대변혁이었다. 미국학자 존 페어뱅크 (John King Fairbank) 는 그의 저서 《미국과 중국》에서 "1949 년 이후 중국혁명에 관련된 사람 혹은 혁명의 범위와 속도는 역사상 최대였다. 중국 이외의 세계 다른 지역의 사람들에게는 잘 알려지지 않은 사건이었다."라고 썼다.

중국 인민정치 협상회의 (中國人民政治協商會議) 개막식에서 모택동 (毛澤東) 은 잊지 못할 한마디를 남겼다. "각 대표 여러분, 오늘 우리는 공통된 생각을 가지고 있습니다. 그것은 바로 우리의 사업이 인류의 역사에 기록될 것이라는 점입니다. 이 사실은 인류의 4 분의 1 을 차지하고 있는 중국인이 이때부터 일어섰다는 것을 증명해줄 것입니다."

많은 의미를 내포하고 있는 이 말은 당시 억만 명 중국인이 가지고 있던 마음의 소리를 대변했고, 많은 사람들은 이 말을 듣고 뜨거운 눈물이 눈에 가득 고였다. 만약 그런 많은 굴욕과 고난을 경험하지 못했더라면, 그리고 만약 선조들이 이날을 맞이하기 위해 흘렸던 그 많은 대가를 이해하지 못했다면, 이런 감정은 느끼기 어려울 것이다.

신(新) 중국 수립으로 구시대는 끝나고 새로운 시대가 열렸다. 중국사회의 구조와 향후 운명은 이를 기준으로 전후에 중요한 변화가 일어났다. 요약하자면, 이런 획기적인 변화는 민족독립, 인민해방, 국가통일(대만, 홍콩, 마카오 제외)을 실현시켰고, 조국번영과 부강, 그리고 국민 전체가 잘 살기 위한 노력이 시작되었다.

중국인은 이미 오래 전부터 이날이 오기만을 기다렸다. 중화민족은 찬란한 고대문명을 창조했고 인류의 발전에 큰 공헌을 했다. 그러나 근대에 들어 크게 뒤떨어지면서 열강으로부터 괴롭힘과 모욕을 당하고, 세계 각국으로부터 '열등민족'으로 낙인찍히게 되었다. 나라는 이미 멸망할 지경에 이르렀다. 화려했던 과거와 냉혹한 현실 사이에서 중국인은 모욕적인 생활을 참고 견디기가 힘들었다. '중국부흥'이라는 이 힘찬 슬로건은 손문 선생이 1894년 청일전쟁 시기에 내건 후 계속해서 중국인의 확고한 목표가 되었다.

그러나 나라 안팎으로 복잡한 반동세력의 거센 압박 속에서 중화민족이 절망의 늪에서 빠져 나오는 것은 사실상 매우 어려웠다. 일부 사람들은 자포자기한 상태로 다시는 희망을 가지지 못할 것이라고 생각했다. 하지만 의식이 깨어있는 중국 선구자들은 절대 포기하지 않았다. 그들은 이를 악물고 정의를 위해 목숨을 내던졌으며, 앞길에 놓인 많은 고난과 좌절에도 굴하지 않고 꿋꿋이 투쟁을 이어 나갔다. 그들은 중화민족의 자랑스러운 주축이었다.

극도로 심각한 민족위기 앞에서 누가 사람들을 이끌어 외세 침략에 항거하여 조국을 위기에서 구해낼 수 있을 것이며, 누가 사람들의 마음에서 진심으로 우러나는 신임과 지지를 얻을 수 있을 것인가. 만약 실패한다면 사람들에게 바로 버림을 받을 수도 있다. 이것은 중국 근대역사 발전을 이해할 수 있는 중요한 열쇠다.

　　중국인은 실생활에서 조금씩 중국공산당에 대해 이해를 해 나가고 있었다. 공산당은 창당 2년째 되던 해, 제국주의와 봉건군벌을 타도한다는 견해를 명확하게 제시했다. 그 이전에 중국인은 이런 뚜렷한 인식을 가져본 적이 없었다. 중국의 항일전쟁 (抗日战争) 시기, 중국 공산당은 항일민족 통일전선을 내세우고 지속적으로 밀고 나갔다. 이 전쟁의 승리는 100년 동안 외세 침략에 반대해오던 중화민족이 처음으로 쟁취한 완벽한 승리였다. 신중국이 성립되던 전야, 중국 영토에 주둔하던 외국 군대들은 중국 인민해방군이 도착하자 완전히 퇴각했다. 북경 (北京), 천진 (天津), 상해 (上海) 등지에서는 앞다투어 미국, 영국, 프랑스 및 네덜란드 군대의 토지 소유권을 거둬들였다. 중국 관문의 핵심인 세관의 운영권도 완전히 중국인에게 돌아왔다. 중앙인민정부는 다음과 같이 선언했다. 외국 선박은 중국 내 하천에서 운행하면 안 된다. 제국주의 열강이 중국에서 누리던 모든 특권들은 소멸될 것이다. 무력을 과시하고 위세를 부리는 서양인들이 중국 영토에서 제 멋대로 할 수 있던 시간은 이제 다시는 오지 않는다. 굴욕적인 페이지는 이제 역사의 뒤편으로 사라졌다. 중국인은 다시 자신의 존엄을 되찾을 것이다. 사람들은 억압에서 벗어나 의기양양하게 조국의 내일에 대해 희망을 가득 품을 것이다.

　　국내사회의 생활상을 들여다보면 2,000여 년간의 봉건통치와 100여 년의 반식민지 봉건사회에서 중국 대부분 사람들은 사회의 하층민으로 억압과 천대를 받았으며 어떤 정치적인 발언을 할 권리도 없었다. 신중국이 탄생될 무렵, 국민당정부의 재정경제는 와해되고 물가는 치솟았으며 모든 분야가 쇠퇴하여 정말 살기 힘든 지경에 이르렀다 . 신중국은 이러한 상황을 해결했다 . 사람들은 나라와 사회의 주인이 되었다 . < 공동강령 ( 共同綱領 )> 은 중국인이 정치적으로 평등한 지위에 있고 평등한 권리를 가지고 있음을 명시했다 . 중국공산당은 단호하게 대부분의 인구를 차지하고 있는 노동자의 편에 섰고 신중국 건설에 전력하기를 원하는 모든 사회적 역량을 모았다 . 인민정부는 사람들의 일을 처리해 주는 곳이었다 . 노동자 , 농민 , 지식인들 그리고 기타 각계각층의 사람들은 정치 , 경제 및 문화 영역에서 민주적인 권리를 누렸고 각 종 방법과 형식을 통해 국가업무를 관리할 수 있었다 .

유명한 사회학자 비효통 ( 費孝通 ) 교수는 북평 ( 北平 , 북경의 옛말 ) 에서 열린 1 회 각계 인민대표회의에 참가한 이후 예전에 가져 보지 못했던 강렬한 느낌에 대해 생생하게 묘사했다 . "회의장으로 들어갔을 때 나는 제복 입은 사람 , 작업복을 입은 사람 , 반팔 와이셔츠를 입은 사람 , 양복을 입은 사람 , 치파오를 입은 사람 , 창파오 ( 長袍 , 남자들이 입는 긴 두루마기 형태의 옷 ) 를 입은 사람 , 그리고 심지어 주케토를 쓴 사람도 보았다 . 한 눈에 봐도 너무나 다양한 사람들이 모여 있었고 , 한 자리에서 문제를 논의하는 것은 내 생애 처음 본 광경이었다 . 이것은 대체 무슨 의미일까 ? 나는 회의장 앞에 커다랗게 걸린 '대표' 라는 두 글자를 보며 절로 고개가 끄덕여졌다 . 바로 대표성이다 ! 북평에는 각양각색의 수많은 사람이 살고 있다 . 만약에 똑같은 모양의 사람들이 여기에서 회의를 한다면 어찌 대표회의라 할 수 있겠는가 ?"

과거에 무시당하던 '짧은 셔츠'와 '작업복'을 입은 노동자와 농민들은 이제는 '양복'과 '창파오'를 입은 사람들과 동등한 대접을 받으며 함께 대책을 논의했다 . 이는 사회의 큰 변화의 바람 속에서 상징성을 내포하고 있는 축소판 같은 것으로 예전 같으면 상상조차 할 수 없는 일이었다. 그것은 소수 사람들만 누리고 있던 민주주의라는 권리를 많은 사람들이 누릴 수 있는 권리로 바꾸어 놓았고, 이것이야말로 진정한 인민 민주주의라고 할 수 있었다.

중국 국민은 과거에 '오합지졸'이라고 조롱을 받았다. 신중국은 전국적으로 사회 각계각층의 사람들이 전례 없는 규모로 조직되기 시작했다. 각종 노조, 농민협회, 청년단, 학생연합단체, 부녀연합단체, 주민자치위원회 등이 생겨났으며 사회의 저변까지 깊숙이 파고들어 거의 얽히지 않는 곳이 없는 커다란 네트워크를 형성했다. 필요할 때마다 민중운동을 일으켜 정부는 여러 사업을 완성할 수 있었으며 과거의 산만하고 시스템이 갖춰지지 않은 상태를 근본적으로 개혁하는 일에 협조했다. 중앙인민정부의 정책강령은 단호하고 신속하게 전국 각지로 널리 시행되었으며 모든 사람이 한마음 한뜻으로 행동을 같이 했다. 전국 국민의 대동단결은 인민정부의 가장 광범위한 사회 버팀목이 되었다.

신중국 수립은 이미 해방된 넓은 지역을 하나로 통일시켰다. 하나의 완전체가 된 국가는 지역이 아닌, 전국을 범위로 하는 전반적인 계획을 세울 수 있었고 저변까지 관철시킬 수 있었으며 긴밀한 협조와 일치된 행동이 가능했다. 이것은 중국인이 여러 해 동안 간절히 바라던 것이었지만 이루지 못하고 있던 것이었다. 만약 국가가 예전처럼 사분오열되고 제멋대로 했다면, 통일의 의지를 가지고 보조를 맞추어 행동하기 어려웠을 것이다. 그렇게 되었다면 신중국 이후의 일련의 발전은 절대 상상도 할 수 없었을 뿐만 아니라 중국의 현대화는 이루지도 못했을 것이다.

또 하나 아주 중요한 문제가 있었다. 중국은 여러 민족으로 이루어진 국가이고 각 민족은 모두 신중국의 주인이다. 중국의 민족관계는 중국만의 특징이 있었다. 국내의 각 민족은 천백 년의 오랜 세월 동안 이미 서로 떼려야 뗄 수 없는 관계를 형성하여 왔다. 소수민족은 한족과 불가분의 관계인 동시에 한족도 소수민족과 떼어 놓고 생각할 수 없는 등 많은 민족이 오랜 기간 같은 곳에서 어울려 살아왔다. 이 특징들은 역사의 흐름 속에서 형성된 것이며 현실생활에서 뿌리를 내렸다. < 공동강령 > 은 민족 지역자치를 국가의 기본정치제도로 확정했다. 자치구는 통일국가의 일부분으로, 중앙통일정책에 반하지 않는다는 전제 하에서 자기지역 내의 정치, 경제, 문화 등에 관한 각종 조례를 제정했다. 이것은 민족문제 해결에 있어서 신중국의 성공적인 일례이다. 만약 이런 제도를 시행하지 않고 연방제를 시행했다면 중국의 민족단결과 국가안정은 현재처럼 형성되지 않았을 것이다. 시간이 흘러감에 따라 그것이 얼마나 중요한 지 사람들은 더욱 더 분명하게 알게 되었다.

민족독립, 인민해방, 국가통일은 세 가지 중요한 문제였다. 1949년 이후 중국의 역사는 과거와 완전히 다른, 새로운 토대 위에서 시작되었다.

## 제 1 절 중화인민공화국의 수립

1949 년 10 월 1 일은 중국이 탄생한 날이다.

이날 오후 2 시, 인민정협 ( 중국 인민정치 협상회의의 약칭 ) 선거로 발족한 중앙인민정부위원회 제 1 차 회의는 북경 중남해 ( 中南海 ) 근정전 ( 勤政殿 ) 에서 개최되었으며 , 중앙인민정부의 수립을 선포했다 . 회의는 < 인민정협 공동강령 > 을 중앙인민정부의 시정방침으로 받아들였다 . < 중국중앙인민정부 조직법 > 은 다음과 같이 규정하였다 . "중앙인민정부위원회는 대외적으로는 중국인민공화국 ( 이하 '중국') 을 대표하고 대내적으로는 국가의 정권을 이끌어 나간다 .", "중앙인민정부위원회는 정무원을 조직하여 국가정무의 최고집행기관으로 간주하고 , 인민혁명군사위원회를 조직하여 국가군사의 최고총괄기관으로 정하며 , 최고인민법원과 최고인민검찰청을 조직하여 국가의 최고심판기관 및 검찰기관으로 삼는다 ." 이것은 신중국 성립초기의 정권 조직형태이다 . 회의에서 임백거를 비서장으로 선출하고 주은래 ( 周恩來 ) 를 정무원 총리 겸 외교부장으로 , 모택동을 민혁명군사위원회 주석으로 , 주덕 ( 朱德 ) 을 해방군 ( 중국인민해방군의 약칭 ) 총사령관으로 , 심균유를 최고인민법원원장으로 , 나영환을 최고인민검찰청 검찰총장으로 임명하여 , 그들이 하루빨리 정부기구를 조직한 뒤 각종 정부사업을 책임지고 추진할 수 있도록 했다 .

그리고 수도의 30 만 군중은 천안문 광장에서 성대하게 거행된 중국 중앙인민정부의 출범식을 축하했으며 , 이를 보통 '건국기념행사' 라고 부른다 . 모택동은 "중국 중앙인민정부는 오늘 날짜로 수립되었습니다 ."라고 엄숙하게 선포했다 . 모택동은 천안문 광장 중앙 국기게양대로 통하는 전원 버튼을 직접 눌러 최초의 오성기가 신중국의 수도에서 천천히 위로 힘차게 올라가게 했다 . 이때 의용군행진곡과 함께 54 개의 예포가 28 차례 일제히 울려 퍼졌다 .

건국기념식 후 중앙인민정부의 각 기관은 바로 조직 편성에 들어가, 11월 1일 공식 업무를 시작했다. 신중국의 정부기관은 과거의 정권과 기관을 타파하고 조직된 초창기 단계였으므로 대부분의 업무를 처음부터 시작해야 했다.

신중국의 탄생은 러시아의 10월 혁명과 많은 차이점이 있었다. 신중국은 오랜 기간 인민군대의 힘으로 먼저 해방된 지역에서 지방정권을 수립하여 경제개발과 정권수립의 초기 경험을 쌓아 인재들을 양성한 후 전국의 정권을 만들었다. 각 사업들은 이미 수립된 지방정부가 해당 관할지역에 대한 관리 및 책임을 맡고 있었기 때문에 신정부 조직편성 과정에서 사업들이 멈추거나 중단되지 않았다.

그리고 기존에 분산되어 있던 농촌 지방정권이 전국적인 중앙인민정부가 수립되면서 괄목할만한 성장을 했다. 정무원은 국가정무의 최고집행기관으로 국방부를 설치하지 않았고, 군사업무는 중앙인민정부 소속의 인민혁명군사위원회에서 맡았다. 정무원의 각 부서 책임자리는 중국공산당 이외의 사람이 맡았다. 왜냐하면 이렇게 큰 나라를 운영하기에 중국공산당은 여러 가지 면에서 경험이 부족했고, 당 이외의 인사 중에 분명히 경험과 지식이 풍부한 인재들이 존재할 가능성이 컸기 때문이었다. 예를 들어 부총리 겸 경공업부장 황염배(黃炎培), 재경위원회 부주임 마인초(馬寅初), 외국인 사무위원회 주임 하향응(何香凝) 등이었다. 그리고 또 다른 이유는 이 방법이 단결 및 사회 각 계각층의 인사들을 이끌어 나가는 데 유리하고 신중국 건설을 위해 함께 노력해 나갈 수 있기 때문이었다.

신정부는 정권기관, 군사제도, 경제정책, 문화교육정책, 민족정책, 외교정책 등 부문에서 이미 본보기로 제시할 만한 < 공동강령 > 이 있었기에 시작하자마자 안정적으로 계획대로 업무에 돌입할 수 있었다.

중앙인민정부기관을 설립하는 동시에 인민민주 독재정치 ( 반제·반봉건 민주주의 혁명 단계에서 국가를 통하여 노동 계급이 사회를 정치적으로 지배하는 일. 제국주의의 잔재 세력과 봉건 세력에 대하여 독재를 실시하고, 인민대중에게는 민주주의를 실시한다 ) 를 저변까지 실행하고 전국 국민을 매우 효율적으로 조직하기 시작했다.

모든 일은 시작이 어렵다. 신중국의 탄생은 중국 역사상 천지개벽할 만한 사회 대 변동이었다. 대부분의 일이 초창기 단계여서 만들어진 답안도 없고 경험도 부족하였다. 기본구도는 한번 정해지면 중국 향후 발전에 매우 깊은 영향을 끼칠 수 있었다. 당시 전쟁은 계속 진행 중이었고 각 부문의 업무는 복잡하게 뒤엉켜 있었으며 현안을 결정할 만한 시간도 허락되지 않았다. 만약 그때 섣불리 잘못된 결정을 내린다면 그것이 가져올 악영향은 매우 클 것이었다. 반세기가 지나서 회고해 볼 때, 그때 내렸던 중대한 결정이 중국의 실제 국정에 부합했고, 오랜 시간 잘 견뎌냈음을 알게 되어 경이로워 할 것이다. 그 영향은 오늘날 사람들에게 강한 느낌을 줄 뿐만 아니라 미래에도 계속 이어질 것이다. 이것은 신중국의 창시자들이 후대에게 물려주는 풍요로운 유산이자 가치를 측정할 수 없는 중화민족에 대한 공헌이다.


## 제 2 절 신중국의 첫 해

신중국이 수립되었다. 전 세계가 예의주시하고 있었다. 신중국이 과연 터전을 잡을 수 있을 것인가 ? 큰 발걸음으로 전진할 수 있을 것인가? 아니면 나아가지 못하고 실패로 끝날 것인가?

이런 의구심에는 이유 있는 근거가 있었다. 하나의 독립되고 통일된, 인민이 주인이 되는 민주공화국은 비록 수립되었지만 눈앞에 놓인 시련은 여전히 심각했다. 세 가지 중대한 문제가 눈앞에 놓여 있었다.

첫째, 대륙에는 여전히 국민당정부 백숭희(白崇禧), 호종남(胡宗南) 등 산하에 150만 군인이 있었고, 광주(廣州)를 중심으로 한 화남(華南) 지역과 중경(重慶)을 중심으로 하는 서남(西南) 지역을 불법으로 점령해 완강하게 저항하고 있었다. 각지에는 또 200만 무장토적들이 있었다. 그들은 산을 불법으로 점령하고 온갖 악행을 저지르고 해를 입히며 다녔는데, 그들의 존재를 뿌리 뽑는 것이 말처럼 쉽지 않았다.

둘째, 전쟁이 이미 끝난 지역에서 인민정부가 직면한 것은 국민당이 남긴 재정경제 파탄, 통제불능의 물가상승, 비정상적으로 활개치는 투기로 어수선해진 국면이었다. 사람들은 신중국이 이런 누적된 폐단을 바로 잡을 수 있을지 주목하고 있었다. 심각한 자연재해와 도시의 대규모 실업도 인민정부에게 고통을 주었다.

셋째, 신중국을 둘러싼 국제적 환경도 복잡했다. 미국정부는 당시 신중국에 대해 적대적인 태도를 가지고 있었으므로 운송금지와 봉쇄정책을 펼쳤다. 소련도 중국에 대해 완전히 마음을 놓지 않았고 중국이 제2의 '티토'가 되지 않을까 걱정했다. 주변에 위치한 국가들은 중국에 대해 이해가 부족했고 많은 의심을 가졌다. 왜냐하면 만약 외교업무 중 부당하게 처리를 하면 바로 고립되거나 다시 다른 국가의 속국으로 전락할 위험이 따랐기 때문이었다.

사방팔방에서 밀려드는 이 많은 골치 아픈 문제를 동시에 처리해야 하는 상황에서 인민정부는 터전을 잡기가 매우 어려웠다 . 하물며 신중국 건국은 이미 시작되었고 산적된 복잡하고 급박한 현안을 처리해야 했을 뿐 아니라 구 ( 舊 ) 중국과 근본적으로 다른 , 완벽하고 새로운 제도와 구도를 엮어 나갈 장기적인 안목도 필요했다 . 이 모든 것들은 가능한 한 빨리 결단을 내려야했다 . 중국공산당은 이렇게 복잡한 환경 속에서 냉정하고 단호하며 침착하게 대처했고 짧은 시간 내에 놀라운 성공을 거두었다 .

먼저 앞에서 언급한 세 가지 문제 중에서 군사와 재정경제문제에 대해서 살펴보자 .

군사문제는 진행이 순조로웠다 . 인민해방군은 파죽지세로 대거 남하했다 . 진군의 주요 목적은 백숭희와 호종남 두 군사집단을 소탕하고 화남지역과 서남지역을 해방시키는 것이었다 .

국민당정부의 화중 군정부장 백숭희는 군대를 민첩하게 지휘했으며 , '제 2 의 제갈량'이라는 별명을 가지고 있었다 . 백숭희 무리를 완벽하게 섬멸하여 그들이 해남도 ( 海南島 ) 나 대만 ( 臺灣 ) 으로 도망가 더 큰 후환을 남기지 못하도록 해방군은 최선을 다했다 . 이 당시 '장거리에서 우회하여 포위'하는 전술을 썼는데 이것은 예전에 실행해본 적 없고 적이 전혀 예상도 할 수 없는 전략이었다 .

이 전략에 따라 제 4 야전군의 핵심부대와 제 2 야전군의 일부를 세 루트로 나눴다 . 한 달 여의 전투 끝에 , 12 월 14 일 마침내 포위되어 혼란에 빠진 백숭희 무리를 전멸시키고 광서 작전을 승리로 이끌었다 .

서남지역의 사천 ( 四川 ), 운남 ( 雲南 ), 귀주 ( 貴州 ), 서강 ( 西康 ) 등 네 개의 성 ( 省 ) 은 항일전쟁 기간에 '후방기지'로 불렸다 . 장개석

(蔣介石)은 그곳에 큰 기대를 걸고 있었고, 완강히 저항하며 국제정세가 변하면 기회를 틈타 재기하려고 했다. 광주 해방 전날 밤, 국민당 정부는 중경으로 옮겨갔다. 장개석도 대만에서 비행기로 중경에 도착했다. 그러나 정세는 쉽게 바뀌어 이 기대는 모두 수포로 돌아가고 말았다. 서남지역의 중심은 사천(당시 중경을 포함하고 있었다)이었다. 예로부터 '촉(蜀)으로 가는 길은 어렵다'는 말이 있다. 사천으로 가는 길 역시 그랬다. 하나는 섬서(陝西)에서 진령(秦鈴) 산맥을 넘어 남하하는 것이고, 또 하나는 악주(鄂州) 서쪽에서 삼협(三峽)을 거쳐 장강 서쪽으로 거슬러 올라가는 것이었다. 국민당은 해방군의 핵심부대가 첫 번째 길을 따라 사천으로 들어올 것이라 판단했다. 호종남 무리는 섬서 남쪽으로 물러난 후 핵심부대를 북쪽 루트의 사천과 삼협 변두리에 주둔시켰다.

해방군은 여전히 장거리에서 우회하며 포위하는 전략을 펼쳤다. 하룡(賀龍)은 제18부대를 이끌고 진령에서 남하하여 정면으로 공격하는 태세를 취해 확실하게 호종남 무리를 끌어들였다. 유백승(劉伯承), 등소평(鄧小平)은 제2 야전군 핵심부대를 이끌고 몰래 남하하다가 갑자기 귀주에서 사천 남쪽으로 우회하여 국민당 서남 수비군을 남북으로 협공하기 시작했다. 서남작전이 개시되어 종료되기까지 소요된 시간은 불과 57일이었다. 진군거리는 약 1500km, 국민장 잔당을 약 90만 명 소탕했는데, 그중 투항한 포로는 40여만 명, 무장 봉기세력 40여만 명이었다.

1950년 2월, 제4 야전군은 돛단배를 타고 해남도에 상륙하여 현지에서 경애종대(瓊崖縱隊)와의 협공을 통해 장기적인 게릴라전을 펼쳐, 5월 1일 전체 섬을 해방시켰다.

중국의 완벽한 통일을 위해 티베트를 통일하는 문제가 의제로 상정되었다. 티베트지역의 특수한 민족관계를 고려해 1950년 5월, 중국공산당 중앙위원회는 서남국(西南局)으로 타전으로 "군사공격과 동시에 모든 것이 이용 가능하다. 정치적 쟁탈은 필수불가결한 것이다. 여기의 기본적인 목표는 티베트 쪽이며 영미제국주의 침략세력을 반드시 몰아내 인민해방군이 티베트로 진입할 수 있도록 해야 한다. 우리는 티베트의 정치제도를 승인하고, 달라이라마의 지위를 포함하여 기존의 무장 세력, 미풍양속 등은 절대 바꾸지 않을 것이며, 예외 없이 모두 보호할 것이다."라고 전했다.

그러나 티베트 지방정부의 일부 보수세력은 협상을 거절하고 해방군이 파견한 요원까지 살해했을 뿐만 아니라, 창도(昌都) 지역에 티베트 핵심병력을 배치하여 해방군이 티베트로 들어오는 것을 막았다. 해방군은 10월 경 금사강(金沙江)을 건넌 후, 창도에서 전쟁을 일으켜 티베트 핵심군대를 몰살하고 창도를 해방시켜 마침내 티베트로 들어가는 관문을 열었다. 이런 상황에서 1951년 봄, 티베트 지방당국은 아페이 아왕진메이(阿沛 · 阿旺晉美)를 비롯한 대표단을 북경에 파견하여 중앙인민정부와의 협상을 진행했다. 5월, 양측이 <중앙인민정부와 티베트 지방정부의 평화적 티베트 해방에 관한 협의>를 체결함으로써 티베트는 평화적인 방법으로 해방을 시켰다고 선포했다.

대륙에 주둔하고 있던 국민당군대를 소탕한 후 1950년 초, 전국에는 여전히 토적 무장 세력 260여만 명이 남아 있었다. 그중 절반 이상은 서남지역에 있었으며 그 다음으로 중남지역에 많이 분포해 있었다. 이 무장토적들은 온갖 악행을 저지르고 사회에 매우 많은 피해를 주었다. 그들은 확고한 정치적 성향을 가지고 있었고, 그중 적지 않은 토적부대들이 국민당의 청탁을 받았으며 많은 골수분자들은 국민당 퇴각 직전 시행한 '게릴라전 간부 연구반' 등의 훈련 때문에 남아있게 되었다. 만약 신속하게 소탕하지 않으면 그 세력은 신 해방구의 정권 수립, 사회개혁 및 경제회복 등의 계획을 심각하게 위협할 것이 뻔했다. 그래서 해방군은 1949 년 5 월부터 서둘러 150 여만 병력을 선발하여 토적 섬멸에 나섰고 12 월 말에 일단락 지었다. 이 소탕은 인민정권의 입지를 공고히 하고, 안정되고 평화로운 사회질서 수립 및 경제회복과 발전 보장에 중요한 의의를 갖는다.

경제분야의 문제해결은 더 복잡하고 어려웠다. 공산당은 전국적인 경제문제와 대도시의 경제문제를 다루거나 해결하는 데 있어 경험이 전혀 없다시피 했다. 사회경제문제에서 신중국이 가장 시급하게 해결해야 할 것이었다. 하나는 물가상승이고 하나는 재난상황이었다. 이 두 문제는 여러 해 동안 누적되어온 고질적 문제였다.

왜 물가가 이렇게 급격히 오른 것일까? 역사가 남긴 여러 가지 문제 외에 주요 원인은 다음과 같다. 대규모의 군사적 행동이 여전히 진행되고 있었고 재정적자가 지나치게 컸으며 수표발행이 과도할 정도로 많았다. 신 해방구는 빠른 속도로 확대되고 국민당정부의 구시대 사람들과 군대 무장혁명 등이 어느 정도 안정이 되면서 군대와 국가의 녹을 먹는 사람들이 750 만 명까지 급속히 늘어났는데 이 수는 그 뒤로도 계속해서 증가했다. 그러나 신 해방구에서는 전쟁이 종식된 지 얼마 되지 않았기 때문에 일부 지방에서만 세금을 징수하기 시작했다. 그동안 단절되었던 도시와 농촌을 이어주는 회복단계가 필요했다. 도시의 상공업 상황이 여전히 어려운 관계로 세금을 한꺼번에 필요한 만큼 거두기가 여의치 않았다. 7월에서 11월 중순까지의 이 기간에, 재정 총수입은 총지출의 34.6%, 적자는 무려 65.4%에 달했다. 적자를 보충하는 방법은 대량의 지폐를 발행하는 수밖에 없었다. 그리하여 11월 말의 화폐발행액은 7월보다 6배가 많았는데, 이는 화폐가치가 대폭 하락하고 물가가 급등하는 결과를 가져왔다. 그리고 신 해방구의 도시들은 여러 해를 거치면서 투기꾼의 도박장으로 변해갔다. 제멋대로 날뛰는 투기자본도 물가 급등에 한몫을 했다.

중앙재정위원회 주임 진운(陳雲)은 이렇게 말한 적이 있다. "현재 화폐발행 계획은 우선적으로 군사보급비용을 책임져야 한다. 그 다음 순서가 물가안정이다. 물가상승의 원인은 거대한 재정적자이고 우리가 화폐를 대량 발행하도록 압박했다. 재정적자 규모를 줄이거나 없애기 위한 결정적인 해결책은 바로 해방전쟁 초기에 전국에서 승리를 쟁취하는 것이다. 하루라도 빨리 승리를 쟁취하는 것이 재정적자를 줄여 적자에서 벗어날 수 있는 길이며, 화폐발행도 통제함으로써 물가가 점차 안정될 수 있다."

전쟁은 비록 끝나지 않았지만 재정사업에 가만히 손 놓고 있지는 않았다. 물가안정의 열쇠는 바로 국가의 수중에 시장의 주요 물자를 얼마나 많이 쥐고 있느냐이다. 중앙인민정부는 두 가지 시책을 채택했다. "하나는 물자조달에 박차를 가하는 것으로, 식량, 면직물, 석탄 등을 주요 지역으로 조달하는 것이고, 또 하나는 긴축통화 정책을 최대한 강구해 현금관리를 통일하는 것이다."

투기꾼들이 일으킨 풍파를 잠재우기 위해서는 물가안정이 필요 조건이었다. "당시 상해(천진도 비슷한 상황이었다)에서는 자본가들이 식량공급 부족 현상을 보고 사재기를 했다. 통계에 따르면 당시 상해의 식량 여분은 5만 톤이 채 되지 않았으며, 겨울이 오기 전에 20만 톤에 도달하려면 여러 방법을 강구해야만 했다." 도시와 농촌의 관계에 이미 근본적인 변화가 일어나고 있었기 때문에 해방구 간에 상호 지원으로 전국적인 물자조달이 가능했다 ( 이는 국민당정부가 해낼 수 없는 일이었다 ). 중앙 재경위원회는 화동 ( 華東 ) 의 각 성 ( 省 ), 동북 ( 東北 ), 화중 ( 華中 ), 사천 ( 四川 ) 등지에서 서둘러 상해로 수송했다. 국가 수중에 있는 상품으로서 조달할 수 있는 식량과 면직물 등의 물자는 투기꾼이 소유하고 있는 것보다 규모가 훨씬 컸다. 수중에 물자를 확보한 뒤에는 매도시기가 매우 중요했다. 지폐가 급증했기 때문에 물가를 10월 이전의 수준으로 안정시키는 것은 불가능했다. 11월 중순에 이르러 물가는 두 배로 올랐지만 물가 상승속도는 점차 안정되어갔다. 진운은 과감하게 결정을 내리고 각 재정위원회에 다음과 같이 긴급히 지시했다. "현재 물가가 두 배 오른 상황인데도 불구하고 안정될 가능성이 서서히 나타나고 있다. 각 지역은 모두 온 힘을 다해 안정을 도모해야 한다." 구체적으로는 식량과 면직물을 빨리 주요 도시로 공급하라는 내용이었다. "11월 말에서 12월 초에 전국 각 주요 도시는 일제히 매도해야 한다. 각 대도시는 긴축정책 효과를 가져 올 수 있는 세금을 11월 25일부터 징수해야 한다. 투기꾼들에 대해서는 이번 대책으로 합당한 교훈을 주어야 한다."

　　상황을 잘못 판단한 투기꾼들은 처음에는 여전히 인민정부가 매도하는 물자를 대량으로 사들였다. 심지어 높은 이자대출도 아까워하지 않고 식량을 구매했는데, 그 결과 식량 가격이 오르기는커녕 오히려 하락하여 많은 손실을 보았다. 통화수축과 물가안정을 기다렸다가 투기꾼들이 주요 물자를 매도할 때 국가는 이 기회를 통해 또 사들였다. 이렇게 하여 물가를 기본적으로 안정권에 들게 했다. 그 후, 상해의 영향력 있는 민족자본가는 "6월 은화분쟁은 중국공산당이 정치적 힘을 이용하여 압력을 가한 것이었지만 이번 경우, 경제역량만으로 이렇게 통제할 수 있을 것이라고는 상해 상공계가 생각지 못한 일이었다."고 말했다. 이것은 상품경제의 법칙을 정확하게 활용해 복잡하고 다변한 시장을 잘 통제하여 얻은 성공이었다.

물론 근본적으로 물가안정을 취하기 위해서는 반드시 과도하게 불균형적인 재정수지 상황을 바꾸어야 했다. 세수증대, 공채발행, 절약실천 외에 매우 중요한 의미를 갖는 두 가지 원인이 있었기 때문이다.

첫째, 대륙의 군사작전은 어느 정도 종결되었고, 인민해방군은 조직을 개편하고 평화로운 상태가 되었으며 군비지출이 대폭 감소했다. 이런 조건이 없었더라면 재정수지의 근본적인 균형을 이루지 못했을 것이다. 중앙인민정부가 내놓은 <1950년 군대의 생산건설작업 참가에 관한 지시>는 군대의 생활을 개선함으로써 국가의 지출 중 일부분을 줄이기 위함이었다. 이것은 자연히 재정지출을 대폭 감소시키고 재정적자를 줄여 인플레이션을 억제하는 데 큰 역할을 했다.

둘째, 정무원은 1950년 3월 <통일국가 재정경제사업에 관한 결정>(이하 '결정')을 반포했다. 정무원 <결정>의 주요 내용은 다음 세 가지이다. (1) 전국 재정수지를 통일하여 재정수입의 주요 부분을 중앙으로 집중시켜 사용관리를 통일시킨다. (2) 전국 물자관리를 통일시키고 전국 창고의 물자를 정리하여 국가 주요 물자의 일관된 관리를 시행한다. (3) 전국의 현금관리를 통일시키고 모든 군정기관과 공영기업의 현금은 가까운 시일 내 사용할 약간의 현금을 제외하고 모두 국가은행에 저축한다. 이 세 가지 시책은 중앙과 지방의 경제 권한을 조절하고, 지도층의 단일화 및 계급별 관리 시스템을 구축했다. 이로써 당시 매우 제한적이던 재력과 물자가 과도하게 분산 사용되어 크게 낭비되던 것을 방지하고 큰 사업에 집중할 수 있게 하는 효과를 가져왔다. 하지만 이 방법은 과도하게 집중되는 폐단으로 새로운 문제를 야기하기도 했다. 그러나 물가안정을 비롯한 당시 가장 해결이 시급한 문제였던 극도로 어려운 경제를 바로 잡은 것에 대해 큰 역할을 했다. 진운은 《인민일보》에 발표한 사설 〈왜 재정경제사업을 통일해야 하는가〉에서 일부 안목이 짧은 사람들을 겨냥하여 "더 큰 어려움을 피하기 위해서는 작은 어려움부터 먼저 극복해야 한다."고 썼다.

그해 4월, 전국 재정수지는 예상대로 균형에 가까운 새로운 국면이 나타났다. 오랜 세월 동안 국민을 진절머리 나게 하고 국민당정부도 속수무책이었던 악성 인플레이션과 물가폭등의 상황이 어느 정도 바뀌었다. 사람들은 이미 십여 년 동안 이런 안정된 생활을 누리지 못했기 때문에 크게 안도의 한숨을 내쉬며 기뻐했으며, 인민정부에 대한 믿음과 지지는 더욱 높아졌다. 중국 인민은행 1950년 9월의 예금총액은 1949년 12월에 비해 12배 이상 올랐다. 경제안정은 사회안정에 크게 도움이 되었으며 사회안정은 또 경제안정에 도움이 되었다. 모택동은 이번 물가안정 및 재정통일의 의의에 대해 "회해(淮海) 전투와 비교해 결코 뒤지지 않는다."라고 높이 평가했다.

악성 인플레이션이 통제되고 통화수축과 물가안정이 되면서 사회경제 면에서 또 다른 새로운 문제가 빠른 속도로 드러나기 시작했다. 물가가 떨어진 이후 각 지역의 시장에 식량과 면직물 등 주요 소비재가 과잉 공급되는 비정상적인 현상이 한동안 나타났다. 구(舊) 중국의 기형적인 경제환경에서 발전되어 온 민영 상공업이 잠시 변화된 환경에 적응하지 못하고 심각한 어려움에 빠진 것이었다. 상해는 민영 상공업이 가장 집중된 곳이었다. 4월 중순까지 상해에서 부도난 공장이 1,000여 곳이나 되었고 폐업상점은 2,000곳이 넘었으며 실업자는 20만 명이 넘었다. "전국의 실업자는 100만 명이 넘는다. 이런 상황은 사회갈등을 심화시키고 실망과 불만의 정서는 일부 노동자와 도시 빈민들 사이에서 신속히 퍼져나갔다." 그것은 경제문제이자 동시에 심각한 사회문제였고, 전국민이 근심에 빠지게 되었다.

이런 상황의 원인에 대해서 진운은 전국 인민정협 1회 2차 회의에서 이렇게 설명했다. "현재 상공업계가 많은 어려움을 겪고 있는데 이는 다음 몇 가지 상황으로 인한 것입니다. 첫째, 통화와 물가안정입니다. 과거 사회의 허위구매력이 드러나면서 중지시켰습니다. 요컨대, 사람들이 지난 10여 년의 인플레이션 기간에 화폐가치 하락으로 인한 손실을 피하기 위해 지폐를 보관하지 않고 경매나 사재기에 사용했습니다. 그 물건들은 결코 소비를 위한 사재기가 아니었습니다. 이런 상황에서 이제 변화가 나타나기 시작했는데, 그들은 더 이상 사재기를 하지 않을 뿐만 아니라 예전에 사재기한 물건들을 시장에 다시 내놓고 있습니다. 이렇게 하면 시장에서 약간의 물자가 잠시 과잉 공급되어 장사가 잘 되지 않아 많은 상공업계 종사자들에게 힘든 상황이 발생합니다. 하지만 이런 현상은 일시적인 것이며 원래 사재기 한 물건들이 전부 팔리고 나면 수요공급의 관계는 머지않아 정상궤도에 들어설 것입니다. 둘째, 과거 반식민지 반봉건경제에 적합하게 발전해 온 일부 상공업입니다. 제국주의 통치와 봉건주의, 관료자본주의 등의 와해에 따라 많은 물건들이 시장을 잃었지만, 다른 많은 물건들도 사람들 수요의 요구 조건에 부합하지 않았습니다. 이런 상황은 일부 상공업의 파산을 가져왔고 일부 노동자는 실업자가 되어 구제를 해주거나 전업을 해야 합니다. 셋째, 많은 민영기업의 방대한 내부조직입니다. 이러한 기업경영방법은 불합리하고 자본은 많이 들어가는데 이윤은 적으며 심지어 적자까지 발생합니다. 그래서 많은 상공업이 축소경영을 하거나, 심지어 작업을 중단하는 현상까지 발생하고 있습니다. 반드시 재정비를 해야 해결책을 찾을 수 있을 것입니다. 넷째, 경제에서의 맹목성입니다. 같은 업종 내부에서 맹목적으로 경쟁을 하고, 지역과 지역 간 수급이 원활히 이루어지지 않아서 많은 기업들이 생산을 감소하거나 작업을 중단하거나 파산에 이르게 됩니다. 장기적으로는 구매력이 크게 감소해 상공업의 불경기가 발생하는데, 이것은 사람들이 다 아는 보편적인 사실입니다. 이 모든 것들은 역사가 우리에게 남긴 것입니다. 이 문제들은 오랜 반식민지 반봉건적 경제상황에서 현재의 근본적인 변화 때문에 발생한 것입니다. 변화는 고통스럽지만 이런 변화는 나쁜 것이 아니라 새로운 탄생과 복원, 번영 및 건전한 신민주주의 경제의 수립을 향해 발전해 나가는 것입니다."

이 기본적인 원인 외에 중국공산당 중앙위원회(이하 '공산당 중앙위원회')와 중앙인민정부는 스스로를 자체적으로 자가점검을 시작했다. 업무적으로는 물가안정대책, 세수 독촉, 긴축정책 등의 시책을 다소 지나치게 펼쳤고, 투기자본활동과 정상적인 상공업 경영활동에 대해 신중하게 구별하지 못해 부작용이 발생하기도 했다. 이데올로기 측면에서는 일부 간부들이 공(公)과 사(私)를 함께 살피고, 노사 상호 이익을 고려해야 하는 신민주주의 경제 지도방침을 잊고 민간상공업을 경시하여 '공만 중시하고 사를 소홀히 하는' 결과를 가져왔다.

공산당 중앙위원회는 이념을 통일시키기 위해 1950년 4월 중국 통일전선사업 회의를 개최했다. 모택동은 상공회 토론회 발표 기록 원고에서 민영 상공업의 문제에 대해 어떻게 정확히 대처해야 할지 역점을 두고 많은 비평을 가했다.

(1) 발언기록 : 오늘날 주요 투쟁대상은 자본가 계급이다.

첨언 : 오늘날의 주요 투쟁대상은 민족자본가 계급이 아니라 제국주의, 봉건주의 및 국민당 반동파 앞잡이 잔재 세력이다.

(2) 발언기록 : 민영 상공업에 대한 제한과 제압이다.

첨언 : 제한하고 버려야 할 것은 국가 경제 상공업에 불리한 것이다. 즉, 투기, 사치품 및 미신을 조장하는 물품이지 국가 민생의 상공업에 이익이 되는 정당한 것이 아니다. 이 상공업들이 어려움에 처했을 때 발전할 수 있도록 도와야 한다.

(3) 발언기록 : 민영 상공업은 영역이 구분되어야 하고 서로 남의 영역을 침범하지 않기를 요구한다. 우리는 이를 용납하지 않는다.

첨언 : 영역을 구분해야 하는 것이 맞다. 경영 범위를 구분해야 한다는 의미이다.

중앙위원회는 국가재정 경제상황의 근본적인 개선을 실현하기 위하여 1950년 4월에 상공업을 정비하기로 결정했다. 상공업 정비의 실제업무는 다음 세 가지 내용이다. 공사관계 정비, 노사관계 정비, 생산과 소비의 정비이다. 그중에서 중요한 것은 공과 사의 관계를 정비하는 것이었다.

당시 시장의 불황은 도시와 농촌 상품유통 과정이 원활하지 않아 야기된 것이 많았다. 과잉생산이 원인이 아니었다. 그러므로 상공업을 정비하는 기간에 중앙인민정부는 최선을 다해 도시와 농촌의 물자교류를 발전시켰다. 특히 과거 수매와 판매가 적체되어 있었던 농촌 특산품의 상품유통을 확대시키고 시장의 발전을 촉진했다. 이것은 중국경제를 활성화하는 키포인트였다.

신중국 수립은 새로운 사회 발전에 달려있다. 구 사회에서는 수많은 가난한 민중이 사회의 하층민으로 억압을 받으며 인간 이하의 고통스러운 삶을 살았다. 억울한 일을 당해도 호소할 곳이 없었다. 이런 상황이 변하지 않으면 국민이 주인이 되는 사회라고 말하기 어렵다. 신중국 수립 후 첫 해, 정부는 그들을 고통 속에서 벗어날 수 있도록 도와주고, 구사회가 남긴 낙후되고 부패한 것을 청산하는 데 매우 효과적인 사업에 힘을 기울였다.

짧은 1년 동안 그렇게 많은 효율적인 사업을 하는 것은 사실상 기적에 가까웠다. 사업추진 과정에서 여러 어려움이 있었고 사업을 하면서 이런 저런 잘못된 점과 오류들도 있었다. 예를 들어 각 지역의 당과 정부는 도시 관리, 공장 관리 등에 경험이 없었기 때문에 어떤 것은 예전의 농촌과 군대를 관리하던 방법으로 진행하여 많은 간부들은 업무를 추진할 때 관료주의를 답습하는 잘못을 범했다. 어떤 지역은 정책 등을 위반하는 경우도 있었다. 그러나 신중국은 이미 나아가려는 왕성한 생명력을 보여주었다. 각종 사업은 전체적으로 서두르지 않고 계획대로 진행하였다. 사람들은 자신의 국가를 믿었다. 그것은 입지를 굳혔을 뿐만 아니라 사람들에게 아름다운 미래를 보여주었다.


## 제 3 절 초기 단계의 외교 구성

사회 대변혁은 안정적인 질서를 필요로 한다. 국내뿐만 아니라 국가와 국가 간에도 모든 힘을 국가 건설과 사회 변혁을 추진하는 데 집중할 수 있도록 안정된 환경이 필요하다. 그중 가장 중요한 두 가지는 첫째, 평화로운 국제환경과 화목한 주변 환경을 위해 힘쓰는 것이고, 둘째, 자주독립으로 폭력에 굴복하지 않고 어떠한 외세 간섭도 배척하는 것이다.

'어떻게 외교업무의 새로운 국면을 열 것인가'는 신중국 성립 시 직면한 매우 중요하고도 생소한 문제였다. 모든 면에서 새로운 길을 찾아야 했고 처음부터 시작해야 했기 때문이다. 새 정부의 외교업무는 처음부터 자신만의 뚜렷한 특징을 만들기 시작했는데 그것은 자주독립이었다.

주은래는 외교부 설립 회의석상에서 민족의 자긍심이 가득찬 목소리로 "중국의 100년의 역사에는 일부 굴욕적인 외교적 역사가 있었습니다. 우리는 그들을 따라하지 않습니다. 우리는 수동적이거나 비겁하지 않아야 하며, 제국주의의 본질을 확실히 꿰뚫어야 합니다. 독립정신을 갖추어야 하고, 적극적으로 움직여야 하고 두려움을 버리고 자신감만을 가져야 합니다."라고 선포했다. 또, "그러나 맹목적이고 충동적이어서는 안 됩니다. 그렇지 않으면 맹목적인 배타주의 감정이

생겨날 것입니다."라고 엄숙하게 사람들을 일깨웠다. 앞서 해방군이
대륙에서 기본적으로 승리를 쟁취함에 따라 백여 년 동안 제국주의 열
강들이 중국에서 누리던 특권은 이미 완전히 사라졌다. 이것은 중국의
사회 대변혁의 주된 내용이다.

신중국이 수립되고 외교부문에서 처음 대면한 문제는 다른 국가
와 정상적인 외교관계를 맺고 국제사회로 진출하는 것이었다. 인민정
부는 모든 국가들에게 선의를 표했다.

모택동은 개국기념행사에서 "본 정부는 중국 인민을 대표할 수
있는 유일한 합법정부입니다. 평등준수, 영토주권의 상호이익 및 상
호존중 원칙의 우호관계를 원하는 모든 외국정부는 본 정부와 외교관
계를 맺을 수 있습니다."라고 했다.

그날 주은래는 외교부장의 자격으로 각국 정부에 공문을 보냈는
데 아래의 <공지>도 함께 보냈다. 이것은 신중국의 첫 번째 외교문
서이자 외국정부에 보내는 최초의 각서였다.

<공지>에서 나타내고자 한 것은 신중국의 소망이었다. 1949년
4월, 모택동은 내부 전보에서 "만약 미국과 영국이 국민당과 관계를
단절한다면 우리는 미국 및 영국과의 관계 수립에 대해 고려해 볼 수
있다."라고 제안을 한 바 있다. 그러나 그때 전 세계는 이미 2차 세계
대전 종식 후 냉전시기로 들어섰고 사회주의와 자본주의 두 진영의 대
립이 형성되었던 시기다. 이런 대립과 충돌은 갈수록 격렬해졌다. 미
국정부는 당시 신중국을 적대시하는 태도를 보였고, 자신만 인정하지
않으려 한 것이 아니라 다른 서양 국가들이 중국을 인정하는 것조차
최대한 막았다. 경제면에서도 미국정부는 신중국에 대해 엄격한 무역
제한조치를 시행했다. 이런 상황에서 만약 이 국가들에게 성급하게 인

정을 받고 경제원조를 기대한다면 그들의 요구에 굴복하게 되어 나라를 파동적인 국면에 몰아넣을 수밖에 없을 것이었다. 그래서 중앙인민정부는 각국이 신중국과 외교관계를 맺으려면 평등원칙에 따라 국교수립 협상을 해야 하고, 서로 조건이 맞지 않으면 잠시 보류한 뒤 다시 협상하겠다고 결정했다. 이것은 바로 모택동의 명언 "다시 시작한다." 와 "먼저 집안 청소를 깨끗이 한 뒤 손님을 맞아야 한다." 이다.

신중국 수립 전야, 모택동은 < 인민민주독재에 대한 해설 > 에서 '편향성' 주장을 제기했는데 "중화민국 40 년과 공산당 28 년의 경험을 통해 중국인은 제국주의의 편에 서거나 사회주의의 편에 섰던 것이며 예외는 없었다." 이 성명은 이데올로기와 사회제도를 고려한 것이기도 했지만 당시 중국에 대한 미국의 지속적인 적대감으로 소련이 신중국에 대해 안심하지 못하는 상황에서 만약 이렇게 뚜렷한 태도를 보여주지 않는다면 곧 탄생할 중국이 국제사회에서 어떤 지원도 얻지 못하고 고립되는 경지에 처해지게 될 것이기 때문이었다. 얼마 후 등소평은 한 통의 편지에서 "우리가 제시한 외교정책의 편향성은 빨리 행동으로 표현할수록 우리에게 유리하다 ( 모택동은 주동적이고 적극적인 편향성은 미래에 수동적인 편향성을 피할 수 있다고 말했다 )." 라고 썼는데, 역시 같은 뜻이었다.

중국 수립 둘째 날, 소련은 전보로 신중국과 외교관계 수립 결정 의사를 전달했다. 이로써 최초로 신중국을 인정한 국가는 소련이 되었다. 이 사실은 매우 중요했다. 이어서 불가리아, 루마니아, 북한, 헝가리, 체코슬로바키아, 폴란드, 몽골인민공화국, 동독 등 국가들이 10 월 말 이전에 잇달아 중국과 외교관계를 수립했다. 일부 서양국가가 국제사회에서 신중국을 고립시키려고 했던 의도를 잠재웠다.

1년간의 노력 끝에 신중국 최초 단계의 대외관계 기본적인 틀은 거의 확정되었다. 이 모든 것은 조리 있고 질서정연하게 이루어졌으며 굴욕적인 외교는 청산되었으며, 신중국은 처음부터 자주독립, 평화사랑, 폭력을 두려워하지 않는 새로운 모습으로 세계의 동방에 우뚝 서게 되었다.

20 세기 중국사 강의

# 중권

---

ⓒ진충지 ( 金沖及 )

초판 인쇄 2017 년 12 월 10 일

초판 발행 2017 년 12 월 12 일

지음 진충지 ( 金沖及 )

옮김 김아영 ( 金兒英 ) 쑨핑 ( 孫萍 )

기획 장원 ( 張園 )

펴낸이 홍순창

펴낸곳 토담미디어

주소 : 서울 종로구 돈화문로 94, 3 층 ( 와룡동 , 동원빌딩 )

전화번호 : 02-2271-3335

홈페이지 : www.todammedia.com

출판등록 2003. 08. 23 제 300-2013-111 호

북디자인 이도아

ISBN 979-11-6249-027-3 04910

ISBN 979-11-6249-025-9( 세트 )

＊원서 서지사항

二十世紀中國史綱 , 金沖及 , 社會科學文獻出版社 , 2009

책값은 뒷표지에 적혀 있습니다 .

잘못된 책은 구입하신 서점에서 바꾸어 드립니다 .